一次成功与系统预防

——中国航天工业质量管理要略

承文 著

中国宇航出版社

·北京·

图书在版编目(CIP)数据

一次成功与系统预防：中国航天工业质量管理要略 / 承文著. --北京：中国宇航出版社，2019.4(2023.2 重印)

ISBN 978-7-5159-1612-5

Ⅰ. ①一… Ⅱ. ①承… Ⅲ. ①航天工业－质量管理－研究－中国 Ⅳ. ①F426.5

中国版本图书馆 CIP 数据核字(2019)第 053039 号

责任编辑 黄 莘

责任校对 马 喆 **装帧设计** 宇星文化

出版发行 中国宇航出版社

社 址 北京市阜成路 8 号 **邮 编** 100830

(010)68768548

网 址 www.caphbook.com

经 销 新华书店

发行部 (010)68767386 (010)68371900

(010)68767382 (010)88100613（传真）

零售店 读者服务部

(010)68371105

承 印 北京厚诚则铭印刷科技有限公司

版 次 2019 年 4 月第 1 版

2023 年 2 月第 2 次印刷

规 格 787×960

开 本 1/16

印 张 24.25

字 数 375 千字

书 号 ISBN 978-7-5159-1612-5

定 价 78.00 元

序　言

1986 年 1 月 28 日早晨，在美国佛罗里达的卡纳维拉尔角，成千上万名参观者聚集到肯尼迪航天中心，等待一睹挑战者号航天飞机腾飞的壮观景象。然而，当“挑战者号”升空 73 秒时，突然发生爆炸并坠落大西洋，价值 12 亿美元的航天飞机顷刻化为乌有，7 名航天员全部遇难。这一噩耗迅速传遍全球，世界为之震惊。当时，我作为中国航天工业部派出的访问学者正在美国普渡大学进修，当我从电视中看到佛罗里达上空那团令人触目惊心的巨大火球时，当我看到美国政府和民众为悼念罹难的航天员而在公共场所降半旗致哀时，作为航天人，震惊不已的同时，我也深感痛惜，这是我第一次近距离地感受到人类从事航天活动，特别是载人航天活动的巨大风险。

在随后的日子里，美国政府立即组建“挑战者号”事故总统调查委员会展开全面调查，普渡大学的一位资深教授作为该调查委员会的专家，参与调查数月后在校内作了一场专题报告，指出初步查明的事故直接原因，是航天飞机右侧的固体火箭助推器尾部装配接头和密封圈在低温环境下失效。从专业角度分析，我对此结论深信不疑。但对于这样一个并不十分复杂的技术问题，为何没能在早期发现并解决，我还是疑惑不解。当会场大屏幕上展现出 7 位航天员生前的音容笑貌与参观“挑战者号”发射的人群看到高空火球坠落时惊愕悲伤的表情，以及挑战者号航天飞机整装待发的英姿与部分烧焦、穿孔、变形的助推器残骸碎片时，这些画面所形成的巨大反差给我以强烈的心灵冲击，久久挥之不去。尤其是我事后了解到，实际上“挑战者号”失事除了本身存在设计缺陷外，还在明知有缺陷的情况下低估风险，因为曾有工程师对低温环境下发射的危险性提出过警告，但这些隐患并未引起包括 NASA 在内的各级高层的重视，最终酿成灾难。不仅如此，那年美国大力神、德尔它运载火箭发射卫星也相继受挫，而实际上这些都应该是较成熟的航天发射活动。

"挑战者号"失事极大地促进了人们对航天质量重要性和航天质量管理复杂性、艰巨性的认识，也促进了我对"质量是航天的生命"理念更深刻的理解，并在脑海中打下了深深的烙印；美国的那些所见所闻至今记忆犹新，这种感受一直贯穿在我回国后长期从事航天型号研制、管理工作的职业生涯中，特别是在研究院、集团公司领导层主管质量工作期间，以及担任重点型号总指挥期间的任务成败经历中不断深化、提升。

2009 年，我应邀在中国航天工业质量协会举办的质量论坛上作了关于一次成功、系统预防的航天质量管理主题报告，提出一次成功、系统预防是中国航天工业质量管理的要诀，遗憾的是，短短一个多小时的演讲意犹未尽，自己总觉得有些观点没有说深说透。一直以来，在我的潜意识中有一种莫名的冲动，想把自己进一步的思考和一些新的认识、体会，以及深入研究得出的点滴成果整理出来，汇集成书，与航天同仁交流分享，但直到近几年才抽出时间下笔并数易其稿。在系统总结研究中国航天工业质量发展的特点和规律的基础上，我力求从更广阔的视角分析探索新时期航天一次成功、系统预防管理的理念和模式，并重新定义一次成功和系统预防的内涵。顺着这条主线，以理论观点联系实际案例展开论述，全书就顺理成章了。

本书在分析新世纪中国航天质量发展的环境以及中国航天工业质量管理基本经验的基础上，紧紧围绕航天工业质量管理要旨，明确提出了一次成功质量战略导向，并从系统预防质量文化建设、系统预防质量管理改进和系统预防质量技术保障三个方面进行了重点阐述，同时也展望了中国航天工业质量管理未来的发展趋势。在写作过程中，我越来越清晰地认识到实现一次成功、系统预防管理对中国航天工业转型升级和高质量发展，对建设航天强国、质量强国是非常必要的，这也更促使自己努力写成此书。

航天工业质量管理是一门理论性较强的学问，更是一种实践性很强的行动，检验其成效的标准是一次成功。中国航天发展史是极不平凡的，它经历了无数的成功，也经历过失败，并折射出航天工业科研生产的复杂性，以及提升航天质量管理能力的艰巨性，任重道远。航天系统很多老领导、老专家、质量管理工作者、型号研制生产人员在长期的航天科研生产、经营开发和质量管理中积累了大量宝贵的经验，对航天质量管理理论和实践作出了极为重要的贡献。本书按照需求和实用结合的原则，借鉴了航天单位和航天人创造的不少具有中国航天特色的质量管理新理念、新模式和新方法，本书出版也得到了中国航天基金会、北京航天情报与信息研究所等有关单位和人员的大力支持和帮助，在此谨表衷心感谢！

由于航天工业质量管理理论和实践是在不断发展的，自己的认识水平又有限，本书难免存在不当和疏漏之处，恳请广大读者批评指正。

中国航天工业质量协会顾问 

2018 年 12 月 于北京

目　录

第一章
概　论

航天，是 20 世纪人类最伟大的科学创举之一，是当今最具挑战性和广泛带动性的高科技领域。人类活动范围经历了从陆地到海洋、从海洋到大气层、从大气层到宇宙空间的逐渐扩展的过程。人类活动范围的每一次飞跃，都大大增强了认识自然和改造自然的能力，尤其是人类探索外层空间的活动，对人类文明进步产生了重大而深远的影响。

航天是指人类探索、开发和利用地球大气层以外的浩瀚宇宙，即太空或外层空间，以及地球以外天体的活动。航天活动包括航天技术（又称空间技术）、空间应用和空间科学三大部分。根据航天活动的用途和经营运作方式，航天分为民用航天、军事航天、商业航天三种类型。

航天技术在创立和发展之初，具有极强的政治色彩和军事目的，主要是一种以国家投资为主的政府行为。由于航天意味着对人类终极高地的占领，以及它对国家政治、军事、经济和社会的重大影响，从它诞生的第一天起，就被普遍认为是一个国家综合国力的象征，也成为大国博弈的重要领域。当然，除了博弈，各航天国家之间也有不同程度的航天技术和航天活动的合作。

20 世纪 90 年代之前，航天工业完全由国家控制，没有产业化的概念。由于航天技术是世界高科技群体中最具影响力的科学技术之一，当 20 世纪航天技术的发展还处于萌芽状态时，就有人断言："谁控制了太空，谁就能控制地球。"随着经济和技术的发展，美国、苏联、日本、西欧等主要航天国家和地区围绕对宇宙空间的争夺，相互间展开了一场以开发高科技和促进高技术产业发展为主要内容的综合国力的竞争。作为争当世界政治军事大国的手段和途径，航天技术在这一时期得到了迅速发展。冷战结束后，随着航天技术的不断进步和世界政治经济格局的变化，航天技术的发展方向发生了重大转变，人类社会、经济活动对航天工业的需求日益增加。在跟踪世界航天发展先进水平的基础上，中国航天事业从无到有、从小到大，走过了不平凡的发展历程，创造了以"两弹一星"、载人航天、月球探测三大里程碑为代表的一系列举世瞩目的辉煌成就。

进入 21 世纪，伴随航天技术“井喷”式发展，各国在太空领域的竞争日趋激烈，其结果将直接影响世界格局和国家的前途命运。主要航天国家正在进一步强化航天工业基础，新兴航天国家正在通过战略引领、规划引导等多种方式提升航天发展水平。在军事方面，航天技术越来越集中用于尖端武器装备上，在俄罗斯组建空天军后，美国也在组建太空军，正为太空作战做准备，新的星球大战已不只是一个概念，美俄两国加紧发展太空武器装备的目的是为了抢夺未来太空战主动权。在经济方面，航天技术在人类生产和生活的各个领域发挥着越来越重要的作用，甚至用于未来太空战略资源的争夺，以获取巨大的经济利益等。

当然，太空是人类共同的资源，应在和平利用太空领域的基础上，加强国际合作，以实现人类命运共同体愿景，为全人类谋福利。当今世界，人类面临着环境恶化、全球变暖、资源短缺、能源危机、人口膨胀、贫富差距加大等一系列社会与经济问题，威胁着人类的可持续发展。航天技术为解决这些问题提供了机会和手段，使得各国更加加快对航天工业的发展。航天技术从初期的主要为政治军事目的服务，发展到更广泛地向国民经济和社会生活各领域渗透，并迅速走向产业化。这将从根本上改变人们的思维方式、生产方式和生活方式，使整个社会和人类自身的面貌发生深刻的变化。

1.1　航天工业领域的架构、范围和特点

航天工业是近代新兴的一门工业，是研制与生产航天器、航天运载器及其所载设备和地面保障设备等的行业，它高度综合了自然科学和工程技术的最新成就，并逐渐成为国家战略性高技术产业，涉及层次高、影响范围广。

1.1.1　航天工业基本架构

航天工业基本架构主要体现为航天产品组成架构、航天工业组织架构和航天型号管理架构。

（1）航天产品组成架构

航天产品按照功能架构由四大类组成：航天运载器、航天器、导弹武器和临近空间飞行器，如图 1-1 所示。

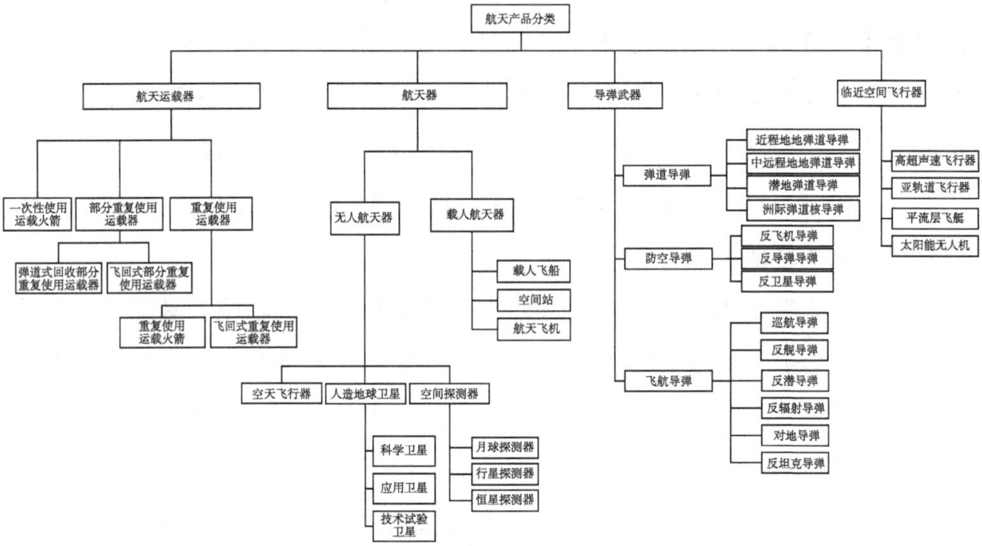

图 1-1　航天产品组成架构图

航天运载器是把航天器从地球上送入太空运行轨道、从太空某位置运回地面或运送到太空另一位置的运载工具，通常可分为一次性使用运载火箭、部分重复使用运载器和重复使用运载器三大类。航天器是为执行一定任务，主要在地球大气层以外的宇宙空间（太空），基本按照天体力学规律运行的各类飞行器，通常可分为无人航天器和载人航天器两大类。导弹武器是由自身动力装置推进、制导系统导引和控制飞行轨迹，自动飞向目标的武器，通常可分为弹道导弹、防空导弹和飞航导弹三大类。临近空间飞行器是在临近空间作长期、持续飞行的飞行器，通常可分为高超声速飞行器、亚轨道飞行器、平流层飞行器和太阳能无人机等类别。

从航天产品的组成结构来说，无论是航天运载器、航天器、导弹武器，还是临近空间飞行器，各种各样航天产品实质上都是一个个非常复杂的大系统。比如，运载火箭系统由箭体结构、火箭推进系统、控制系统、飞行测量和安全系统、发射支持系统等分系统组成；卫星系统由卫星有效载荷、卫星控制系统、推进系统、测控和数据管理系统、电源系统、返回系统等分系统组成；弹道导弹武器系统由弹体结构、弹头、控制系统、动力系统、遥测和外测安全系统、地面设备等分系统组成。当然，所有的分系统都是由子系统组成，子系统都是由单元组成，单元都是由零组件组成。而航天型号工程则往往是多学科、多专业有机结合的大型复杂的工程，如载人航天工程由航天员系统、飞船应用系统、载人飞船系统、运载火箭系统、发射场系统、测控通信系统和着陆场系统七大系统组成。总体、分系统、子系统、单元和零组件各组成之间存在着相互联系、相互依存、相互作用、相互协调和相互制约的特定关系，并有机地联为一个整体。

（2）航天工业组织架构

当今世界，航天工业呈现出多极化、全球化发展趋势，各国航天工业组织架构虽然形式不同，但其基本模式具有诸多相似之处，都是在航天工业决策管理部门下设有航天科研机构、研制生产企业和发射基地，如图 1-2 所示。

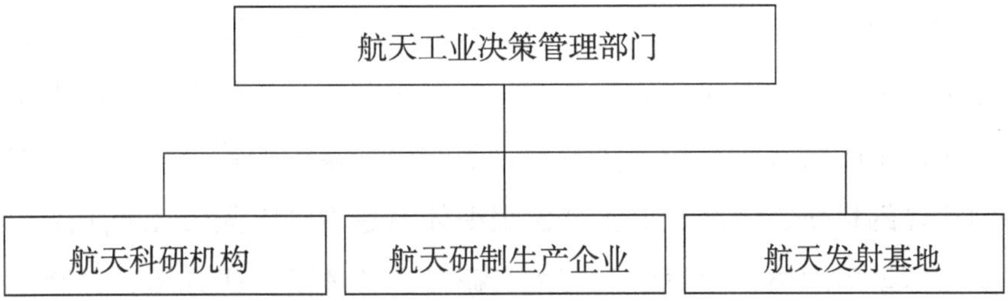

图 1-2　航天工业组织架构基本模式

从世界各航天大国发展的历程看，航天工业历来就是由国家主导，甚至由国家领导人直接领导并下设专门机构，负责制定国家航天政策或发展战略，实施统筹协调的军民航天分工管理模式。以美国航天管理组织架构为例，美国最近正式重新组建的国家航天委员会，由副总统担任委员会主席，该委员会直接向总统负责，能够直接提供有关太空政策的建议，同时具备直接调用美国几乎所有资源向相关重大太空项目作业支持的能力，对美国航天工业影响巨大。美国国防部是美国导弹和军事航天的总管部门，美国国家航空航天局（NASA）是美国管理民用航天活动的专门机构。美国军方、NASA 对航天工业投资巨大，造就了当今世界上技术水平最高、产业链最为完善的航天工业体系。除了相关的独立科研机构和大学科研机构外，美国航空航天工业体系主承包商的典型是洛克希德·马丁公司、波音公司、雷神公司，其主要任务是将一个产品或系统所有部件集成在一起，此外还负责产品中的某些部件、关键系统的研制生产。其中，波音公司近期开始塑造扁平化的管理结构，提升对用户需求的反应能力。

中国航天工业组织架构与美国不尽相同，且与俄罗斯新成立的国家航天集团公司集政府航天职能部门和大型国有航天企业于一身的组织架构也不同，中国主要由国家国防科技工业局承担航天科技工业的建设、管理和民用航天活动管理的职能，军方主导装备研制、订购和军事航天活动等。除了相关的独立科研机构和大学科研机构，以及发射基地外，中国直接从事航天工业的企业目前主要以两家公司为主体，即经过历史沿革的中国航天科技集团有限公司（简称航天科技集团）和中国航天科工集团有限公司（简称航天科工集团），它们分别包含了研究开发机构和研制生产机构等。在几十年的发展实践中，中国航天工业形成了独具特色的组织架构和管理模式。以型号研究院为实体的科研、生产、试验联合组织体系是中国航天工业的主架构。各研究院按照型号总体、分系统组成配套研制的总体部、研究所、总装厂以及专业公司等协作单位，根据型号研制生产的共同要求，院、所（部、厂）两级建立相应职能管理部门。

随着世界范围内商业航天的兴起，21 世纪以来，全球诞生了数百家新兴航天企业，涌现了以 SpaceX、Orbital Sciences、Digital Globe 为代表的一批商业航天公司，以及以猎鹰火箭、龙飞船为代表的全新商业航天产品及配套服务。其中，SpaceX 吸取了美国硅谷高技术企业的经验，整体上采用垂直而直接的扁平化管理结构，这种管理结构不存在严格意义上的部门划分，也不存在一般意义上完全脱产的管理人员，公司高管层都直接参与具体工作，公司各领域的员工平等地参加技术研讨、设计、开发等工作。

中国航天工业组织架构也在悄然发生变化，我国航天领域长期由航天科技集团和航天科工集团等“国家队”主导并“一统天下”的局面开始被打破。传统的国有航天企业瞄准商业航天的巨大市场，按照市场化模式组建新型商业航天企业，如率先成立的航天科工火箭技术有限公司和中国长征火箭有限公司；同时，民营商业航天企业，如率先成功发射商用亚轨道火箭的北京零壹空间科技有限公司和北京星际荣耀空间科技有限公司，以及发射中国首枚民营运载火箭的北京蓝箭空间科技有限公司，也在快速兴起；另外还有通过自主研发卫星，开创我国商业卫星应用先河的混合所有制的长光卫星技术有限公司等。经过近些年的发展，中国商业航天创业企业已经突破 100 家，在运载火箭、遥感卫星、通信卫星、卫星运营、航天咨询等各个子领域都有代表性的公司，并已初步构建起商业航天全产业链，而这些商业航天企业内部的组织架构则各不相同，处于创新探索阶段。

（3）航天型号管理架构

航天型号管理架构主要体现在型号项目指挥和管理系统上。国内外航天型号项目管理架构大都采用矩阵管理系统，如图 1–3 所示。

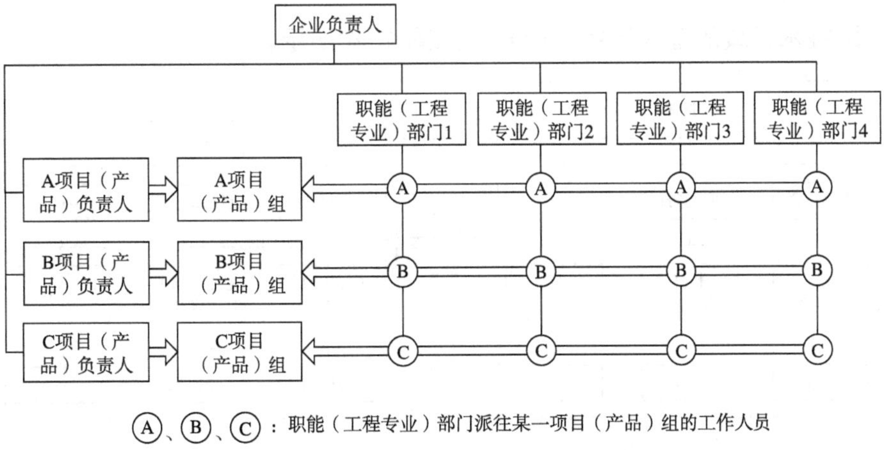

图 1–3 航天型号项目（产品）矩阵管理系统

图中这种组织形式的特点是按职能（工程专业）划分的纵向部门和按工程项目（产品）划分的横向团队相结合，构成型号矩阵管理系统。其中，管理人员、设备、原材料等均归职能部门管控，技术人员和操作人员均归工程专业部门管控。每个型号工程项目（产品）负责人根据型号任务需要，分别向管理部门和研究、生产部门协调借用各方面资源。各项目（产品）组都是阶段性组织，一旦任务完成后就撤销。航天型号矩阵管理系统是跨部门、跨专业团队，且团队成员接受职能（工程专业）部门和项目（产品）负责人的双重领导，项目负责人直接向企业负责人负责。这有利于航天领域协同开展型号科研生产和质量管理。

航天工程的尖端技术具有很强的探索性、创造性特点，表现在技术和工程的管理上需要高度集中，需要严格的技术责任制，需要建立强有力的、有权威的指挥系统。20 世纪 60 年代以来，中国航天型号工程项目研制队伍逐渐形成了具有航天特色的型号组织指挥系统——以总指挥为核心的行政指挥系统和以总设计师为核心的技术指挥系统（通常称为“两总系统”）。

随着国际交流的增多，国外项目管理的成功经验与管理方法逐渐为中国航天各级管理者所接受与掌握，在实践中形成了当前行使的总指挥负责制的准项目管理模式。这种模式适应航天型号研制发展的要求，被世界航天强国普遍采用并进一步发展。航天型号项目组织指挥系统是跨行政建制单位和部门、跨技术领域的直线制组织形式，如图 1-4 所示。

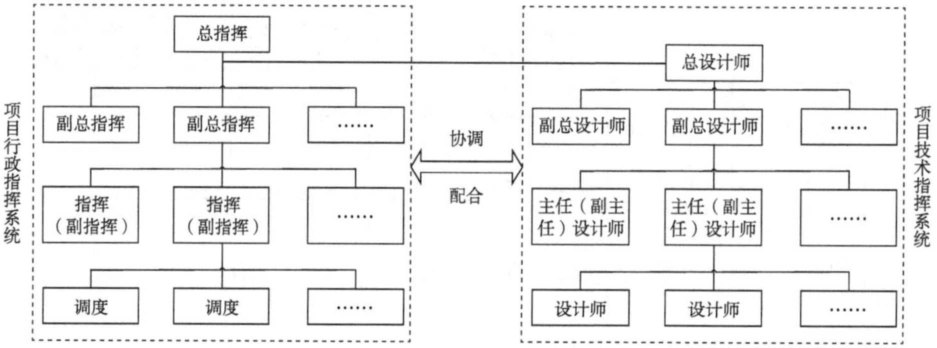

图 1-4　航天型号项目组织指挥系统

航天型号项目行政指挥系统由总指挥、副总指挥、指挥、副指挥、主管调度、调度组成，总指挥对型号项目的研制负全责，全权指挥调度型号项目的人、财、物等资源并确保研制计划、质量和各项技术、经济指标的实现。航天型号项目技术指挥系统由总设计师、副总设计师、主任设计师、副主任设计师、主管设计师、设计师组成，总设计师是型号项目的研究、设计、试验、试生产等技术总负责人，向总指挥负责。

航天型号项目组织指挥系统是一个有机的整体，行政指挥系统和技术指挥系统都是以型号项目成功为中心，既各负其责，又紧密配合、相互协调，按期、保质、保量地完成研制目标。为加强航天型号项目研制的质量管理（包括可靠性、标准化管理）和工艺控制，一般在指挥系统组成中还设置质量师系统和工艺师系统，在总指挥的统一领导下按职责开展工作，但具体组成人员往往与行政指挥系统和技术指挥系统人员交叉、渗透。“两总指挥制”作为航天型号管理架构设计中的重要制度安排，在推动中国航天事业发展方面发挥了关键的作用。

1.1.2 航天工业范围

以工业收入为依据，航天工业主要包括卫星工业、导弹工业、运载火箭及空间运输和航天设备；以技术为依据，航天工业主要包括运载火箭技术、卫星技术、导弹技术、火箭发射设施和卫星测控及通信网络。目前，世界上不同程度地建立了独立的航天工业体系的国家已达到 30 多个，其中美国、俄罗斯、法国、德国、英国、意大利、中国、日本、印度等国家航天工业的规模和水平处于世界前列。

从世界各主要航天国家来看，航天技术都是在导弹武器的基础上发展起来的，其中军用兼民用技术占有很大比重。航天工业也是国防工业的重要组成部分，其发展要受军事需求的牵引，具有很强的军事需求指向性。由于管理体制的不同，有些国家的航天工业是航空航天工业的一个组成部分，有些国家的航天工业包括导弹武器系统及其所载设备和地面保障设备的研制与生产，成为军民结合型的工业，中国的航天工业属于后一种类型。20 世纪 50 年代中后期，中国政府选择了航天技术作为国家发展的突破口，制定了“两弹一星”和“两弹为主，导弹第一”的发展战略。如中国航天初创期的长征二号运载火箭就是在东风四号战略导弹的基础上研制成功的，并发展成为“长征”系列产品。科学家认为：东风四号导弹进一步发展就能发射一定质量的卫星，发射人造卫星和发射洲际导弹有着十分密切的关系，两者不仅运载工具相同，而且进入轨道前的无线电导航方式基本一致，掌握了人造卫星精确进入轨道的技术，就不难控制洲际导弹攻击目标时的落点精度。

航天工业军民转换的综合发展战略带动了军事航天、民用航天领域和商业航天市场的共同发展。军事航天主要是用来提高国家威慑和防御能力的航天活动，军事航天一般由政府投资、由军方提出目标和要求，并由军方或政府部门运作和管理；民用航天主要是用来提高国家的科学、技术和经济水平，提高国家声誉以及国际地位的航天活动，民用航天一般以追求社会效益和经济效益为目的；商业航天是在市场驱动下的，以赢利为目的、独立的、非政府的航天活动，一般由民营企业或社会力量投资，商业航天活动受法律、国家安全、公共安全等的约束。

美国航天工业非常重视军事航天技术、民用航天技术及商业航天技术的转换，以军事、民用、商业航天市场的共同发展来抵消彼此的周期影响——利用政府军备采购的公共投入，研发先进技术，成熟后转向民用、商业领域；同时利用民用、商业产品产生的利润，促进军事航天技术的进步并降低政府军费支出负担，从而形成军、民、商协调的良性发展局面。如美国航天为满足军事需求，历时 20 多年、花费 100 多亿美元完成研制和部署的 GPS 系统，目前已成为全球的信息资源，支持着各式各样的民用和商业功能，广泛发挥了军、民、商综合性价值。美国航天领域中的高端技术有 85% 是军民两用技术，积极推进军民两用技术的产业化发展，在满足航天建设需求的同时，有效提升了国家经济实力。

中国航天工业在研制生产航天防务装备的同时，也高度重视军民融合发展。自 20 世纪 70 年代以来，中国已经研制形成了返回式卫星、通信广播卫星和气象卫星三大应用卫星系列。同时，近几年又成功发射了北斗导航卫星和高分辨率对地观测卫星。它们既为国民经济建设发挥了重要的作用，同时又为国防现代化作出了巨大贡献。

航天工业的核心能力涉及航天产品的设计能力、复杂大系统的系统集成能力、先进制造能力、先进实验、测试与验证能力和配套科研生产能力。航天工业的实力是一个国家的军事、科技和经济实力的综合反映和重要标志。航天工业领域涉及范围广大，冶金、化工、能源、机械、电子、纺织、建材等行业的主承包商、分系统供应商和众多的零部件供应商等与航天企业共同构成了庞大而复杂的航天工业体系。以美国为例，其强大的航天工业核心能力使美国成为世界头号航天强国，长期保持着在世界航天领域的领先优势。

1.1.3　航天工业的主要特点

航天工业是现代科学技术和基础工业最新成果高度融合的高技术产业，是以航天技术为主的多种学科和多种专业有机结合起来的综合技术经济体系。航天工业部门是在国民经济中最具先导作用的工业部门之一，是集研究、设计、试制、试验、生产、服务于一体的超大型复杂系统。航天工业的主要特点是：

（1）高新技术密集

航天工业汇集众多高科技于一体，有关统计数据表明，在中国 200 多个学科领域中，航天就涉及 170 多个。通常，航天工程系统复杂，高新技术密集，尤其航天技术是一门高度综合的前沿科学技术，探索性强、创新点多、科技知识含量高。航天工业集中了当代基础科学与应用科学的最新成就和工程技术的最新成果，是植根于传统科学技术与基础工业并脱颖而出的新兴技术产业。航天技术主要包括航天器设计、喷气推进技术、航天器姿态控制、航天器轨道控制、航天器热控制、航天器电源技术、空间通信、遥测技术、遥控技术、生命保障、航天器制造技术、航天器试验技术、航天器环境模拟、航天器发射技术、航天器返回技术、航天器信息获取与处理、航天系统工程等，它涉及数学、物理学、化学、天文学、地学和生物学，而物理学中又包括力学、声学、光学、热学、电学和磁学等，力学又包括空气动力学、气动热力学、结构力学、气动弹性力学等。此外还涉及电子学、冶金学、气象学、生理学、自动控制与运动学、微电子与计算机技术、光电技术、通信技术、真空与低温技术、精密加工技术、特殊工艺技术及材料工程、特种设备以及工程医学、仿真技术、测试技术和计量技术等。航天产品是高新技术的结晶，在相关行业高新技术中具有重要地位和先导与带动作用，通过航天重大项目的实施，能够带动一批新技术的发展，尤其是通信技术、信息技术、新材料技术和先进制造加工 / 工艺技术等。

航天工业在研制生产方面涉及专业面广、学科体系复杂，具有高度的系统性、复杂性、严密性和集成性。航天技术的协作部门包括机械、电子、化工、冶金、重工、轻工纺织、印染、交通铁道、通信、民航、气象、船舶生物、农业等几十个部门，并带动它们的技术发展与手段更新。当然，航天技术也需要国民经济各工业部门、研究单位、高等院校的大力支持、协作和攻关，才能顺利发展。

（2）高质量和高可靠性

航天产品（工程项目）作为一种特殊产品，除具有一般产品共有特性外，还具有其特定的内涵，其中最重要的表现是成败型产品，具有很强的适用性和高安全性、高可靠性。

航天型号是复杂的大系统，一个航天器和航天运载器上往往有上百万个元器件、零部件和软件，涉及数百种专业，成千上万家配套协作单位和数以万计的科研生产人员。一个型号的研制，一般要经过方案论证、初样研制、试样研制、发射试验（正样研制）、定型、交付使用等环节，在各环节之间、各个专业厂、所等单位之间协作关系十分复杂，而系统越复杂，实现质量与可靠性要求越难。仅以运载火箭为例，从单机生产到最后发射就需设置数百个强制检验点，严上加严，层层把关，不留死角，才能有效保证技术状态和产品实现过程质量符合技术标准和质量文件要求，为火箭发射成功奠定坚实的基础。

在航天工业领域中，质量和可靠性已渗透到航天项目所有活动的各个方面，航天项目往往是具有很高质量安全目标的一次性任务，必须确保成功。一旦失败，其损失往往是不可挽回的。航天产品大多是在严酷、恶劣的太空环境中工作，运载火箭一般都是一次性使用，虽然目前可重复使用航天运输系统技术快速发展，但对其质量和可靠性也提出了新要求。此外，具有一定寿命期的航天器还要长期稳定、可靠地在轨运行并回收等，成败往往仅一线之隔。高质量、高可靠性是航天产品的重要特性，是关系成败的决定因素。航天技术的复杂性决定了相比较其他传统技术而言，其在质量、可靠性和安全性等方面都有更高的要求，对此不能有丝毫的忽视。航天产业发展更需要建立一整套严格的质量管理和质量保证体系，需要制定并严格实施技术标准、规章制度、产品保证大纲等一系列质量文件。

（3）高投入和高风险

高投入、高风险是航天工业最明显的特征之一。以卫星为例，一颗普通的通信卫星所投入的资金就达数千万元，搭载卫星的运载火箭也价值数千万元甚至上亿元，如此巨大的投入带来的是巨大的财务风险，更不用说载人航天工程涉及的风险不仅是巨额的经费，更是航天员的生命。

航天系统是极具挑战性的高性能系统，其中宇航发射尤为突出，一旦失利，后果极为严重。其安全性和可靠性风险主要源于三个方面：巨大的能量密度是风险之源；发射过程的不可干预性加剧了风险掌控的难度；发射系统的复杂性给科研人员化解风险带来了巨大的挑战。此外，由于航天器长时间运行的太空环境在地面无法完全模拟，因此对航天器质量技术要求更高，风险也更难控制。再加上航天项目研制具有鲜明的一次性特点，即严格明确的技术要求、任务进度、成本和规模以及一次性使用成功等目标的约束条件，因而综合风险极高。

航天产业技术和资金高度密集，从历史上看，世界上无论哪个国家发展航天产业的主要投入都是由国家承担的。航天重大工程不是一个研究所、研究院甚至航天系统所能完成的，必须建立全国协作网，包括电子元器件、原材料协作网，产品定点加工、配套协作网，各种试验、特别是大型试验协作网，各有关厂、所及协作单位、部门质量保证体系协作网，这都需要国家投入大量的人力、物力和财力。当然，近一段时期以来，市场化运作的商业航天的迅猛发展正在改变这种投资方式，然而高投入、高风险仍然存在。航天产业的研究、开发以及把研发成果转化为产品，对新技术、新材料、新工艺、新设备要求极高，形成了航天产品协作资质设施齐全、技术要求先进的特点，这些也都决定了航天产业经济活动的高投入性。

航天工程型号的研制往往都是规模庞大的综合型工程，研制成本高，需要投入资金量大，少则数亿元，多则几十亿元，甚至上百亿元。航天产业的长远发展更需要持续投入大量资金。航天领域的投资相对于其他行业，具有投资周期长、资金需求大、技术门槛高等特点，但投资的利润率和回报率却并不总是很明朗。按照一般规律，投资规模越大，承担的风险越大。就航天产品研制风险来说，可分为环境风险、安全性风险、技术风险、费用风险和进度风险等五类风险。航天产业经济的特殊地位使其风险高于一般产业，有时甚至能影响到国民经济发展和国防建设。

由于航天技术特殊性、创新性、系统性强，有些航天产品在制造过程中，会因其特殊工艺的不可逆性而存在较大技术风险，如固体火箭发动机的推进剂浇注过程中，有可能出现药柱不均匀，有微裂纹、空隙等难以检测的缺陷，使用时易造成灾难性的爆炸。航天产品与其他产品比较，其显著特点是过程的不可干预性：它需要通过地面发射，继而在空间进行使用，这就决定了一旦发射或空间运行中出现差池，即使是一个细小的问题，如短路、虚焊、某个元器件失效或者软件缺陷等，都可能造成发射的失败或飞行器的失效，从而带来巨大的经济损失、声誉下降，甚至人员伤亡，安全性风险和失败的代价极大。

航天型号产品研制周期较长，重大航天工程项目实施的时间更长。航天型号从立项到定型并投入使用，要经历许多复杂的环节，其中包括型号研制过程的各个阶段，这一过程往往需要持续几年甚至十几年的时间才能完成。当然随着航天技术和管理的不断进步，以及航天产品研制数量的不断增多，航天型号研制“十年磨一剑”的状况有了明显改进，但研制周期长仍是航天工业的特点。由于研制周期长，市场环境的变化带来用户需求的变化，技术和人员的变化，以及大量不同行业、管理基础不一的协作单位的变化等，就可能拖延进度，加大质量损失，造成长期投入的风险性更为突出。

（4）高综合效益

作为现代高新技术群体中重要组成部分的航天技术及其产业，在推动科技进步、提高劳动生产率、促进国民经济增长、实现国防现代化、带动社会进步等方面发挥着积极且不可替代的作用，并由此产生巨大的航天技术综合效益，其主要内容及构成如图 1-5 所示。

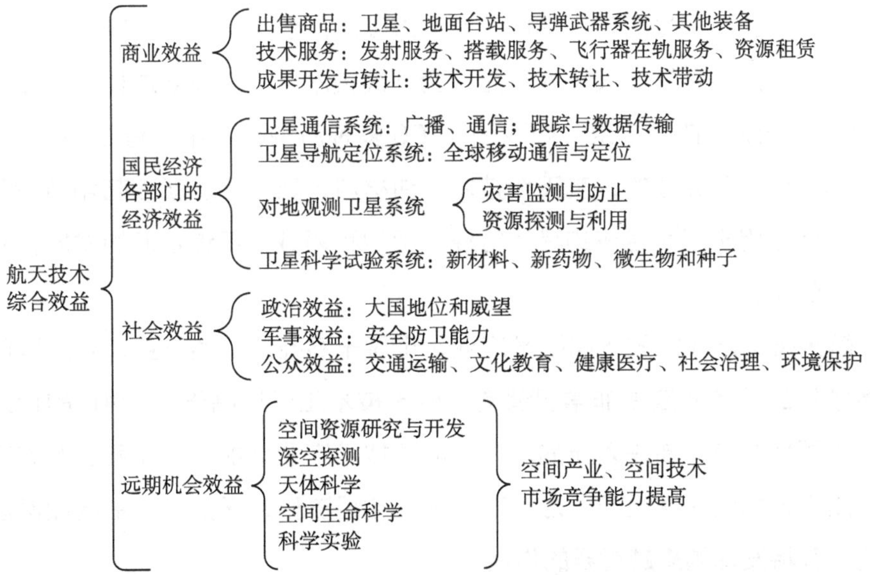

图 1-5　航天技术综合效益的内容及构成

航天技术综合效益主要包括商业效益、经济效益、社会效益和机会效益。由于航天产业的核心推动力是航天技术的应用，包括直接应用和间接应用两大类，而随之产生的效益也可分为直接效益和间接效益两大类。

航天技术直接应用是指应用航天技术直接完成某种特定任务，并直接产生经济效益和社会效益等的活动。随着航天技术的发展，航天技术直接应用的项目越来越多，主要有空间物理探测、空间天文观测、月球探测、行星探测、卫星通信、卫星广播、卫星导航、卫星测地、卫星资源普查、空间试验与加工、卫星救援和减灾、卫星气象观测、卫星海洋观测、卫星遥感考古、航天侦察和空间作战，等等。航天产业的直接经济效益是指航天技术及其产品进入市场或社会应用所产生的一次性效益。

航天技术间接应用是指航天技术能力和成果转用于军事部门和国民经济其他行业、部门或技术领域，或航天技术带动与促进其他行业、部门或技术领域的发展和技术水平的提升，并在其中间接产生效益的活动，如我国实施载人航天工程的 20 多年中，有近 2000 项航天技术成果移植到国民经济各个领域，400 余项载人航天技术成果成功实现转化、推广和应用。航天技术几乎涵盖了生产、生活各个领域，对经济发展产生了巨大的影响。航天产业的间接经济效益是指航天技术作为综合性高技术，在其发展过程中形成的技术能力和产生的技术成果，如我国 1100 多种新型材料中，有 80% 是在航天技术的牵引下完成的，航天新技术、新材料、新产品、新工艺和新设备等可以广泛应用于国民经济的其他行业、部门和领域，促进它们的发展，并产生二次效益。

航天技术产业既属于高技术产业，也属于高经济价值产业，它对国民经济各领域的扩散效应是非常显著的。航天技术正以远高于 1 ：10 的投入产出比为国民经济不断注入新的活力，航天技术产业增加值呈显著上升态势。随着航天技术的快速发展，必将对未来社会经济和科学技术产生更加深远的影响，并将发挥越来越重要的作用。

1.2 质量和质量特性

“质量”是质量管理中最基本的概念。关于质量和质量特性的含义，是随着社会经济和科学技术发展的历史变化而不断充实、完善和深化的，同样，人们对质量概念的认识也经历了不断发展和深化的过程。

1.2.1 质量的定义及内涵

人们对“质量”的认识和理解历来就是多种多样的，学术界、企业界和标准化组织对质量有很多定义，其中最有代表性的是质量管理专家克劳士比（Philip Crosby）和朱兰（Joseph M.Juran）对质量的两种不同定义。克劳士比提出了“质量就是符合要求”的观点，他认为质量并不意味着好、卓越、优秀等，谈论质量只有相对于特定的规范或要求才是有意义的。合乎规范意味着有了质量，不合乎规范自然就是缺乏质量，质量是产品符合规定要求的程度。朱兰则提出了“质量就是适用性”的观点，“适用性”就是产品使用过程中成功地满足用户需求的程度，用户很少知道“规范”是什么，他们对产品的基本要求就是“适用”，即“产品必须符合社会中实际使用的要求”。

笔者认为，质量不是一个一成不变的概念，上述两种典型的有关质量的定义在本质上并不矛盾，只是从不同的视角来看待和定义质量。克劳士比更侧重于从供应商的视角定义质量，而朱兰更侧重于从用户的视角定义质量。不可忽视的是，克劳士比也认为：用户才是关键，只有当用户满意时，公司才算是真正做得好，而不是管理层满意就好。将用户和相关方的要求转化为供应商对产品清晰的规范或要求，通过实现规范或要求来满足实际使用要求，也就是产品形成和使用的全过程都满足用户的需求，即将“符合性”与“适用性”融合在一起，在充分体现各自内涵的基础上进行耦合，达到“满意性”。质量是既合规，又有效，更有针对性，而不是停留在通用性要求上。从这个意义上说，质量就是符合要求并适合使用，质量就是满足需求。

ISO9000 标准在总结以往人们对质量认识的基础上，给出了“一组固有特性满足要求的程度”的广义质量概念，成为当今世界普遍认可的质量定义。其中，“固有特性”是指事物本来就有的、可以区分的特征，“要求”是由不同的相关方提出来的，明示的、隐含的或必须履行的需求或期望。质量具有广义性（不仅指产品质量，也可指过程质量和体系质量）、时效性（顾客与其他相关方的需求和期望是随着时间、地点、环境的变化而不断变化的，应不断调整对质量的要求）和相对性（顾客和其他相关方可能对同一产品的功能提出不同的需求，也可能对不同产品的同一功能提出不同需求）。

在早期的产品导向阶段，质量是指达到设计者期望的功能。在后来的销售导向阶段，质量除了符合规定的特性、功能之外，还包括质量保证措施。而发展到今天的竞争导向阶段，质量的内涵则是要求产品性能、可信性、安全性、适应性、经济性、时间性全面满足顾客的需求。

现今质量概念已经从传统质量扩展到“大质量”，质量已经从仅指产品固有的特性质量，扩展到包括产品的成本、交货期和支持性服务；从局限于产品的狭义质量，扩展到包括产品、体系和过程的广义质量，进而扩展到企业的经营质量；除了与产品有关的质量，还包括产品形成过程的环境质量和健康安全质量。总之，“大质量”要求企业从满足顾客需求，扩展到要考虑企业利益相关方的需求，除了为顾客创造价值，还要为员工、投资者、社会、供应商等其他相关方创造价值。

1.2.2　质量特性的定义及内涵

ISO9000 标准把质量特性定义为：“与要求有关的，产品、过程或体系的固有特性。”从质量定义中可理解到：质量的内涵是由一组固有特性组成，并且这些固有特性是以满足顾客及其他相关方所要求的能力加以表征。为了实现顾客（及其他相关方）需要，要求把感性、含混的顾客需要变换为清晰的、技术的或工程的语言，这就是质量特性。我们所得到的或确定的质量特性是人为变换的结果，实质上是相对于顾客需要的一种代用特性。

当然，产品质量的固有特性是最基本的质量特性。型号产品质量的固有特性包含了产品的性能特性、专门特性、经济性、时间性、适应性等方面，如图 1–6 所示。

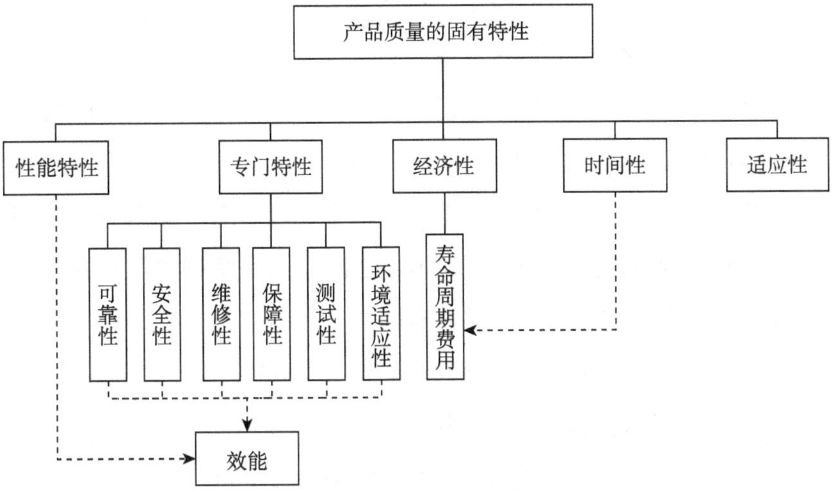

图 1–6　产品质量的固有特性

可靠性、安全性、维修性、保障性、测试性和环境适应性构成了产品的专门特性，它们与产品的性能特性一起决定了产品的效能。产品效能就是产品在规定的条件下和规定的时间内，满足一组特定任务要求的程度。经济性指在产品的整个寿命周期内，为获取并维持产品的运营所花费的总费用；时间性指的是产品的按期交付，它也影响产品的寿命周期费用（费用的时间性）；适应性反映了产品符合市场需要的能力。在寿命周期费用的约束下，通过权衡分析实现效能的最大化，或者在实现效能要求的前提下，寻求寿命周期费用的最小化。

1.2.3　卡诺质量模型

质量的概念是从顾客的需求（输入要求）和顾客的满意度（输出响应）这两个方面来描述的，当然，这里的顾客不仅仅是直接用户，而是涵盖产品所有相关方。顾客的需求主要反映在产品的质量特性上，而顾客的满意度主要表现为对产品的反馈意见和评价，以及对产品的抱怨和投诉等。

顾客心中的质量通常划分为三种类型：

（1）基本型质量：顾客的基本需求，是产品理所当然应具有的质量和功能特性，即使全部满足，顾客也不会表现出特别的满意。因为这些特性是必备的（明示的）、不言而喻的（隐含的）。

（2）期望型质量：是顾客期望的质量和功能，是当前市场上的竞争焦点，在产品中实现得越多，顾客的满意度就越高。

（3）魅力型质量：是顾客意想不到的产品特性。当产品提供这类特性时，顾客会特别满意，因为超出了他们的预期。当然，要想使魅力型质量得以维持，就必须不断地创新、超越对手、引领市场。

根据不同类型的质量特性与顾客满意度之间的关系，上述三类质量可以表示为一幅“卡诺质量模型”图，见图 1–7。

由图 1–7 可知，就顾客满意度的整体水平而言，魅力型质量最高，期望型质量次之，基本型质量最低。由图 1–7 还可知，魅力型质量的顾客满意度随质量特性的提高呈近似指数增长，期望型质量则呈线性增长，而基本型质量则趋于饱和。

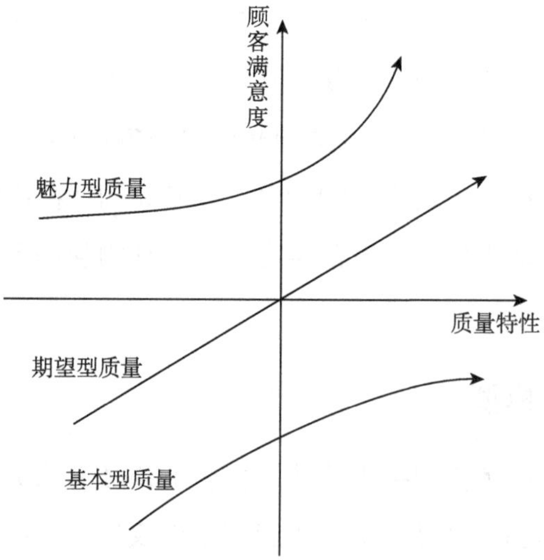

图 1–7　卡诺质量模型

1.3 现代质量管理的演变

ISO9000 标准中把质量管理定义为："在质量方面指挥和控制组织的协调的活动。"这些活动通常包括：制定质量方针和质量目标、质量策划、质量控制、质量保证和质量改进。

质量策划致力于制定质量目标，并规定必要的运行过程和相关资源以实现质量目标；

质量控制致力于满足质量要求；

质量保证致力于提供质量要求会得到满足的信任；

质量改进致力于增强满足质量要求的能力。

其实，从 20 世纪 20 年代开始，伴随着世界经济和科学技术的飞速发展，以及企业管理理论和实践的不断丰富和完善，质量管理日益受到重视，逐步形成了完整的质量科学体系。现代意义上的质量管理活动经过了近一个世纪的实践、积累、总结和提升，从以下三个方面实现了质量管理的演变。

1.3.1 从产品质量检验到全面质量管理

从一些工业发达国家的经历看，质量管理按照其采用的手段和方法，大致经历了质量检验、统计质量控制（SPC）和全面质量管理（TQM）三个阶段。

20 世纪 20 年代初到 30 年代末是质量检验阶段。随着产品生产方式从手工作坊转向流水线大批量生产，根据泰勒（F.W.Taylor）提出的科学管理理论，企业内部实行专业分工，出现了专门的质量检验。专职检验职责是从产成品中挑出废品，保证出厂产品质量，检验成为一道重要的生产工序。但是通过检验来控制产品质量的方式只能进行"事后把关"，在大批量生产条件下，由于信息反馈不及时，往往造成大批量废品的产生。由此，休哈特（W.A.Shewhart）提出了统计过程控制的方法，将数理统计原理和方法应用于质量管理中，首创了工序质量控制图；道奇（H.F.Dodge）和罗明

(H.G.Romig) 在数理统计理论的支持下发明了抽样检验方法。这些新成果为质量管理的进一步科学化奠定了理论基础。

20 世纪 40 年代到 50 年代末是统计质量管理阶段。上述新理论提出之际，恰逢西方发达国家处于经济萧条时期，故乏人问津，直到第二次世界大战期间，由于国防工业迫切需要保证军火质量，这些理论才得到广泛应用。人们通过对工序进行分析，及时发现生产过程中的异常情况，从产品质量的波动中找出规律，消除产生波动的异常因素，使生产过程的每个环节都控制在稳定的生产状态之中，从而较有效地控制了产品或工程质量。这一阶段的主要特点是：从质量管理的指导思想上看，“事后把关”开始转向“事前预防”；从质量管理的方法上看，广泛深入地应用了统计的思考方法和检验方法。但是，由于质量管理停留在产品的技术层面，只能离散地运用各种技术对产品和服务进行改进，且过分强调“用数据说话”，使人们误认为质量管理就是统计方法，是统计专家的事，而忽视了组织管理工作。而随着现代化大规模生产，影响产品的质量因素是多种多样的，单纯依靠统计方法不可能解决一切质量问题，也无法充分实现顾客满意这一质量管理的主要目标。

20 世纪 60 年代以来是全面质量管理阶段。人类在科技上取得了许多划时代的重大突破，随着二战后生产力的大发展，管理科学理论又有了新的发展，最突出的一点是出现了强调全局观点的系统科学。二战后物质生产的大发展，尤其是产品科技含量的日益提高，使得人们对产品质量的要求越来越高，世界市场的竞争达到了空前激烈的程度，消费者权益运动呈现出日益高涨的局面，员工的能动性和参与对于企业的成功愈加成为不可或缺的因素。这种态势引导着质量管理科学发生了“质”的变化，质量管理不再以技术为主线，而是以经营管理为主线。人们开始普遍认识到，仅仅依靠数理统计方法控制生产过程中的产品质量是远远不够的，需要采用系统的组织管理理论和方法。费根鲍姆（A.V.Feigenbaum）等人先后提出了全面质量管理的新概念，面向产品的质量管理开始转向全面质量管理。后经长期而广泛的积累、总结和升华，全面质量管理成为了全球企业界的共同实践，全面质量管理逐

渐由早期的TQC(全面质量控制)演变为TQM，也就是“三全”的质量管理:

（1）全方位的质量管理，即不限于产品质量管理，而且包括服务质量和工作质量等在内的广义质量管理；

（2）全过程的质量管理，即不限于生产过程，而且包括市场调研、产品开发设计、生产技术准备、制造、检验、销售、服务等质量环节的全过程质量管理；

（3）全员的质量管理，即不限于企业领导层和管理层，而是全体员工都参与的质量管理。

当然，全面质量管理也是在不断发展的，如“三全”的质量管理考虑问题的主要出发点就是“如何把产品做好”，而在市场竞争日益加剧的情况下，首先要考虑的问题是“用户需要什么样的产品”，尔后才是如何把它做好的问题，这就是把“全过程”的质量管理重点移到产品的开发阶段，通过进一步的发展，更多的是企业经营领域所要考虑的事情，并且是企业决策层特别是企业最高领导者所要考虑的事情，全面质量管理已经由“产品的质量管理”发展为“经营的质量管理”阶段。

同时，质量管理经过上述三个阶段的发展，质量的概念从单纯的产品质量，扩展到工作质量、服务质量、过程质量，质量的内涵从符合性质量，发展到适用性质量、满意性质量直至卓越质量。质量管理的概念也从单纯的对产品质量的管理，扩展到对生产经营全部过程和所有环节质量的管理。质量管理的焦点从产品符合标准，转移到满足市场和顾客的需求。质量管理的责任由单纯的质量部门和专职质检人员，扩展到企业的所有部门和全体员工。质量管理的范围从企业产品的生产部门，扩展到企业的所有部门，并与顾客、供应商和社会紧密联系。质量管理的理论从简单的专业分工理论，发展到基于数理统计、系统理论、人文科学等多学科综合的管理理论。基于系统科学和信息技术的质量管理技术和工具不断涌现，使得企业质量管理的理论和技术水平得到很大的提高。

1.3.2 从基于数据的质量管理到基于知识的质量管理

在传统的质量管理中，质量是通过有关的数据和信息来体现的。质量管理就是对质量数据和信息的管理，就是质量数据、信息的收集、传输、处理、反馈的过程。而现代质量管理已从最初的产品输出端的检验逐渐向生产过程控制转移，再转向产品的研发。从事后检验转变为在线控制再转变为事前预防，管理的重心转向源头管理。产品的研发是企业经营的源头，产品设计是对产品整个生命周期的设计，需要考虑产品的形成、使用直至用后处理等所有的环节，涉及面最广。同时产品设计也是技术、知识密集度最高的环节，对研发的质量管理必须在拥有大量信息和数据的基础上，综合运用复杂的知识来完成。

随着知识经济的到来和知识管理的产生和应用，人们开始关注质量管理和知识管理之间的联系。在现代管理中，质量还要通过有关的知识来体现。现代企业产品质量管理是企业全体员工及其有关部门同心协力、综合运用现代科学管理、专业技术和科学方法，经济地开发、研制、生产和销售用户满意的产品的管理活动，德国质量协会形象生动地将其表示为“水涨船高”的图形，其含义为产品质量不仅是靠过程管出来的，更是靠知识托出来的。企业内部各种知识与员工的从业热情在很大程度上决定了产品全寿命周期过程中质量管理水平的高低，从而决定了产品在市场竞争中的命运，如何营造良好的质量知识管理环境已经成为质量管理中关注的焦点。

现代质量管理所涉及的知识，从广度、密度、深度和关联度上都有了进一步的扩展、提高、深化和加强，从产品知识、客户知识、流程知识到市场知识等方面，往往交叉运用，必须通过跨职能团队来实现，这离不开健全、复杂的信息系统和高素质的人才。现代质量管理是组织、技术和人的有机融合。在知识管理中，数据、信息和知识的定义表明了三者之间的区别，数据是原始的、无关的事实，信息是给出意义和关系的事实，知识是支持并导致行动的信息。质量知识是一种能够改变与质量活动相关的人或事物的质量信息，这既包括使质量信息成为质量活动的基础方式，也包括通过质量信息的运用使得质量人员能够在产品生命周期中进行质量控制和改进。根据质量管理对象的知识密度和处理数据、信息的技术水平，可将质量管理划分基于数据的质量管理、基于信息的质量管理以及基于知识的质量管理。

基于数据的质量管理主要包含质量检验和统计质量控制两个阶段。质量检验阶段的特点是通过测量，获取产品数据，与标准对照，判断产品是否合格。质检人员只需具有有关产品技术标准及测量器具的使用知识，就可对产品进行检验。在对产品质量进行分析时，只需要采用简单的统计工具，就可胜任。统计质量控制阶段的特点主要是通过测量法来获取产品数据，用统计方法及其他工具对这些数据进行简单的处理，从而了解、掌握有限的质量信息，达到控制产品质量的目的。统计过程控制阶段的管理范围从过程的结果拓展到了生产过程之中，而且该阶段的检验无论从科学性还是形式上都较传统的检验工作更加丰富。质量数据和信息基本上与产品直接相关，数据和信息量有限，收集、传递、处理的技术和方法都非常简单，对员工的质量意识和专业知识要求也不高，在生产过程中，只运用了有限的预防措施，缺乏跨职能的交流。

基于信息的质量管理是全面质量管理阶段。在这个阶段，质量管理开始重视企业经营的全过程（包括市场调研、产品研发、计划、采购、制造、包装、储存、销售及售后服务）的管理，管理的范围扩展到了企业的各个部门和每一个员工。与传统质量管理不同，全面质量管理是将企业所有管理职能纳入质量管理的范畴，而传统质量管理则是企业全部管理职能之一。全面质量管理的信息范围从注重产品信息拓展到企业经营的所有信息，主要包括企业综合质量管理信息、产品质量信息和技术信息三个方面。同时，由于产品性能的完善化，结构的复杂化、精细化和功能的多样化，使产品所包含的设计信息、工艺信息及相应的质量信息猛增；加之由于消费的个性化、市场的多样性以及由此而产生的多品种、小批量的柔性化生产趋势，更促使质量信息剧增；再由于信息技术的发展，使得在线检测、监控、补偿技术的发展和广泛应用使检测数据和信息大量增加。

全面质量管理和信息技术开始紧密结合。一方面，质量的信息量急剧增多，为信息技术的应用和发展提供了条件，企业必须建立现代信息系统才能对质量信息进行有效管理；另一方面，信息技术的发展，使得企业全面质量管理上升到一个新的阶段。计算机辅助设计（CAD）、计算机辅助工程（CAE）和计算机辅助制造（CAM）的迅速普及为引入计算机辅助检验和试验提供了数据库和信息结构。同时，大量统计软件包的开发，使质量统计技术得到了良好的发展和应用。在信息技术的基础上按 ISO9000 标准建立起来的质量管理系统，使得企业对产品质量信息、用户满意信息、竞争对手信息等各种信息的收集和处理变得科学和方便，企业能够在大量信息的基础上进行决策。

但是，在基于信息的质量管理中，由于只注重质量信息的采集、储存，而对信息与信息之间的联系及由此产生的新知识重视不够，从而使得采集的质量信息并没有为企业的决策作更多的贡献。尤其从 20 世纪 90 年代开始，质量管理逐渐超出了传统质量范畴，形成了关注组织整体运作经营质量的大质量概念，大质量所要关注的知识体系极为重要。

科学技术的发展、顾客需求的提高、市场全球化竞争的加剧，要求质量管理去适应更加复杂的环境。知识正在成为包括质量竞争力在内的企业核心竞争力的源泉，企业必须通过知识的收集、存储、传递、共享、创新和应用来提高管理效率和质量效益。其中知识的创新和共享尤为重要，这就要求企业依靠信息技术和知识管理技术，不断挖掘信息与信息之间的联系，从而创造新的知识。知识管理就是对业务流程中无序的知识进行系统化管理，实现知识共享和现时利用，以提高业务水平和效率。学术界和企业界一直在探索如何将知识管理的理论方法应用于质量管理实践，质量管理的进一步发展需要引入知识管理，知识管理能力对质量管理水平、过程方法与质量控制改进和质量结果水平有着显著的影响。实际上，在现行的一些质量管理思想和技术中，已经日益体现出对知识资源的重视。

如 ISO9000 标准强调在程序中获取运作过程中的 who、what、where

和 when 的知识以及在工作中获取 how 的知识，尤其是 2015 版 ISO9001 标准明确提出：组织应确定质量管理体系运行过程所需的知识，以获得合格的产品和服务。这些知识应予以保持，并在需要范围内可得到。为应对不断变化的需求和发展趋势，组织应考虑如何应用现有的知识，如何获取更多必要的知识，并进行更新。当然，组织的质量知识包括显性知识和隐性知识，尤其是隐性知识，其来源于内部和外部，是从经验中获得的特定知识，是实现质量目标所使用的共享知识信息。

21 世纪企业的成功越来越依赖于企业所拥有知识的质量和对知识的共享利用程度，知识管理是构成质量竞争力的长效工具、方法和机制。基于知识的质量管理是从企业整体出发，运用系统方法和知识管理的理论，从知识的角度对现行质量管理中的各种理论和方法进行整合，以质量为中心，以知识为基础，以质量知识的获取、存储、共享、利用和创新为手段，从系统的角度考虑提供高水平的顾客满意和业绩，提高质量管理能力，使企业绩效最大化。

1.3.3 从技术工具主导质量管理到组织文化引领质量管理

传统质量管理主要是技术导向的，大量采用质量工具进行管控。质量工具一般是通用技术型工具，这类技术工具可以帮助企业更好、更科学地对质量进行管控，极大地提高质量管理的效率。例如常用的质量工具为：流程图、关联图、检查表、调查法、统计抽样、描述性统计、重要度 – 绩效分析、绩效指数、运行图、直方图、因果图、排列图、散布图、头脑风暴、亲和图、矩阵图、失效模式及影响分析、树图、分层法、质量机能展开、防错法、甘特图、网络图、显著性分析、方差分析、回归分析、实验设计、控制图和过程能力分析等。当然，还有 PDCA（策划、实施、检查、处置）循环。

毫无疑问，质量技术工具根据质量管理的目标，在过程的各个阶段进行选用。质量技术工具应用得如此广泛，以至于人们常常误把质量管理看成是运用质量技术工具的过程，这种以技术工具主导质量管理的观念和做法，其最大的问题是一味强调技术工具的主导作用，忽视组织文化的引领作用，这种质量管理的效果是有限的。因为人是企业运营和质量管理的主体，工具是死的，人是活的，从根本上说，企图单靠“技术工具”来解决“人的问题”是不现实的。诚然，技术工具与产品和服务质量直接相关，但企业兴衰的无数案例证明，与技术工具相比，以质量文化为核心的企业文化对于产品和服务质量的形成具有更重要、更深刻和更持久的影响，因为所有企业都有自己的生存方式，这种生存方式集中表现为大多数成员相同或相似的质量行为模式，并以共享的质量理念和质量价值观作为行为基础。这就要求企业以组织文化引领整个团队和每一位员工，认同并实行以人为本的质量管理。

人作为企业质量管理系统的基础及实施者，对质量管理的实施过程和结果具有重要影响，特别是在服务过程和新产品开发过程中，员工的认知、态度和自主行为对服务结果和新产品开发绩效有重要影响。在早期的研究中，有人就提出关注质量管理的员工因素，并认为对质量管理中员工因素的研究，能够为质量管理的发展提供新的机会，特别是对员工行为的关注有利于深入理解执行、文化、目标等能够影响质量管理效果的要素。因此，新的质量管理研究应从员工行为的视角展开，综合采用行为实验、调查研究等方法探讨质量管理的实施对员工行为、员工绩效的影响，明确员工对不同质量管理实践的态度和反应，以及这些态度和反应对员工行为、员工满意和质量管理实施效果的影响。

现代质量管理将过去的以物为中心的管理转换到以人为中心的管理，注重从质量意识、质量理念和价值观入手建设质量文化，因为质量管理的对象不仅是物，更主要的是人，质量管理的手段不仅要采用技术工具，更应培育组织文化。在全球市场竞争的环境下，产品质量的形成与优化过程既是一个物质的设计和加工生产过程，更是一个文化、思想、意识的凝聚过程，这是产品质量形成的灵魂，最为典型的是零缺陷的产品是建立在零缺陷的文化基础上的。

创建零缺陷的精神文化。改变心智是推行零缺陷的关键，应贯穿于企业运行的全过程。零缺陷理念的步步深入，会不断地与传统的质量旧观念和旧习惯发生冲突，对此，要运用教、导、育、激等手段进行转化和提升，从多角度、全方位促进员工树立零缺陷“从我做起”的意识，将自发性质量思维方式转变为自觉性质量思维方式，在实践中培育和发扬追求极致的匠人精神。

创建零缺陷的制度文化。零缺陷精神文化重在哲学教育和训练，制度文化则重在引导和约束，它是对教育的强化和补充。建立和完善一整套运行机制、监管机制、考核机制、激励机制、约束机制、竞争机制，使实现零缺陷有严格的制度和纪律保证。

创建零缺陷的行为文化。由个人“一次做对”向团队“次次做对”发展，精神文化、制度文化只有落实到行为文化上才有意义。“一次做对”是每个人都将随意性的做事习惯转变为规范性的做事习惯，而“次次做对”就需要整个团队的协同运作和高效稳定，需要文化与技术的完美结合。

1.4 国内外航天工业质量管理发展概述

纵观世界航天工业发展历史，可以说是一部航天工业质量管理发展史，至今已日趋成熟。仅以 2018 年航天发射任务统计情况来看，全世界共进行了 114 次航天发射任务，其中 111 次发射成功，发射成功率超过 97%。中国全年发射 39 次，发射航天器 107 个；美国全年发射 34 次，发射航天器 199 个；俄罗斯全年发射 17 次，发射航天器 58 个；欧洲全年发射 11 次，发射航天器 22 个。人类航天事业在经历了无数艰难坎坷后取得了骄人的成就，这些成就也表明了对人类大型航天工程项目质量管理和风险管理的成功。其经验主要表现在以下几个方面：（1）设立专门的负责质量和风险管理的机构，建立完整的质量保证体系；（2）建立完善、科学的质量评审体系和风险管理体制；（3）判定科学的质量和风险管理标准；（4）加强全面质量管理和风险教育；（5）合理、科学地使用多种风险分析方法。各航天国家在取得一项项巨大成就的同时，也无一不经历了一次次重大挫败，其中不乏在航天工业质量管理方面的宝贵经验和深刻教训的积累，尤其是由于质量问题造成型号飞行任务失败，导致巨大经济损失和人员伤亡的案例时有发生。航天产品一次性使用的特点决定了任何缺陷或不安全、不可靠的因素往往会以失败于一瞬间的结果体现，真可谓“成亦质量、败亦质量”，确保航天产品 / 项目成功，必须不断完善质量管理。

1.4.1 美国航天工业质量管理发展概述

美国航天工业的全球领先地位，得益于其强大的航天工业核心能力，而航天工业质量管理能力是其核心能力之一。美国作为世界头号航天强国，其航天技术与质量管理水平居世界前列，能够针对不同时期航天工业发展的需求进行变革，美国航天工业对产品的质量有严格的、成熟的标准体系和要求，并建立了系统的管理规章和制度。

自 1988 年以来，美国在国防部、NASA 以及航天产品承包商和供应商中大力推行全面质量管理，以解决航天型号研制这种大型复杂系统的质量管理问题，采取的具体措施主要有以下几个方面：

（1）成立相应的机构，高层领导亲自参加，从组织上加以保证

美国国防部、NASA 都成立了由高级管理人员参加的“TQM 推行指导委员会”，负责制定政策、把握方向、进行指导，并在下属研究中心中设置相应的组织机构和质量管理机构。NASA 和国防部还颁布了一系列关于全面质量管理的规章制度，以及贯彻 TQM 的政策和各部门的职责，还制定了部门贯彻 TQM 必须实行的措施，如“领导者亲自负责参与和长期坚持，确定工作目标并促进达到世界一流的质量和性能；支持新技术和组织现代化”等。

NASA 建立了严密的产品保证组织，维持了一支高水平、较大规模的产品保证队伍，在总部设有安全与任务保证办公室，作为统管质量、可靠性、安全性的职能部门；在总部各事业办公室均设有负责产品保证的专职人员，在各大直属中心都设有相应的产品保证机构，负责该中心及其外协项目的产品保证。NASA 的产品保证战略目标是：保证所有活动的安全，并设法提高项目的成功率。

（2）加强宣传教育和培训，营造人人都重视质量的文化氛围

在实施 TQM 计划中，美国国防部提出使 TQM 成为一种生活方式，要求主承包商、子承包商和供应商都接受 TQM 培训，参与到 TQM 活动中来。NASA 提出要使每一个 NASA 员工和承包商都明白自己在航天任务中的地位和作用，人人都为质量做奉献。NASA 还设立了质量奖，并开展了质量月活动，每年评选当年的 TQM 成就，举办各种 TQM 讲座、培训班、高级管理人员研讨班，定期召开 NASA 和承包商的 TQM 研讨交流会，出版专辑等，通过多样的形式，培养人人关心质量、重视质量的良好文化氛围。

（3）推行质量管理新理念，使传统的质量管理向现代化迈进

NASA 的 TQM 专家认为，实施 TQM 的一个重要观念变化就是：没有质量，生产率是没有意义的，而过程得到控制之前，质量是不可能得到的。因此，在质量管理的各个阶段，实施过程控制计划，并借助因果图 / 控制图、质量分布表、矩形图、Pareto 图、分布曲线、流程表等工具来帮助管理者进行过程控制。

与此同时，在实施 TQM 过程中，提出了以强调团队的集体努力、崇尚所有层次了解全部情况、自下而上做决策等为特征的“准则式管理”，替代以强调专业人员作用、高层人物掌握全部情况、自上而下做决策等为特征的传统“控制式管理”。此外，NASA 还不断加强可靠性工程在设计和试验中的应用，早在 20 世纪 60 年代就开展运用故障树等方法进行风险和可靠性评估，20 世纪 80 年代就开始使用故障模式和影响分析。美国国防部不仅广泛开展风险方面的研究，向核工业、航天工业等工业界推荐风险分析方法与技术，从管理上制定政策、采取措施、发布指南，对工程项目“从研制到生产的转移”进行风险管理并日趋完善，而且还在武器装备研制中推广应用精益六西格玛管理方法，取得了十分显著的成效。另外，波音公司等航天企业一直在积极推行卓越绩效模式，尤其作为美国最大的国防、航天系统集成商和政府客户，洛克希德 · 马丁公司强烈地意识到其客户使命的独特性与重要性，注重企业文化建设，其导弹和武器火控事业部则以“追求卓越的绩效目标”

为其坚定信念，在所有业务部门推行流程及绩效改进项目，使其在各关键产品线占据全球市场领袖地位。

美国航天工业系统的质量管理理念、模式和方法也是在汲取一次次惨痛教训的基础上，不断积累、推陈出新建立起来的。不可否认的是，美国载人航天文化曾存在种种弊端，对航天产品质量安全造成重大的负面影响，最典型的是美国航天史上的三次惨烈灾难。

1967 年 1 月 27 日，阿波罗 1 号载人飞船指令舱在进行地面发射演练时，舱内发生火灾，导致 3 名航天员全部丧生。起火的原因是一段绝缘层破损电线与其临近的金属发生摩擦产生了电火花，引燃周围管路泄漏出的少量可燃液体，这一点点明火立刻在舱内的纯氧环境下蔓延开来，而舱门开启方案的设计缺陷使航天员还未来得及打开舱门就被大火吞没。看似技术缺陷引发的这次重大灾难事故，隐含着 NASA 管理层在技术与质量管理方面存在的固有偏见，这种质量文化上的缺陷导致灾难在后来不断重演。“阿波罗 1 号”灾难之后，NASA 对整个系统方案进行了重新设计并加强管理，才换来了“阿波罗 11 号”的登月成功。

1986 年 1 月 28 日，挑战者号航天飞机发射升空 73 秒后凌空爆炸解体，机上 7 名航天员全部遇难。造成这起悲剧的技术原因是航天飞机右侧固体火箭助推器的尾部装配接头和密封圈不能适应低温环境而失效，使固体推进剂燃烧时的高温高压气体泄漏出来将外挂箱烧裂解体，引起氢氧爆炸着火。调查结果表明，发生事故的直接原因是装配接头和密封圈设计有误，而根本原因是忽视安全和质量控制。当时，发射窗口的一推再推和发射进度的紧迫要求使 NASA 管理层顶着各方面的反对意见，做出了在寒冬发射的决定。而这些反对意见中就有来自于助推器研发部门工程师的警告：寒冷环境下密封圈会变脆，失去弹性从而失效。但助推器研发部门管理者的侥幸心理占了上风，他们支持航天飞机按正常发射。NASA 的最高决策者们明知存在质量隐患，却批准了发射，最后酿成悲剧。这起严重事故的直接经济损失高达 14 亿美元，同时还严重打乱了美国航天发展规划，使美国“星球大战”计划陷入困境。

2003 年 2 月 1 日，返回过程中的哥伦比亚号航天飞机在大气层内解体失事，7 名航天员全部遇难。最终调查报告指出，导致事故的技术原因是：航天飞机发射升空 81.7 秒后，由于外部推进剂箱外表面脱落的一块泡沫材料的撞击，导致了航天飞机左翼前缘的热防护系统出现裂孔。航天飞机重返大气层时，超高温气体得以从裂孔处进入机体，造成航天飞机最终解体。究其管理原因，仍来自 NASA 管理决策层。在现场工作人员提出警告的情况下，未对已知的质量隐患采取相关措施从而阻止悲剧的发生。后来公布的调查报告写道：NASA 至少有 7 次机会纠正这一失误，但都一一错失。NASA 并没有真正从挑战者号航天飞机事故中吸取教训，尤其是制度失败原因并未消除，两起事故如出一辙，深层次反映了其载人航天文化实际上是以政治为中心或是以任务为中心，而不是以质量安全为中心。

1.4.2　俄罗斯航天工业质量管理发展概述

苏联时期，从第一颗卫星到太空第一人，苏联航天工业取得了举世瞩目的成就。苏联解体后，俄罗斯依然重视航天领域的发展，是目前全球范围内除美国以外，拥有最完整航天工业体系的国家，并具有很强的航天装备研制和生产能力。无论是苏联还是俄罗斯，其高层决策者都特别注重航天装备质量与可靠性。

苏联坚持走独立的可靠性、维修性、保障性发展路径，建立自己的可靠性、维修性、保障性体系，制定可靠性、维修性、保障性标准；通过发展机械产品及制造工艺的可靠性技术，强调冗余技术的应用等来弥补电子元器件、电子设备可靠性差，以及故障检测技术较落后的不足；重视可靠性、维修性、保障性基础理论和实用技术研究，诸如加速寿命试验和冗余等实用可靠性、维修性、保障性技术；重视系统综合技术的研究，在零部件可靠性水平不太高的情况下，发展较高可靠性水平的装备及系统。比较典型的是世界上发射次数最多的运载火箭联盟号 U 火箭，自 1973 年投入使用到 2017 年退役，共发射 786 次，失败 22 次，发射成功率高达 97.2%。

20世纪90年代，由于经济不景气，俄罗斯航天工业资金短缺，发展困难重重，前进步履维艰，依靠商业发射和参与国际空间站建设勉强维持，一直到进入21世纪后，随着经济复苏才逐步有所好转。而在此期间，俄罗斯航天工业经历了曲折的道路，尤其是接连发生的一次次航天发射事故，显示了俄罗斯航天质量管理能力的下降。最典型的是俄罗斯现役运载能力最大的质子系列运载火箭发射失败的记录，10年中共发生了10次航天发射事故，详见表1–1。

表1–1 质子系列运载火箭发射事故

时间	火箭发射失败事件
2006年2月28日	质子火箭上面级发动机零件因缺陷发生故障，导致微风M上面级第2次点火后，工作时间比预定的31分钟少了约200秒，结果卫星未能进入地球同步转移轨道
2007年9月5日	由于质子火箭一二级间桁架上的电缆损坏，导致火箭级间分离的爆炸螺栓未能点火，一二级火箭未成功分离，火箭发射最终失败
2008年3月15日	质子/微风M火箭上面级发动机燃气发生器与推进剂涡轮泵之间的气体管路破裂，导致主发动机涡轮泵关机，火箭发射失败
2010年12月5日	由于专家计算错误，在助推器中加入1.5吨多余的推进剂，一枚搭载卫星的质子火箭升空后偏离航向8°，3颗格洛纳斯–M卫星在发射失败后坠入太平洋非通航区
2011年8月18日	由于火箭的上面级控制系统程序编写出现错误，一枚质子火箭未能将快讯–AM4新型通信卫星送入预定轨道
2012年8月7日	由于质子火箭的微风上面级助推器燃料输送系统油路堵塞，一枚携带两颗通信卫星上天的质子运载火箭在入轨过程中发生故障，未能将卫星送入预定轨道
2012年12月8日	过热的推进剂注入微风M上面级主发动机，导致轴承损坏，进而引发上面级故障，一枚质子–M火箭发射亚马尔402卫星失败

续　表

时间	火箭发射失败事件
2013 年 7 月 2 日	火箭上的角速度传感器安装不正确，导致偏航轴失去稳定，一枚载有 3 颗格洛纳斯导航系统卫星的质子 -M 火箭升空 17 秒后，第一级发动机出现故障意外关闭，导致携带卫星的火箭坠落
2014 年 5 月 16 日	由于操舵发动机失灵，一枚搭载通信卫星的质子火箭发射后第三级出现故障，在飞行 540 秒后下坠，当时距卫星入轨仅剩 50 秒，结果造成“箭毁星亡”
2015 年 5 月 17 日	由于火箭第三级发动机紧急停机，一枚载有 MexSat-1 卫星的质子 -M 火箭发射升空约 500 秒后出现“紧急情况”

从 2006 年算起，俄罗斯几乎每年都发生火箭发射事故，不仅质子系列运载火箭事故频发，“联盟”“进步”等主力型号运载火箭发射失败事件也不少。2018 年 10 月 11 日，俄、美两名航天员搭乘联盟号火箭前往国际空间站途中突遇火箭故障，二人不得不中止任务并紧急着陆，火箭发射失败的原因是第一级与第二级之间的分离传感器发生故障。这些火箭其实都是俄罗斯的老型号火箭，从性能设计到产品制造已经非常成熟。每次发射失利损失数千万美元的发射费用，还包括价值数十亿美元的卫星等，尤其格洛纳斯卫星的发射失败更是严重滞后了俄罗斯格洛纳斯导航卫星的组网速度，这不仅给俄罗斯造成了巨大的经济损失，还使俄罗斯航天工业的国际信誉受到了重创，成为制约其市场竞争力的主要因素，从而严重影响了俄罗斯航天强国的地位。

每当发生火箭发射事故后，俄罗斯都立即成立专门委员会，对事故原因进行调查。大量调查结果表明，火箭发射失败的主要原因是缺少对航天产品质量和可靠性的监督，尤其是火箭固有可靠性不高很大程度上源于设计问题，有些故障是人为失误造成的；有些源自生产环节出现的产品质量问题；有些是由于任务紧迫，只好采用未充分检测的火箭来发射，从而导致重大事故。所以，问题主要出在产品质量和组织管理上。

值得一提的是，在质子系列火箭经历多次连续发射失败后，俄罗斯政府曾在 2012 年撤换了质子火箭的研发单位——俄罗斯最大的航空、火箭和宇航设计制造商赫鲁尼切夫国家航天科研生产中心的领导层，并采取了许多措施，但也未能有效遏制火箭发射反复失败的厄运。俄罗斯高层认为，火箭事故频发的主要原因为：一是产品质量管控不严，根源是没有联合控制体系；二是对航天企业监管不到位；三是管理模式落后，缺少激励机制；四是有时不按航天科研试验规律办事；五是不注重人才培养，导致年轻一代的航天人员质量意识和责任意识不强，能力水平不高，缺乏经验；六是资金投入不足，工业基础弱化。

俄罗斯航天事故频发直接导致俄政府下决心改革航天部门，2016 年，根据总统令，俄罗斯撤消了航天局，在原航天局、联合火箭航天股份公司的基础上成立国家航天集团公司，将航天局改制为国有航天企业，并改进该机构的管理工作。为保住俄罗斯在航天领域日益受到威胁的领先地位，2018 年，俄政府再次重申质量控制问题，并要求国家航天集团加紧实施质子系列火箭退役，从而欲促使航天工业走出低谷，重振航天强国形象。

1.4.3　欧洲航天工业质量管理发展概述

欧洲的航天工业是在航空工业和战略导弹技术基础上发展起来的，经过一系列的整合、重组，形成了以欧洲太空局（欧空局）、欧洲宇航防务集团、阿丽亚娜公司等为支柱的欧洲航天工业体系，欧洲航天工业管理发展到了新阶段。在欧盟的经济、政治、军事防务一体化进程中，欧洲各国在实施航天重大科技工程中通力合作、积极配合，取得了一系列显著成果，在运载火箭、卫星研制方面也取得了长足进步。这些成果的取得与欧洲航天工业质量管理的进步是分不开的，尤其是与实施产品保证密切相关。

欧空局作为欧洲的泛国家民间航天机构，实行项目经理负责制，除设立项目管理的部门外，还设立了提供技术支援和产品保证的技术和运行支援部门，为欧空局的所有项目提供支援。欧空局规定所有的空间产品开发的全过程都要实施产品保证，为此制定了一个系列标准 ECSS-Q 来规定产品保证的方针、内容、要求和方法。在承担欧空局的空间产品开发任务的组织内都有一套完整的组织机构，按照这个系列标准来实施项目的产品保证。

较典型的是法国宇航戛纳卫星研制中心，其产品保证机构是一种工业化方式的矩阵管理模式，而在质量部门内采用的也是矩阵管理；产品保证部不仅负责研制生产过程中的工作质量，也负责包括人事部门、商务及合同部门等在内的所有部门的工作质量，而质量主管人员主要职责是按照产品保证大纲控制项目队伍在研制生产过程中进行所有必要的试验、检验和测试等工作，并协助项目队伍利用产品保证部门的资源。一个项目的产品保证经理来自产品保证部，又是项目队伍中的一员，从形式上归项目经理负责，但是只要在产品保证领域，他有最高的决策权，产品保证部门在很大程度上是独立的。

实际上由于种种原因，欧洲航天工业也曾无法做到全面的质量和全过程质量保证，导致了一系列的质量安全事故。较典型的如阿里亚娜 5 型火箭也走过了一段曲折不平的道路，由于质量管理不善和技术改进不足而集中出现的一系列失利，不仅造成了巨大的经济损失，也对阿里亚娜火箭的商业化推广一度造成了负面影响。

1996 年 6 月 4 日，阿丽亚娜 5 型火箭首次发射，火箭升空 40 秒后即偏离预定轨道，在距地面 4 千米的高空发生爆炸，并瞬间解体，箭毁星亡，价值约 5 亿多美元的 4 颗克勒斯特大太阳风探测器也化成了灰烬，给欧洲航天界以沉重打击。发射失败原因为火箭惯性参考系统软件方面存在设计失误，导致故障发生。

1997 年 10 月 30 日，阿丽亚娜 5 型火箭第二次鉴定发射，因火箭发动机提前关闭致使两颗模拟卫星未能进入预定轨道。

2001 年 7 月 12 日，阿丽亚娜 5 型火箭第 10 次发射、也是第 7 次商业发射中，由于上面级发动机不稳定燃烧提前熄火，导致搭载的两枚卫星未能入轨，发射宣告失败。

直到 2002 年 3 月 1 日，第 11 枚阿丽亚娜 5 型火箭的发射才取得成功，但仅仅 9 个多月后，又一次蒙上阴影。2002 年 12 月 11 日，阿里亚娜 5 型火箭在库鲁发射场发射不久后又发生爆炸，火箭和其携带的两枚价值 6 亿美元的卫星坠毁在大西洋中。事故起因于冷却管破裂使引擎温度过高，导致辅助火箭发生问题无法转向而失败，火箭在发射三分钟后自毁。

当然，现今的阿里亚娜 5 型火箭已成为广泛使用的型号，欧洲运载火箭的竞争力也在逐步加强。

1.4.4　中国航天工业质量管理发展概述

中国航天工业创建于 1956 年，脱胎于从事导弹、卫星和运载火箭等航天产品研制生产的工业部门和企业。中国航天工业是在极为艰难困苦的条件下，依靠自力更生，从研制中近程导弹开始起家的。由于国防工业系统的特殊性，我国国防工业建设之初，就非常重视质量管理工作，制定了一系列质量管理工作要求，当时实施的是以检验为主的传统质量管理。随着国防科研生产的发展，单纯依靠检验把关的方法越来越不适用。军工产品质量经历了几次大反复后，在 20 世纪 70 年代后期开展了全面彻底的质量整顿。

20 世纪 60 年代中国航天工业创立初期，周恩来总理针对航天科技工业的特点提出了“十六字方针”——严肃认真，周到细致，稳妥可靠，万无一失。这是中国航天工业质量工作长期遵循的重要指导原则，是航天工业发展的宝贵财富和精神动力。严肃认真是航天人应采取的工作态度，周到细致是航天人应遵循的工作方式，稳妥可靠是航天人应达到的工作要求，万无一失是航天人应追求的工作目标。通过一代又一代航天人的传承，“十六字方针”逐渐内化为航天人的“质量基因”。

随着改革开放的推进，国防科技工业开始学习、推广全面质量管理，从传统管理向科学管理转变。1983 年年初，国防科技工业开始启动质量管理“立法”和贯彻工作，1987 年 6 月 5 日，国防科工委正式发布《军工产品质量管理条例》。

20 世纪 90 年代开始，航天系统的质量管理工作，是以贯彻国防科技工业质量法规，实行质量保证体系考核和质量体系认证为主线展开的。根据“一次成功，系统管理，预防为主，实行法治”的指导思想，系统地规范了航天型号研制、生产过程的质量保证和质量管理活动，培养了队伍，成立了质保组织，促进了质量责任制的落实和设计、制造过程的改进，完善了质量监督，建立了文件化的质量体系，提高了质量保证能力。航天企业是中国最早接纳全面质量管理理念的大型制造企业之一，也是最早根据 ISO9000 要求建立质量管理体系并取得认证的组织。

然而，中国航天工业发展的进程并非一帆风顺，20 世纪 90 年代初期，在改革开放经济转型期间，航天工业外部环境发生了很大变化，同时国内军品任务量锐减，但航天新型号研制要求技术上新台阶，对外商业卫星发射任务需求增加；而中国航天在思想观念、体制机制等方面还不适应并滞后于这种变化与发展。在新的挑战面前，人心不稳、技术不精、管理不到位，产品质量问题不断发生，中国航天发展史上出现了艰难局面。特别是 1992 年至 1996 年间，在型号研制过程中除一些深层次技术问题明显增多外，低层次的、重复出现的、人为因素质量问题也集中暴露，主要原因就在于工作不认真，思想松懈麻痹，各级责任制不落实，重科技成果，轻产品质量，规章制度形同虚设，材料、器件问题层出不穷，质量管理薄弱。短短几年内，运载火箭多次发射失败，卫星先后多次发生故障或事故，导弹型号飞行任务也连续出现失利，航天发射和型号飞行试验成功率降到历史最低点，中国航天遭受了一系列重大挫折。

1992 年 3 月 22 日，中国用长征二号 E 运载火箭发射澳大利亚 B1 星，这是一次国际性商业发射，也是中央电视台第一次向全世界直播现场发射实况，然而火箭发射时，由于电路短路，火箭发动机紧急关机，终止了发射，事故原因是拧动点火控制器时从螺钉上旋下 0.15 毫克的铝制多余物。那一惊心动魄的场景通过实况转播传入千家万户，澳星发射失败不仅给跃跃欲试的中国航天对外发射服务蒙上了阴影，而且成为中国航天人心中永远的痛。为了铭记教训，每年的 3 月 22 日被定为“航天质量日”。

1994年4月2日，风云二号01星在西昌卫星发射中心进行发射前的最后一次厂房测试时，因肼系统泄漏而突然爆炸起火，导致卫星被毁，设备、厂房也都被损毁，并造成人员伤亡。

1994年11月30日，中国国内市场急需的东方红三号通信卫星发射后，因推进剂泄漏，卫星未能进入预定轨道而无法使用。

1995年1月26日，中国用长征二号E运载火箭发射亚太2号卫星时，由于卫星的谐振频率与火箭整流罩的谐振频率相同，加上高空切变风对火箭的作用，引起共振，造成星箭爆炸。

1996年2月15日，中国用新研制的长征三号B运载火箭发射国际通信卫星708，火箭起飞2秒后飞行姿态出现异常，原因在于一个电子元器件的失效，使得惯性基准倾斜，火箭按错误的姿态信号进行姿态矫正，导致火箭在飞行22秒后撞地爆炸，星箭俱毁，发射失败。

1996年8月18日，中国用长征三号运载火箭发射中星7号卫星，因火箭三级发动机故障，卫星“半路搁浅”。

这些失败事件严重影响了中国航天的形象和声誉，对我国长征火箭商业化发射造成了非常不利的局面，大部分客户取消了发射合同，造成了对外发射市场的萎缩，中国航天一度出现了质量信誉危机，在经济效益和社会效益上受到重创。当时，国人对航天的失望以及外电惊叹“中国航天怎么了？”，使中国航天的品质和品牌受到严峻考验。实际上在这一阶段，多种导弹武器重点型号研制飞行任务也频频失利，严重影响了型号研制进度和经费，影响了国防现代化建设。

惨痛的教训刻骨铭心。面对“失败不起，没有退路，只能成功”的严峻形势和巨大压力，航天人痛定思痛、卧薪尝胆、深刻反思，一方面认真查明型号飞行任务故障原因，一方面系统总结成功的经验和失败的教训，充分吸取国内外成功企业质量管理经验，针对航天型号研制生产任务的新特点，深化改革，制定并实施了具有中国航天特色的强化型号质量管理“28条”、强化航天科研生产管理“72条”、质量问题归零“双5条”共110条强化质量管理的举措，成为航天工业质量提升的重要“法宝”。如今航天科研生产和质量管理中的很多“金科玉律”都能追溯到 1996 年的质量变革，这为中国航天工业走出挫折、走向辉煌提供了有力的保障，奠定了坚实的基础。

经过 60 余年的发展，中国航天工业在导弹武器研制、火箭卫星发射、载人航天飞行、深空探测、航天技术应用和产业发展等方面取得了令国人自豪、令世界瞩目的辉煌成就。仅以中国长征系列运载火箭为例，发射密度越来越高，运载能力和入轨精度不断提升，截至 2018 年年底，长征系列运载火箭已累计发射 297 次，发射成功率高达 95.28%，在世界范围内名列前茅。中国发射并运行成功的自制航天器，包括各类卫星、飞船、目标飞行器和探测器已达 300 多个。另外，中国航天防务装备研制取得了一个又一个重大突破，型号飞行试验成功率也保持在 95% 以上。

中国航天工业质量管理也在不断汲取国外先进的质量管理理念、模式和方法的基础上，结合本国航天工业的特点，创造了一系列新经验。作为航天工业发展的核心能力，航天质量管理能力得到显著提升。当中国航天在后续的发展道路上遇到新的困难和挫折时，航天质量管理在保成功方面将发挥应有的作用。2017 年，航天领域产品质量出现较大波动，重大发射任务多次失利，再一次到了“失败不起，没有退路，只能成功”的关头。中国航天人通过在航天系统内深入开展质量形势任务教育、质量大检查和集中专项整改活动，迅速扭转被动局面。2018 年，中国运载火箭发射次数首次独居世界第一，航天发射任务取得连战连捷的佳绩，尤其是长征系列运载火箭保持高密度发射态势，全年发射 37 次，以 100% 的发射成功率将 103 个航天器送入太空。实践证明，航天保成功之路没有坦途，航天工业质量管理任重道远。

第二章
新世纪中国航天质量发展的环境

当今时代，经济全球化深入发展，科技进步日新月异，质量正在日益成为世界范围内的关注重点。中国特色社会主义进入了新时代，中国经济发展也进入了新时代，由高速增长阶段转向高质量发展阶段。中国进入了质量时代，全社会的质量氛围和环境正在改善，但质量形势依然不容乐观。这对中国航天质量发展既是难得的机遇，也是严峻的挑战。

2.1 21世纪是高科技发展的质量世纪

质量管理作为一门学科，在世界范围内得到了广泛的研究，其重点在于正确地引导质量发展的方向，关注质量内涵和外延的不断扩展，关注质量科学的最新发展趋势，关注企业运用质量管理理念、模式和方法的融合创新与有效实践，关注经济社会发展为质量带来的影响和提出的挑战等。

2.1.1 质量管理专家朱兰博士的预言

世界著名质量管理专家朱兰博士曾经预言："20世纪是生产率的世纪，21世纪是质量的世纪。质量是和平占领市场最有效的武器。"1998年5月，朱兰博士在回答中国质量管理代表团提问时进一步强调：随着世界各国经济的发展，21世纪将成为高科技发展的质量世纪，高科技的产品质量在人们生活中越来越显示其重要性。进入21世纪后，在一个全球化的竞争性市场上，质量已经成为取得成功最重要的因素之一，人们已经深刻地认识到，质量是企业竞争力和国家竞争力的核心。尤其在高科技发展下，质量正在日益成为企业参与全球化竞争的底线。

由第一次工业革命开始的工业发展，走过了必经的野蛮扩张阶段，由量来满足社会物质需求的时代也敦促着工业在发展上更侧重于生产率的有效提升。但经过20世纪长足的发展，工业在科技发展的爆发性增速下，实现了生产率的有效提升，而覆盖产品也近乎于满足了社会物质的基本需求，新科技更侧重于寻求如何提升生活质量的新品研发，而降低对于生产率的不断追求。也就是说，新的工业发展在跨越了对于生产效率的追求后，转向对质量的更高要求。面对这样的工业发展态势，朱兰博士以对质量管理丰富的研究经验及敏锐的视角，研判21世纪的工业发展，其核心竞争必将是质量制胜。

质量是一个适用面非常广泛的概念，但最重要的是“满足要求”，即一组固有特性满足要求的程度。企业的核心产物是产品，产品的核心是其固有特性能否达到预定要求，能否满足顾客需求，能否实现预定价值。因此产品的质量决定产品的销售、市场、品牌，也因此影响着企业的发展。可以说，质量是企业的核心特质。

克劳士比先生在《20世纪质量管理简史和未来的解决之道》中指出：“我们身处的是一个世界性的经济体。未来的质量，将不只是‘最好能有’而已，质量将是进入市场的基本条件。”质量不再是单纯的可以使用，而是必须确保完美使用，使用的定义也随之扩展。在满足物质需求的初期，产品的可用性是摆在首位的，因为其务必先满足对于生活中某一种使用需求。但进入21世纪，产品市场的竞争加剧，物资匮乏与垄断性都被打破，饱和性的市场竞争使得用户在产品选择上具备了更多的选择性，产品的可用性已经成为最基本的条件，使用过程中的产品稳定寿命、产品使用体验愈发成为更被用户重视的选项，正如同当今电商平台上用户评价是更被其他消费者所看重的购买因素。

尤其是在产品种类得以大量丰富，产品覆盖在生活中已经实现一定比率，可用已经成为基本的产品属性，而能用、好用、耐用、爱用成为了对于产品的更高要求。在延续性的时间段内，产品的属性与质量息息相关，提供优质产品已成为满足市场需求的首要目标。人们越来越清楚地认识到：使用价廉质次的倾销政策已难以取胜，能最终取胜的重要法宝就是优质产品和优质服务，就是质优价廉或质优价适的营销政策。这是一场商业战争，战争的主要武器就是产品质量，可以说，21世纪的质量战争更为严酷，这就是面临质量挑战的国际环境。在一个大部分产品供过于求的市场内，产品差异化最重要的表现就是质量水平的高低。就像乔布斯对苹果手机销量后来居上、称雄世界的解释为：质量比数量重要得多。

全球化的市场竞争体系，使得企业竞争加剧，在野蛮扩张实现市场份额占领的时代渐远之后，企业面临的难题是如何依靠产品质量立足市场，即依靠产品质量的保障，确保使用者在生活质量提升的过程中始终满意，实现全过程优化的用户体验。在越发注重用户体验的时代里，产品轻微的使用缺陷都可能给企业经营带来灾难。质量管理在企业发展中的相随与共，促进了产品质量和经营质量的不断提高，支撑了市场占有率和市场竞争力的不断提高。

2.1.2 新时代全球对质量和质量管理的需求与挑战

质量管理有着与时代发展相匹配的历史特征性，在现代国际经济发展史上，质量在大国崛起中扮演着重要的推进作用。从世界范围看，各大经济体的腾飞无不依赖于对质量的高度重视，如日本设立的“日本戴明奖”，美国设立的“美国波多里奇国家质量奖”，欧洲设立的“欧洲质量管理基金会卓越奖”和中国设立的“中国质量奖”都显示出不同国家和地区对质量的高度重视，这也有效促进了整个社会、企业界对质量的高度重视，为经济的持续发展提供了强劲的动力。德国、日本、美国等发达国家的实践表明，在社会经济进入快速发展的关键时期，在解决发展速度的同时，必须解决发展质量的问题，必须把质量摆在重要的战略位置来抓。

当今时代，可持续发展的经济使质量需求有着相应的改变。从国内外环境看，以信息技术为代表的科学技术的日新月异，正推动着世界经济朝着全球一体化的方向迅猛发展，这种发展促进了国际范围内的市场竞争日益激烈。而竞争的根本要素就是质量，追求质量正变成一种全球性革命，并影响到社会、经济生活的各个层面。世界经济整体增长不确定因素依然存在，全球产业分工和市场需求结构出现明显变化，整个世界每时每刻都与质量发生着千丝万缕的关系，以质量为核心要素的标准、人才、技术、市场、资源等竞争日趋激烈。发达国家致力于制定新的国际贸易规则，纷纷以健康、安全和环保为由，利用技术性贸易措施打“质量战”、限制进口，一些国家还变相建立认证检测等贸易技术壁垒，倒逼我国把质量问题放到更加突出的“位置”。

美国质量学会（ASQ）于2005年作的一项关于未来的研究指出，影响未来质量的主要力量有六个方面，即：全球化，改革/创造/变化，外包，消费者的成熟度，价值的创造，质量的改变。这对于世界各国质量发展具有可借鉴的作用，是未来驱动质量和质量管理的关键因素。新时代的“质量”必定与社会进步和经济发展的可持续化相联系。

20世纪初期，人们生活用品匮乏，首要目的是满足物质的供给，在那时，质量根本无从谈起，因为必需性的物质满足还无法做到。进入21世纪，新一轮科学技术和产业革命蓄势待发，其主要特点是重大颠覆性技术不断涌现，科技成果转化速度进一步加快，高科技产品以前所未有的态势改变着社会生活。电器化、数字化甚至智能化的产品已越来越多地进入人们的生活。人们的生活质量在便利中提升，但随着高科技产品在生活中的覆盖率与使用率的不断提升，质量问题也随之变成覆盖生活的重大问题。质量，与科学技术进步越来越密不可分；质量，因经济社会要实现可持续发展而越来越重要；质量，因人们对安全、健康的关心而越来越受到重视。人们每天所接触的各类高科技产品，其中任何一样的质量问题都可能造成对于生活的困扰、阻碍，甚至灾难。顾客对新产品的质量会提出更多、更新、更严的要求，尤其是在买方市场的情况下，顾客对产品和服务质量的要求会更加挑剔；社会对产品和服务在诸如环境保护、卫生、资源利用等方面的要求也愈多、愈严。这些都构成了新世纪质量挑战的基本内容。

用户至上的不断定义，进一步深化了对质量管理的需求程度。采样性质量审核将逐步迈向全产品线的质量审核，质量检验中的重要手段即是采样审核。因此大宗产品的质量验审都存在着采样率与抽检率等指标，工业件中也存在着合理误差阈值。但这些因素在当今信息化发展迅猛、工业加工提升有力的环境下，将不得不面临改变。新一代信息技术发展支撑的大数据席卷全球，使得海量数据存在可管理与计算的可能，那么对于质量问题的全范围审核必将出现。工业化加工技术的不断突破，增材技术、智能机器人的迅猛发展，零缺陷、零误差加工成为可能。因为只有达到产品的全面零缺陷，才能终将实现对于任何一名用户的权益保障，真正实现由质量制胜确立的用户至上，确保企业核心竞争力的不断提升。

用户的概念延伸，将促使质量需求不断拓延。在全球化发展的背景下，产品在研发、生产、使用、维护等全生命周期的不同阶段内，面临的使用者不尽相同，用户的角色定位伴随着产品的阶段属性有着不同的转变，高科技产品的复杂性、系统性、交互性都促使其使用者的拓展与衍生。由此而来的质量需求以及对质量合格的相关定义，甚至是质量管控的流程范畴都存在着改变。以新的质量管控方式深度提升产品和服务质量，满足用户新的质量需求，包括节能、环保等需求，是极为重要的。

我国市场经济体系不断趋于成熟，市场规则进一步确立，我国正在深度融入全球化经济格局。随着市场秩序的完善，市场竞争将变得激烈而有序，不失残酷而又趋于公平。经历过风雨洗礼的中国企业，必将以更高明的战略、更成功的姿态参与国际化竞争。创造“中国品质”是一个非常重要的历史命题，但又十分紧迫地摆到了现实面前。在中国经济突飞猛进的今天，如何从观念和行动上顺应“质量世纪”潮流，坚守质量底线，尽力消除还存在的质与量的巨大落差，还中国质量以全新的真实面目，是所有中国企业肩负的重任。

2.1.3 中国经济发展进入质量时代

21 世纪是质量的世纪，也是中国质量振兴的世纪。到 21 纪中叶，中国将实现“全面建成小康社会”和“建成富强民主文明和谐的社会主义现代化国家”这两个宏伟目标，这必须保持经济社会的持续发展。但是，以资源大规模投入为特征的发展模式已难以为继，要切实把推动发展的立足点转到提高质量和效益上来，让质量真正成为经济社会发展的新动力。毋庸讳言，我国质量水平的提高仍然滞后于经济社会发展，片面追求发展速度和和数量，忽视发展质量和效益的现象依然存在，各种类型的重大质量安全事件时有发生，这是很多发达国家在发展过程中曾经经历过的共同问题。20 世纪 50 年代，德国实施以质量推动品牌建设、以品牌助推产品出口的质量政策；20 世纪 60 年代，日本提出质量救国战略，高质量的产品助推其成为世界经济强国；20 世纪 80 年代，美国开展“质量革命”，推出“总统质量奖”等综合性质量政策，扭转了竞争能力下滑的颓势。这些国家的实践表明，只有建设质量强国，才能实现国家富强，才能不断增强发展后劲和竞争能力。质量反映一个国家的综合实力，是企业和产业核心竞争力的体现，也是国家文明程度的体现；质量既是科技创新、资源数量、劳动者素质等因素的集成，又是法治环境、文化教育、诚信建设等方面的综合反映。但最根本的诚如邓小平所说的质量问题从一个侧面反映了一个民族的素质，这值得深思。质量问题是经济社会发展的战略问题，关系社会可持续发展，关系人民切身利益，关系国家形象。

在 20 世纪下半叶，中国经济建设的主要立足点是通过扩大经济总量和规模来迅速发展生产力，以解决人民的基本生活问题。中国的工业化一直处在快速追赶的过程中，时常“弯道超车”，但“中国制造”一直在产业链低端徘徊。在这种格局下，质量问题，包括产品质量问题和质量诚信问题虽然时常影响经济的健康发展，但却始终未能被摆到国家层面十分突出的位置来抓。现在，我国经济形势已发生重大变化，中国制造业在总体规模上已达到世界领先的地位，然而过去的阶段性成功，更多的是基于中国制造业相对廉价的能源、原材料，以及人工成本所带来的“比较竞争优势”。现在这种优势正在逐渐消失，迫切需要建立新的竞争优势。经济社会基本矛盾的主要方面已由量的不足转变为质的不适应，市场已由过去的卖方市场变为买方市场，消费已由量的需求为主转化为以质的提高为主，国际市场竞争也已由价格竞争为主转变为质量竞争为主。中国经济已由高速增长阶段转向高质量发展阶段，现正处于“爬坡过坎”的关键时期，即要把提高供给体系质量作为主攻方向，显著提高我国经济质量优势。

国务院印发的《质量发展纲要（2011—2020 年）》中明确提出，面对新形势、新挑战，坚持以质取胜，建设质量强国，是保障和改善民生的迫切需要，是调整经济结构和转变发展方式的内在要求，是实现科学发展和全面建设小康社会的战略选择，是增强综合国力和实现中华民族伟大复兴的必由之路。在新形势下，党的十九大再一次发出建设“质量强国”的号召，中国必须适应现代经济增长方式和社会发展的客观要求，努力实施“质量强国”战略，努力使我国经济由数量速度型转向质量效益型，推动中国经济发展进入质量时代，走质量强国之路。建设质量强国是兴国之道、强国之策。强国需要质量，质量为了强国。这是因为质量在推动国家富强的各类要素中具有不可替代的作用，质量能够极大地促进我国国民生产投入产出效率的提高。

中国进入经济新常态，经济增长开始由注重速度向注重质量的战略转变，转型升级是这一发展阶段的重要任务，而质量与转型升级有着深刻的内在联系，推进经济转型升级的内生动力是质量换挡升级。微观的企业产品（服务）质量乃至经营质量是宏观的社会经济发展质量的重要基础。习近平总书记明确提出要进一步推动中国制造向中国创造转变，由中国速度向中国质量转变，由中国产品向中国品牌转变；要把提高产品和服务质量作为提升供给体系的中心任务。这就指明了我国质量发展的方向、目标、任务和途径，意义重大而深远。

中国经济发展的新阶段特征，不是需求不足，而是市场的需求变化了，供给的产品、服务质量跟不上。当前我国整体的产品质量，特别是工业产品质量方面虽然取得了较大的进步，但仍滞后于经济社会发展，迄今为止，还经常有企业在质量上翻车，表现突出的是粗制滥造的劣质产品在市场上仍有增无减。改革开放以来，我国实行的是社会主义市场经济，但至今市场经济还没有真正起到决定性的作用，突出表现就是我国的市场还没有完全实现真正的优质优价。只有形成充分的优胜劣汰市场竞争机制，才能真正确立企业的质量主体地位。

2015 年，媒体上有关中国消费者到日本抢购电饭煲、马桶盖的报道，以及中国消费者热衷网上海淘的现象，充分说明人们对高品质的需求越来越旺盛，但对国内高端消费品品质信心不足。人们的消费理念正在发生变化：首先看品质，然后再看价格。买方更愿买质优价适的产品，而不愿买价廉质次的产品，这已成为当今国内外市场采购心理和普遍规律。国内一些企业追求眼前利润，缺乏对产品质量的深度追求。国外顾客一提到中国产品，往往首先想到其供货快和价格低，而较少提起高品质和名品牌。尽管中国的高端产品如高铁等正以其高质量和安全性领跑世界，但毕竟还是少数。要实施市场多元化和“走出去”战略，就必须下大力气提高产品质量和档次，切实落实“以质取胜”。

中共中央、国务院印发的《关于开展质量提升行动的指导意见》，全面提出了新形势下质量提升的目标任务和重大举措，对推动我国进入质量时代具有里程碑式的重大意义。尤其是将中国品牌国际竞争力显著增强作为主要目标之一，明确要求着力打造中国品牌。实际情况正在转变，据英国知名咨询公司品牌财经发布的《2018 年全球品牌 500 强》报告显示，中国上榜品牌连续攀升，共有 22 个中国品牌进入全球 100 强品牌，较上年增加 6 个；10 年来价值上涨近 9 倍，在全球品牌 500 强中价值占比从 3% 提高至 15%。质量振兴是企业生存发展的法宝，更多质量过硬的中国产品和品牌必将进军国际市场。当然，提高产品质量、打造更多优质品牌不可能一蹴而就，还需要作长久努力。

必须推进供给侧结构性改革，推动质量变革，包括全面提升产品和服务的质量，提升品牌价值，提高国民经济各领域、各层面的素质等，这应成为新常态下企业发展的内生动力。要把提高供给体系质量作为主攻方向，把开展质量提升行动作为重要抓手，使我国供给能力更好地满足广大人民日益增长、不断升级和个性化的物质和生态环境需要，使中国制造和中国服务真正成为高质量的标志。

2.2 中国由航天大国向航天强国迈进中提升质量的必要性

无论是政治斗争，还是军事斗争，也无论是经济建设，还是对外交往，履行富国强军的历史使命，满足人民群众日益增长的新需求，应对太空经济时代的机遇和挑战，都需要高质量的航天产品。全面提升航天工业质量管理能力和航天产品质量水平，对中国从航天大国向航天强国迈进以及建设质量强国都具有重要意义，是实现中华民族伟大复兴的中国梦的重要保证。

2.2.1 中国将全面建成航天强国

航天实力是国家综合实力中的重要组成部分，涉及到国家意志、科学技术、人力资源、工业基础和经济实力等多方面。经过 60 余年的发展，中国航天已经掌握了把不同人造卫星送上不同轨道的“一箭多星”技术、潜射弹道导弹和多弹头技术，洲际导弹水平位于世界前列，长时间保持百分之百的卫星发射成功率，进入新世纪后又连续取得了载人航天工程、月球探测工程、高分专项工程、北斗导航系统和新一代运载火箭研制的阶段性成果。中国在航天领域已经具备了较强的自主设计能力、先进的加工制造能力、完备的测试和试验能力、可靠的发射能力和有效的测控能力，形成了较为完整独立的航天工业体系，并逐渐成为国家战略性高技术产业，航天科技成果广泛应用于卫星通信导航、气象预报、防灾救灾等领域和经济社会各行各业，产生了重大而深远的影响，中国已经迈入世界航天大国的行列。

虽然中国航天在世界航天领域占有重要的一席之地，但仍不属于世界航天强国的梯队。根据美国富创公司（Futron）每年发布的《航天竞争力指数》报告，对各主要航天国家的航天活动进行评述，航天工业在航天竞争力指数维度权重中占了 40%，包括制造能力、发射能力、公司与财务实力。美国一直保持在航天竞争力方面全方位的领导地位，与欧洲、俄罗斯共同组成世界航天产业的第一梯队，中国位居全球第四位，与日本、印度同属于第二梯队，但与美、欧、俄相比还存在相当差距，同时与日本、印度等竞争对手相比总体处于前列，中国航天依然处在“追赶美欧俄”的路上。

据有关研究报告指出，一个航天强国应该具备以下六大特征。

一是战略引领能力强，将发展航天作为重要战略，形成了有效、透明的航天政策，具备明晰的战略目标、长期规划和持续保障的政府投入。

二是产品系统能力强，具有先进的宇宙探索利用能力，形成了体系合理、运行高效的空间探索设备、空间基础设施和军事航天装备。

三是自主创新能力强，具有强大的原始创新和系统集成创新能力，能够率先提出和实践航天领域的新概念、新原理、新方法，并在若干重要前沿领域引领世界航天科技的发展。

四是基础保障能力强，拥有高效的航天工业体系、健壮的供应链和自主保障能力，具有强大的人力资源队伍，能够独立自主、长期持续地实施航天工程，开展航天活动。

五是产业发展能力强，形成从航天制造到应用有机衔接、高效发展的产业链，宇航企业竞争力强、商业化参与度广，航天产业收入高，应用广泛深入，对经济发展、科技进步、人类生活条件改善发挥明显的牵引带动和支撑作用。

六是国际主导能力强，在世界航天科技发展和国际航天组织中具有影响力和话语权，具备国际资源配置和国际合作能力，航天产品在国际市场上占有率高。

中国航天无论是在硬实力方面，还是在软实力方面，大而不强的问题比较突出。比如，中国航天政策和航天法规的发展相对迟滞，政府航天预算低于美、欧、俄；中国的运载火箭能力与国际主流水平仍有差距，尚未实现火星或太阳系外星系的探索；中国航天整体技术水平和关键技术储备上仍然落后于其他航天强国，中国的航天国际专利数很少；中国航天人均劳动生产率低于美国等发达国家；中国在世界航天产业收入中的份额较低；中国在国际航天领域扮演的仍是“跟跑”或“并跑”者的角色，国际航天标准中由中国主导的寥寥无几；中国的卫星出口及发射服务活动范围具有一定的局限性。

习近平总书记指出，“探索浩瀚宇宙，发展航天事业，建设航天强国，是我们不懈追求的航天梦”，这标志着建设航天强国已经成为新形势下我国航天事业发展最重要的使命和目标。建设航天强国是抢占全球军事竞争新制高点的需要，是抢占全球科技竞争新制高点的需要，是抢占全球经济竞争新制高点的需要。未来一段时期，中国航天将以航天强国建设为统领，坚持创新发展，全面贯彻落实国家创新驱动发展战略，把提高自主创新能力作为航天事业发展的战略基点，更加注重原始创新和颠覆性技术创新；坚持协调发展，统筹科学部署各类航天活动，推动空间科学、空间技术、空间应用全面发展；坚持开放发展，在平等互利、和平利用、共同发展的原则基础上，不断拓展国际交流与合作的深度和广度。中国力争 2020 年左右实现重点突破，加速迈向航天强国；2030 年左右实现整体跃升，跻身航天强国之列；2050 年之前实现超越引领，全面建成世界航天强国。

2.2.2 提升质量竞争力是中国航天走向世界的必由之路

当今世界，质量竞争已成为企业生存与发展的必然，质量竞争力是竞争主体以卓越质量赢得优势的能力。随着经济全球化的发展，企业面对的竞争环境和挑战发生了巨大变化，质量竞争力理论的提出顺应了全球经济发展和科技进步的趋势，明确了经济社会科学发展对发展数量和发展质量统一的时代要求。

中国自改革开放以来，经历了 40 年的经济高速增长，其经济总量已超过日本，成为仅次于美国的世界第二大经济体和第一大进出口贸易国，世界经济格局正在发生重大变化。中国航天不管愿意不愿意，都将自觉不自觉地融入世界航天市场之中，不在市场中崛起，就在市场中消亡。实施“走出去”发展战略，使中国航天走向世界，融入到世界范围内的竞争中，必须制定新的竞争战略，打造中国航天新的核心竞争力——质量竞争力，即以质取胜的和谐之道，走质量效益型道路，自主创新，提高产品附加价值，创造中国航天质量品牌，以持久、优质、低耗和绿色实现用户价值最大化，取得最佳经营绩效的质量。

中国航天的高质量发展是落实新时代党中央重大决策部署的内在要求，也是提升质量竞争力的根本举措。航天企业的所有质量活动必须与航天发展战略和企业经营绩效紧密结合，不仅使航天产品在品种、数量上居世界前列，而且在质量与可靠性上、在航天品牌上也居世界前列。实现航天强国，必须要以高质量助力中国航天走向世界，在航天产品研制和应用以及航天产业化方面都进入世界前列，而航天竞争力的提升最终是以产品质量竞争能力和企业经营质量竞争能力为基础的。航天高质量产品作为高端装备是中国对外的一张靓丽名片，中国航天产品质量和企业经营质量要整体达到或保持世界领先水平，质量竞争力必须达到国际先进水平，必须真正建成国际一流的航天企业。

2.2.3 提升质量管理水平是中国航天追求卓越的迫切需求

质量管理是企业管理的纲，纲举目张。在商业化的全球发展进程中，质量管理与企业经营深度融合。未来的中国航天工业质量管理从根本上说，就是以质量为中心的企业经营管理，提高航天企业质量经营管理水平，是提高产品质量的重要保证。如何真正以质量为中心、以市场为导向、以效益为目标，不断追求高质量、低成本、高效率和低损耗，以质量求效益、求效率、求生存、求发展，最大限度地满足现代企业市场经营的各项要素考核，同样成为新时代航天质量管理的重中之重。质量管理理念的不断进化，再加上质量技术手段的不断改进，就能实现质量管理水平的不断提升，质量管理将步入更为系统、更为高效的新型阶段。

中国航天工业在发展过程中不断探索前行，形成了中国航天工业质量管理理念与模式，这是在实践中不断适应、不断改进、不断优化、不断完善的发展过程。航天工业的自身属性进一步加深了其对质量管理的依赖性，系统的高复杂性、高科技性、高风险性、高可靠性决定了航天工业在新时期质量管理中必须形成追求卓越的质量管理模式。建设质量强国的核心是企业质量竞争能力的提升，这将激励航天企业成为不断提供优质航天产品的质量主体，从而为实现航天强国的目标奠定坚实的基础。在新时代，满足国家宏观战略的发展需求，适应世界科技变革的发展趋势，中国航天工业将迎来健康快速发展的历史机遇期，航天质量管理也必将更有力地促进航天工业不断走向卓越，并用质量守卫“中国梦、航天梦”的实现。

2.2.4 提升航天产品质量是中国航天创新发展的重要基石

20 世纪中叶，新中国成立初期，基于国家整体工业基础的薄弱，建立的独立封闭的航天产品配套体系，制约着航天系统整体技术水平的提高和航天系统产品整体质量性能的提升。特别是我国基础原材料、基础元器件和零部件、基础工艺技术等方面与发达国家有很大差距，导致我国航天产品性能、质量与可靠性、寿命、经济性等方面还竞争不过航天强国，航天产业也未形成规模。

进入 21 世纪后，我国航天工业基础正在发生深刻的变化。2015 年，国务院正式印发《中国制造 2025》，航空航天装备被列为十个重点发展领域之一，同时还提出主要行业产品质量水平达到或接近国际先进水平。而对航天来说，这种发展必须是创新发展，其重要基石是提升航天产品质量。2016 年 6 月，我国在海南文昌航天发射场首次发射成功的新一代运载火箭——长征七号运载火箭，从设计、生产、加工、总装等各个环节，均采用虚拟现实技术和全三维设计制造技术，整个研制流程中没有一张二维图纸。从原材料变为成品，只需在验证后的三维模型基础上加以转换，按动数控机床按钮即可完成，且合格率达 100%，极大地提升了生产质量和生产效率。“十三五”期间，我国火箭运载能力将迈入世界前三，我国宇航发射任务迈入超高密度的时代，载人航天也将逐步迈向空间站时代，覆盖民用卫星发射、商业卫星发射以及北斗导航、新一代运载火箭等国家重大专项工程实施，都需要不失时机地加快提升航天产品质量。

作为集高新科技之大成的航天工业在提升航天复杂产品质量方面也面临着前所未有的挑战，产品质量持续改进面临的最大挑战是如何在质量理念、管理、技术等方面进行创新。以激烈竞争的全球市场为背景，结合航天企业的特点，树立先进的质量理念、确立正确的质量管理模式和方法是极为重要的。随着航天型号研制中“快速反应”“并行工程”“虚拟设计”“网上采购”“柔性生产”等的大力推行，为质量管理创新、技术创新的策划和实施提供新的方法；以提高质量管理的效率和效益，保持和促进企业持续发展为目标，利用改革的机遇，创新机制，调整结构，优化流程，协同管控，完善制度，建立新型、高效的质量管理模式；充分利用国内外的新发现、新发明和新技术进行改造升级，在手段上完善或更新产品设计、生产、试验的方法、工具、设施和环境，在产品上积极采用新技术、新工艺、新材料和新元器件，提高产品的质量起点。

2.3 深入总结中国航天工业质量管理实践的重要性

在中国航天工业领域，质量管理是所有管理工作的中心环节，因此，对质量管理需要特别予以重视和强化。面对中国航天事业的快速发展，认真梳理我国航天工业质量管理的发展历程并总结我国航天工业质量管理的实践活动极为重要。

2.3.1 有利于继承发扬中国航天工业质量管理的宝贵经验

经过 60 余年的发展，中国航天工业质量管理经历了多次跨越，逐步形成了具有中国航天特色的质量管理理念、模式和方法，有力保障了我国航天事业取得巨大成功，向全世界展示了中国航天产品的质量和可靠性水平。我国航天人在长期的科研生产实践中积累了大量质量管理成功经验，这些经验凝聚了几代航天人的心血和智慧，具有鲜明的时代特征和丰富的质量内涵，是我国航天工业质量管理的无形资产和宝贵财富，也是我国航天工业对世界质量管理科学的重大贡献。

当然，我国航天工业质量管理在发展进程中也有很多深刻的教训，也还存在不少影响航天科研生产和经营开发的质量管理问题。认真回顾和总结航天工业质量管理的经验，特别是深刻汲取教训，可以有效继承利用航天工业质量管理的宝贵财富来促进科研生产和经营开发任务完成的完成，特别是对于年轻一代航天人在质量方面少走弯路，对于更好地弘扬航天精神和航天质量文化，促进航天事业健康快速发展也是非常有益的。

2.3.2 有利于研究分析中国航天工业质量管理的内在规律

中国航天的高品质不仅体现在任务的高成功率上，更体现在困境中拼搏奋进、在与问题的斗争中成长、在成功与失败的挑战中探索规律、不断发展完善并日趋成熟的过程中。

航天质量管理是一门实践性和理论性很强的学问，中国航天工业在长期的发展历程和科研生产经营活动的实践中总结提炼成套的质量管理理论和方法，是建立在研究分析航天工业质量发展内在规律基础上的。航天企业质量管理工作，无论从时间、空间、规模、性质、内容上都比过去复杂得多，不仅体现在企业内部错综复杂、相互制约的关系，还体现在企业外部复杂多变的市场竞争和协作关系。

如何适应我国航天工业发展的新要求，除了认真总结航天工业质量管理的经验，并上升到理论的高度挖掘出“真知灼见”外，还要深入分析现实质量管理中存在的主要问题，突出问题导向。当前，质量问题还不时困扰中国航天的发展，隔一段时间就要集中整改一次，航天质量管理还没有真正通过实施长效机制来持续改进。航天产品质量仍出现反复和波动，反映出我们的航天质量管理能力还不强、员工的质量意识在连续成功时有淡化现象、工作作风和质量纪律时紧时松、风险识别控制能力亟需加强、质量基础有待进一步夯实等问题。

要从正反两个方面研究中国航天质量管理的内在规律，从根本上认识制约我国航天工业质量发展的主要因素，并着力加以解决，持续质量改进，这是当务之急。比如，为什么我国航天质量管理总是呈现出一种周期性的波动？这种波动有什么特征？影响这种波动的主因是什么？如何有效地减小这种波动？再比如在质量基础管理方面，为什么数十年来欧美航天强国的元器件质量保障工作持续领跑全球航天领域？中国的差距究竟在哪儿？如此等等，这些都值得认真总结和研究分析，并从中找出航天质量管理的内在规律。

2.3.3 有利于探索把握中国航天工业质量管理的发展趋势

中国航天事业在新世纪要谋求更好更快的发展，早日建成世界航天强国，就必须在质量方面赶上并超越世界航天领域中处于优势地位的同行，其中，注重了解国外航天工业质量管理的新动态、新进展，对比中国航天工业质量管理的现状，认真分析存在的差距及原因，积极探索中国航天工业质量管理的发展趋势，正确地把握航天质量发展方向尤为重要。

中国航天工业应在深入总结质量管理实践的基础上，积极梳理提炼航天质量管理的新理念，构建具有可持续性和自适应性的航天质量管理发展新模式，创造实效性强的航天质量管理新方法，保证航天产品和服务的质量不断提升，让航天品质形象更加深入人心，使航天质量管理总体水平逐步达到世界一流，并形成一批拥有核心竞争力的航天品牌，使航天质量得到长足发展，并使发展成果惠及全社会。

中国航天工业质量管理的未来发展要紧密结合自身的特点，继续弘扬中国航天工业质量管理在长期实践中形成的有特色的理念和做法，并循此轨迹大胆探索新时代航天工业质量管理发展的新趋势，不断提高航天工业质量管理的水平和能力，努力在日益复杂的国内外环境中取得质量竞争优势，为中国航天工业实现跨越式发展提供强有力的支撑与保障。

第三章
中国航天工业质量管理的基本经验

中国航天工业是我国综合国力、科技实力、国防实力的重要体现。航天产品的质量代表国家形象，是衡量国家航天竞争力的重要标志。航天工业之所以能够在我国基础工业相对落后和投入经费十分有限的条件下，不负祖国的重托和人民的期望，不断谱写中国航天发展的新篇章，就是因为坚持自主创新的战略，探索并有效实施具有中国航天特色的质量管理。戴明博士指出："质量是一种生存方式，是工业之所以具有生命力，尤其是管理之所以存在的意义。"质量对航天工业发展和航天企业管理来说更是意义非凡。

3.1 质量是航天工业发展永恒的主题

纵观中国航天 60 余年发展史，最让航天人刻骨铭心的一个词就是"质量"，中国航天工业不断发展的重要基点就是将质量作为航天工业发展永恒的主题。

3.1.1 牢记质量是航天的生命

质量关系航天产品的先进性和可靠性，关系航天工程的成败，对航天事业的生存和发展具有决定性的作用。每当为航天型号飞行任务的成功欢呼雀跃时，我们绝不能忘记质量在成就一次又一次的成功中是不可或缺的。国家利益高于一切，用户满意最为重要。在国家需要的时候，在用户迫切需求的时候，如果研制不出高性能、高可靠性的航天产品，航天事业便失去了生存的根基，更谈不上持续发展；同样，如果不能保证航天产品的高质量，航天企业、航天职工也会失去立业、立身之本。

航天产品大多是在恶劣环境下一次性使用的产品，有的航天器（如长寿命的通信卫星、科学探测卫星等），还要在极端环境下长期工作，航天产品不仅研制周期长，造价昂贵，而且质量安全风险很高，尤其是载人航天发射安全和飞行成功更是直接关系到航天员的生命安全。在我国航天发展史上，由于一根导线破损造成整个型号飞行试验失败；由于“断线”“漏液”“短路”或多余物等引起火箭爆炸或卫星失控等，使研制任务功亏一篑；由于某个设计、工艺细节考虑不周导致产品大量返工，使批产任务无法按期交付的事故时有发生。另外，由软件引发的故障也已占航天型号故障的很大比例，以我国运载火箭为例，最大的软件规模量达到 300 多个，软件代码达到 430 多万行，而每一个软件“缺陷”都可能酿成“大祸”。火箭、卫星、飞船、导弹上对任何一个元器件、焊点、管线接头或软件符号等近乎苛刻的高质量、高可靠要求成为航天产品的显著特征。

由此可见，对航天产品研制这种庞大而复杂的工程，哪怕一个极为细小的缺陷，也有可能造成无法挽回的灾难性后果，葬送成千上万人为此付出的心血，甚至是宝贵的生命。这就要求广大航天人在质量上必须做到警钟长鸣、常抓不懈，始终遵循“严慎细实”的工作准则。严，就是严明的纪律、严肃的态度、严格的要求和严密的方法；慎，就是依靠科学、尊重规律、慎始慎终、慎言慎行；细，就是认真细致、精细到位、做到一丝不苟、分秒不差；实，就是实事求是的思想方法、脚踏实地的工作作风和求真务实的态度。

质量是一种态度，牢记质量是航天的生命，实质上就是引导全体航天人注重提高质量素养，对质量有着使命般的信仰，并“融化”到每一个航天人的血液里，使航天人像珍惜自己的生命一样珍惜质量。航天事业与质量的关系是“鱼水关系”，航天事业的生存与发展时时刻刻都离不开质量。在现实中，已没有人再说质量不重要，无论是大会小会还是墙上桌上，到处都是“质量第一”的标语口号，这当然是营造氛围的需要，但实际工作中往往还会发生各种各样的质量问题，关键就在于各级管理层特别是高层领导对质量的一种“态度”：说起来重要，做起来次要，忙起来不要。航天企业必须始终把质量管理作为航天工业发展的生命线，把质量管理置于企业管理“重中之重”的地位。

3.1.2 注重好中求快发展航天

航天企业是涉及多学科领域的科技密集型经济实体，航天型号项目是集众多高技术为一体的复杂系统，航天型号项目要在规定时间和经费内，高质量完成规定任务，航天企业要在激烈的国内外市场竞争中满足用户的需求，并努力建成世界一流的企业，就必须走又好又快的发展道路，其中最关键的就是正确把握“质”与“量”、“好”与“快”的辩证关系，既要抓“量”的扩展，更要抓“质”的提升，坚持“好”字优先，好中求快，走质量效益型发展道路。

航天人常说，质量就是生命，节点就是命令，保质量就是保成功。航天型号的研制生产，尤其是重大工程项目的实施，其进度之紧、任务之重往往都是非常规按部就班所能完成的，且随着航天事业的快速发展更加凸显进度、数量与质量的矛盾，由此形成“跨阶段并行交叉作业”或“紧急放行”等临时措施，这对某些航天型号在特殊时期内虽是必要的，但是都必须建立在保证型号研制生产质量的基础上。在航天发展新时期，工作思路和方式变了，高质量要求不能变。

从根本上说，质量决定进度和数量，这已被无数事实所证实。前些年发生的全球最大规模的丰田汽车召回事件使丰田陷入市场急剧下滑、股价暴跌的泥潭，而从历史上看，丰田汽车是靠“精益求精、以质量为生命”的企业精神起家并赢得市场的，但一段时期以来，丰田将“致力成为世界最大的汽车生产商”作为发展战略，醉心于全球扩张，盲目扩大生产规模、提高市场占有率、降低成本，逐渐模糊和动摇了原本遵循的“安全、质量、销量”的原则，产品和服务质量出现严重瑕疵，以数量和速度取代质量和安全，最终付出了极其沉重的代价。这就警示我们，没有质量，就没有持久的进度和数量，更谈不上效益。当然，没有进度和数量，质量不符合现实的需求，也就失去了意义。质量与数量、好与快应有机地统一起来。当然，航天型号项目的质量管理规范并非越繁琐越好，应该根据具体的质量要求，在确保质量的前提下，尽量简化质量管控过程，并制定切实可行的规范，但在关键部件、重要产品和重要环节质量控制方面必须过细地做工作。

要树立“航天产品，质量第一”的强烈意识。所谓质量第一，就是要坚持全面质量管理的思想，以质量为中心开展航天产品的研制、生产、试验等各项工作，综合平衡好性能、可靠性、维修性、经济性等各项指标，通过不断的质量改进，确保产品的研制成功。质量第一就意味着要进行系统管理和预先控制，将质量、进度和数量有机地统一起来。质量第一不是不要进度，不要数量，如航天高密度发射任务的高成功率才是真正的高质量。当质量和进度产生矛盾时，把质量目标摆在第一位，而其他的目标皆为“成功”的质量目标服务，这就是坚持了“质量第一”。而实际上质量与进度“打架”时，究其根本原因，往往是由于在日常工作中未真正将“质量第一”作为一以贯之的原则。为了保成功，进度和技术指标可以适当调整，经费必须得到保证。

历史的教训值得重视，表面看影响进度的往往是技术问题，实际上有不少是质量管理问题。航天型号研制项目中所采用的技术成熟性，往往直接影响着项目的质量，影响项目的成败。尤其在创新性较高的型号研制项目中，为了提高新产品、新技术的质量和可靠性水平，既要有更多新构想，又要有更严格的审查、筛选和淘汰，而不是片面追求技术的先进和完美，要确保最终产品的优良性能和高质量。违背规律片面追求进度，不按研制程序走，过程控制不严，地面试验不充分，故障归零不彻底，急于求成，反而欲速不达，事倍功半，结果是拖延了进度，甚至导致任务失利，质量也就无从谈起。

当然，在一些特定的情况下，进度关系到国家战略布局与整体发展，时间节点的要求十分紧迫且无回旋余地时，必须“集中力量办大事”，而集中力量办大事的举国体制更多地是完成“重大的全局性、政治性任务”，而不是作为一种市场经济行为，因此不计较成本，甚至“不惜一切代价”是难以完全避免的，但在研制质量和进度方面必须做到又好又快。面对这种情况，航天人迎难而上，进一步提出了“以进度保质量，以质量保成功”的指导思想，也就是以进度倒逼质量管控的时效性，从时间稀缺性的角度创造性地开展有效的质量活动，并贯穿于工程研制的全过程，实现质量与进度的双重提升，一个典型的案例就是用 18 个月时间，保质量、保进度研制出的“长二捆”运载火箭。

坚定不移地注重好中求快发展航天，以质量保成功，以质量求效益。尤其在激烈的市场竞争环境下，绝不能以降低质量来参与竞争。为提高产品质量，改善经营质量，在一段时间内，可能使进度和效益受一定影响，但其实这是一种“稳”，“稳”的回报是巨大的。一段时间后，进度必然加快，效益必然提高，并形成良性循环，实现进度、效益和质量的完美统一，按时、高效、保质保量地完成航天任务。

航天企业必须将质量管理渗透到企业科研生产、经营开发的每一个部分，彻底改变质量作为软指标的状况，强调质量、成本、进度三位一体，通过系统的质量管理来达到降低成本、提高生产率、节省投资、加快进度的目的，不因片面追求进度、成本而影响质量，真正提高航天产品的质量效益。

3.1.3 坚持成功是硬道理

对航天来说，什么是成功？航天产品科研生产过程中的成功，最终体现在型号飞行任务成功上，体现在用户使用成功上。对投入较少、积累不深的中国航天工业来说，追求成功，少走弯路，不走弯路是极为重要的。这既可以使航天事业稳定发展取得成功，又能促进企业、员工、用户和供应商等合作伙伴共同发展，取得成功。航天型号产品有“一次成功”的强烈而特殊的需求，这是源于航天型号产品研制往往耗资巨大，周期长，发射和运行机会难得，并与国家安全、社会经济和人民生活息息相关。“成功是硬道理”作为一种质量定力，表明在航天科研生产和经营开发中，无论碰到多大困难和复杂状况，都要坚持“成功是硬道理”不动摇，明确了这个方向，其他问题就迎刃而解。“成功是硬道理”的具体内涵为：

（1）成功是航天产品研制的首要目标。航天技术开发带有很强的探索性，由于对新技术认识的限制，有时可能会导致失败，但这种失败始终都是朝着成功的方向前进的，从失败中看到成功，从失败中汲取教训，从失败中学习提高，为下一步成功打好基础。航天产品研制生产需要成功，需要在相应成本保证的基础上尽可能多地取得成功，决不可过分压降研制成本，也决不可一味提高性能指标。要从成功中看到失败的隐患，降低风险，避免失败，必要时部分降低性能指标，调整进度安排，适当增加经费。因为只有取得成功，才能证明产品开发的构想、设计和工艺的正确性，才能满足用户需求。从这个意义上说，成功是第一标准。

（2）成功是航天工业发展的核心价值。“系统的适用性好、进度快、费用省三个方面的综合优化”是航天产品研制生产的成功准则，也是航天工业生存发展的成功基点。航天工业正发展成为当代中国的战略性高科技产业，它是国家经济发展、科学技术进步的象征，也是国家综合国力强盛的标志。而这是以不断的成功为基础的，它充分体现了航天工业发展的核心价值，一旦失去了成功，航天工业发展就会遭受重创。对中国航天来说，“成功是硬道理”充分体现了“发展是硬道理”。

（3）成功是航天质量管理的本质要求。对航天来说，“质量无小事，事事系成败”，航天永远是大挑战，成功永远是硬道理，“失败不起，没有退路，只能成功”是对航天质量管理历史经验的深刻总结。出现质量问题和隐患，就要以小见大，抓住不放，一抓到底，绝不能大事化小，小事化了，轻易放过，以致造成故障发生和飞行任务失利。从根本上说，坚持成功是硬道理就是在质量上不讲任何条件，不打任何折扣，千方百计预防各种质量隐患，解决各种质量问题，以质量保成功，不断提高产品质量和飞行任务成功率，提高企业经营质量效益和航天竞争力。

3.1.4 认真实行型号质量问题归零

20 世纪 90 年代中后期，航天型号研制中出现了管理不严不细，不注重产品质量的一致性和过程的稳定性，过度依赖于对产品的事后检查、复查，持续改进的质量管理体制机制不健全，出了故障以更换相应零部件解决质量问题、不对其机理进行认真分析等现象，造成质量问题重复发生，甚至导致航天型号飞行任务连续失利等。针对型号研制中出现的质量问题，航天人逐步认识到，只有采取一系列有效措施，真正找到问题产生的根源，才能对症下药，彻底解决问题，避免质量问题的重复发生。由此，逐步形成并认真实行型号质量问题归零。

质量问题是指质量故障、事故、缺陷和不合格等。故障是验收合格的“成品”在随后的各种试验中，或者在交付使用后发生的质量问题；缺陷是“在制品”研发生产过程中未满足预期或规定用途有关要求而发生的质量问题。质量问题归零是对航天型号在设计、生产、试验、服务中出现的质量问题，从技术上、管理上分析产生的原因、机理并采取纠正措施、预防措施，以避免问题重复发生的活动。对一个质量问题的归零，依据问题的性质，可以是技术归零或管理归零，也可以同时包括技术归零和管理归零。无论是技术归零还是管理归零，核心内容都是五条，是航天系统处理型号质量问题的指导思想和基本要求，由此形成航天型号质量问题归零的“双五条”标准。

（1）“技术归零”的基本涵义和定向关系

技术归零是指针对发生的质量问题，从技术上按“定位准确、机理清楚、问题复现、措施有效、举一反三”的五条要求逐项落实，并形成技术归零报告或技术文件的活动。

定位准确：确定质量问题发生的准确部位。

机理清楚：通过理论分析或试验等手段，确定质量问题发生的根本原因。

问题复现：通过试验或其他验证方法，再现或确认质量问题发生的现象，验证定位的准确性和机理分析的正确性。

措施有效：针对发生的质量问题，采取纠正措施，经过验证，确保质量问题得到解决。

举一反三：把质量问题信息反馈给本型号、本单位，并通报其他型号、其他单位，检查有无可能发生类似模式或机理的问题，并采取预防措施。

“技术归零”五条要求是有机整体，缺一不可。定位准确是前提，是处理质量问题的基本条件；机理清楚是关键，对质量问题不仅要知其然，还要知其所以然，只有弄清问题的根本原因，才能对症下药，制订切实可行的措施；问题复现是手段，只有通过问题复现，才能验证定位是否准确、机理分析是否正确；措施有效是解决质量问题的核心，真正有效的措施不仅仅是要彻底消除现存的不合格或缺陷，还应确保不再发生重复性的质量问题；举一反三是延伸，即对某个质量问题的处理不能就事论事，而是对质量问题处理扩展成果，成为各相关型号和相关单位的共识，只有做到举一反三，才能从根本上达到防止质量问题重复发生的目的。对于具体的技术质量问题，要根据实际情况，严格按照“技术归零”五条要求逐项落实。

（2）“管理归零”的基本涵义和定向关系

管理归零是指针对发生的质量问题，从管理上按“过程清楚、责任明确、措施落实、严肃处理、完善规章”的五条要求逐项落实，并形成管理归零报告和相关文件的活动。

过程清楚：查明质量问题发生和发展的全过程，从中找出管理上的薄弱环节或漏洞。

责任明确：根据职责分清造成质量问题的责任单位和责任人，并分清责任的主次和大小。

措施落实：针对管理上的薄弱环节或漏洞，制定并落实有效的纠正措施和预防措施。

严肃处理：对由于管理原因造成的质量问题应严肃对待，从中吸取教训，达到教育人员和改进管理工作的目的。对重复性质量问题和人为质量问题的责任单位和责任人，根据情节和后果，按规定给予处罚。

完善规章：针对管理上的薄弱环节或漏洞，健全和完善规章制度，并加以落实，从规章制度上避免质量问题的发生。

同样，“管理归零”五条要求也是有机整体，缺一不可。过程清楚是基础，责任明确是前提，措施落实是核心，严肃处理是手段，完善规章是依据。对于具体的管理质量问题，要根据实际情况，严格按照“管理归零”五条要求逐项落实。

有关质量问题归零工作的原则、具体要求和程序，以及归零评审要求等，按相关标准严格执行。

质量问题归零是从工程实践中总结出来的具有中国航天特色的质量管理手段和质量保证措施，为防范重复性质量问题和人为责任质量问题的发生提供一套系统、规范、科学的程序和方法，并形成航天企业标准，后续又提升为行业标准、国家标准，成为航天企业提高产品质量和确保成功的重要手段，现已被其他行业广泛借鉴。2015 年 11 月，国际标准化组织全票通过由中国航天主导制定的国际标准 ISO 18238:2015 Space Systems – Closed Loop Problem Solving Management（航天系统——质量问题归零管理）正式发布，这是中国首次将航天管理最佳实践推向国际，是中国向世界贡献质量管理成功经验的重要成果。

3.2 准确把握并实施航天质量系统工程管理

中国航天工业系统承担的航天任务大多是规模庞大、技术复杂、质量可靠性和安全性很高的国家重点型号或重大工程项目，中国航天在发展进程中创造了一套航天系统工程的有效方法，以此指导航天企业的管理行为，规范航天人的科研生产实践活动。而其中，促进航天质量不断提升的重要经验是把质量管理纳入航天系统工程运行之中，准确把握并实施航天质量系统工程管理。

3.2.1 航天质量系统工程管理的涵义和总体构架

实施航天质量系统工程管理首先须准确把握以下两个方面：

（1）航天质量系统工程管理的涵义

系统是指相互联系、相互作用的要素（部分）组成的统一体。用系统的眼光，将复杂的大型工程视为工程系统，这就是工程系统观。钱学森等对此作了十分精辟的概括："我们把极其复杂的研制对象称为'系统'，即由相互作用和相互依赖的若干组成部分结合成的具有特定功能的有机整体，而且这个'系统'本身又是它所从属的一个更大系统的组成部分。例如，研制一种战略核导弹，就是研制由弹体、弹头、发动机、制导、遥测、外弹道测量和发射等分系统组成的一个复杂系统；它可能又是由核动力潜艇、战略轰炸机、战略核导弹构成的战略防御武器系统的组成部分。导弹的每一个分系统在更细致的基础上划分为若干装置，如弹头分系统是由引信装置、保险装置和热核装置等组成，每一个装置还可更细致地分为若干电子和机械构件。"怎样把比较笼统的初始研制要求逐步地变为成千上万个研制任务参加者的具体工作，以及怎样把这些工作最终综合成一个技术上合理、经济上合算、研制周期短、能协调运转的实际系统，并使这个系统成为它所从属的更大系统的有效组成部分，这对航天型号研制来说是基本的也是非常重要的问题。

系统工程是一门组织管理"系统"的规划、研究、设计、制造、试验和使用的科学技术和方法。系统工程由两大要素部分组成，即系统工程运行的技术知识领域和系统工程管理。这种高效、有序的组织管理系统科学方法是系统性极强的航天工程顺利实施的前提和基础，更是进入航天领域必须解决的问题。航天系统工程是对复杂工程系统所要达到的目标及实现该目标的措施进行整体研究，并对工程系统进行建造及运营的过程，既是一个技术过程，又是一个管理过程。

系统工程管理是指每一个工程项目开发的组织和管理都是对完整系统的组织和管理，是支持工程项目成功的关键性过程。航天系统工程管理是组织管理航天型号规划、计划、预研、研制、试验、生产、技术服务以及人才、物资、保障条件、经费等的科学体系与方法，其主要内涵体现在总体设计部的抓总作用，型号跨体制的"两条指挥线"作用和严格研制程序等方面。

在航天系统工程管理理论与实践中，质量管理一直都是重要的组成部分。航天质量系统工程管理是将系统工程应用于航天质量管理，是面向航天质量的系统工程管理，即在一定的技术、经济和社会条件下，针对用户及所有相关方的需求，运用先进的系统科学技术、方法和原理进行质量策划、分析与控制，在航天型号研制全过程中，通过质量组织体系和质量规章制度，将各种相互联系、相互依存的资源有效地集成起来，开展保证整体性能最优和不断提高研制质量、产品质量的一系列活动，确保型号研制及飞行任务一次成功。

（2）航天质量系统工程管理总体构架

航天质量管理随着我国航天科技工业的发展，在航天型号研制的长期实践与探索中积累了丰富的经验。航天型号研制质量管理具有以下特点。

1）航天产品投资规模大、风险高、要求高、研制周期长，必须立足于“一次成功”。

2）航天产品系统复杂，研制单位众多，协调面广，配套和协作产品的质量差异大。航天产品研制是一项十分庞大而复杂的系统工程。因此，增加了质量管理的难度。

3）航天产品在使用中要经历恶劣的发射条件和空间环境，对其质量和可靠性、维修性、保障性、测试性、安全性和环境适应性要求高，工程技术人员必须运用现代科学技术将这些特性要求设计到产品中去。

4）航天技术是我国高科技发展的重要领域，科研比重大，特别是需要对国际航天新技术开展预先研究，提高航天产品性能。因此，新技术的成熟度是影响航天型号研制质量的重要因素。

5）航天产品研制中探索性强，未知因素多，更改协调多，技术风险大，而且又是多型号交叉，设计与制造并行，多品种、多批次状态同时并举，过程信息要求可追溯，因此给航天产品研制和质量管理增加了很大的困难。

6）航天型号研制管理过程复杂，型号研制质量管理的有效性不仅取决于质量管理自身的能力和水平，而且依赖于整个管理系统的结构和型号研制管理的模式，特别是最高决策层重视和努力的程度。

7）航天型号研制质量管理是围绕产品展开的，必须从产品特点和产品形成过程的实际出发。对航天行业而言，既要研究质量体系建设方面共性的通用要求和规律，又要研究适合航天产品和航天行业特点的质量保证方法以及航天行业特有的型号研制质量管理经验。

8）航天型号研制需要将具有不同经历、不同专业和来自不同组织的人员有机地融合在一个团队中，在人为因素较多的环境中，在技术性能、成本、进度等较为严格的约束条件下，实现一次成功的目标。

根据以上特点，通过逐步改变以往较为碎片化的质量管理状况，形成比较完善的航天质量系统工程管理构架。航天质量系统工程管理总体构架包括：质量目标系统、质量管理系统、产品保证系统、基础保障系统和质量监督系统，如图 3-1 所示。

航天质量系统工程管理总体构架是针对航天大系统创新过程的复杂性和高风险性，以系统科学理论为指导，运用系统工程的方法来建设“确保成功”的航天质量系统。航天质量系统工程管理在确定质量目标系统及正确展开的基础上，统一组织运行各相关系统。

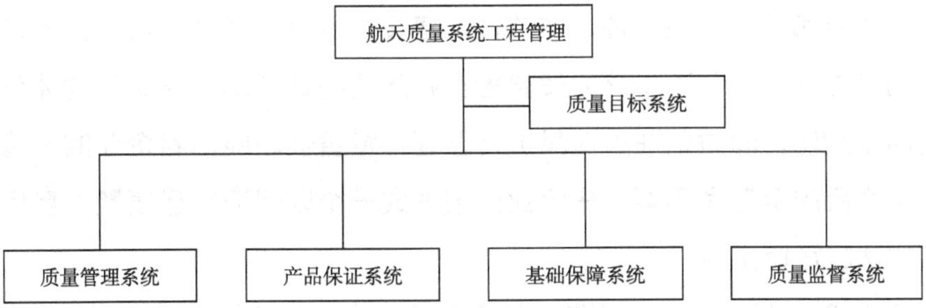

图 3-1　航天质量系统工程管理总体构架

质量目标系统既包括质量战略规划，又包括年度质量计划，还包括型号产品研制的质量策划；不仅包括企业定性且宏观的质量目标，还包括各部门能体现自身业务特点，并能支持企业质量目标的职能质量目标。质量目标应与质量方针保持一致，在对型号产品质量和企业质量管理现状准确研判的基础上，确定企业经营管理和型号产品研制的质量目标，其内容宜具体，可操作、可检查考核，忌抽象、笼统。型号质量策划对型号产品研制工作进行全面、系统、详实的顶层策划，形成型号研制顶层保证及指导文件，并严格规定在各阶段要做的事情，应遵循的准则及人员、资源安排等，为型号研制全过程的产品保证和质量控制提供准则和目标，而其中的目标既包括型号总体质量目标，又包括各系统质量目标。质量目标的实现需要靠目标的量化来保证，只有通过量化的目标，才能在各个系统中逐层地展开、分解并传递下去，才能够保证各个系统的统一性和质量目标的一致性，才能进行动态的跟踪管理和全面的质量考核评价，各相关系统才能够有效运行。

3.2.2 航天质量系统工程管理思路和实践

实施航天质量系统工程管理的总体思路可概括为三句话：单位抓质量体系建设，型号抓产品保证实施，专业抓质量基础建设。

（1）单位抓质量体系建设

单位抓质量体系建设，即航天系统所有型号任务承担单位必须抓质量管理体系建立和运行的适应性、有效性。建设质量管理体系是现代企业管理的重要内容之一，区别于传统的质量检验和质量统计活动，质量管理体系不仅仅是质量控制，同时更注重对其进行管理，将管理职能沿着企业的价值链延伸，从产品的全寿命周期，在企业内部形成一个以保证产品质量为目标的职责和方法的管理体系。

ISO9000 质量管理和质量保证系列标准自 1987 年发布后，即被各国相继采用，被各工业和经济部门所接受。我国是较早采用和贯彻 ISO9000 标准的国家之一，曾发布并多次修订相关的国家标准和国家军用标准。我国航天系统规定所有承担型号研制生产任务的单位，均应按 GJB 9001 或 GB/T 19001 质量管理体系要求的规定，建立和健全质量管理体系，并获得国家认可的认证机构的认证证书，保持和改进体系运行的有效性。相应的，我国航天系统各研制单位为保证实现航天产品的高可靠性、安全性、可维修性、经济性、可生产性等，加大了质量管理与质量技术文件的制定、完善、规范和落实力度，并按体系标准列举的八个步骤建立了质量管理体系，形成了以质量手册、程序文件、第三层次文件为主体的文件化质量管理体系，在内容上突出强调了最高管理者的职责，包括设计和开发的策划，可靠性、维修性、安全性和保障性要求，对复杂产品的实现过程进行风险分析，加强软件、元器件、工艺设计和试验、试制质量管控，实施质量问题归零等，并结合典型质量管理体系模式及特点，分析质量管理体系模型有效运行的方法及保障措施，使质量规章建设、质量管理体系建设有了新的发展。

中国航天按照系统工程的理念，从系统管理的角度，根据系统工程组织架构，建立并认真运行质量管理体系。其特点为：①从上到下全覆盖，即从集团公司总部、各研究院到部、厂、所建立质量管理体系，从系统内到关键重要的外协配套单位，以型号产品为纽带，建立以型号为主线的跨单位的质量管理体系和厂所级质量保证体系；②质量管理体系与产品保证体系有机结合，质量管理体系要求本身不规定产品要求，但它对产品要求及与产品有关过程的要求进行补充，系统推进以可靠性为中心的型号产品保证能力建设；③保证质量管理体系在型号质量系统工程过程控制中的有效性，因而在控制和保证产品质量上是持久见效的。以 ISO9000 标准为基础，一方面按照国军标系列标准健全质量管理体系，另一方面按照航天产品的特殊要求，将一些行之有效的航天质量管理规范融入质量体系文件中，不断完善其内容和要求，并在全员中强化培训。

（2）型号抓产品保证实施

型号抓产品保证实施，即产品保证管理以型号实施项目管理为背景，以特定项目或产品为对象，把与项目质量有关的所有活动按照质量管理的规律和方法进行统一管理，在型号负责人领导下，有专人（产品保证主管）开展与本型号所有产品有关的质量策划、实施和协调工作。

产品保证是为使人们确信产品达到规定的质量要求，在产品研制、生产全过程所进行的一系列有计划、有组织的技术和管理活动。建立产品保证管理模式就是要建立以产品保证队伍体系、产品保证文件体系、产品保证标准体系为核心的产品保证工作体系。

产品保证具有以下特点：①项目的产品保证应该形成一个完整的工作体系，每个层次、每个专业都按统一规范形成工作策划；②产品保证是管理和技术的结合，不是单纯的项目质量管理的概念；③产品保证的重点是保证可靠性、维修性、安全性这类“软指标”，并将它们作为一种共有的属性而与产品结合起来进行管理；④产品保证是前馈式预防为主的管理模式，更强调对于设计和试验过程的管理和支持来保证研制质量；⑤产品保证的目标已经从保证产品质量和可靠性，扩展到对项目的技术风险进行识别、评价、预防和控制；⑥产品保证不仅要求承制单位评价分承包方的研制和产品保证能力，而且要求分承包方内部的研制过程必须做到设计是全面开放的，管理是充分透明的。

航天型号产品保证管理包括建立产品保证工作系统、供方管理、关键项目管理、技术评审、报告产品保证活动、重大故障的分析和处理、质量审核、人员培训等活动，并对产品保证活动所需的资源（人、财、物）进行策划，以满足产品的目标和要求。不少航天企业在开展质量管理体系建设的同时，依据《航天产品保证要求》等相关行业标准，对重大型号项目按照产品保证的模式进行管理，取得了较好成效。产品保证专业工作在产品保证管理的框架内主要开展以下五项保证工作：

1）质量保证

质量保证是产品保证的核心，质量问题的预防与管理是质量保证的核心思想。在质量体系正常运行基础上，结合产品特点，编制并实施质量保证大纲，策划质量活动，实施相应的质量保证、质量控制措施和方法，协同其他产品保证职能，以保证产品在所有阶段的硬件、软件和相关文件的质量要求是明确的，并在产品的研制、生产全过程中得以实现，以降低风险和成本，让用户确信最终产品能满足规定的要求。

针对与产品质量有关的各方面，依靠程序和作业指导书的支持，有计划地、系统地开展各项活动，在产品的设计与研制、采购、制造装配和总装、试验、接收与交付各个过程中，保证供方及分供方的各项工作及产品都能达到规定的要求。

2）可靠性、安全性、维修性（RSM）保证

制定并实施可靠性、安全性、维修性大纲，改进和控制设计过程，提高设计质量。在产品开发设计寿命周期内，要尽早将所要求的可靠性、安全性、维修性设计到硬件和软件产品中去，并在项目的所有阶段予以保持，使可能导致失效的任何潜在风险最小化。

可靠性保证工作在可靠性保证大纲的规范下，进行可靠性管理、设计与分析、试验与验证的技术与管理活动，保证产品以最佳费效比完成所要求的任务。

安全性保证工作在安全性保证大纲的规范下进行。在产品的寿命周期内，通过安全性保证活动，发现可能导致伤害飞行和地面人员，损坏型号产品、空间运输系统及地面保障设备，造成国家及个人财产的安全，破坏环境的任何潜在的风险，通过对危险的识别、评价、消除或减少、控制，使安全性符合规定要求。

维修性保证工作在维修性保证大纲的规范下，进行维修性管理、维修性设计与分析、维修性试验与验证的技术与管理活动，以最佳费效比保证产品持续完成所要求的任务。

3）元器件保证

元器件是组成航天工程系统的基本单元，元器件的质量是航天工程系统总体质量的基石。在航天型号中，由于系统复杂，元器件的数量很庞大，品种繁多，因此元器件的高质量对航天任务成败具有重要影响，航天元器件保证是产品保证最重要的领域之一。要保证航天型号元器件质量，一方面需要加强元器件生产过程的质量控制，另一方面要加强元器件使用的质量控制。

制定并实施元器件保证大纲，通过对元器件的选择、采购和使用的控制，保证用于航天产品的元器件在性能、质量、可靠性以及费用等方面满足规定

要求。中国航天工业从元器件的“五统一”管理（即统一选用、统一采购、统一监制验收、统一筛选复验、统一失效分析）入手，严格元器件质量管控。

一是将元器件选用控制置于优先环节。建立统一的、适宜的选用标准和选用目录，提高元器件选用的正确性。

二是着力提升元器件采购的集中度。更加注重采购过程的统一集中管理，尤其是必须保证元器件质量等级的一致性，无论是标准元器件还是非标准元器件，都应严格按照相关规范和要求进行统一采购。

三是强化元器件监制验收环节的突出作用。对元器件进行严格的统一监制验收，以利于早期发现元器件设计、制造过程中的质量缺陷，是对元器件缺陷进行系统预防，加强元器件质量和可靠性把控的关键环节。

四是加强元器件筛选复验和失效分析。统一开展对元器件质量的试验分析，包括对故障元器件的失效分析和“良品”的破坏性物理分析等，以利于确定失效机理，摸清相应规律，从而采取针对性纠正措施。

4）软件产品保证

为了保证型号软件质量，航天系统全面推进软件工程化管理。软件工程化的核心是软件透明化，像硬件产品管理一样，对软件做到可视、可查、可控，确保软件质量按标准、规范进行软件开发。实行设计、编程、测试三分开，各阶段的输出均应形成文档并经评审、确认，实施配置管理。开展软件系统性设计工作，将软件列入型号产品配套表，加强系统级软件可靠性、安全性设计和验证，充分考虑软件的最坏使用环境，按软件开发过程和成熟程度建立软件的开发库、受控库和产品库，对软件的验证应进行独立的第三方确认测试。对软件的质量控制同样需要建立故障报告、分析和纠正措施系统（FRACAS）。

要开展对软件开发能力的评定。制定并实施软件产品保证大纲，软件产品保证包括软件寿命（或生存）周期内软件技术状态（配置）管理、质量管理、可靠性、维修性、安全性等活动。

5）材料、机械零件、工艺保证

材料、机械零件、工艺是构成航天产品的重要组成部分，也是影响航天产品质量和可靠性的重要因素。由于航天产品的特殊性决定了选用材料和机械零件品种多、需求数量少、工艺要求高的状况，使质量管控难度加大。

制定并实施材料、机械零件和工艺保证大纲，重点控制材料、机械零件的合理选择、采购和使用，尽量选用成熟的工艺技术。通过材料、机械零件、工艺优选目录和选用目录，以及对关键材料、机械零件、工艺清单进行选用控制，保证用于航天产品的材料、机械零件和工艺满足规定要求。

（3）专业抓质量基础建设

质量问题频发在很大程度上也是质量基础建设薄弱所造成的。专业抓质量基础建设，即建设一支高素质的质量保证队伍，一套先进的技术手段和一套科学的产品保证方法。质量保证的主要目的在于确认始终保持着控制，确保型号研制每个过程都处于受控状态，而这需要专业基础支持，需要抓好质量基础建设。

通过实施运载火箭生命工程、卫星长寿命工程、工艺振兴计划等以保质量为重点的专项技术改造，在关键环节上配齐必要的、先进的加工、装配、试验、分析设备，全面提高研究、设计、制造、试验能力；针对型号研制过程中的质量“常见病、多发病、卡脖子问题”和无法检、不能测等监督能力的缺失，实施质量专项技改，着重解决制约产品质量的条件保障问题，并完善建设元器件可靠性保证中心、软件评测中心、失效分析中心、工艺研究中心、可靠性研究中心、质量与可靠性信息中心等质量专业技术机构，提高检测、把关和技术保障能力。充分利用现代科学技术和手段，完善产品设计与分析、试验与验证能力，提高设计质量。充分发挥工艺中心的作用，广泛应用先进适用的工艺技术、工艺装备、制造设备，提高工艺质量以及产品质量的稳定性，提升产品保证能力。

同时，进一步加强各级质量部门的能力建设和质量专业管理人员的素质培训，并积极探索采用各种有益于航天质量管理的方法。明确规定型号管理组织的质量职责、权限和相互关系，明确规定企业内部组织机构中各项质量职能在型号管理中的工作任务、程序及各型号管理的相互关系，并明确产品保证负责人在型号总指挥领导下负责策划、组织、协调和实施产品保证工作。

以上“三抓”是抓根源，但要实现闭环管理还要靠建立独立权威的质量监督系统来保障。航天系统实施独立的质量监督代表制度是航天质量管理的一大特色，在型号总体单位设立派驻质量监督总代表室，作为独立于研制、生产系统的外部质量监督体系，与型号研制、生产单位的内部质量保证体系既相互结合，又分工明确，各司其职，各负其责；各院在承担重点型号研制、生产任务的单位也成立派驻质量监督代表室；各厂（所）也将质量监督工作职能纳入了质量体系，并设置专、兼职质量监督检查组或监督检查人员，对基层单位开展了深入的质量监督活动。质量监督代表作为一支专职的质量队伍，在型号研制生产过程中依据有关质量管理法规实施质量监督，对保证产品质量发挥了重要的作用。

质量监督是强调对产品、过程体系的质量状况进行监视、验证、分析并督促的活动，重点要抓好关键点、关键件的监督工作。各级单位都建立质量管理体系运行监督机制和管理办法，谨慎地履行监督把关、独立报告和干预机制、行使质量否决权等，实施以过程监督为主线、行政监督与技术监督相结合、自我保证与他人监督相结合的质量监督机制。自我保证与他人监督是相辅相成的，如果没有自我保证，他人监督就失去了基础；如果没有他人监督，自我保证就失去了约束力，质量也难以得到有效控制。值得一提的是，主动监督能及时有效发现缺陷。下道工序是上道工序的监督，成为制度性的硬约束，这是对员工质量行为的规范和量化考核，在这种制度下，从领导到一线的全体员工既是监督的对象，又是监督的主体，让每个航天人成为主动监督者。此外，航天系统还逐步形成了质量监督检查网，实行质量责任追究等质量监督措施，从而促进航天质量系统工程管理实效性的不断提高。

当然，航天质量系统工程管理也在实践中不断发展，比如，以追求零缺陷为理念，以系统工程管理为特征的航天零缺陷系统工程管理就是航天工程零缺陷的质量管理。它以提升总体设计、整体优化、有效识别与控制技术风险及快速聚焦和控制关键细节的能力为核心，坚持预防为主，从源头抓起，系统管理，量化控制，通过精益的方法和卓越的体系保证产品质量。

3.2.3 航天型号质量系统工程过程控制

质量管理体系标准规范了企业内从设计开发、原材料采购到成品交付的所有过程；产品保证标准规范了航天产品从研发到定型交付的所有过程，对这两种过程的质量控制融合形成航天型号质量系统工程过程控制。

由于航天型号质量管理的对象是一个庞大而复杂的产品或工程系统，其固有的特点和规律决定了航天型号质量管理具有的全域性、全员性、全程性。而系统工程理论起着突出的主导作用，以航天型号全寿命期质量分阶段分级进行系统工程过程控制是极为重要的。系统工程过程是系统工程管理的核心，是一个自上而下、全面综合、反复迭代、循环递进解决问题的过程，依次应用于型号各研制阶段。其目的是构建一个既有合理结构又有灵活余地的过程，将要求转化为规范、系统体系结构和技术状态基线。这个过程的种种规定可以成为控制和追溯手段，保证研制出满足用户需求的产品。系统工程在研制过程的任何阶段都可以重复一次或数次。

航天工程项目的研制，从型号任务的确定到型号产品交付的全过程，既包含着复杂的技术探索和攻关过程，也蕴含着错综复杂的系统管理过程，而这个管理过程客观地存在着程序化的阶段性。航天型号研制工作的程序原则上按下列 6 个阶段进行：论证阶段，方案阶段，初样阶段，试样（正样）阶段，定型（设计定型和生产定型）阶段，交付保障阶段。具体来说，地地导弹、运载火箭、有批产的卫星的研制工作分为方案阶段、初样阶段、试样阶段、定型阶段和交付保障阶段；没批产的卫星的研制工作分为方案阶段、初样阶段、正样阶段和交付保障阶段；而防空、飞航导弹等武器系统的研制工作分为方案阶段、独立回路（自控）弹阶段、闭合回路（自导）弹阶段、战斗（遥测）弹设计鉴定阶段、生产定型阶段和交付保障阶段。

航天型号质量系统工程过程控制是针对航天型号研制程序实施的，在型号研制的不同阶段，质量过程控制的重点和方法也不同。航天质量系统工程过程控制的一切工作都要融入到型号研制具体业务中，包括采用一些从航天型号研制生产中总结出来的有益做法。航天型号质量系统工程过程控制一般分为：论证阶段过程质量控制、方案阶段过程质量控制、初样阶段过程质量控制、试样（正样）阶段过程质量控制、定型阶段过程质量控制、交付保障阶段过程质量控制，还包括技术状态管理和放行准则管理等，其相互关系如图 3-2 所示。

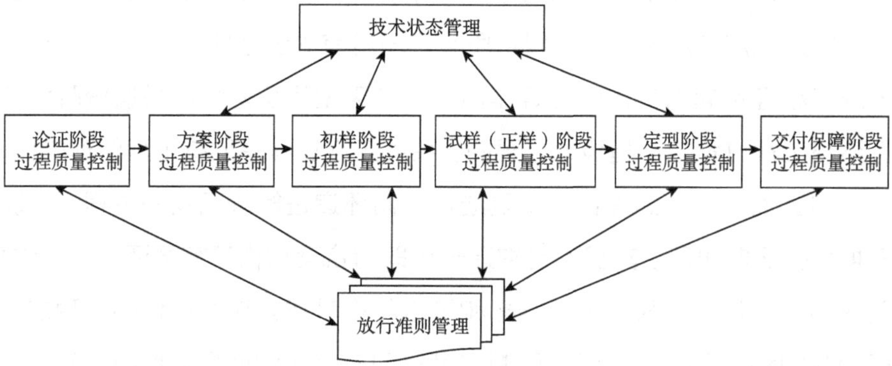

图 3-2　航天型号质量系统工程过程控制

（1）论证阶段过程质量控制

1）在任务分析的基础上确定技术性能指标。首先，进行任务分析，对型号或系统所要完成的功能、用途以及从提供产品开始到完成规定任务过程中可能经历的事件和环境作出描述，对任务有明确、统一的规定和理解；其次，在对任务作出规定的基础上，找出这一型号的研制特征和技术难点，分析突破关键技术的基础，确认对设计最有影响的约束条件和综合环境要求；第三，提出任务成功、失败的判断准则。在上述分析的基础上，根据系统功能要求、研制经费和周期，结合预先研究成果、资源条件，对技术可行性、经济合理性、每一阶段的风险点等要素进行全面分析，综合权衡，确定可能达到的技术性能指标。

2）编制型号研制质量控制程序图。应结合型号研制程序，制定型号质量控制程序，明确规定各阶段质量管理应进行的主要工作内容、质量控制点以及型号研制过程中使用的主要质量管理文件。质量控制点是指在研制过程中为对前一阶段工作进行审查、认可、监督，对下一步工作提出改进建议所设立的控制环节，一般又称为评审点。质量控制程序通常以网络图的形式来表示，称为质量控制程序图。

3）论证中处理好需要与可能的关系。第一，技术指标、关键技术和攻关课题的确定，必须经过充分的调研、分析对比，必要时需经过试验（或模拟试验）验证；第二，拟采用的新技术、新工艺、新材料，必须经过试验、鉴定后方能在型号产品设计中应用；第三，为满足新型号的特殊要求，急需应用尚未通过鉴定的技术时，必须在型号总体设计结束前取得突破。

4）进行可靠性预测分析。将可靠性的定性要求反映到《型号系统总要求》和将要签定的研制合同中去，以保证研制方和使用方的理解一致。

5）组织论证阶段评审。论证阶段结束时，要写出《论证报告》，对使用方的《研制任务书（草案）》提出修改意见，报告的论证必须充分、可靠、数据准确。论证报告要严格审核，逐级上报。为保证论证工作的质量，要组织论证阶段质量评审，重点审查技术性能指标是否合理可行，方案是否恰当，研制关键、技术难点是否明确，依据的科技信息是否可靠，《型号系统总要求》论证是否充分、准确、完整。

（2）方案阶段过程质量控制

1）编制型号质量和可靠性保证大纲

型号质量和可靠性保证大纲是根据产品的质量和可靠性工作项目、保证措施所制定的质量和可靠性总体规划的纲领性文件。一般在型号总指挥、总设计师领导下，由型号总体设计部在质量部门的协助下按相关标准要求编制。

2）搞好方案论证的质量控制

方案论证将确定总体方案和技术途径，方案论证的工作质量在研制过程中对产品质量起决定性作用。应力求论证充分，设计思想明确，对技术的先进性与继承性选择恰当，对可靠性、维修性和安全性考虑充分；对各分系统的要求明确、合理。方案论证阶段的质量控制工作应坚持方案论证周密性原则，总体优化原则，在充分继承的基础上力求先进性原则。

3）确立关键课题，组织技术攻关

为使研制能顺利实现“一次成功”，必须根据技术方案的要求和特点，拟定出关键技术和与之相应的研究课题，进行关键技术攻关，取得成果，经过专家评审后，转入工程研制。

4）加强模样研制的质量控制

一要做好技术协调工作，模样研制中总体与分系统间、分系统与分系统间有大量的技术协调工作，须全面考虑，对经协调确定的重大问题，要编制出技术文件；二要做好对模样技术状态的记录，以便为转入工程研制提供可靠的依据；三要对所用原材料、元器件进行控制，尽量在已有的优选目录中选用。

5）组织转阶段评审

转阶段评审的重点是：设计方案的正确性，新技术（新工艺、新材料）采用的必要性和试验、鉴定的情况，可靠性预计、分析是否合理恰当，重大关键技术的解决情况，大型试验的统筹安排是否合适。通过评审，为型号是否转阶段提供决策依据。

（3）初样阶段过程质量控制

初样阶段是进行型号初样的设计、试制、装调、试验和改进的阶段，通过工程样机的试制、试验，验证设计和制造工艺的符合性和可行性，进一步完善设计方案，为试样研制提供全面、准确的依据。该阶段质量控制主要做好以下几方面工作。

1）编制本阶段详细的研制计划流程图，明确设计所依据的标准、规范、设计准则和试制、试验规范，确定质量控制点，并按其实施控制。

2）修订和执行型号质量保证大纲，建立和完善质量管理系统，明确职责；建立质量可靠性模型，依据可靠性、维修性规范进行可靠性、维修性设计。

3）拟定“试制质量保证措施”，对初样试制进行质量控制。

4）进行可靠性分配和预计，并根据初样和统计数据进行产品可靠性初步评估。

5）利用FMEA、FMECA分析技术进行功能特性分析，确定关键件（特性）、重要件（特性），在设计文件上加以标识，并对其实施重点控制。

6）进行技术状态管理，实施技术状态标识、控制、记实和审核，按有关规定进行设计文件的更改，设计过程执行三级审签制度，工艺、质量会签制度和标准化检查制度。

7）按有关规定进行设计质量评审、工艺质量评审和产品质量评审。

8）建立质量、可靠性信息管理系统，开展信息收集、统计、分析、传递和处理工作。

9）编制初样试验大纲，进行初样阶段规定的各项试验；严格按照试验规范进行试验，执行岗位责任制、留名制、信息反馈制，有效控制试验质量。值得注意的是，在初样研制阶段中，仿真试验起着重要的作用。通过仿真试验加强质量控制，不仅可以缩短研制周期，节约研制经费，而且可大幅提高型号后续飞行试验成功率。

10）控制原材料、元器件在优选目录中选用，严格入库检验，按技术条件进行元器件老化筛选。

（4）试样（正样）阶段过程质量控制

试样阶段是通过型号飞行试验样机的设计、试制和试验，全面检查型号系统性能的阶段。该阶段质量控制应特别做好以下几方面工作。

1）修订并严格执行型号质量、可靠性保证大纲，制定严格的质量保证措施，明确本阶段工作项目和质量控制点，对试验样机设计和制造进行严格控制。

2）有效地控制设计技术状态，凡经总体验证可行的技术状态，予以稳定，凡经试验已达设计指标的产品，冻结技术状态；已经确定的总体与分系统、分系统与设备的接口参数不能随意改动。

3）开展工艺设计，组织工艺审查，形成较为稳定的工艺规范；组织生产前准备状态检查，对试样生产进行控制。

4）对试样进行功能试验、可靠性增长试验、可靠性验证试验、环境试验、贮存试验，并依据试验结果进行可靠性评估。

5）按规范对试验样机进行设计评审、工艺质量评审、产品质量评审和软件质量评测。

6）对试验进行质量控制。地面系统试验、环境适应性试验必须充分并真实地模拟实际情况。必须严格按照试验程序进行飞行试验，明确质量职责，实行留名制、信息反馈制，参试人员填报质量责任卡，确保各项工作不出纰漏。

7）组织质量复查，为保证试样设计和产品质量，组织对设计文件，使用文件和资料、各种试验资料、生产报告和记录的复查，以保证设计文件的准确性、完整性，设计方案、技术状态的正确性，技术接口的协调性和原始数据、计算结果的正确性。

8）组织开展有利于保证飞行试验成功的质量管理活动，如“双想”活动等。

（5）定型阶段过程质量控制

定型阶段是型号进行设计定型和工艺生产定型，接受国家鉴定、验收的过程，必须全面考核型号产品性能是否满足研制任务书的要求。对产量很小的产品，可只进行设计定型；有一定批量的产品，需进行工艺定型；对于大批量生产的产品，应进行生产定型，以保证型号产品的批生产一致性。定型阶段质量控制主要做好以下几方面工作。

1）加强设计质量控制

保证设计文件正确齐套，满足产品设计定型要求；保证产品技术性能指标完全达到研制任务书或合同要求；产品设计的安全性、可靠性、维修性和环境适应性应满足任务书或合同要求；保证工程研制阶段存在的问题、发生的故障得到解决，采取的措施要在设计文件中得到落实；遗留问题得到解决；试验成功的产品技术状态予以冻结。

2）抓好定型批产品的制造质量

严格按定型状态的设计文件生产。工艺文件、工艺装备确保能生产出合格的定型产品。选择设计文件规定的原材料、元器件并严格检验、保管、发放。严格生产过程检验和试验，对不合格品按规定进行标识、隔离、审理，确保生产出符合定型要求的产品。

3）抓好定型试验

试验条件要模拟真实的使用环境，试验产品的状态要与定型状态一致。试验前进行状态评审，校准试验测试设备，以保证测试数据的真实性和正确性。

4）组织好定型文件资料整理、归档

整理、检查定型的设计文件和工艺文件，保证定型文件与确定的产品状态相一致。成套技术资料是型号研制的成果，要认真整理、归档。

5）组织好定型产品质量复查

为保证定型产品的质量，应组织对设计文件和资料、各种试验资料、生产报告和记录的复查，以保证设计文件的准确性、完整性以及与定型产品的一致性。审查产品存在的问题和措施落实情况，为保证设计定型飞行试验成功和设计定型打下良好的基础。

6）抓好工艺定型质量控制

通过工艺定型，完善和稳定生产工艺，强化工艺质量控制，适应批生产要求。采用已完成工艺定型的技术文件和工艺装备，必须能生产出符合设计要求、质量稳定、经济性好的产品，主要质量控制工作包括组织产品图纸的工艺性审查，协调、落实产品批生产工艺性的设计完善；设计、生产必要的工艺装备和专用装备，并对其进行鉴定；关键工序、特种工艺外协件（外协工序）质量控制文件会签等。

7）抓好生产定型质量控制

生产定型是依据产品订货合同、制造与验收的规范（文件），设计定型图纸及定型工艺文件对产品质量稳定性（制造工艺）及批生产能力进行考核，主要质量控制工作包括完成试生产批产品和生产条件的鉴定工作；向用户提供试用产品的使用培训和技术保障；根据试用情况，完善产品的工艺和设计等。

（6）交付保障阶段过程质量控制

交付保障阶段是将型号产品交付给需求方（使用方）并提供相应的技术保障和服务的过程。有的航天产品交付期较长，不仅包括成功发射入轨，还包括圆满完成在轨运行任务。交付保障阶段过程质量控制主要包括以下几个方面。

1）产品应在检验、试验并确认其符合设计技术指标和合同规定内容要求后提交用户验收，并填写交接记录。

2）交付时应提供相应的产品合格证明文件，必要时提供产品检验、试验结果及质量问题故障归零情况等文件资料。用户有要求时还应提供有关最终产品技术状态更改执行和用户要求项目内容的落实情况。

3）应履行在合同中对交付后产品的保障与服务的项目、内容和时间做出的规定，或在产品的使用证明书中做出的承诺，如对用户进行技术培训等。

4）对新研制的大型复杂产品，应根据合同要求，组织队伍到现场，指导用户安装、调试、使用和维护。

5）与用户建立信息渠道，主动征求用户意见，收集产品使用情况信息（使用、维护、稳定性、安全性、可靠性等），为改进产品质量提供依据。

6）重视用户的投诉、要求和建议，对重大的质量事故和安全问题，及时采取有效的改进措施。

（7）技术状态管理

技术状态是指在技术文件中规定的并在产品上最终实现的硬件、软件的功能特性和物理特性。技术状态管理，就是运用行政手段以保证对产品的技术状态进行标识、控制、记实和审核的活动；也是及时收集和分析资料，确定技术状态文件，对设计文件以及依据它生产出来的产品进行系统的文件化管理。为了规范技术状态的确定和更改等工作，严格实施技术状态管理成为确保航天型号研制质量和可靠性的一个重要环节。

技术状态管理具有系统性、完整性、连续性、严密性、全面性和标准化等特点。它与型号方案阶段、初样阶段、试样阶段和定型阶段的过程质量控制相互联系并动态跟踪反馈，反映了型号研制过程的客观规律。必须认真按确定的技术状态进行研制生产，同时要严格控制技术状态的变化，使系统、分系统的研制工作能有序进行，使设计更改受到控制、形成文件并可追溯，与技术状态相关的机械接口、电气接口和软件接口等，均有明确定义并便于理解、协调，产品与其支持文件保持一致。严格控制技术状态需要做到：落实技术状态基线管理准则，建立并管好设计技术状态表制度，严格现场技术状态管理等。比如，按照系统工程管理原则，在上一个型号技术状态基线完全确定和受控之前，不能进行重要的后续研制。

通常，航天复杂系统在研制过程中的技术状态不是一成不变的，但这并不等于研发设计人员可以随意“拍脑袋”改动设计，而应进行严格的动态管理。在产品寿命期内，由于种种原因提出不断完善的需求，而这种需求又以各种各样的方式影响着系统的技术状态，有的涉及产品功能特性和物理特性的重大更改。因此必须采取有效的技术状态控制措施，所有的设计文件，包括功能技术状态文件、分配技术状态文件和产品技术状态文件，都应通过严格的审核、评定和批准程序而将其技术状态确定下来，所有的技术状态更改，都必须严格地按照航天型号技术状态更改要求，即“论证充分、各方认可、试验验证、审批完备、落实到位”五项原则进行。其中，“各方认可”就是要求技术状态更改方案必须得到工程总体与各相关系统的认可，确实做到有益无害。值得一提的是，“审批完备”中重要技术状态的更改申请需要提高级别审批，以利其据此统筹考量，确保系统集成质量。对技术状态更改内容所涉及的文件和主、备产品更改到位情况，必须进行跟踪管理并按阶段对更改项目组织清理，逐项确认更改内容的正确性并落实到位。一旦发现问题，必须刨根问底、抓住不放。

从指导思想上来讲，技术状态的更改必须注意：一方面，技术状态更改要慎之又慎、考虑周全，相关系统之间要反复作出实时的相互反馈与协同，以避免技术状态更改产生不协调问题；另一方面，针对技术状态更改，必须进行充分和全面的负面影响分析与测试覆盖性分析，要尽可能地实施覆盖全面的试验与测试，以验证技术状态更改的正确性，谨防“小改出大错”。

（8）放行准则管理

航天型号质量系统工程过程控制要注重抓“里程碑”和“节点”，就是按照型号研制程序，把实现不同阶段的质量目标要求作为一个个控制“里程碑”和“节点”。因为型号研制前后阶段是紧密相关的，前一阶段质量目标的实现，是作为后一个阶段开展质量工作的先决条件，而后一个阶段质量工作是前一阶段质量工作的延伸发展。因此，认真把好“里程碑”和“节点”质量关，严格遵循放行准则是航天型号质量系统工程过程控制的重要内容。

里程碑的设置要依据航天型号研制中的重大阶段，并要具备明确的阶段性成果。每一个重大阶段划分为若干个环节，一般情况下，每一个节点处必须有工作的阶段性表征，形成一个阶段性的结论。在里程碑处要进行考核，所谓的考核是指里程碑处要有确切定义的放行准则，并对这些准则要求逐项得到认可。如在航天型号研制的各个阶段每一个里程碑处，都需要分别组织由相关专家组成的有权威性的评审组，对每个阶段进行认真审查和考核，提出问题和建议，对本阶段研制目标是否完成和是否可以放行并转阶段给出决策性意见，要有严格的评定和决策性评语，这个过程通常也称为“转阶段评审”。质量评审是贯彻执行型号研制程序的主要措施，是对各研制阶段工作质量的全面检查和认可。只有通过了转阶段的质量评审，才能转入后续研制工作。而在节点处也要设立关口，就是节点处也要有明确的放行准则，并对照这些准则逐项检查把关，发现问题、提出问题、协调处理矛盾，提出解决方法，并给出是否可转入下一环节的结论。

航天型号飞行试验是型号研制过程中极为重要的环节，必须严格实行放行准则管理。其放行准则是在重要试验环节和节点上，明确系统功能和为保证功能实现所做工作的基本标准和规定。航天型号试样阶段和定型阶段飞行试验“放行准则”分通用放行准则和专用放行准则。通用放行准则是航天系统对产品出厂、进场、转场、加注、发射等阶段提出的必须遵循的通用性质量控制要求。专用放行准则是按通用放行准则的要求结合具体型号制定的，专用放行准则由承担任务的总包单位行政主要领导签发后报上级主管部门审批。经批准的放行准则要严格执行，质量管理人员对执行情况要尽职尽责提出自己的分析判断，高层管理者要尊重质量管理人员的意见，不符合放行准则要求的型号产品，不允许转入下一研制阶段。要特别慎重对待“有条件放行”，这只能是在极特殊情况下采用的一种非常手段，而不应成为常态。至于对紧急放行和例外程序的控制，则应严格执行相关标准要求。放行准则可供研制单位内部控制使用，也可作为上级部门对型号实施质量监督的重要依据之一。

3.2.4 航天型号研制质量系统工程管理工作

航天质量系统工程管理具有多维性，包含了时间维、空间维、业务维和知识维。在航天型号研制中，时间维是指型号研制流程和过程质量管理的各个阶段，空间维是指工程项目或产品系统的分解、配套和组成，业务维是指型号研制质量管理的各项业务，知识维是指型号研制质量管理过程中各种专业、各类人员的知识组成。各维度互相交叉影响，其中业务维是核心，集中反映了型号研制过程中开展质量管理的各项工作，主要包括设计过程的质量管理工作、生产过程的质量管理工作和试验过程的质量管理工作，而生产过程质量管理是型号研制中系统性最强、工作量最大、涉及人员最多、最难控制也是最活跃的质量管理工作。有代表性的是，神舟飞船在研制过程中，根据不同研制阶段和不同管理过程，系统地开展不同业务的质量管理，并以不同的完成方式输出，其主要工作项目如表 3-1 所示。完成这些质量管理项目，对保证实现神舟飞船研制高安全性、高可靠性和高质量目标的要求起到了至关重要的作用。

表 3-1 神舟飞船研制质量管理主要项目

管理过程	工作项目	输出形式	方案阶段	初样阶段	正样阶段
策划	编制产品保证大纲	文件	★	★	★
	编制质量保证计划	文件		★	★
	制定质量控制点、控制要求	文件			★
	制定管理规范、标准	文件		★	
设计	设计评审（含可靠性安全性、软件开发过程评审）	评审报告		★	
	元器件、材料选用评审	评审报告		★	
	测试覆盖性分析	文件		★	★
	关键项目、不可测项目审查	审查意见		★	★
	关键技术项目复核、复算	文件及评审报告		★	
	技术状态控制（含软件）	更改申请单及更改落实情况检查单			★
	产品外协质量控制要求	外协产品质量控制要求、验收要求			★
	设计质量检查确认	文件			★
制造	工艺选用控制	审查意见		★	
	新工艺、关键工艺攻关控制	总结报告、评审报告		★	
	关键项目、不可测项目、关键件、重要件、关键工序工艺评审及实施过程控制	评审报告及过程控制记录			★
	禁用工艺和限用工艺的控制			★	★
	强制检验点、关键检验点控制	检验报告			★

续 表

管理过程	工作项目	输出形式	方案阶段	初样阶段	正样阶段
制造	不合格品控制	不合格品处理意见			★
制造	软件测评结果确认	测评报告			★
制造	外协产品关键过程质量控制	关键过程记录			★
制造	工艺、制造质量检查确认	报告			★
制造	单机产品调试、测试和试验过程质量控制	过程控制质量记录			★
制造	产品交付前测试覆盖性检查	文件		★	★
验收	产品质量评审、自验收管理	评审及自验收结论			★
验收	产品验收过程管理	产品验收过程记录及结论			★
总装	总装工艺文件评审	评审结论		★	★
总装	总装过程记录管理	过程记录表			★
总装	总装过程各类检测结果确认	审查结论			★
总装	总装过程产品检验管理	检验记录		★	★
总装	不可测项目装配过程控制	控制报告			★
总装	总装状态确认	状态确认单		★	★
总装	总装产品质量检查确认	文件			★
测试和试验	测试和试验文件评审	评审结论		★	★
测试和试验	测试和试验设备、仪器计量校准和状态设置控制	校准记录及准用证，状态确认表			★
测试和试验	测试和试验环境、技术安全控制	检查记录		★	★
测试和试验	参试产品状态控制	产品状态检查确认表			★

续 表

管理过程	工作项目	输出形式	方案阶段	初样阶段	正样阶段
测试和试验	测试和试验数据判读、比对管理	数据判读报告		★	★
	测试和试验结果确认	评审（审查）结论			★
	测试和试验阶段“双想”	“双想”汇总表			★
	测试覆盖性检查	文件		★	★
	测试和试验质量检查确认	文件			★
	工序间产品交接管理	产品交接单			★
出厂评审	产品与放行准则符合性检查	检查报告			★
	出厂评审控制	评审结论			★
	出厂评审待办事项跟踪管理	表格或文件			★
发射场	总装、测试和加注文件评审	评审结论			★
	测试和加注设备、仪器计量校准和状态设置控制	校准记录及准用证，状态确认表			★
	总装、测试和加注环境、技术安全控制	检查记录			★
	人员岗位及职责的管理	岗位名单、职责			★
	各阶段产品状态控制	产品状态检查确认表			★
	总装、检测过程记录的管理	过程记录表			★
	测试和加注数据判读、比对管理	过程记录表			★
	总装、测试和加注结果确认	评审（审查）结论			★

续 表

管理过程	工作项目	输出形式	方案阶段	初样阶段	正样阶段
发射场	加注前质量评审	评审结论			★
	总装、测试和加注、发射阶段“双想”	“双想”汇总表			★
综合	产品多余物控制	检查记录		★	★
	产品研制和发射场现行记录表格化管理	检查记录			★
	质量问题归零工作的管理	评审结论		★	★
	质量待办事项的管理	表格或文件		★	★

注：★表示重点控制

3.3 航天工业质量管理的要诀在于一次成功、系统预防

进入21世纪后，中国航天工业质量管理在认真总结历史的经验和教训的基础上，从质量理念到质量管理模式和方法等都在不断深化和提升，航天型号研制生产和质量管理也在发生深刻的变化，提炼并把握其中的要诀对航天工业质量管理发展是极为重要的。

3.3.1 中国航天工业质量管理发展模型

由于航天产品的技术含量越来越高，其功能和结构愈加复杂，协作面更为广泛，相应的研制周期更长，投资更大，风险更高。因此，在研制中不允许出现重大反复，不允许出现重大事故，否则无论在政治上、经济上、时间上和心理上都不能接受，20世纪后期的中国航天工业质量管理工作是遵循“一次成功，系统管理，预防为主，实行法制”的指导思想展开的。根据粗略统计，那段时期我国航天型号飞行试验成功率呈现出周期性的时高时低现象。综合分析其过程，每当型号飞行试验连续失利或遭受重创时开展全面质量整顿，成功率随即提高，但没过很久，成功率又下滑，再进行整顿，再提高，

陷入重复循环的怪圈，型号飞行试验整体成功率不高，究其根本原因是质量理念和质量管理上的差距。在由计划经济向市场经济体制转变中，航天型号研制的内外部环境发生了很大变化，给航天产品质量和质量管理带来了一系列新的问题，积极探索与社会主义市场经济体制相适应的航天质量管理途径，并在实践中不断总结提高是大势所趋。

进入新世纪后，航天系统所采取的一系列强化质量管理的措施开始显现成效，再加上“大质量”的概念和“零缺陷”的理念渐渐融入航天质量管理中，型号飞行试验成功率逐步上升，并保持在较高的水平上。但不可否认的是，在稳定较长一段时间后，飞行试验成功率还会出现下滑的趋势，只是下滑的幅度比以前小了，稳定的时期比以前长了，而时起时伏的波动现象依然存在。

虽然成功与失败并存是航天型号发展不可回避的现实，但是面对如何有效确保成功、持续成功的问题，还需要静下心来研究其中的内在规律，并通过实践认识它、利用它。从航天型号质量周期性波动的特点反思以往航天型号研制实际工作中，贯彻航天质量管理指导思想时，强调“一次成功”并不太强调过程一次成功，而是更多地体现在型号飞行试验成功的结果上；强调“预防为主”也是更多强调“各自为战”抓预防，且常常因各种质量问题频发而被纠正为主取代；实施“系统管理”更侧重于产品质量管理，对企业整体经营质量缺乏系统管理；强化“实行法制”主要体现在以行政和经济手段治标上，而不是治本上。因此，航天质量发展易出现反复的主要影响因素在于，没有真正把一次成功作为质量发展的总目标，也没有把质量预防放到整体的、根本的位置上来。

进一步全面系统分析总结航天质量管理经验可得出以下基本规律：

1）航天质量发展不是一帆风顺的，质量问题的发生具有反复性和顽固性，抓一抓会好转，稍有松懈就反弹，必须常抓不懈，持续改进，把一次成功作为航天科研生产和经营开发工作的总目标和大前提；

2）航天质量发展周期性波动是一种客观存在的常态，由于航天工程的系统复杂性和高风险性，必须运用系统工程的方法，从系统预防入手，严格按程序办事，坚持平稳提升质量，注重波动管控，防止大起大落，防止趋势性下滑；

3）航天质量发展总体向好，主要是成功意识和预防措施起了根本性作用，但成效还不稳固，要长期保持质量竞争优势并使之更加成熟，必须持久地夯实基础，并在质量理念、质量管理模式和方法上不断创新。

这是中国航天事业成功的质量发展基本规律。中国航天工业质量管理无论从广度还是深度，都是在长期实践中不断发展，从不成熟走向成熟，走向“一次成功”，其发展模型如图 3-3 所示。

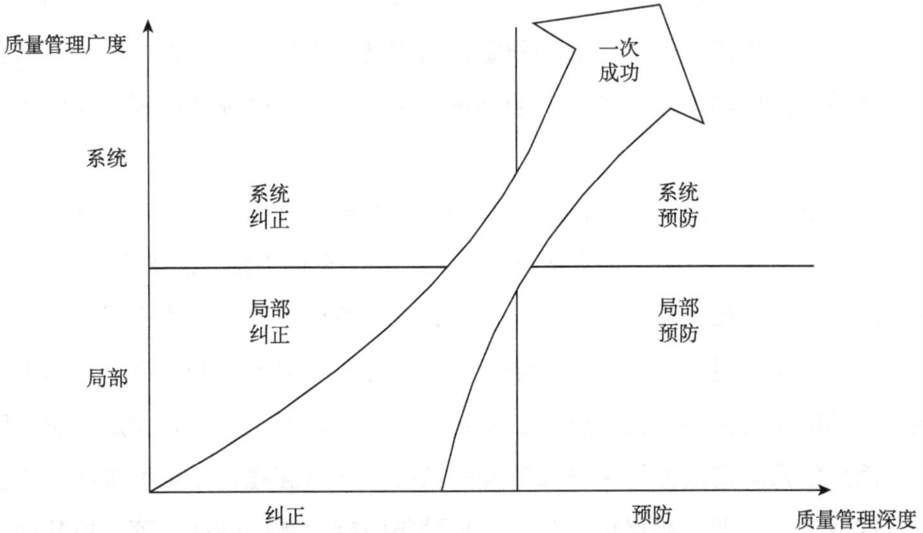

图 3-3　航天工业质量管理发展模型

从上图可看出，我国航天工业质量管理大致走过了三个发展阶段：

1）局部纠正阶段：质量管理仅限于对有形产品的事后检验。在这一阶段，质量管理基本上处于事后检验把关的状态，不少企业采取关注零部件检验，增多质量检验层次的做法。只重视型号飞行试验结果，对事前预防和事中控制重视不够。出了质量问题则是“头痛医头，脚痛医脚”，采取就事论事解决问题的方式，其结果是“按下葫芦又起瓢”，质量问题仍层出不穷，质量故障频发，质量管理也陷入质量“洼地”。由于这种事后补救式的纠正并不能提高质量，使航天型号飞行试验成功率不高，失败成为常有的事。

2）系统纠正和局部预防阶段：质量管理开始从以事后“检验”为中心逐渐转化到以事中“控制”为中心。系统纠正就是针对发生的质量问题形成的原因采取一系列完善的纠正措施，而局部预防主要是针对部分发现的故障苗头，或已发生质量问题的成因可能会波及其他同类问题发生而采取相关的预防措施。这一方面标志着质量纠正已经从局部性向系统性扩展，另一方面也标志着质量预防已在一些产品质量控制点分别展开。如对质量问题从技术和管理上归零时采取系统的纠正措施，其中的“举一反三”和“完善规章”又蕴含着局部预防的要素。这个阶段的质量管理整体上还是一种强化纠正控制，并化被动为主动的、局部的质量预防管理，重复性故障大幅减少，航天型号飞行试验成功率逐步提高，但仍不够稳定，航天整体质量还处于阶段性起伏的状态。

3）系统预防阶段：质量管理从“问题管理”为主开始走向系统的“预防管理”，即全线设防、全员参与、源头抓起、全程干预。航天产品（项目）研制的复杂程度和一次成功要求，使航天质量管理不能只注重产品（项目）生产、试验质量过程控制，而是全面地从产品（项目）研制整体上着重考虑质量预防的系统性并付诸实施。在系统预防阶段，不重视预防就是不重视质量，而系统预防则成为航天质量管理的核心。一方面强调在全员预防中突出“一次成功”的理念和目标，在全过程预防中突出重心前移，源头抓起的方式，变被动整治为主动改进，不间断地查找薄弱环节，及时补齐质量“短板”，整体优化，系统改进，从根本上防止发生各种质量问题，尤其是重复性、系统性、连锁性的质量问题。另一方面注重把质量预防从产品质量管理过程扩展到企业质量经营过程。这是一种积极主动的、全方位的质量预防。航天型号飞行试验成功率和航天工业整体质量稳步提高并保持在较高水平上，过程质量问题很少发生，纠正活动显著减少。

由航天工业质量管理发展模型分析可知，虽然都是以一次成功为目标，但一次成功的内涵在实践中不断丰富完善升华。在局部纠正阶段，航天工业质量管理无论在广度还是深度上都还存在很大差距，实际上只能靠修修补补保成功。在系统纠正和局部预防阶段，航天工业质量管理或是在广度上不够，或是在深度上不够，所以主要靠质量问题归零等方式全力以赴保成功。在系统预防阶段，航天质量管理真正从追求成功向追求一次成功发展，从强调预防向强调系统预防发展。一次成功引领航天高质量发展，系统预防产生航天高质量。这是航天工业质量管理走向成熟的标志，也是航天工业质量管理发展的必然趋势。随着航天工业质量管理在广度和深度上的不断推进和日臻完善，与真正实现一次成功目标的距离将越来越近。从质量发展战略视角分析，“一次成功、系统预防”管理将在整体上成为航天工业质量管理发展的主线，并将有力促进航天质量管理工作跃上新的台阶。

3.3.2 “一次成功、系统预防”理念

随着航天工业质量管理的深入推进，“一次成功、系统预防”理念在不断地深化并重新定义。“一次成功”的内涵：第一次就把事情做对，每一次都把事情做成，确保成功，永葆成功。“系统预防”的内涵：人人时时思防患未然，事事处处行防微杜渐，整体预防，优化预防。

“一次成功”从狭义上指的是，航天产品的研制质量是建立在对组成该产品的各零部件、各分系统以至全系统精心设计、精心试制和严格充分的验证基础上，达到全系统总成时，首次任务就成功；从广义上指的是在航天产品研制、生产、试验、交付、保障、使用全寿命期活动中，全员应树立一次做对的理念和追求一次做成的目标。“一次成功”不仅强调第一次就把事情做对，而且强调每一次都把事情做成，这是从供应商的视角和用户的视角共同定义的，是符合性质量和适用性质量的综合集成，既符合规范或要求，又满足用户和相关方的期望，实现进度、质量、成本完美统一的最佳效益，为用户和相关方创造价值。

由于航天产品的复杂性和其研制过程的不确定性、高风险性，一次成功强调各项工作都应“第一次就把正确的事情做正确”，强调“做正确的事”，

而不仅仅“正确地做事”，就是首先把要做的事认准，确定质量目标和做好质量策划就是为了确保“做正确的事”，然后才是“正确地做事”，这样才能保证“每一次都做成”，而不仅仅是“第一次就做对”。这里的“一次成功”是质量管理范畴内的“一次成功”，而不是科学试验或技术创新意义上的“一次成功”。一次成功不仅是航天产品一次交付成功，更是一次使用成功，是指航天任务执行过程中，各个航天产品在其全寿命周期内都满足使用要求，比如卫星成功进入预定轨道交付用户后，还要在预定工作时间内长期正常运转并提供有效服务。一次成功的本质内涵更加强调通过系统预防使航天产品符合要求并适合使用。

一次成功是富有成效性的成功，是代价最小的成功，而不是不计一切代价、不惜成本取得的成功。对航天这种高风险行业，如果工作出现反复，势必产生大量人力、物力、财力和时间的重复性浪费，同时伴随着可能发生的次生风险，其造成的损失将以几何数字增加，有些损失甚至是无可挽回的。

一次成功不仅仅是确保某一次型号飞行试验或航天任务取得成功，而且是追求型号研制生产长期持续成功，即实现次次成功的目标；一次成功不仅仅是航天产品取得成功，而且是航天企业经营成功；一次成功不仅仅是航天质量的总体目标，而且是每一个航天人的工作标准；一次成功不仅仅是航天企业自身取得成功，而且是所有利益相关方都取得成功。

当然，在航天一次成功理念中，不能将“做对”“做成”与“做好”混淆，“做好”显得含糊不清，而“做对”“做成”都需要分解成具体明确要达到的标准以及定性或定量的指标。“一次成功不等于次次成功; 成功不等于成熟; 成熟不等于可靠；可靠不等于万无一失”，这是航天发展历程中，通过长期实践总结出来的质量警示，然而这里的“一次成功”还是传统意义上的航天型号某次飞行试验的成功。确切地说，所有型号产品在研制生产过程中的所有环节确保第一次就把事情做对，每一次都把事情做成，并在其全寿命周期内性能稳定，可靠使用，持续成功，这才是真正意义上的一次成功。一次成功建立在成熟、可靠和万无一失的基础上，这样的一次成功就等于次次成功。

系统预防指的是从航天质量发展自身规律出发，按照航天管理系统和航天产品系统的特征，运用系统科学的理论和系统工程的方法，系统分析、系统决策、系统评价质量预防，从系统整体性及其同外部环境的辩证关系出发，研究质量预防理论与方法，以此为主导，综合开展一系列相关的质量预防文化、管理和技术活动。在系统预防的理念中，不仅包含预防与预防措施，而且包含纠正措施。预防措施是为消除潜在（尚未发生）的不合格的原因所采取的措施，这里的“潜在”是指产品及过程因素已有明显的劣变趋势，不合格虽是客观存在但尚未被发现。纠正措施是为消除显在（已发现）的不合格的原因所采取的措施，其根本目的不仅是为了纠错，更是为了防止不合格的重复发生，因而要紧紧围绕积极预防来开展工作。

系统预防就是强调各项质量工作都以积极预防为中心，系统预防就是人人时时事事处处从思想到行动进行整体的、深层的预防，即从型号系统、分系统、单机到元器件的各研制生产过程，将质量预防渗透到组织的所有部门和全体员工，协同进行主动的正向预防和反向预防，而不是少数部门和人员各自为战，碎片化地进行局部的、表层的、被动的防御。航天质量管理的核心在于系统预防，这不仅充分体现在质量管理体系建设中，而且充分体现在产品保证体系建设中；不仅是面向工程产品的预防，而且是面向企业经营的预防。

“系统”的质量观念是航天系统预防的核心思想，质量预防必须从过程模式发展到系统模式，航天高质量产生于系统预防。系统预防的精髓在于：在每项工作开始之前，从总体上设计质量预防，把能想到的质量隐患都系统地想到了，在过程中把该做的防范工作都系统地做到了，并不断改进、完善，迭代深化预防措施，一次成功就是水到渠成的事。怕就怕明明能想到的不用心想，草率从事、盲目乐观；明明该做到的不认真做，粗枝大叶、丢三落四，失败则是必然的事。系统预防就是事先系统地了解检查、分析、理清所有除客观现实不可预知之外的相关行事内容、程序和要求，找出主观与客观的差距，充分发挥主观能动性进行策划后，确信隐患是可以预防的，并知道如何有效地在设计、制造、试验、交付和保障服务等各环节，系统找出每个可能发生缺陷和错误的机会，同时建立早期预防检测系统加以防范，并找到对应的方法和工具，使系统预防管理达到“无缝连接”，从而产生高质量。

系统预防管理是一种涉及航天复杂系统的全组织、各层次、多职能的质量预防活动，每一项活动的缺失或不协调都可能导致质量链条的断裂，即使是局部最优也可能让组织付出很高的代价，而对整体质量可能是事倍功半。因此，一定要坚持整体预防，并不断优化预防，全局优化以建立总体最优及平衡协调的预防系统，即建立一个全面开放的，全域、全员、全程的相互融合和渗透的预防体系。系统预防是将航天企业中为实现一次成功目标所需的全部相互关系或相互作用的预防要素予以综合考虑，使系统预防过程相互协调，系统预防资源共享利用，同时在总体调控下，牢牢抓住关键要素和关键环节的预防，以最大程度实现预期目标。系统预防的最高境界就是“无怨无悔”“无火需救”，当每一项工作、每一个流程、每一道工序、每一组数据都能百分之百地符合用户需求和规定要求时，成功就是必然的。

系统预防极为重要的是以预防为准绳，编织质量管理网络，编织网络必须做好“穿针引线”，“针”即是指航天型号产品研制节点，是质量管理网络的基础，“线”即指联结不同研制节点的质量预防流程，是质量管理网络的核心；当型号产品研制节点与质量预防流程大量密集交织时就形成了综合预防的立体式质量管理，依靠这样的网络，一次成功才更有保障。系统预防能切实有效防范质量问题的产生，这是航天质量管理的“纲”。

“一次成功”是航天质量持续追求的核心目标，“系统预防”是航天质量不断提升的关键路径。从长远来看，航天发展中的质量保障作用将越来越显现在系统预防上，提升航天质量最有效的方式是系统预防，因为实践证明，质量检验与事后纠正并不能有效减少或杜绝质量问题的产生，尽管质量检验与事后纠正仍然需要，但其根本目的不是为了挑出不合格与不合格项，而是为了监控和改善过程质量。高效的质量管理本质上一定是系统预防管理。从航天一次成功的出发点来说，“预防为主”的提法容易为“缺陷难免论”“失败难免论”留下藏身之地，而系统预防就是使整个质量管理体系成为预防体系，即建成一个既有总体策划，又分层次各自负责、相互联系、协同预防的系统，以预防为中心开展质量策划、质量保证、质量控制和质量改进。

持续提升航天质量的要诀就是“一次成功、系统预防”。总结探究航天型号研制不断成功的经验，最核心的有两点：1）预防的系统性越强，成功的把握性越大；2）所有过程一次成功，结果必然一次成功。也就是说，质量预防不仅从过程中实施，更要从系统上把握；一次成功不仅是结果，更是过程，是贯穿系统预防的全过程。有了过程中无数个“一次成功”，型号研制、生产和服务中各环节、各零部件全面优质，最后结果的“一次成功”就是必然的。航天型号飞行任务成功率与一次成功系统预防管理的能力直接相关。

航天产品（项目）大多是一次性使用的复杂工程系统，这种工程一旦开始实施，一般不可能因技术问题而终止工程，或重新组织实施，而是强调工程必须一次成功的要求。如我国的载人航天工程，不允许飞船出现任何项目管理决策上的失误，以及技术性能、质量与可靠性上的瑕疵，必须采取系统性的防范措施，应对所有可能出现的问题和风险，确保工程任务一次成功。

从本质上说，“一次成功”“系统预防”理念所赋予的新内涵，使航天工业质量管理特点更准确、鲜明，质量行为主题更完整、突出，也更利于航天员工将此内化于心、外化于行。

树立并运用“一次成功”理念应关注以下两个特性。

（1）导向性

一次成功具有鲜明的战略导向性，中国航天工业质量发展的实践证明，什么时候偏离这个方向，就会事倍功半；什么时候坚持这个方向，就会事半功倍。对航天人来说，一次成功成为一种质量指针。追求一次成功需要思想变革，从上到下各层级都需要转变观念，要引导、集聚航天员工朝着一次成功的正确方向不断前行，航天企业所有质量工作和质量活动都必须紧紧围绕“一次成功”这个总目标，“一次成功”是一种产品准则，也是一种工作准则，还是一种经营准则。

（2）持续性

追求“一次成功”是永无止境的过程，既涉及战略导向问题，也涉及执行力问题。对航天人来说，一次成功应成为一种质量自信。“一次成功”是航天质量理念和实践的不断突破，要真正实现“一次成功”目标，绝不是轻而易举、一蹴而就的事，也绝不能求成心切、急功近利，而需从日常工作的方方面面跬步累积提升，持之以恒地努力攻坚，并不断改进企业绩效，使所有相关方都能获益，其带来的成功才是可持续的。

树立并运用“系统预防”理念应遵循以下四项原则。

（1）整体性原则

航天产品研制的复杂性、系统性决定了要把质量预防工作作为一个整体考虑，发挥系统总体作用，而不是“九龙治水”式预防。要克服“短板”效应，突出整体效应，统筹协调开展全员预防、全过程预防、全方位预防。航天成败不仅在于每一个岗位、每一个团队质量预防做得好坏，而且在于系统集成这些岗位和团队的质量预防能力。

（2）开放性原则

面对航天系统内外环境的变化，质量预防系统应该是一个开放系统，不局限在本单位、本专业、本部门开展质量预防，而是跨单位、跨专业、跨部门广泛深入开展质量预防，在质量预防的信息、知识、方法、资源和能力方面进行相互交流和共享利用，建立内外协同预防的良性循环机制，更好地适应环境变化，使质量预防更加高效。

（3）有序性原则

有计划、有组织地规范开展质量预防活动，根据关键重要环节需求，有序配置质量资源。围绕总目标，群策群力、自上而下、自下而上地分层次、分步骤实施预防，特别是要把质量预防的各项要求有序地嵌入到科研生产和经营开发的流程中，而不是眉毛胡子一把抓、此消彼长、随机性地实施预防。

（4）动态性原则

由于航天科研生产面临的攻关过程复杂多变，以及顾客的需求乃至产品的技术状态都是不断变化的，系统预防的实施就不可能是一成不变的。系统工程管理的目标是优化，系统预防则是在系统监测和信息反馈的基础上不断优化，动态地从风险防范角度有针对性地系统开展预防工作，结合实际不断创新质量预防的方式、方法和手段，灵活应对，及时改进。

3.3.3 一次成功系统预防管理模式

一次成功是航天质量工作的出发点和落脚点，系统预防则是实现一次成功的重要途径和坚实基础。一次成功引领系统预防，系统预防保障一次成功。航天一次成功系统预防管理的显著特征是：以追求一次成功为核心理念，以强化质量预防为重要基础，以实现价值创造为动力源泉，以运用系统工程为主导方法。

航天一次成功系统预防管理是一个有机整体，它主要以一次成功为内核，融合系统预防质量文化、系统预防质量管理和系统预防质量技术，构成具有航天特色的一次成功系统预防管理模式，如图 3-4 所示。

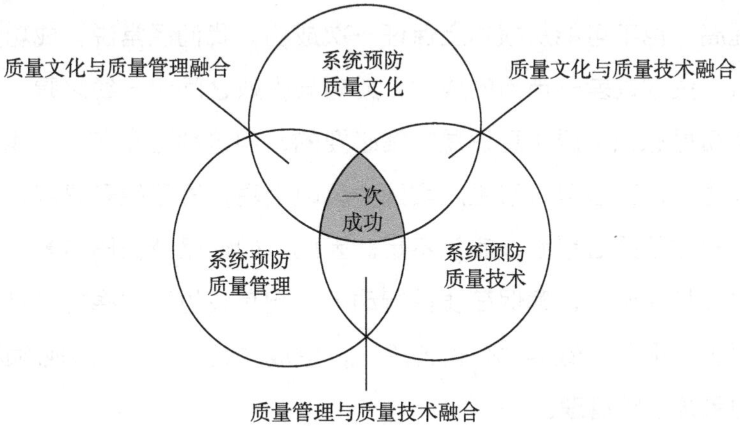

图 3-4　航天一次成功系统预防管理模式示意图

图中的三个圆域分别代表系统预防三个领域，三者在航天产品研制和经营管理中互相交集，整体协同，有机融合。中间的阴影部分为三者交集后形成的“一次成功”界面，其界面越大表明实现一次成功的把握性越大，反之则表明实现一次成功的把握性越小。而任意两者交集形不成“一次成功”界面，表明实现一次成功，三者融合缺一不可，并整体协同优化。图中的三个圆域相对位置不是固定不变的，分别表示系统预防质量文化、系统预防质量管理、系统预防质量技术三者在运行过程中是动态变化的，各圆域越向中心靠拢，表示三者聚焦中心越完善，通过不断迭代，三者交融也越充分，集成的中间部分自然也越大，也就是表示系统预防的各部分融合度更高、协同更趋成熟，一次成功就更有把握。

航天一次成功系统预防管理模式是航天系统在长期实践的基础上，逐步完善发展形成的具有很强整体性和综合性的一种模式。围绕一次成功，在系统预防质量文化方面主要包括质量预防理念、价值观以及行为规范；在系统预防质量管理方面主要包括质量预防策划、控制、监管和改进；在系统预防质量技术方面主要包括质量预防技术、方法、工具和手段。这种管理模式不同于以往的质量管理模式，是把整个企业管理视为整体，紧紧围绕一次成功，突出在质量技术保障、质量管理改进和质量文化建设等各个层面上综合展开系统预防。

实践告诉我们，对于航天复杂系统来说，单点或局部的预防无助于整体质量的提高，也不可能从根本上保证一次成功。我们经常说，成功是差一点点的失败，失败是差一点点的成功，成功与失败之间仅一线之隔。这对于航天人强调质量意识、成功意识是非常必要的，但这种建立在“一线之隔”基础上的成功管理在型号科研生产实践中风险极高，导致型号研制人员在执行飞行任务时往往提心吊胆，底气不足。因此，如何坚持在质量意识上“如履薄冰”“如临深渊”，确保在质量行动上“胸有成竹”“稳扎稳打”；如何筑牢“质量大堤”，做实“有备无患”，使成功远离失败，就必须积极开展一次成功系统预防管理。

航天一次成功系统预防管理模式既体现了一次成功、系统预防的新内涵，还体现了航天系统工程的核心思想方法。此外，航天一次成功系统预防管理是“大质量”理念和“零缺陷”理念与中国航天工业质量管理具体实践相结合的产物，充分体现了现代质量管理基本思想：

（1）预防管理的思想

质量管理并不是对已经产生的不合格品进行鉴别和处理，而是致力于减少和消除不合格，尤其是预防不合格的产生，按“零缺陷”标准管理。

（2）全面管理的思想

要想全面地、有效地控制产品质量，必须是在产品全寿命周期各过程中，企业所有部门、全体人员都参与进行系统性的质量管理。

（3）源头管理的思想

产品质量的形成是“一环扣一环”的。前一过程中的质量问题会一直影响到后面所有过程的产品质量，并且越是在后面的过程解决质量问题，其损失也越大。因此，不能把质量管理的“力量”平均分配在各个过程，而是要把质量管理的重点放在前面的过程，特别是源头初始过程。

（4）持续改进的思想

一个企业要不断地改善工作质量，以提高过程质量、确保产品质量和经营质量，从而满足不断变化的用户的需求和期望，并促进企业追求卓越，为社会创造价值，为用户创造价值，为供方创造价值，为员工创造价值。

第四章
一次成功质量战略导向

航天工业是国家战略性产业，肩负着国家安全、经济、社会的重要使命，而质量是其中的核心要素。航天工业要达到高标准的质量水平，首要的是源于高起点的质量战略，航天质量工作必须要有前瞻性、战略性，不断发展进步。“大质量”观深化了航天质量战略管理，质量管理不是就质量抓质量，不是仅局限于操作层面上，而是更加关注从战略管理层面上系统地将企业的整个经营管理系统与不断增长的顾客期望和社会可持续发展要求结合起来。航天质量管理需要与组织的战略管理相配合，制定支持组织战略的质量战略目标。

4.1 一次成功是航天工业质量战略目标

以“一次成功”为导向的质量制胜战略是航天工业整体战略的核心组成部分，是一种以系统的思维方式来解构并积极实施的预防型质量战略，其遵循原则就是以国为重、以客为尊、以人为本、以质取胜，其发展目标就是要使航天产品质量和质量管理水平达到国际先进水平，实现“五化”，即质量工作系统化、质量经营绩效化、质量控制工程化、质量改进人本化、质量管理信息化。

4.1.1 一次成功是中国航天的立身之本

60 余年来，中国航天工业质量管理水平不断完善提高，最重要的是基于对“一次成功”的强烈需求，从成功和失败正反两个方面总结确保持续成功的内在规律，使“一次成功”理念不断融入航天企业的生存发展中。从“三严”作风到“十六字”方针，从“严慎细实”要求到“零缺陷”理念，都传承着航天企业和航天人对“一次成功”的不懈追求。从根本上说，保证航天质量就是要确保“一次成功”，这是一种质量自觉。

1962 年 3 月 21 日，中国第一个自行设计的型号“东风二号”首飞失败，年轻的航天研制队伍痛定思痛，在分析故障、总结教训中认识到，绝不能让航天产品带着问题和疑点上天，航天质量管理的目标一开始就定位在要“确保型号飞行试验成功”上。1964 年，周恩来总理针对两弹结合试验提出的“严肃认真、周到细致、稳妥可靠、万无一失”，就是要求国防尖端装备试验必须“一次成功”。20 世纪 80 年代末到 90 年代末，航天企业贯彻国防工业质量法规《军工产品质量管理条例》和中国航天工业总公司《航天工业质量管理和质量保证要求》标准，遵循“一次成功、系统管理、预防为主、实行法治”的指导思想，系统规范航天型号研制、生产过程的质量保证和质量管理活动，结合产品保证、质量问题归零和航天工业行业强制性标准，建立适合本单位产品和科研生产特点的质量体系，并持续改进质量体系和过程，以对产品质量形成过程进行有效的控制，达到保证产品质量并不断提高型号飞行试验成功率的目的。不难看出，其中“一次成功”发挥了重要的领航作用。

决定“一次成功”的关键要素促进了航天工业质量管理内涵和外延的不断丰富，特别是强化了质量战略定位。通过组织各类人员学习、培训及下达责任令等，强化“一次成功”质量意识，加深对航天质量制胜战略的理解和执行，每个人从大处着眼，从小事做起，把每一件工作“第一次就做对”。对工程研制、产品生产、市场竞争，必须本着“一次成功”的要求去统筹质量、进度和经费，统筹用户和各利益相关方，其结果就是成功的用户、成功的员工、成功的合作伙伴和成功的企业。此外，把航天技术创新纳入到规范化的科研生产和质量管理流程中，是型号研制一次成功的必要保证，不能把事前预定的质量目标与科学试验期望的技术指标混为一谈，以载人航天、高新装备等为代表的航天工程和航天型号研制一次成功达到质量预定目标的事例比比皆是。

实践证明，只要运用科学的方法，坚持高标准、严要求，认真细致地做工作，谨防一切可能的失误，“一次成功”的目标是可以实现的。相反，如果不坚持并深化一次成功，中国航天就会走弯路甚至没出路。可以说“一次成功”已经深深融入我国航天工业发展的血脉中，成为航天事业发展的立身之本。只有从质量战略高度不断提升“一次成功”理念，结合航天发展特点，完善并实施质量制胜发展战略规划，才能使航天事业保持健康快速发展。

4.1.2　一次成功是航天企业的经营之道

从航天企业经营管理的角度分析，航天型号研制项目既要有很强的创新性，又要使风险可控，这与一般企业的稳定性经营管理不同。航天重大项目不允许反复，这就使“一次成功”成为航天项目管理和企业经营管理必须达到的首要目标。“一次成功”是航天企业的经营之道，是航天企业经营活动的软实力。

世界著名企业之所以具有强大的竞争力，关键在于它们始终围绕产品质量既是挑战又是机遇这一主题，改善经营管理，发展新技术，立足于近乎严苛的质量管理，实现了企业经营业绩的持续增长。当下信息技术与传统工业资源的深度融合，以及众创、众包、众扶、众筹等新模式、新业态的不断涌现，既对传统的企业经营方式造成了广泛而深远的冲击，也使得传统的质量管理方式难以适应时代发展需求。在全新的历史时期和不断变化的全球航天市场中，为保证航天企业的生存发展，将质量管理提升到企业战略的层面，以“一次成功”为抓手指导航天企业经营迫在眉睫。“一次成功”是航天企业始于识别、终于满足各相关方的期望或需求的经营之道。对用户来说，是提供高质量的航天产品或航天工程；对员工来说，是提供满意的工作和职业；对企业所有者来说，是提供良好的质量效益；对供应商来说，是提供持续经营的机会；对社会来说，是提供各种有益的社会责任。

从航天企业整体战略的视角考察质量管理，实质上就是以质量为中心的经营管理，而不仅仅是企业内部的职能式质量管理，也不单纯是以利润为中心的经营管理。就质量抓质量，质量难有大的提升和新的突破，质量经营追求的是低成本、高质量和高效率，以质量求效益，以质量求效率，中国航天必须走质量效益型发展道路。“一次成功”将质量管理与经营效益结合起来，按“大质量”概念来经营管理企业，把质量可靠性与成本、进度以及环境因素等统筹考虑，综合管理。航天企业追求一次成功要讲经营效益，但绝不能把国家利益放在次要位置，也绝不能以牺牲生态效益为代价。“一次成功”是航天企业质量效益得以凸显的核心因素，也是航天企业经营管理的矛盾交织点和利益攸关点，经营风险的控制、质量效益的提升、航天品牌的打造等要务，无一不是以一次成功作为基石，共同维系着航天企业的核心竞争力。追求一次成功应以产品质量促进经营质量，以经营质量保证产品质量，航天质量工作才有生命力，航天企业才能经营管理好。

4.1.3 一次成功是航天员工的行动之魂

中国航天事业经历了从失败走向成功的艰苦曲折的发展历程，在长期拼博中，航天人形成了对“一次成功”的信仰并自觉融入到行为中，“一次成功”成为航天员工的行动之魂。把确保“一次成功”作为一种担当，作为一种常态、一种禀赋，是航天人挑战自我的一种境界，是航天人对航天事业的崇高价值目标的敬仰和追求。当然，航天人把“一次成功”作为信仰，作为行动之魂绝非建立在盲目自信上，而是基于对航天事业发展客观规律的认识和把握，在于其掌握航天质量管理的精髓，即一次成功理念和方法。对航天人来说，做到一次成功，80% 取决于质量意识，20% 取决于质量知识。质量意识是态度问题、诚信问题；质量知识是水平问题、能力问题。航天人坚信“一次成功”目标是可以实现的，并在日常工作中自觉践行，也就是始终保持一次成功的质量自信但不能自满，并转换为系统预防的质量自觉。航天人对一次成功的不懈追求，已经成为中国航天的特有名片而日益彰显。

一次成功是航天员工的行动之魂，这体现于每一个人在日常工作中第一次就把事情做对，每一次都把事情做成。可能有人对此不以为然，认为型号研制试验是一种科学探索性的工作，是创新性很强的工作，科学试验哪有不失败的道理。其实，这是把正常的型号研制中发生的质量问题与探索研究中遇到的认知问题混为一谈了。由于各种客观条件限制或认识有限，必须通过试验验证充分暴露潜在问题和隐患而引起的失败，与有明确的成功标准（成功标准是可以清晰定义的），应该达到而未能达到标准而引起的失败相比较，这是两种不同性质的失败。前者是虽败犹成，而后者才是真正的失败。不能用评估事后可能出现的不期望的结果去降低事前对工作的高标准要求，更不允许以失败难免论为自己不负责任、不求进取的行为开脱。“一次成功”应该成为航天人的一种态度、一种习惯、一种思维方式和行为规范。第一次就把事情做对，而不是重复多次才做对；每一次都把事情做成，而不是时成时败、反复无常。只有牢牢把握“一次成功”这条质量“准绳”，永远以敬畏的态度和严慎细实的作风对待航天型号研制质量和企业经营质量工作，才能收获百分之百的成功，保持企业的持续发展。

4.2　一次成功以用户成功为中心

质量是由用户定义的，这是现代质量观与传统质量观的重要分水岭。20世纪90年代以来，从用户立场考虑质量问题已成为发达国家优秀企业的共识。讨论产品质量问题，要从用户要求的角度进行。产品能否占领市场，主要取决于用户对产品的态度，没有用户就没有市场，没有市场企业就失去了生存的土壤，这对于航天产品也同样适用。进入21世纪后，中国航天发展的市场化程度进一步提高，快速的变化促使航天企业的质量观念真正向以用户成功为中心转变。

4.2.1　满足用户需求是一次成功的根本目的

伴随着市场竞争的日趋激烈，以及与企业经营的交叉融合，优秀企业的关注点不再仅仅局限于产品，而转变为将用户视为企业生存发展的重要资源；在组织研制生产上也不再仅仅局限于满足企业标准，而转变为满足用户使用要求；在质量改进上由封闭型向开放型转变，把研究用户的需求摆在首位，尤其是围绕用户成功，以满足用户日益增长的需求为着眼点，打造优质产品和知名品牌。

“一次成功”不仅注重航天型号产品性能指标的符合性质量，更加突出产品的适用性质量，满足用户的需求。航天企业确定产品要求时，一定要根据用户的动态需求确定产品质量要求和技术特性，以及后续发展方向，并以用户的需求来主导产品的设计、生产和试验过程，即反映的主要是“用户的声音”，而不是“产品设计师们或工程师们的声音”。同时，依靠产品的高质量、高效能来减少售后维修保障量，保证售后服务质量，这也已成为一次成功重要的因素。航天型号研制项目一次完成，满足确定的技术指标、进度和质量要求，项目产品可用、高效、用户满意，即为项目一次成功。为用户不断提供满意的产品和服务，用户才会有长久的信任并保持对产品的忠诚，用户化的思维方式也是一次成功系统预防管理的核心。

以用户成功为中心，为用户创造价值，满足用户需求，是航天企业追求“一次成功”的根本目的。质量是与用户价值紧密相连的，是航天员工日常工作的基本内容。任何先进的技术、优质的产品和服务只有转化为用户成功才能产生价值。例如，一颗商用卫星通常的寿命预期为 10 年，在该卫星成功发射入轨且各项工作正常，交付给用户后，并不意味着就达到“一次成功”了，为保证该卫星在预期工作时间内正常运行使用，还需要提供高质量的服务，使用户能创造价值，确保用户能“一次成功”。帮助用户成功就是让用户不只是满足“验收合格”，而是着重解决市场和用户的“苛求”，让用户一开始就满意，始终满意，而不是通过“补救”才满意。用户成功已不仅仅局限于单纯的用户满意，航天企业的经营理念由用户提出需求朝着主动向用户寻需求，由以利润为中心向以用户成功为中心加快转变，从而实现更大价值。

航天企业追求“一次成功”，成为卓越的组织，其实质就是要满足用户需求。用户满意度是衡量航天企业一次成功系统预防管理水准和业务绩效的晴雨表，通过规范的、专业的、有效的用户满意度测量，了解用户对于企业的感知，找出有待改进的领域，跟踪发展趋势并确认改进的效果，在市场上树立航天企业质量形象，扩大质量知名度和美誉度，逐步与用户形成休戚与共的命运共同体。

4.2.2 用户成功理念融入一次成功实现过程

航天型号项目研制开始前必须切实了解“什么是用户的成功”，即了解用户的真实需求，只有回答了“可以帮助用户解决什么问题？能给用户带来什么价值？”这两个问题，才能真正明确用户的成功标准，进而明确项目目标。同时，项目执行中必须“担负用户成功的责任”，按要求完成承诺的工作；项目结束后既能“帮助用户实现价值”，也就是做好交付使用的技术保障服务工作，以达到预期目标，又能给企业带来利润，达到“双赢”的效果。只有用户满意并说项目成功了，才是真正的成功。实际上这就要处处站在用户立场上“换位思考问题”，将用户成功理念融入一次成功实现过程，这点尤为重要。如何让用户满意，帮助用户成功？这需要以用户需求为基础，建立用户成功模型，如图 4-1 所示。

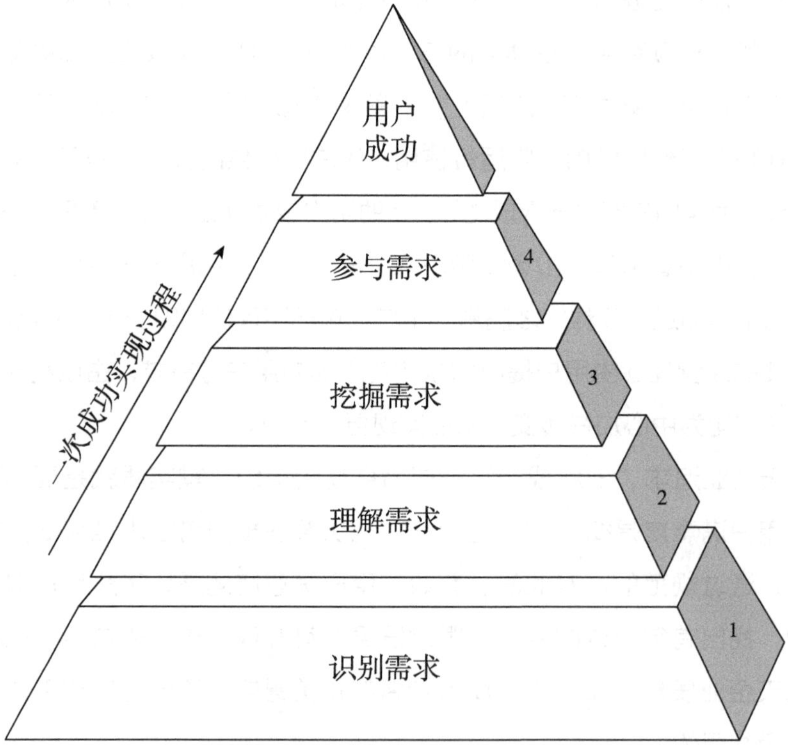

图 4-1　用户成功模型（帮助用户成功）

以用户成功为导向的一次成功系统预防管理，将基于用户需求的用户成功理念融入一次成功实现过程，是把满足用户需求和帮助用户成功作为质量目标，与提升过程质量、产品质量和服务质量，实现一次成功融为一体。特别在航天型号研制一次成功实现过程中，以用户成功为牵引，对用户需求经过“去粗取精、去伪存真、由此及彼、由表及里”的归纳、分析和综合，如上图所示满足用户需求：①全面识别用户的内在需求及发展趋势；②完整理解用户的真实需求；③主动挖掘用户的潜在需求；④积极参与并正确引导用户的需求变化，创造用户需求，帮助用户成功。

航天产品的研发、设计、生产、加工、交付、服务保障均涉及到大量人流、物流、资金流、信息流的交互耦合，帮助用户成功就应在型号研制一次成功实现过程中，加强系统策划和顶层设计，突破潜在的体制机制桎梏，确保人、财、物和信息等资源要素的优化配置，更好地保障用户成功。如用户不仅直接参加最终产品交付验收，而且还能参与研制产品从方案到定型的重点环节质量策划和相关质量工作，协同确保一次成功。

航天企业要确保“一次成功”，满足用户需求，就必须将用户的质量需求转换为航天产品的质量特性。由于航天产品的创新性强，系统复杂，决定了用户往往难以对产品提出很具体的要求，事实上存在用户需求不太明确的特点，企业必须通过与用户互动开展深度需求分析、主动形成技术协议请用户会签、邀请用户对口会谈并形成会议纪要等方式，充分开展“再确认”工作。用户在航天质量建设中并不是无所作为的旁观者，用户的质量需求涵盖了产品所有相关方的诉求，通过将以用户语言表达的质量需求转换成技术语言的质量特性，可以使抽象的用户需求进行具体的产品化。

航天研制单位与用户的技术接口一般采用任务书的形式。用户将其对产品的研制要求都以任务书的形式提供给研制单位，研制单位根据任务书要求对产品进行研制。在此过程中有很多有用的信息往往因为简单文件并不能完全表达用户要求而被缺失，这就要求不能局限于研制任务书，而应积极主动地采取各种方式进行用户调查。能否全面（不遗漏）、准确（不曲解用户的原意）地把握用户的需求，是产品开发能否一次成功的关键。应广泛收集市场信息和用户需求以及竞争对手的相关信息，同时将信息快速、准确地提供给企业的决策者和产品开发者，并将用户的需求转化为对应于产品开发和生产的每一阶段（即：市场战略策划、产品设计与工程设计、原型生产、生产工艺开发、生产和销售等）的适当技术要求。

对大型复杂高技术产品或工程项目来说，准确地将用户的所有需求转变为产品寿命期内的工作尤为重要，也更为困难。传统的保证质量的方法往往更多地关注于工作过程中的问题解决，并不能保证为用户带来长久的价值，特别是当用户需求十分苛刻时。现代的保证质量的方法是将航天产品寿命期内的全部工作与用户需求联系起来的极好纽带，并采用系统化的方法进行统筹规划，尽量将研制生产中可能出现的问题提前揭示，从而可消除决策失误，提高航天产品质量和开发的一次成功率。

4.2.3　帮助员工和供应商成功有助于用户成功

在航天产品质量管理链中，航天企业对外主要涉及的是用户和供应商，对内主要涉及的是员工。从企业内部研制生产流程看，下道工序即“用户”，在一个过程中工作的每个环节都有其“用户”，只有满足每个下道工序对上道工序的质量需求，才有可能满足外部用户对最终产品的需求和期望。而航天员工在企业中对上道工序来说是“用户”，对下道工序来说又是“供方”，这种特殊性要求航天员工真正做到“不制造缺陷、不传递缺陷、不接受缺陷”，在为用户、为国家、为社会、为企业创造价值的同时，实现自己的人生价值；这样的员工才是成功的员工。同样，从企业外部上、下游看，处于上游的供应商必须满足其下游“用户”，即航天企业对供应商的质量要求，才有可能满足航天企业的下游用户对最终产品的需求和期望。这就要求供应商深入理解航天企业提出的各项需求，在质量控制上从源头预防抓起，在为航天企业提供满意的外协外购产品、创造社会效益的同时，为自身创造良好的经济效益，并大大提升市场竞争力，这样的供应商才是成功的供应商。

克劳士比指出：“我们要帮助员工和供应商成功，成功的员工和供应商会帮助我们的用户成功。”用户成功是持续、深度的用户满意，而不是一时的、一般的满意，用户满意是为了满足用户当前的需求，而用户成功则不仅满足用户当前需求，而且更加重视用户长远的需求和未来的成功。航天企业必须坚持以下原则：帮助员工成功，帮助供应商成功，以帮助用户成功。“一次成功”是用户、员工、供应商和航天企业的共同成功。航天企业成就用户成功，成就员工和供应商成功，其自身也就拥有了永续成功的竞争力。

员工的要求能否得到满足将直接影响产品和服务的质量，帮助员工成功最重要的是向员工提供高质量的工作环境和服务保障，“用户是上帝”和“员工是主人”两者是有机融合、依存共生的。片面化的、条框分割的质量管理难以保证员工和用户成功，保证员工和用户成功的工作应当贯穿于航天产品质量形成的全过程，将用户需求与员工手头具体要求相统一，使用户需求与企业内部工作标准紧密挂钩是亟待解决的问题。由于企业内部员工的满意和成功是外部用户满意和成功的基础，而员工和用户成功又是企业成功的基础，企业的成功更能保障员工的成功。因此，用户、员工和航天企业三者之间存在一个明显的逻辑关系，航天企业应当采取具体措施，帮助员工践行“用户在我心中，质量在我手中”，尽力与用户保持零距离，切实将用户成功的理念融入到日常生产经营和一次成功实施过程中。

当然，还应满足供应商的需求与期望，特别是要与价值观一致的供应商建立共同成长机制以获得互相信赖，并建立互利互惠的合作伙伴关系，使双方都能受益。如为供应商企业员工提供质量技术培训，帮助供应商提高其自身能力，让供应商参与产品开发设计方案研讨或对产品设计进行工艺性评审，以便得到关于产品加工、使用方面最确切的认识。帮助供应商成功有利于双方通力合作，共同为帮助用户成功作出努力。

4.3 一次成功注重抓源头、抓关键、抓基础

要确保航天型号研制任务“一次成功”，必须坚持质量工作重心前移，着力从源头抓起，从关键抓起，从基础抓起，其中最重要的是着力抓产品设

计源头质量、工艺质量关键环节和质量技术基础。

4.3.1 注重抓航天产品设计源头质量

产品质量控制的指导思想从最初的“质量是检验出来的”，到后来的“质量是生产制造出来的”，发展到现在的“质量和可靠性首先是设计出来的”。设计是航天产品质量形成的基础，抓好航天产品设计源头质量对实现“一次成功”来说是重中之重，因为产品设计缺陷将严重影响产品的固有质量，有些缺陷在生产、试验过程中逐渐暴露出来，有些缺陷甚至到设计定型后才不同程度地暴露出来。

航天型号产品和系统技术密集、功能复杂，研制风险很高，更加决定了航天型号质量与可靠性必须首先从产品设计源头抓起，把方案阶段的质量控制好，包括各种论证是否透彻，方案选取是否科学合理，技术途径是否正确，各种数据、设计图纸资料是否准确无误，以及型号中要采用的一些新技术、新材料、新工艺等是否已经突破自身的关键问题，这是保证型号研制质量的基础和前提。其次就是要求强化型号总体设计，在型号性能指标论证过程中，反复与使用方协商，以使指标先进适用，合理可行，保证总体方案所选定的关键技术有相当的把握，并把型号可靠性指标融入型号技术性能指标设计中去，科学合理地分解到分系统及其产品，最后通过对可靠性进行试验验证加以评定和验收。此外，在型号研制各阶段结束时，进行严格的设计评审，达到要求方能转入下一阶段。

航天产品质量首先是设计出来的，把好设计质量关是保证产品全生命周期质量的第一步，直接关系一次成功。设计阶段的任务是将功能转化为性能指标，并形成设计参数，当然，效能应反映在这些指标和设计参数之中。因此，质量和可靠性要求也必须转化为相应指标。从设计源头抓起，严格进行设计过程质量控制才能有效提高产品质量和可靠性。航天产品被设计出来的时候，产品的固有质量已被确定，制造只是在实现产品的设计思想和要求，测试仅是在验证设计。因此，产品设计一定要优化。而值得注意的是，产品优化设计和质量定位不仅仅取决于设计本身的质量，更重要的是取决于设计能反映市场竞争和满足用户需求的程度。这种理念是对全面质量管理的一个重要贡献，使我们能够站在设计的角度来控制质量。并且设计阶段的“质量”概念要比生产阶段的“质量”内涵更丰富，是从更高层面对质量的诠释。它包括产品本身内在的质量，也包括用户所能感知的使用质量、与同类产品的竞争质量，以及用户所期望的安全可靠、可信赖的质量形象，从某种程度上充分体现了广义质量的概念。在市场经济条件下，航天产品设计的先进性与质量可靠性，不仅表现在研制单件高质量产品，使型号飞行试验获得成功，而且表现在批量生产的航天产品质量稳定性与可靠性上，表现在使用一次成功上，表现在稳步进入国内外市场上。

对航天产品和系统来说，在进行功能质量设计的同时，还应开展质量价值设计。设计质量是一座金矿，它能创造价值。设计师的任务不仅是设计出满足技术目标要求的系统和产品，而且要设计出满足工艺制造要求和使用维护要求等的高质量、高可靠、低成本的产品和系统。现代健壮设计就是一种有效的保证产品高质量、高可靠的设计方法。通常，航天产品的设计主要是通过选用高品质原材料、精密制造或者严格限制使用条件等来消除工艺制造和使用维护过程中各种内、外干扰，如材质制造精度、工作环境等引起的质量问题。其实，还可利用现代健壮设计实现航天产品全生命周期的质量设计，即通过调整设计变量及控制其容差，使可控因素和不可控因素与设计值发生变差时，仍能保证产品质量。这不仅要面向使用方对功能的需求，而且也应面向制造、装配、维护和项目管理。

据有关研究分析指出，70% 以上的质量问题隐藏在研发设计阶段，这往往是后续过程难以控制和解决的，因而必须大力倡导“让设计一次成功”的理念，严防把设计问题带入生产制造和试验过程，这体现了从源头控制质量的重要性。在航天科工集团四院红峰公司，新产品设计已经实现按照型号数字化大纲要求统一标准、统一工具，100% 进行三维建模，数字化设计避免了设计缺陷导致的设计反复。航天科技集团 804 所开发的 DFM 审查插件将设计工艺性审查规范融入电装设计软件中，让设计师在设计的同时就进行工艺自动审查，工艺提早介入设计流程。这都为设计的一次成功打下了坚实的基础。在启动设计之初就进行质量的策划，通过优化设计改善技术状态，优化工艺流程并把质量要素的各项要求贯穿在产品的全生命周期进行管理。

对于航天新型系统来说，一定要积极探索创造一些先进的质量方法来确保设计质量。如我国新一代大型运载火箭在新技术应用、运载能力提升方面均实现了重大跨越，随之而来的是运载火箭研制难度的加大。为了确保大型火箭的研制质量和可靠性，中国运载火箭技术研究院总体部在新一代运载火箭初样研制过程中，成功总结出一套适用于设计质量分析的“关键事件矩阵分析法”。该方法如同为火箭绘制了一张特殊的“神经网络”，测试和发射是神经网络的主线，系统间接口是主神经的分支，而一个个单机设备就是神经元，通过系统研究其间传递的“信息流”，即可实现对时段、事件、时序、动作四个层面的多维矩阵交叉分析，有效提高新一代运载火箭的质量管控能力。新一代运载火箭已应用此方法完成了火箭飞行全过程的关键事件矩阵分析，并暴露和解决了一些质量问题，最终实现了飞行关键事件在功能实现、设计程度和可靠性措施方面的闭环验证，为新一代运载火箭可靠性提供了坚实保障。

为保证航天型号的高可靠、高安全和长寿命，应高度重视可靠性设计分析和试验验证工作，树立以可靠性为中心的设计观念，贯彻“从设计源头抓起、可靠性工作重心前移”的工作思路。新技术、新器材必须经过充分论证、试验和鉴定，方能引入新产品设计。充分利用标准、规范，开展可靠性设计、FMECA、FTA、最坏情况分析、潜在通路分析、可靠性增长试验、可靠性评审等可靠性技术和管理活动，其中的 FMECA、FTA 不仅可广泛应用于可靠性设计分析，而且可应用于过程（工艺）分析和质量问题的分析。经采取设计和工艺的纠正措施，提高产品的质量和抗各种干扰的能力。注重抓产品设计源头质量还要注重总结、推广行之有效的质量与可靠性保证方法。如：推行“三个吃透”（吃透技术、吃透状态、吃透规律），就是从产品设计分析入手，通过系统防范、合理规避和有效控制型号技术风险，消除产品设计质量与可靠性方面的隐患和薄弱环节，从而确保产品固有质量与可靠性，这也包括通过深入挖掘型号产品设计中的遗留问题、瓶颈技术问题而进行的“再设计”；开展全时域分析、全空域分析、环境适应性分析和接口分析，提高型号总体设计的可靠性，避免出现“总体缺陷天上见”。

在产品设计中还应重视简化设计，即在满足技术性能要求的前提下，尽量简化设计方案，复杂的系统不如简单的系统可靠。简化设计不仅可以提高产品的固有可靠性，也可降低维修工作量和成本。简化设计的基本原则包括：尽可能减少产品组成部分的数量及相互间的联接，尽可能采用经过考验的、可靠性有保证的标准模块、零件、组件、部件以至整机。如“长征六号”的可靠性指标为 0.98，远高于我国现役火箭 0.95 的可靠性指标，这源于“长六”遵循了“简单即可靠”的可靠性设计原则，通过做减法来减少火箭风险点，而不是传统的增加冗余设计的做法。简化设计原则既适用于硬件系统，也适用于包含软件、人员在内的复杂系统。航天型号可靠性设计水平提高一步，航天型号任务成功率就能提高一步。

此外，为确保设计达到规定目标的适宜性、充分性和有效性，还应适时进行严格的设计评审，组织专家和有关人员对型号阶段性设计质量做出全面审查评价，确认型号质量与可靠性水平，只有达到要求，方能转入下一阶段。

4.3.2 注重抓航天工艺质量关键环节

工艺质量是保证和提高航天产品质量及其稳定性的关键环节之一，工艺质量属于生产控制的基本内容之一，也是生产技术准备工作质量成效的一种反映。对于结构复杂、质量要求高的航天产品，工艺工作贯穿于从方案设计一直到生产、使用、维护的全过程。航天产品的先进性能和高可靠性不仅取决于先进的设计，也与其制造工艺的先进性、可靠性和稳定性密切相关。尤其在批量生产的情况下，工艺文件的正确性、工艺流程的合理性和工艺方法的先进性直接关系着生产一线人员的操作质量和产品的加工质量，进而影响航天产品交付使用质量。工艺质量管理是对各项工艺技术工作进行计划、组织、协调和控制，使其按照工艺原则、工艺程序和工艺方法，在生产实际中得以贯彻保证。先进的航天工艺是将产品设计变为实物的重要基础，必须注重抓航天工艺质量关键环节。

一是注重工艺设计质量。为确保航天复杂产品研制生产过程的“一次成功”，工艺设计要达到正确性、先进性、可靠性、可行性、可检性、经济性和合理性等基本要求，并以此作为考核工艺设计质量能否解决生产工艺满足产品设计要求的内容。应适时进行工艺评审，使产品质量从工艺设计上得到有效控制，最终使企业生产成本、周期和产品质量能获得较好的综合成效。在具体型号产品研制生产过程中，针对产品保证、研制技术、计划流程、设计输入等开展严密策划，去繁就简、去粗取精，形成相应的满足型号产品要求的顶层指令性工艺控制文件，做到要求清晰、重点突出、责任明确、提前部署。同时，围绕设计与工艺并行工程管理，建立完善工艺人员与设计人员、技能人员、管理人员协同机制，把产品设计和工艺设计有机结合起来，逐步建立并完善产品设计工艺性的技术规范，为设计师和工艺师提供共同的工作依据。如航天科工集团二院在型号产品研制过程中开展总体设计部与总装厂之间的设计工艺协调工作，使某型号舱体超差项由 19 项减至零，敏感设备安装精度由不合格变为全部合格，舱体加工周期和产品总装周期大幅缩短。要深入开展设计方案工艺可行性分析、设计与工艺交底和设计文件的工艺性审查等工作，将工艺缺陷和问题消除在产品投产之前，解决在设计定型之前。设计定型后，工艺性问题遗留得越少，遗留的时间越短，解决的难度就越小，对确保批生产产品质量、成本、周期也越有利。

二是优化工艺并强化工序质量控制。不少航天零部件产品的制造具有结构复杂、集成度高、精度高、工序多、流程长等特点，大批量生产容易存在工艺稳定性差、成品率不高等问题，必须通过工艺整合和工艺资源配置实现工艺布局优化；通过实施工艺联动机制实现工艺管理链条优化和工艺流程的优化，减少中间环节，严格管控工序质量，即把影响产品加工工序的人、机、料、法、环、测等因素进行有效的控制，提高工序合格率和工艺质量稳定性，把复杂产品的制造分解量化成简单易行、明确可控的一个个加工工序，尽可能降低操作人员实际实施难度。将相关的质量标准融入工艺流程，对影响产品质量的关键生产工艺参数进行实时采集、控制，通过质量异常追溯，实现生产管理优化，提升产品质量。此外，编制通用工艺、样板工艺并推广应用，细化工艺控制要点，为改进工艺质量管理打下良好基础，从根本上避免研制后期出现制造和装配质量问题，提高产品质量稳定性。

三是严格把控生产过程关键环节。航天产品的研制与生产经过充分的工艺技术准备工作后，开始进行零件生产、部（组）件装配，以及分系统、系统总装测试等工作。为保证产品质量满足使用要求，必须特别关注对生产过程关键环节进行有效的质量控制。如：在进行工艺技术交底工作时，特别强调关键件、重要件、关键工序以及新采用的特种工艺的技术和质量控制要求；前一研制阶段（批次）生产中样机和批生产中出现的技术、质量问题以及所采取的纠正措施的实施情况，落实到工艺文件中的有关要求。加强关重件的不合格审理和超差特许审理，正（试）样研制阶段产品关键件、重要件不允许超差使用。合理设置关键和强制检验点，在产品实现过程中，尤其要加强各级产品装配、调试过程的不可测试项目和关键工序等环节，以及强制检验环节的控制，强化其质量记录的量化和可追溯性管理，提高航天产品全生命周期质量追溯能力。特别是对关键环节和项目主要靠操作人员的技术来保证产品（工序）质量时，必须采用最清楚和实用的方式，如留下配图文字、标准样件、数码照片或录像等客观证据，证实和评定产品的实际质量状态，做到可追溯、可检查。另外，航天产品研制生产过程中不少重要紧固件的拧紧装配，其工作质量主要取决于操作人员的手感和经验，一旦出现问题将导致整个产品报废。因此，应当通过经验判断与科学计算、验证相结合，找出最优的力矩标准数值，并落实到工艺设计中。针对这类关键工艺环节强化岗位质量控制，委派专人对生产全过程进行质量监督，配备专用检验记录表格，利用完整表格化文件体系严格工艺生产、测试、试验的过程控制，每一步操作均达到“做事立字据、做事按依据、做事留证据”，做到工作有序、不漏项，并结合配套的监测环节对产品的工艺项目进行逐项监测、记录，形成表格化、可视化条目，使每一位员工能严格按照工艺要求操作，真正将质量控制措施落实到位。

当然，对于新研制的航天型号产品，围绕其研制阶段制造工艺中的关键技术问题，生产中的重大产品质量问题以及生产能力方面的薄弱环节而进行关键工艺技术攻关是稳定产品制造质量，有效保证产品质量控制的重要环节，必须给予高度关注。

4.3.3 注重抓航天质量技术基础

航天质量技术基础主要由计量、标准、检验检测三者构成。计量是控制质量的基础，标准引领质量提升，检验检测控制质量并建立质量信任，三者形成完整的技术链条，相互作用，相互促进，共同支撑航天质量的提升。质量管理必须建立在一整套标准的基础上，没有标准，质量管理就没有依据，检验检测就无法进行，而没有计量，标准的要求就失去定量的衡量，就无法保证。

随着航天产业的快速发展，质量技术基础越来越凸显其重要性，应将其纳入航天工业整体发展战略中，加强集中统一管理，夯实发展根基，让质量技术基础成为对航天质量的硬约束。

（1）航天计量

计量是航天工业的眼睛，也是航天精准性的保证。航天计量测试工作是航天型号，特别是大型复杂系统研制取得成功的重要保证，是航天工业持续健康发展的重要基础。航天计量测试技术支撑并不断推动着航天质量管理方式方法的创新发展。为保证航天产品质量，保障航天产品的试验和使用，对产品实现的全过程都必须应用计量、检测手段对产品质量特性进行监控。应加大对航天计量工作的投入，建立计量校准技术重点实验室等机构，并构建完善的量值传递体系。没有计量基础，从设计质量的验证到使用质量的考核，型号研制、生产和试验每个环节的质量优劣便无法判断，更谈不上“一次成功”。

航天企业在开展计量工作时，必须注重抓好以下环节。

1）按照生产和设计的要求配备计量检测设备。企业在配备计量检测设备时，要根据生产设计的要求进行全面考虑，特别要重点考虑提高产品质量对计量检测提出的测量准确度要求。配备的各种计量检测设备所要求的准确度，应和被测参数的允许误差相匹配。

2）合理确定计量检测设备的校准周期，坚持间隔校准制度。企业的各种计量检测设备在首次使用前应进行校准，通过测定和校准计量检测设备的误差符合要求后再投入使用。对自动控制计量设备的软件和程序也应进行验证，再根据计量检测设备的技术规范、使用方法及范围等各有关因素，分别确定再确认周期。

3）加强计量检测设备的日常管理，建立健全管理制度。这些制度包括：计量人员岗位责任制、计量器具检定制度、量值传递制度、计量器具分级管理制度、周期检定制度、计量室工作制度、计量器具维护保养制度等。

4）及时、正确处理不合格计量检测设备。对不合格计量检测设备，首先要暂时停止使用，做出明显的不合格标记，并在规定的部位单独进行保存。继而对不合格的器具设备要根据不同情况分别处理，可采取重新校准、修理、调试、维护保养等多种措施，经过确认合格后再行使用。

5）保证计量检测设备使用的环境条件。企业的计量检测设备，必须在适宜的环境条件下使用。对测量结果有影响的环境因素，应进行适当的控制。必要时进行连续的监控和记录，以保证准确测量的要求，或对测量结果进行必要的修正。

6）健全计量管理机构，配备高素质的计量人员。企业要设置与生产经营相适应的计量管理机构或职能人员，协同各部门开展计量工作。计量工作人员都应具备相应的资格，要由经过培训教育、有能力、有经验、责任心强的人员来担任。

7）提供整体式产品计量保障服务，以确保航天产品系统效能为目标，以产品计量为核心，采取有效措施，将产品计量以检定、核准和检测三位一体的方式，纳入型号研制、试验、生产和使用的全过程，从而形成完备的计量保障体系。以成套系统为对象开展计量检定，为用户提供一站式服务，针对可能影响产品效能的管理、环境等因素，建立定期到用户现场计量巡检机制；开展与产品计量保障相关的技术培训、计量规则培训、信息管理、环境监测等服务；提供方便用户使用的现场检定用计量产品。

（2）航天标准

标准是航天企业竞争力的重要组成部分，航天标准化是实施一次成功系统预防管理的重要保证，高标准才有高质量。质量管理又是以标准为依据，没有标准的进步，就谈不上航天质量管理的成功。标准决定质量，航天标准引领航天质量提升，航天标准化助力航天质量提升。航天标准化的主要任务是：制定标准、宣贯标准、修订标准，组织实施标准以及对标准实施进行监督等。

航天企业有组织、有秩序地推行标准化与提高航天产品质量管理要紧密结合起来，尤其在技术标准方面，要围绕航天产品形成的全过程，以产品标准、设计标准、试验标准、工艺和工装标准等来支撑和保证产品质量，通过运用标准化原理和方法，最大限度地继承航天成熟技术，规范型号研制全过程。建立与航天型号紧密结合的标准化工作机制，将标准化工作纳入航天科研生产主流程，真正实现标准研制、实施、应用、跟踪、评价、改进的闭环管理。坚持将标准化工作落实到航天产品全寿命周期的各个阶段，严格按标准进行设计、按标准进行试验、按标准制造和维护，并大量采用标准件产品，提高产品安全质量性能，确保型号研制任务一次成功，提高航天产品在市场上的竞争能力。

航天企业属于技术密集型复杂系统，要建立以技术标准为主体、管理标准与基础性标准相配套的航天标准体系，并在贯彻标准中不断提高采标率和标准科学管理水平，标准化工作尤为关键。当然，航天型号研制过程也是一个创新过程，既要严格贯彻执行国军标和航天通用标准要求等，将其作为依法治质的重要着力点；又要结合型号研制的特点、特殊要求和特有的经验，在实践中不断地完善提高并形成航天产品标准体系，以航天标准牵引航天新技术发展和新产品研发。通过标准化工作最大限度地减少不必要的重复劳动，统一以有限的品种、规格满足多样化的需求，缩短研制周期，降低成本，提高质量和可靠性，简化维修和技术保障。如在载人航天工程、北斗卫星导航系统、高分辨率对地观测系统等国家重大专项的实施中，成功应用“成熟标准带型号”的标准化工作模式。

在航天领域采用的标准化形式主要有：简化、统一化、通用化、系列化、组合化（模块化）。航天企业总结型号研制生产中长期积累的宝贵经验，其中重要的一条就是实现“复杂的事情简单化、简单的事情规范化”，大力开展企业设计规范、工艺规范和试验规范（三大规范）的编制及实施，设计规范是产品设计过程中应遵循的技术准则、方法和基本要求的规定；工艺规范是产品加工环节和加工对象的制造技术及制造要求的规定；试验规范是产品试验工作中应遵循的技术要求、程序和方法的统一规定。通过三类技术标准优化设计、工艺和试验，进一步规范航天产品的研制生产及质量管理。航天标准化工作的另一项重要任务是，在满足型号研制要求的前提下，优先采用成熟技术和推进“三化”（通用化、系列化、组合化）工作，其目的都是为充分利用现有成果，比如在各专业形成的设计规范中，提炼出一系列条目化设计准则，优先采用成熟技术和“三化”产品；对设计方案采用的新技术、新材料、新工艺经过充分的论证、试验、鉴定并使其规范化。同时，针对设计文件三级审鉴中易错、易漏、易有异议性的问题，总结提炼出关键性、通用性的检查条款并固化到设计文件审签规范中，这就使设计质量和效率得到有效的提升。三大规范通过在设计、制造、试验及各方面继承成熟的经验和技术诀窍，可以使新一代技术人员有效避免重复过去的错误和失败，在研制生产的关键环节上降低风险、提高质量，有利于航天新技术装备研制一次成功。

推动标准化设计融入航天型号研制，加强航天产品“三化”设计，首先从零部件的“三化”开始，经过部组件组合设计，最后得到系列化产品。这有利于产品生产、使用和维护，是提高产品质量和可靠性，提升研制效率和降低研制成本的关键，应纳入质量管理的监督范畴。如天舟系列货运飞船设计了4种模块：全封闭货物舱模块、半开放货物舱模块、全开放货物舱模块以及通用的推进舱模块，并对产品模块实施灵活有效的配置管理。模块化设计使运输不同物资的货运飞船之间的结构更加统一化和规模化，同时，还可充分利用基本型产品，发展系列化产品，顺应了载人航天器通用化、批量化、系列化的发展需求，促进了航天企业核心竞争力的形成，也为航天工业质量管理提供了有力的技术支撑。

要不断深化航天标准化工作。航天科技集团充分借鉴航天系统工程理念精髓和重大型号工程实践，通过统筹标准化“全要素”“全流程”开展顶层设计，将“标准工程化”和“工程标准化”相融合，建立统一的标准体系，实现标准对科研生产全过程、型号产品多层级、技术管理各专业的全覆盖。同时，还建立并对外发布了面向国际合作的《中国航天标准体系》，形成了一整套涵盖选项、培育、立项、研制、发布全要素的国际标准化工作模式。一些航天企业积极参与国际宇航标准化活动，既引进国外先进标准，适应、融入国际标准，又在具有自主知识产权的航天技术方面逐步增设中国主导制订的国际宇航标准，提升中国航天标准国际化水平，推动中国航天标准走出去。

航天标准化工作还需注意以下几方面改进：一是着力提高标准化人员素质，除应具有较高的技术水平外，还应具备必要的管理知识和标准化知识，应逐步构建标准化师职业序列，尤其是培养高水平的标准化人才队伍，努力提高判定标准的质量并在产品研制过程中灵活运用标准化原则协调处理相关问题。二是不断完善企业标准化信息系统，主要由标准化基础工作模块，标准工作模块、型号标准化工作模块、标准化效果评价模块和标准检索模块等组成，通过标准化信息系统的利用，实现标准化规范化管理。三是进一步加严型号标准化管理，重点要放在型号顶层研究和设计阶段，型号研制方案阶段就要进行标准体系方案设计，并在初样、正样阶段实施标准体系建设。当然，还有不少质量问题产生的原因都涉及到未严格按标准执行。在航天产品研制生产的所有领域和全过程中，全面加强对型号标准的宣贯和实施，并进行严格的监督与考核。

（3）航天检验检测

检验检测是保障航天工业发展的重要技术支撑，是航天产品研制生产各方共同依赖的质量技术基础。航天检验检测在维护航天产品质量安全、加快航天技术创新、促进航天产业进步等方面发挥着基础保障和支撑引领作用。

检验是通过对航天产品的质量特性进行观察和判断，适当结合测量、试验所进行的符合性评价。为确保航天研制生产和飞行任务“一次成功”，必须规范航天检验检测行为，提供真实可信的检验检测数据，积极开展检验检测技术研发创新，充分利用现代信息技术手段，强化风险检测评估。要加强航天检验检测机构能力建设，要有一支足够数量且合乎要求的检验人员队伍，要有一个实用有效的检测环境和完善的检测手段，要用一套明确而客观的检验标准，要用一套科学而严格的检验管理制度。要提高服务质量，开展航天产品全寿命周期检验检测，充分利用检验检测获得的第一手质量可靠性数据，发挥航天检验检测技术优势，不断攻克技术难关，并根据型号研制生产的实际需求，帮助企业发现并解决困扰航天产品质量提升的关键问题，使航天产品的性能稳定性和质量可靠性达到更高的水平。

需要强调的是，质量检验部门和质量检验人员应严格履行“把关、预防、监督和报告”的职能。首要的“把关”职能就是在实施检验工作时，必须牢记检验验收技术条件和程序，准确判定产品质量的缺陷程度。另外，要牢记当质量管理体系运行不正常、产品发生重大质量问题、生产的产品与其他单位发生重大质量问题有牵连时，应及时停验、采取整改措施。检验部门针对所发现问题的改进活动应确保有效，主要体现在是否通过体系审核和管理评审实施了改进，是否通过对数据的分析及时采取了纠正和预防措施，是否促进了质量的全面改进。而其中的“预防”职能就是在产品检验过程中，首先发现所属检验对象的检验项目和内容以外的质量问题和隐患，从而防止产品的超差、返修、返工、报废和质量事故等，如：①非自己检验的上道工序质量问题；②设计图样、技术条件错误；③加工不协调或工艺规程中规定的技术要求不符合设计文件；④产品质量隐患；⑤工装设备等质量不符合要求；⑥工人操作不当。根据航天产品在检验检测过程中获得的信息和数据，预先发现各种质量问题，并协助有关部门分析原因，采取预防措施，防止再次发生，这对航天一次成功系统预防管理是尤为重要的。对于在本工序不易对产品质量进行验证，只有靠后续工序或产品交付及使用之后才能验证的某些特殊过程，必须强调操作者的自检意识，激励操作者加强自检，提高自检合格率，因为只有操作者对产品质量有最深入、最直观的认识。

由于航天产品高质量与高可靠的要求，对产品生产、试验、测试等过程的关键环节需要进行特殊关注，关键检验和强制检验就是通过控制这些关键环节从而达到控制产品质量、确保“一次成功”的目的。关键检验是指为满足设计或工艺要求，在航天产品研制生产过程中，设计人员或工艺人员确定并参加的对产品关键过程或关键特性指标的检验活动。强制检验是指在航天产品研制生产过程中，由用户确定并现场参加的对产品关键过程或关键特性指标的检验活动。关键检验和强制检验是航天产品研制过程中对产品质量进行控制的一种特殊有效的方法，如运载火箭从单机生产到最后发射，设置了 300 多个强制检验点并实施强制检验，有效保证了生产状态符合技术文件要求。

关键检验控制方法是在产品的特性分析工作的基础上开展关键检验点的识别，并结合产品研制流程设置关键检验点，在相应的加工、装配、调试、测试试验等阶段的操作依据文件中进行标识，作为实施关键检验的具体操作性文件。同时，应汇总关键检验点实施时产品研制的具体节点、设置原因、检验项目或指标、检验方法（建议）、记录、确认等方面的要求，形成关键检验点清单，作为关键检验实施的管理性文件。关键检验点的检验结果应纳入相应研制阶段的产品数据之中，作为描述产品实际状态的记录。

强制检验控制方法与关键检验控制方法类似，只是强制检验活动在实施过程中更强调用户的职责，即：①负责根据设置的强制检验点情况，明确检验方法、工具和判定准则等具体执行要求，并以强制检验点清单的形式向产品研制单位下达；②负责根据强制检验点的内容，结合具体的产品研制实现过程情况编写强制检验执行要求并形成强制检验总检查记录表；③负责在产品完成所有强制检验点的检验后，检查待办事项完成情况，形成产品强制检验报告，在航天产品出厂前作为研制质量报告的支撑材料。

承担关键检验和强制检验项目的操作人员、检验人员，以及承担现场见证的质量监理都应预先通过针对性的技术培训，具有专门的知识、技能和丰富的一线工作经验，保证其有能力在正确理解相关标准的前提下，熟悉并掌握检验项目内容和方法，严格把关，确保过程实施有效。

4.4 实现一次成功必须严格履行质量责任

在航天科研生产和经营开发中，严格履行质量责任对实现一次成功极为重要。

4.4.1 质量责任心是一次成功的根基

质量责任心是航天人质量行为之本，是航天企业质量管理之魂。质量责任心更多地体现在航天人爱岗敬业上，企业员工热爱自己的事业和工作才会尽心尽力把事情做得尽善尽美。具有强烈的质量责任心和使命感才能有效实施质量预防，确保航天产品质量，满足用户要求，实现一次成功。加强质量责任心，促进质量责任的严格履行，应着力做好下述工作。

一是强化质量责任制。要压准压实各级质量责任，建立以最高管理者为第一责任人的单位质量责任体系，明确单位高层领导的决策责任、管理人员和技术人员的管理技术责任、作业人员的操作行为责任，并将基于型号研制团队的质量责任体系结合到基于行政职能关系的质量责任体系中，使各级部门和各岗位都具有相应的质量责任。同时还包括明确型号队伍各类岗位人员所应承担的质量责任，如型号总指挥是型号质量和安全的第一责任人，对型号的进度、产品质量、工作质量及安全质量负全责；型号总设计师在型号负责人的领导下，对型号设计、生产、测试、试验等技术质量工作负责；型号副总设计师及总工艺师、总质量师在型号两总授权下，负责型号技术状态的管理，负责组织解决型号研制过程中的重大技术问题和组织下级研制人员研究解决设计、工艺、生产、测试、试验方面的各种技术问题和产品质量问题，按职责权限审定处理意见，对型号研制直至发射全过程产品质量问题的技术归零工作负责，如此等等，形成有效的质量责任网。做到质量工作事事有人管，人人有专职，使企业各级部门、团队和各类人员职责明确、接口清晰、环节简化、相互协调和管理高效。

特别需要重视的是对重要的航天工程项目和产品，应建立项目（产品）全生命期质量责任制，按“谁主管，谁负责”的原则，完善质量责任传导机制，将质量责任层层分解，并压实到相应的过程、部门，落实到每个岗位、每个员工，形成一个高效严密的质量管理工作系统。同时，应签订质量目标责任书，或质量保证承诺书，细化质量管理“粒度”，放大细节量化控制，把复杂的质量事项分解成一件件责任明确的工作，并辅以相应的考核奖惩制度，激励全员乐于担当，勇于负责，提升落实责任的专注度。如航天科工集团 389 厂建立岗位质量职责履职情况评价模型，明确履职评价要素，实现对各岗位人员量化考核，并与绩效考核挂钩，以此将质量责任分解落实到每一位职工。另外，对一些特殊环节可采取特殊的质量责任制，如航天科技集团八院实行的强制检验点“点长制”，就是在运载火箭领域强化质量责任制保成功的一项特色工作。

二是营造有利于落实质量责任的文化氛围。要更好地解决“有责任制无责任心”的问题，人是航天型号研制生产中最活跃的因素，由于航天型号产品种类多、批量小，还保留不少手工操作，很多航天产品的精密加工，仍需要技能工人无比精心的测量和完美无缺的操作，一些“高、精、尖”的复杂零件还需要技能工人独具匠心设计工装卡具等才能完成装配。人的不确定因素会影响产品质量，所以既要大力倡导和鼓励立足岗位创新，又要在操作层面上强调“应知应会”和“循规蹈矩”。如在航天型号试验现场，各项试验操作必须遵守工艺规程和操作守则，严格贯彻岗位责任制，认真执行“三到位”（操作、检验、设计同在岗位），“三检制”（自检、互检、专检），“留名制”等质量管理制度和规定。每次操作后，操作者都应严格填写检查、测试记录，对检查测试结果做出结论，并由试验队专业技术负责人同试验基地、台站人员共同签名。当然，这种签名与图样、技术文件中的“审签”一样，绝不能流于形式，要切实对操作行为和质量结果负责。

应牢固树立质量“没有最好，只有更好”的进取心，始终不渝地保持一种追求“一次成功”的责任感。努力提倡每一个员工要珍惜自己的工作岗位、珍惜自己的荣誉、珍惜自己的所有承诺；发生了质量问题，首先要眼睛向内找原因，而不是事不关己、高高挂起甚至推诿扯皮，应从我做起，通过卓越的工作质量，保证最终产品的高质量。产品的质量是员工的思想品质、职业道德和组织综合素质的集中体现，只有高素质的员工才能做出高质量的产品、完成高质量的服务。落实质量责任制，要鼓励人们直面问题，主动揭示问题和解决问题，对于单位或个人通过自查自纠发现、解决问题，且未造成不良后果的一般不予追究。同时，需要强化质量监督，包括技术监督、行政监督和舆论监督等，并与质量奖惩结合起来，形成浓厚的质量文化氛围，保证和促进质量法制管理的有效性。当然，在研制生产工作现场应避免出现“一个人干活，一帮人监督”的状况，这是对强化质量责任监管的扭曲，一次成功不是靠“人盯人”监督出来的，主要是靠作业人员高度的责任心和诚信。过度的质量责任监督不仅造成成本的提高，而且造成作业人员自信心、责任心的下降，不利于作业一次成功。

三是坚守质量责任底线。在航天型号科研生产中，虽然从整体上看，无论是人的质量意识还是企业的质量管理水平都有了大幅度的提高，但低层次质量问题、重复性质量问题和人为责任质量问题仍时有发生，屡禁不绝，严重干扰一次成功的实现，必须运用底线思维的方法牢牢把控质量主动权。低层次质量问题主要是指平时不重视细节，对一些质量隐患司空见惯，甚至视而不见，造成产品存在“跑、冒、滴、漏”类的“常见病”“多发病”，长期得不到根治形成“老大难”问题；重复性质量问题主要是指本型号、本单位已发生过的质量问题或上级已正式发文通报过的其他型号、其他单位发生的质量问题，在本型号、本单位再次发生，出现质量问题后，由于未真正吸取教训并采取有效措施，依旧我行我素，或未彻底归零，又发生同样的质量问题；人为责任质量问题是指由于有章不循、违章操作等完全由于人为的主观因素造成的质量事故。以上三者从根本上分析，主要是由于缺乏质量忧患意识和有效的质量监督所造成。杜绝这三类质量问题发生，是航天企业和航天人必须坚守的质量责任底线，这是一种强烈的质量责任意识，它以质量忧患意识为前提，激发航天人更加明确自身的质量责任和担当，并最终落实为未雨绸缪、尽职尽责的质量意识和行动，而能否坚守质量责任底线是检验、提升每个航天人质量责任心的重要标志。

4.4.2 关键在于严守质量纪律和法规

长期以来，我国航天企业在科研生产经营实践中根据国家相关质量法规建立起了具备自身特色的质量管理制度体系，但拥有制度体系并非万全之策，关键在于严格执行，这是履行质量责任的重要体现。要依法治质，推动质量责任扎根于每个人的日常工作中。古代政治家子产说过：“法纪严厉如火，触者即伤，人们望而生畏，故敢于玩火者少，被火烧死者也少；法纪宽柔如水，人存戏弄之心，故蹈水陷溺而亡者众。”航天研制生产中发生的许多质量问题和质量事故的根源就是不同程度的有法不依、执法不严、违法不究。为落实质量责任，质量工作一定要实行“法治”，首先从法纪上要求“第一次就把事情做对”。质量管理也要严格按法规制度、按程序标准实行“刚性管理”，不能靠“拍脑袋”“搞运动”，也不能依赖一纸“红头文件”，更不能搞“管理漂移”。尤其是要建立并实施完善的质量督导制度、重大质量事故审查制度和质量责任追究制度，有责必问，问责必严，当然这种问责机制是针对所有相关人员和相关团队的。

航天企业要建立质量责任终身追究制度，强化对每个岗位质量责任落实的持续监督，不能以问题不大为由轻易放过追责。更重要的是，要正确理解追究质量责任不只是对失误和失败的惩罚，而是一种有力的、积极的、可行的原则，是个人和企业获得成功的基础，强烈的质量责任担当意识和行为能给产品质量和企业业绩带来巨大的提升，也能成就个人的发展。惟其如此，对一次成功才能做到心中有底、防患未然，才能真正树立起正确的质量价值观和质量道德观，真正建立起有效的质量行为规范和准则，实现高质量、大众化、常态化，以高素质的员工队伍、高质量的工作业绩创造高质量的航天产品。要培育全员对质量责任体系的敬畏之心和对质量管理制度的执行之力，从古代的“物勒工名，以考其诚，工有不当，必行其罪，以究其情”，到今天的“业务谁主管，质量谁负责”都是讲的这个道理。当然，依法治质只能要求人们严格按质量法规做事，难以引导人们自觉地履行质量法规义务，每一次都把事情做成，因此，建立自律和执行的质量文化无疑是不可或缺的。质量法规是质量道德的基础，质量工作实行“法治”，还要实行“德治”，两者有机结合。

航天产品是复杂的高科技产品，航天员工在型号研制生产过程中必须坚守统一严格的质量纪律和细致严明的质量规矩，质量纪律和法规一旦确定，就必须不折不扣的执行，因为这是预防缺陷产生的有效方式，包括技术创新也应纳入规范化的管理流程中，避免随意性并严格控制不可预见性。否则，履行质量责任，实现“一次成功”与“系统预防”就是一句空话。航天科技集团八院印发了《严肃质量纪律，严格质量规矩，落实质量责任工作要求》，明确质量纪律是航天型号研制过程中必须遵守的质量行为准则，质量规矩是航天型号研制过程中必须遵守的工作规范和规则，并规定了具体的 7 条质量纪律和 15 条质量规矩。质量面前人人守纪律、守规矩，对重复性质量问题、低层次质量问题、质量责任事故“不原谅”，这是航天企业必须向全体员工（包括领导层）反复强调的。严守质量纪律和规矩主要包括以下内涵。

1）按职责办事。从事高科技复杂系统的航天型号研制生产必须严格遵守“按职责办事”的原则。必须合理设置岗位，岗位职责必须分工明确；岗位分工必须协调有序；各岗位人员必须严格按岗位职责办事，既不能玩忽职守，又不能随意超越职权。只有这样才能为确保工作质量和产品质量提供可靠的组织保证。每个岗位职责不仅规定了权力、义务、责任，而且具有履行岗位职责所应具备的专业技能、知识，特种岗位还规定了严格的资格认证。

2）按制度办事。除了国家颁发的确保产品质量的法规外，航天企业也都建立了自己的质量管理体系，以及型号质量保证大纲和保证工作质量的相关制度。这些规章制度都是加强质量管理的依据，任何违反规章制度的行为都会导致工作质量和产品质量问题，造成质量损失。航天人要牢固树立按质量规章制度办事的意识，坚决克服“有章不知，知章不循，循章不力”的倾向。在科研生产经营活动中，事前主动查清有关质量规定，事中自觉按质量法规制度思考处理问题。特别是出了人为责任质量问题，绝对不推诿责任，大事化小、小事化了。要依据质量责任追究制度做到质量责任追究有法可依、有法必依、执法必严、违法必究，使全体员工更加明确按质量法规制度办事的重要性和严肃性，从而进一步落实质量责任制。

3）按程序办事。通过编制程序控制航天型号研制生产试验和工艺加工过程，这是确保产品质量和飞行任务成功最基本的方法。程序应该有权威性，一旦定下来就必须严格照办，不得随意变换，更不得违反，违反就易发生差错，就会出质量问题。大量事实证明，不按程序办事是造成决策失误、产品出现质量问题的重要原因。按程序办事是每一个管理人员、科研人员、生产人员都应该具备的最基本的职业素养。当然，按程序办事并不意味程序越繁琐越好，这只能使型号研制周期加长、成本加大，所获得的成功也不可持续。正确的做法是充分调动一线人员的主动性和创造性，在保成功的前提下尽可能简化科研生产和质量管理程序。

4）按标准办事。没有规矩不成方圆，统一的“规矩”就是标准。航天产品研制、设计、生产和试验必须统一计量、管理标准，必须坚持计量基准和量值的精确性与质量管理体系标准的严肃性。不按标准办事，或标准不准，往往会造成产品“差之毫厘，失之千里”的质量后果，造成惨重的损失，这样的教训很多。按标准办事就是认认真真地学习标准，不折不扣地执行标准，不能因怕麻烦，图省事，走“捷径”而不讲“规矩”，这应成为质量铁律。

严守质量纪律和规矩往往还反映在严格执行工艺纪律上。工艺纪律是指航天产品研制生产过程中，有关人员应遵守的工艺秩序，包括应执行的现场工艺纪律，其核心是遵守已颁布的工艺管理制度、严格按照经过审批的设计文件、工艺文件、质量控制文件以及有关技术标准进行产品的研制和生产，实行规范化作业。严格执行工艺纪律是严守质量纪律的重要组成部分，是保证航天产品质量的必要条件。应强化监督检查、建立“自查、专查、巡查”多种方式检查机制，对工艺纪律、质量纪律执行情况进行评价并改进。当然，这方面的一线监管应由裁判式监管转变为教练式监管。

4.4.3 讲诚信是自觉落实质量责任制的内在动力

质量即诚信——怎么说就怎么做，要让每一个航天员工、每一个航天企业都能说到做到，第一次就做到，事事都做到，自觉落实质量责任制。“讲诚信”是一种美德，是一种权利与义务相一致的契约精神。诚实守信是每个航天员工做人的基本道德规范，也是航天企业对国家和社会负责的基本道德准则。一个员工或一个企业的诚信与否，可以预先决定其未来的成功与失败。航天企业的诚信状况不仅直接关系其自身形象和利益，而且关系国家形象和利益，一旦出现诚信危机，就会给企业和国家造成难以挽回的损失，并严重损害社会诚信环境。质量是员工的尊严，是企业的尊严，是国家的尊严，诚信比黄金更贵重。

航天型号研制生产保质量、保成功的最基本要求就是要恪尽职守，而不光是完成任务就行。自觉落实质量责任制的内在动力就是讲质量信用，产品质量信用包括承诺和履行。承诺是企业在综合资源和能力的基础上，向社会和顾客所做出的具有约束性的要约条款，其中，承诺范围是重要的构成因素之一。履行是承诺的具体落实，其履行承诺表现好坏取决企业履行承诺的资源能力和主观意愿。航天企业讲诚信就是要忠实履行对国家、对用户、对社会的承诺，履行企业的政治责任、经济责任和社会责任，严禁对质量问题隐瞒不报、弄虚作假，要以“诚”取“信”于员工、顾客、合作伙伴、国家和社会，绝不能以牺牲信誉和信任为代价来获取局部利益和短期效益，只有这样，航天企业才能在市场竞争中立于不败之地。

航天科工集团十分注重不断宣传和强化质量的荣辱观念，积极倡导以诚信赢得质量、赢得信任、赢得荣誉；大力提倡诚信为本、优质为荣、眼睛向内和勇于自省的质量道德；广泛宣传推广科研生产一线总结出的“双五自管理”（在管理层面上做到自觉执行规章、自觉暴露问题、自觉分析原因、自觉制订措施、自觉奖优罚劣；在操作层面上做到自检、自分、自填、自查、自纠）等先进的质量诚信管理文化与方法，并将此看成是各级、各类人员在落实质量责任活动中进行质量道德判断、评价和理性思维的准绳。

要加强诚信规范的质量道德教育，引导航天员工明确“诚信”既是一种社会公德，也是一种职业道德，是“依法治质”和“以德治质”的重要原则。“诚信”就是做人要诚实、讲正气，做事讲信用、重信誉，讲诚信的企业和员工一定会自觉把质量责任制落实到每一个岗位、每一个产品，而失去了诚实可信的质量一定是虚假的质量。只有不断增强质量意识，守住质量道德阵地，提高诚信素质，把对顾客的诚信做到极致，从实践中完善自我、提升自我，使诚信成为企业和员工的自觉行为，以诚信赢得质量信誉、赢得顾客信任、赢得企业形象、赢得产品市场。

诚信是航天企业实现经营战略和保持持续发展的重要前提。航天企业诚信的建立首先来自于对员工的诚信教育，让所有人保持诚信，兑现承诺，担起责任，使诚信真正深入到航天人内心。同时，应逐步建立航天企业信用管理制度，完善产品交付用户全过程的信用管理，健全用户满意度测评制度，建立各类人员质量诚信档案，实行企业质量违法行为的惩罚性赔偿，创造接收公众和舆论监督的环境等都是非常必要的。

落实质量责任制的内生动力在诚信。航天科技集团六院多年来不断倡导“以诚信夯实航天质量基石”和始终秉持“规范在我脑中、质量在我心中、成功在我手中”的理念。在承担多种型号产品研制和飞行发射艰巨任务中，积极开展“以考核促诚信、以制度保质量”的诚信机制和质量管理模式的实践探索。与此同时，该单位还将诚信建设纳入“科研生产软实力体系”建设中，体现在制度设计和标准制定中，在体系中讲诚信、在诚信中重规范、在规范中定标准，将员工讲诚信的有效做法和经验写入制度、编入标准、纳入体系，通过体系建设予以固化，并不断加大对制度执行情况的考核，将考核结果与各单位研制人员的绩效直接挂钩。

第五章
系统预防质量文化建设

质量与文化密不可分，企业质量文化是企业文化的重要组成部分，主要由三个层次构成：精神文化层、制度文化层和物质文化层。其中，精神文化层是企业质量文化的核心层，精神文化层决定了制度文化层和物质文化层。提高航天产品质量需要通过航天质量文化的建设，形成一种无形的力量，为航天产品研制生产及质量管理提供强大的精神动力和创造良好的环境氛围。

60 余年来，中国航天工业积淀了深厚的质量文化底蕴，它融合了几代航天人成功的经验和失败的教训，是航天精神、“两弹一星”精神和载人航天精神在质量方面的体现，是航天事业宝贵的精神财富和巨大的无形资产。中国航天以高质量的航天产品和服务赢得用户满意为目标，强调以人为本、以质取胜、系统预防、一次成功。一次成功系统预防理念深刻影响着航天人质量行为乃至航天企业质量文化，航天企业质量管理改进与质量技术保障都需要一种发自航天人内心的质量文化作支撑，具有中国航天特色的系统预防质量文化是航天企业在新世纪迈向成功的引擎。

系统预防，首先是一种建立在航天企业质量文化基础上的管理哲学，它坚持的基本思想是：要防患未然，不要亡羊补牢；要照章办事，不要随心所欲；要关注细节，不要粗枝大叶；要警钟长鸣，不要麻痹松懈；要科学求实，不要敷衍了事；要综合集成，不要各行其是；要人人参与，不要袖手旁观；要眼睛向内，不要推诿扯皮；要面向市场，不要怠慢顾客；要持续改进，不要浅尝辄止。它以提高全员的质量预防意识为起点；以深入开展群众性质量预防活动为手段，激励全体员工的质量预防自觉性和自主性；通过建立完善的质量管理机制和准则，约束和规范员工的质量行为，系统性地提高产品质量和质量效益。要实现一次成功必须从建设系统预防质量文化开始，竭尽全力，持续推进。一次成功能燃起航天员工内心的质量激情，系统预防能汇聚航天企业潜在的质量资源，系统预防质量文化建设成为航天企业提高质量竞争力的迫切需要。

5.1 系统预防质量文化的核心内容

从中国航天历史上看，当企业的产品质量出现较大波动甚至下滑时，人们往往焦心于产品研制生产过程的质量控制，从设计、采购、制造、检测、试验等与产品直接相关的各个环节全面查找技术和管理原因并制定措施改进，这当然是必须要做的。但实际上这些质量问题仅仅是“冰山”的外显部分，其隐含部分恰恰是航天质量文化的某种缺失，这才是“冰山之基”，其中包括企业的质量价值导向、质量环境氛围、员工的质量信念、质量道德观和行为准则、对质量改进的态度、习惯和能力素质等。表面上，看得见的部分在起作用，实质上，看不见的部分起着决定性的作用，而系统预防质量文化极大地影响着航天产品的质量。

系统预防质量文化在传承的基础上升华，其核心内容包括 5 个方面。

5.1.1 质量价值观

航天质量价值观：质量是生命，质量是责任，质量是效益。

质量是生命。航天质量关系航天工程的成败和人员的生命安全，关系到航天事业持久发展，关系到国家的利益与社会的和谐，关系到企业的生存和发展，关系到用户的成功和员工的成功。质量是航天的生命，必须像对待生命那样对待质量，像呵护生命那样呵护成功。

质量是责任。航天质量是政治责任、社会责任、经济责任和法律责任，航天企业首要是从政治高度认识航天产品和服务质量的特殊重要性，国家利益高于一切，要以对国家、对人民、对社会极端负责的精神，确保航天高质量；航天企业把积极参与国防建设和国民经济建设放在首要的位置，提供满足用户需求的基于一次成功的航天高质量产品和服务，是全体航天人责无旁贷的使命，是航天企业应该履行的重要社会责任。航天质量不仅是对企业、对员工的一种经济责任，也是对用户、对合作伙伴的一种经济责任。质量是企业的尊严，是航天人的责任，责任重于泰山，要敢于担当、善于担当。航天企业有责任带头依法合规、诚信经营，航天员工有责任模范遵守质量法规制度。

质量是效益。航天产品的优质高效不仅为用户和相关方、为企业赢得可观的经济效益，更为国家、社会创造巨大的财富和社会效益。质量第一，效益优先，质量上不去，企业就会丧失市场竞争优势，经济效益就会下滑，并会引起员工的不满和用户的抱怨，更谈不上社会效益。先进的航天质量理念、科学的航天质量管理制度和技术方法、高素质的航天员工队伍、高质量的航天产品和一流的航天品牌都是航天发展的核心竞争力和宝贵财富，其综合效益巨大。

5.1.2 质量信念

航天质量信念：一次成功，追求卓越。

一次成功是在航天科研生产和经营开发等各项活动中第一次就把事情做对，每一次都把事情做成。一次成功是航天事业持续健康发展的根基，是航天人在长期实践中总结、树立的一种信仰和理念，是一种深入人心的质量自信，并自觉转化为系统预防的动力。

追求卓越就是不断创新、超越自我，就是不求最好、但求更好，就是追求极致、永葆成功。通过系统学习和对标，在质量经营中勇于迎接各种挑战，持续改进并提高航天企业整体绩效和能力，满足并超越顾客的需求和期望，为国家和社会，为用户、员工和合作伙伴创造更多价值。

5.1.3 质量道德观

航天质量道德观：诚信为本，优质为荣。

诚信为本，即航天企业在市场竞争中始终坚持讲诚信，以诚信赢得用户满意，赢得社会信任。诚实守信是航天企业和航天人最基本的职业道德，要忠实信守并履行对国家的承诺、对社会的承诺、对用户的承诺、对员工的承诺。要以德兴质，不隐瞒任何质量问题，不虚报任何质量信息，严防质量不端行为的发生，是航天企业健康长久发展的根本保证。

人品质量决定产品质量。确保航天产品优质和服务优质是航天人应有的品质。要大力倡导优质为荣、劣质为耻、勇于自省和从我做起的质量观念，自觉防范质量隐患和质量问题的发生。鼓励岗位创优、产品创优、绩效创优，把航天企业做强做优。

5.1.4 质量行为准则

航天质量行为准则：照章办事，缺陷为零。

照章办事首先是建立健全科学合理的规章制度、标准和工作程序，规范航天科研生产和经营管理活动；全体员工要坚决克服有章不知、知章不循、循章不力、违章不纠的不良倾向，严格按照规章制度、标准和质量纪律办事，这是保证工作高质量、产品高质量、经营高质量的重要前提。照章办事不是因循守旧，墨守成规，而是在实事求是基础上依法治质，科技强质。

缺陷为零是符合航天产品过程控制要求并满足用户需求的具体表现，是航天人从事科研生产和经营开发的行为准则。各岗位的工作必须执行“零缺陷”标准，牢固树立有缺陷的产品就是废品、有隐患的工作就是失败的理念，严格把控过程质量零缺陷，确保最终产品质量零缺陷，满足用户需求。

5.1.5 质量形象

航天质量形象：环境一流，实力超强。

环境一流是航天质量文化的直观反映。通过全面实施以“整理、整顿、清洁、规范、素养、安全”为内容的6S现场管理，以及充分利用各种质量标语、质量看板、质量警示牌、质量荣誉榜、企业标识和产品标识等各种载体，将相关质量目标、要求和内涵等信息直观、形象、快捷地传递给员工、客户和社会，将无形的精神文化寓于有形的物质文化中并发挥其作用，为科研生产和经营开发创造良好的人文环境，充分展示中国航天高质量的形象和航天人高素质的风貌。

实力超强不仅体现在先进的设计手段、制造设备、试验装置等各种硬实力上，更表征在优质产品和品牌、知名商标、专利、标准、用户满意度和市场占有率等各种软实力上，对外意味着良好的信誉和声望，从而具有更强的竞争力和影响力；对内意味着自豪感和荣誉感，从而具有更强的凝聚力和创造力。

5.2 以人为本的系统预防质量文化

以人为本的系统预防质量文化就是以人为中心，倡导一种优良的质量预防理念和作风。

5.2.1 高素质的人造就高质量的产品

质量是人做出来的，人是质量竞争力中最重要的、也是最活跃的因素。60 余年来，中国航天研制出一系列高质量高可靠的尖端技术产品，这在很大程度上靠的是航天精神，靠的是航天文化，靠的是一大批有事业心的高素质的航天人。今天，我们更要以人为本，开展系统预防质量文化建设，引导全体员工真正强化质量预防意识，把系统预防质量理念变为每个人的自觉行动。系统预防产生高质量，“严、慎、细、实”是系统预防质量文化的底蕴，严上加严、慎之又慎、细上加细、实之又实是航天人一丝不苟、崇尚科学、讲究极致、追求完美的品格和作风，是打造高标准、高质量、高可靠航天精品，确保一次成功的重要基础。

有一幅漫画描述了这样一个情景：工厂里每天都有人在忙着用各种时尚的工具做着擦干地面淌水的工作，但就是没人设法去关紧滴漏的水龙头。画面虽简单，却道出了一个朴素的真理：从源头采取预防措施，特别是从人的思想源头抓问题治理才是最重要的，预防才是最有长效意义的。不少低层次质量问题屡禁不绝的根源，往往就在于人们对一些不正常现象司空见惯、习以为常，而“一次成功、系统预防”理念强调的是人的质量潜意识，特别是质量预防意识及其对人的行为的影响，人的质量理念和态度出现偏差，质量管理体系再完善，质量控制方法再先进也无济于事。系统预防质量文化建设的重要任务就是提高航天人主动预防的潜意识和潜质。由于航天工业的特殊性和航天产品的复杂性，尤其是高可靠性、安全性，以及一些特殊生产过程的不可逆性、不可测性和集体手工作业的高协同性等，在这方面，人更成为影响航天产品质量的决定性因素。

高质量的产品是高素质的人造就的，人的质量意识、敬业精神、工作作风和行为规范构成了自我保证潜质，这种个体的质量保证能力是实现质量预防“大众化”的基础，而其一旦上升为群体素质，就会形成强大的系统预防综合能力。航天产品的品质与航天员工的素质密切相关，航天员工的群体素质反映了其工作质量对航天产品质量的保证程度，从这个意义上讲，航天员工的系统预防综合能力决定了航天产品质量。

航天质量发展关键在人，系统预防的内生动力在高素质的员工。系统预防管理是以人为基础的，所有技术要素和管理要素只能通过人的要素才能起作用。质量管理上的大进步是一种变革，而任何变革首先都是文化的变革，都要以思想和观念的变革为先导。系统预防质量文化建设是航天企业员工转变思想、观念和提高整体素质的集中体现，在一次成功系统预防管理中发挥着根基和导向的作用。这种人本文化建立在两个重要的基点上：一是“人人都是预防者”，二是“工作标准是零缺陷”。

5.2.2 人人都是预防者

在航天系统预防质量文化中，以人为本的理念在航天人心中占据着重要的位置。坚持全体员工在质量管理中，特别是系统预防中的主体地位，把产品当做人品来做，自主管理。如工序间的“拒收拒付”，员工作为上道工序的“用户”拥有提出要求的权力，作为下道工序的“供方”，又承担着满足他人要求的义务。这就能调动一切积极因素，形成人人是质量预防管理者，人人又是质量预防的被管理者。

（1）人人重视系统预防。系统预防涉及航天产品设计、工艺、采购、生产、检验、试验等诸多环节，与每一位员工都息息相关。系统预防能否有效实施，首先与每个人的重视程度有关，当今质量意识淡薄的显著特征是预防意识淡薄，而任何轻视系统预防的观念是非常有害的，因为一次成功就是建立在系统预防基础上的。每个航天人都应充分了解系统预防的内涵及其以人为本的实质，从最高管理层到一线员工都应牢固树立“人人都是预防点、个个都是成功源”的系统预防理念，深刻认识每个航天人的预防行为对航天复杂系统和复杂产品实现一次成功的极端重要性，并明白自己在系统预防中的位置和作用。

重视系统预防不能仅停留在口头上，管理者和普通员工都要立足本职岗位，不断提高系统预防意识和能力，包括相关的专业知识、工作技能和管理水平等。尤其是最高管理层要有强烈的系统预防意识，支持并领头开展系统预防，通过营造浓厚的质量氛围促进系统预防的全面实施。必须建立有效的全员质量潜质培育制度，使全体员工知道如何才能第一次就正确完成自己的工作，知道质量预防是每一个人应尽的责任，从而保持质量执行力和活力，并与团队其他成员协同开展系统预防活动。人人有责时时处处防范缺陷和隐患，人人有权及时反馈发现的隐患和缺陷，使系统预防成为一种共性习惯，使一次成功成为一种职业追求。同时，必须充分发挥航天人才引领作用，聚集一大批顶级技术专家、质量管理专家和能工巧匠，有效提升系统预防能力。

（2）人人参与系统预防。航天员工是开展系统预防的首要资源，一次成功必须依靠全体航天人的共同参与。要引导全体员工不仅仅自觉执行质量规章制度，而且结合自身实际，积极主动参与各种形式的系统预防改进活动，并融入型号研制生产过程中，成为一种日常的工作方式。从每个人身边的一点一滴小事做起，积少成多，聚沙成塔，实现一次成功，真正做到“人人参与系统预防，事事追求一次成功”，让祖国放心，让用户放心，让市场放心，让企业放心，让自己放心。

人人参与系统预防就是把系统预防活动看成一“组”人际关系，必须充分考虑到与企业管理层、员工、用户和供应商的关系，以及他们自身包含的关系，协调好所有上下级之间和上下游之间在开展系统预防活动中的人际关系，使之更加和谐融洽。同时，在实施系统预防过程中，给予每个人均等机会，缩小领导者、管理人员、技术人员和现场人员的权力差异，使每个人都乐于为系统预防积极贡献自己的智慧，形成协同预防的良好局面。

航天科工集团六院江河公司在固体火箭发动机研制生产中始终秉承一个核心理念——每道工序都一次做对，提出“质量工作人人 100 分”的目标，实现质量预防工作的全员覆盖。又如载人航天工程建立了以“载人意识”和“以人为本”为主体的质量文化，形成全面覆盖、预防为主、事前控制、常抓不懈的质量管理机制。

（3）人人受益系统预防。航天企业开展系统预防是全员性预防，其成效也必然惠及每一个人。航天产品研制生产虽然任务重、要求高、风险大，但通过系统预防，质量问题越来越少，型号飞行任务成功率和任务完成率越来越高，无需在质量问题归零上再投入大量的精力和资源，员工也不再被经常性的、运动式的质量整顿所困扰，反而对质量产生一种激情与乐趣。人人对自己的产品充满喜爱，人人都为一次成功作贡献，人人都一次次分享成功的喜悦和质量的价值。不仅如此，在实施系统预防过程中，管理者从人性化管理入手，既为员工设定质量目标，又具体指导他们如何去完成目标，并为他们营造良好的环境和条件，帮助他们解决现实的困难和后顾之忧，使系统预防更多地体现人文关怀。同时，以精神和物质上的双重激励激发员工的主动预防意识和创造精神，尊重员工正当的物质利益和精神需求，尽可能满足员工个人发展需求和期望，关心和帮助员工成功。

通过系统预防，员工不仅大大减少重复性的返工返修，克服职业倦怠，而且显著改善经常性的提心吊胆紧张感和压迫感，缓解心理压力，调整情绪波动，以平和自信的心态、饱满的热情和充沛的精力专心致志投入科研生产和质量管理活动，时刻绷紧质量这根弦也就成为每个航天人的平常心态和习惯思维。同时，充分发挥员工开展系统预防活动的积极性和创造性，并在质量隐患防范中通过自身努力取得成效，便会使员工更加自信，更有底气，更能展示其聪明才智和素质能力，实现自我价值的提升，从而凝聚成强大合力，实现从“保成功”到“保证一次成功”。

此外，系统预防质量文化向供方的渗透延伸也更有效保证了一次成功，让用户和相关方充分享受航天高科技、高质量、高可靠产品带来的成功，同时也极大地提升航天企业的经济效益和社会声誉，让航天员工充分享受系统预防带来的成就感和获得感，增强对航天企业的忠诚度和归属感。

5.2.3 工作标准是零缺陷

航天一次成功是以零缺陷理念为基础，即以第一次就把事情做对为起点。“零缺陷”的观念是克劳士比先生在 1961 年创造的。克劳士比先生在担任美国著名的“潘兴”导弹项目经理的实践中找到了不断发生产品缺陷的症结就在于，传统的思维认为人们在做任何事情的时候，都预先假定第一次就做对是不可能的。而克劳士比认为传统的思维是错误的，我们该努力的目标是第一次就把事情完全做对，并提出“零缺陷”是一种管理的工作标准，他在后来的著作中对这段经历有过非常精彩生动的回忆：

当我担任生产线质量经理时，我们公司拥有一套深受顾客和同行敬仰的质量管理制度。我不愿夸大其词，不过你会发觉，我们的确不会出错，一切运行顺利。

当我们把导弹以及相关文书资料送到卡内弗尔角试验发射场以后，电报开始传回消息。

“那枚导弹有 11 个缺陷。”其中一封电报说。那些问题有些相当严重，比如有个回转机出轨；大部分则是无关紧要的，如某些螺丝钉松了或有刮痕等。

第一批的 6 枚导弹运到后，发现有 9 到 12 个缺陷。但是，在检查出来并修理后，这些导弹全部试飞成功。大家都为试飞成功而欣喜，但对那些缺陷仍感到怏怏不乐。

“我们得设法改良那些送到卡内弗尔角去的导弹。”总经理说。

“不过，缺陷算是很少了。”我指出，“每个导弹由 5 万个部分组成，若每个部分有 6 个错误的话，那我们就有 30 万个出错的机会了，而我们只出了大约 10 个差错而已！”

我接着解释几率的定理：“正态分布曲线显示，在相关的事物中，有 99.73% 是在曲线之内的。世界上有人只有 3 英尺高，也有人超过 7 英尺高，但是剩下的人都在这个曲线内。”

总经理微笑着，他说他对我的工作成果感到非常欣慰，也认为我的所作所为是目前已知方式中最好的一种了，不过，他仍对目前的情况感到忧虑。

“世界上总有一位质量经理能够给我完美无缺的产品和服务，”他说，“我希望那就是你。”

我突然意识到，我们正在谈论的是企业生死攸关的问题，而不是在讨论质量的精密度（不到难以生存的时候，大多数公司是不会认真考虑质量的）。

当我迈着沉重的脚步回办公室的途中，我拐个弯到工厂绕了一圈，并逐渐了解到，我正是造成问题的人。我一直在抱怨着质量等级的问题，却又让缺陷出现在这个制度中。我们送到卡内弗尔角的导弹就是采用允许 15 个错误的不合格品率。

我跑到守卫室，打电话回办公室，紧急召集质量部的全部经理们聚集在会议室中。60 分钟以后，65 个经理全部到了。

“女士们，先生们，”我开口道，“我一直把你们引向了歪路，我们仍然是抱着‘错误是不可避免的’观念，而且以为我们的任务是把错误减到最少。”

“但是，我们错了。我们该努力的目标是，第一次就把事情完全做对。从今天起，我们将有一个崭新的工作标准——‘零缺陷’，除此之外没有任何可接受的标准。”

一阵沉默，许多人不以为然地耸耸肩。测试经理站起来说：“克劳士比先生，这恐怕不是个好主意。公司里的其他人会觉得很荒谬。再说，如果我们犯了一个错误时，可怎么交待呢？”

我对他笑了笑。“世界上总有一个地方，”我说，“会有一个测试经理能够给我‘零缺陷’的硬件！”

他坐了下来。

我们从此开始起步。

不久之后，另两枚导弹被送到卡内弗尔角，当地人员打电话向我们说，这回他们没挑出半点毛病来。我要求他们把那些话用电报打过来。我至今保存着这份珍贵的电报。

从此以后，我们在这方面很少遇到麻烦。

但是，无论怎么说，我们所展示的，只是一群细心的人，拥有充沛的时间与设备，能够检查出任何复杂零件的缺陷而已。这是件好事，但我们更应该从一开始就防止问题发生。

仅仅做到“超级评估”是不够的，那是种既昂贵又不切实际的方式，必须以超乎寻常的检查水准来维持它。我们应该学的是，如何防患于未然。

于是我写下了“零缺陷”的观念。

原来，“零缺陷”的观念竟缘自导弹研制质量控制。其实，“零缺陷”与“一次成功”可谓是异曲同工，后者以前者为基础，在强调“第一次就把事情做对”的同时，还强调“每一次都把事情做成”。“一次成功”更具航天特色，力求全面优质、万无一失，圆满完成各项任务；确保各个环节符合要求、每件产品优质可靠、各项操作准确无误，型号飞行任务一次成功，次次成功等，这都是“零缺陷”作为一种管理的工作标准在实现航天“一次成功”中的具体体现。这里讲的万无一失是指在牢固树立“隐患就是失败”质量风险意识，真正明白万无一失与一失万无的利害关系的基础上，只要把能想到的问题都想到了，能做到的工作都做到了，该发现、该避免的问题都找到了、改进了，且事事都是这么做的，这就是做到了万无一失。

在从事航天创造性工作中，第一次就把事情做对并不是第一次就创造发明成功。如果客观条件和知识能力不具备，在探索中发生还没有认识到的、无法清晰预知的技术问题，则应在研制工作早期开展风险防控，特别是涉及航天产品安全性问题，一定要留有足够的余度。在这种前提下，发生问题属于吃一堑长一智的问题，在这方面应建立容错机制。除此之外的任何质量隐患都是可以防范的，任何质量问题也都是可以避免发生的，这是实现一次成功的必要前提。对创新试验而言，失败乃成功之母；对质量管理而言，预防乃成功之母。因为无论对单位、团体或个人，从质量管理的视角看，成功不一定非要亲历失败，最好的事情是从别人的错误中学习，认真吸取前人的经验教训，保持强烈的质量意识和努力提升预防能力，就能不断从成功走向成功。对航天型号飞行任务来说，高成功率是航天人技术、质量管理高水平的体现，100% 成功是对航天人零缺陷意识和一次成功系统预防管理能力的考验。

零缺陷管理的观点认为：工作标准必须是零缺陷，而不是“差不多就好”。这与航天一次成功系统预防管理的基本原则是一致的。针对载人航天任务压力大、责任重，航天科技集团八院载人航天团队中常说一句话“我们不能失败”，因为他们的字典里没有失败。上天产品是“一锤子买卖”，团队成员秉持一个信念：把工作做到极致，确保产品万无一失。对科研生产涉及的每个环节、部门、岗位和人员的工作标准进行事先规定和约束，既规定动作、输入和输出，也给出工作的边界条件，在这种情况下，如果允许员工的工作出现失误或留有隐患，就给不合格品的出现和故障的发生创造了机会。

航天“一次成功”理念要克服的最大思想障碍就是“缺陷难免”“失败难免”“质量问题防不胜防”等不正确的想法。人们总是抱怨干活越多出错的机会也越多，认为差错是无法避免的，“人无完人，孰能无过”，所以往往自觉不自觉地接受错误，还预期它发生。由人所造成的大部分差错都是由于缺乏关注或者缺乏知识。当我们确定差错可以避免的时候，对事物给予足够关注并加以深刻认识便可以避免差错的发生。零缺陷改变了“缺陷难免”“问题难免”的传统思维，它要求人们从一开始就本着严肃认真的态度把工作做得准确无误，而不是依靠事后的复查、检验来纠正。因为在“问题难免”前提下进行航天型号研制，一次成功当然是做不到的。从这个意义上说，航天型号研制频出质量缺陷或问题是不正常的，少出不出质量缺陷或问题才是正常的。质量的关键问题是对准用户的需求，这是基本的概念，也是相对的概念。零缺陷的工作质量反映一个人的职业道德和综合素质，每一个人每一次和任何时候都满足所承诺的工作过程的全部要求，执着地满足用户的需求，这就是一次成功，就是零缺陷。不能用绝对的概念去理解零缺陷，那是不可能实现的。

工作标准是零缺陷，工作质量决定产品质量，决定产品成功。一般来说，工作质量可以通过工作成果间接反映，如广泛使用的发射成功率、交付合格率、用户满意度和质量损失率等就是这一类工作质量的考察指标。其实这些指标都是一次成功的具体体现，都是看得见、摸得着的，实际上靠的就是“成功在我心中，用户在我脑中，质量在我手中”。

工作标准是零缺陷，意味着绝不向缺陷妥协，即不制造缺陷、不接受缺陷、不传递缺陷，而其中最关键的是不制造缺陷。采取零缺陷行动，就是仔仔细细制定要求，认认真真按要求执行，与他人协同工作以符合要求。在大型运载火箭总装过程中，有数万件紧固件需要拧紧，为了保证产品质量，首都航天机械公司对每个标准件的拧紧扭矩都有明确规定，并记录在案，严格按照标准执行操作。为确保一次成功，生产厂家提出更加严苛的要求，每次使用力矩扳手前，都要用静态扭力检测系统试验台对其进行检测，确保力矩扳手的力矩读数不出现一丝纰漏。正是这种严上加严、细上加细的理念和做法保证了运载火箭飞行成功。

工作标准是零缺陷，意味着要全神贯注地预防缺陷产生，而不是事后千方百计进行弥补。要克服加强质量管理就是认真查漏补缺、严格纠错追责的固有观念，力求做到无漏可查、无缺可补、无错可纠、无责可追，这应逐步成为全体员工的一种风气、一种习惯、一种文化。在这种文化氛围中形成的共识是，设计、制造、采购、服务等过程中的每一个缺陷都是可以预防的，而最能提出预防此缺陷产生的构想的人，往往是那个促成这一缺陷（或其他类似缺陷）产生的人。因此，每一个航天人都应该成为质量缺陷的“克星”。为有效做到“零缺陷”，实现“一次成功”，需要学会用“望远镜”抓质量隐患防范；用“放大镜”抓质量过程控制；用“显微镜”抓质量问题归零。一些航天型号研制队伍就是这样严格要求，培育队伍作风，形成独具特色的“零缺陷、零疑点、零故障”的质量管理理念，在型号检测、发射和飞行过程中没有发现和发生任何质量问题，圆满完成航天飞行任务。

坚持工作标准是零缺陷，是由于航天产品质量和可靠性源于细节，而对细节的把握就掌握在全体航天员工的手中。实际上，困扰航天企业的时有发生的质量问题，大部分都是低层次问题。人们一方面在反复强调杜绝低层次质量问题发生，另一方面却屡禁不绝，其背后隐藏着深层次原因：一是由于低层次质量问题貌似无足轻重，不碍大局，很多时候隐没在繁忙中的科研生产过程中，一定的环境条件下也相安无事，人们不以为然，也不愿意主动暴露出来找麻烦。二是身边的规章制度（包括标准）看上去都很齐全，但对“为什么”要严格执行规章制度并没有给出太多令人深省的解释，大都是强调机械地按照手册上的文字执行，因而不容易充分调动每个人的主观能动性自觉遵守规章制度。按照行为逻辑来分析，只有当大脑接受一种理念时，才能在日常行为中践行这个理念，进而养成习惯。对航天来说，质量无小事，事事系成败，一些所谓的“小问题”一旦暴露出来，往往就将为此付出巨大的代价。航天科工集团 8610 厂为从根本上解决此问题，改变质量管控思路，以零缺陷为目标，将被动强制性质量管理转变为主动预防性质量管理，即由强制执行质量标准和规章制度、事后追责与管理归零为主的质量管理转变为事前防范、自觉执行质量标准和规章制度、自我约束完善提高为主的质量管理，由简单说教灌输、监督检查、处罚追责式的制度文化管理逐步向主动参与质量预防管理、自我纠正、持续改进式的行为文化管理跃升，激发内生动力，构建系统预防、层层穿透、严密管控的机制，保证低层次质量问题、重复性质量问题、人为责任质量事故减少直至消除。

零缺陷是目标更是现实，一次成功是可以实现的，因为航天人对质量既有如临深渊、如履薄冰的质量忧患意识，也有如鱼得水、如箭在弦的质量必胜信念。只要质量标准要求明确，可以控测，就一定要坚持不懈，今天没能做到，明天、后天总能做到。在不同的时间段，总会出现能确保航天产品“万无一失”的员工和团队。实际上做得越多的人并不是出错的越多，在不少航天优秀员工的职业生涯中几十年如一日，立足本职岗位为航天事业忘我工作，从未“失手”出过质量问题，哪怕是再小的质量缺陷。还有不少航天企业创造了连续数年质量零缺陷，型号飞行任务零失败，产品交付零拖期的骄人成绩。这对于“零缺陷不可能做到”的论调是很好的反证。

5.2.4 不断改进人本预防理念

大量事实证明，在航天型号研制过程中，来自随机原因的质量波动虽很难避免，但来自系统原因的质量波动都是人为可控的。制约航天产品质量提高的根本因素往往不是技术，也不是设施，而是人的质量理念，尤其是各级各类人员的预防理念。正确树立人本预防理念主要在以下三个方面改进。

（1）高度关注管理层预防

人们一提到加强质量预防和质量改进，往往就会想到产品研制生产一线发生的各种质量问题，自然而然的就会与一线员工联系起来，并把开展质量预防的重点放到一线员工身上。实际上这是一种不正确的理念。开展系统预防必须跳出惯性思维模式，通过关注管理层深入细致地开展质量预防工作，补齐这块质量短板。“重心前移、系统预防”质量文化的一个极为重要的方面是把质量工作的重心前移到管理决策、质量策划和组织实施上来，这样才能取得更好的效果。

一次成功系统预防管理认为事先预防才是提高产品质量，确保任务成功的最有效办法。预防主要发生在过程的设计阶段，包括沟通、计划、验证以及逐步消除出现不符合的时机。通过系统预防产生质量，要求资源的配置能保证预防工作及时正确的完成，而不是把资源浪费在问题的查找和补救上面。要做到防患于未然，需要管理者事先了解标准和做法，即了解行事程序，知道如何去做。

因此，管理者应组织力量把企业各部门和员工的工作程序制定出来，使所有的人都能够依照相应的工作程序工作。所有的工作程序（工艺）在正式使用之前，一定要经过严格的（正确性、可行性、可操作性）审查和验证。做好预防工作的秘诀在于认真检查每个过程，找出每个可能发生错误的机会。工作程序都可以分为许多活动，每个活动都应该消除所产生的错误。尤其对重要工序和特殊工序要进行事先预测，分析每个可能发生错误的机会，重点防范、重点监控，设定应对方案。

质量也是管理出来的，质量管理就是使被管理者与管理者一起保质保量完成难以完成的任务，管理者就是要为质量负责。不仅如此，朱兰博士认为，企业生产中发生的质量问题，有 80% 属于管理者的可控缺陷（或差错），操作人员可控缺陷一般小于 20%。管理者可控缺陷的判别原则：

1）操作人员知道应该怎么做和为什么要这样做；

2）操作人员知道生产出来的产品是否符合规范的要求以及如不符合要求将产生什么后果；

3）操作人员具备对异常情况进行正确处理的能力。

如果上述三点都已得到满足以及生产中设备、工装、检测及材料等物质条件均具备而依然发生质量问题，则认为是操作人员可控的缺陷。由此可见，管理层往往是质量问题产生的主因。戴明博士对此更有独到的见解："94% 的质量问题不是由工人造成的，而是由制度——也就是管理——造成的"。可见，质量首先应当是管理层的事情，然后才是操作层的事情。

"质量管理"是企业的一项核心管理职能和管理任务，需要运用管理的各项要素、工具和技能对质量进行系统管理，包括质量职能和职责的设计和配置，管理资源的分配，建章立制，监管督查。要想提高质量执行力，必须在符合企业发展战略目标的基础上，采取有效的质量管理机制和管理手段，这是做好质量管理的基本前提和保障。质量管理重在理，理顺才能管好，只有把质量的职责理清了，流程理顺了，规则订好了，并细化为可实施、可量化、可监督、可考核的操作文件，管理才能够顺畅，工作结果才能有保障。提高质量执行力主要是指提高各级管理者的执行力，其次才是操作层的执行力，对规章制度的破坏往往源于制定规章制度的人。由此可见，质量管理问题说到底主要还是管理的质量问题，应特别关注和解决“管理质量”层面的问题，这对一次成功系统预防管理尤为重要。

管理出质量，只有让管理者真正认识“预防管理的质量”与“对质量的预防管理”同样重要，全体员工真正体会到管理层动真格抓质量改进，致力于抓预防管理时，员工的心态就会发生彻底的改变，才会真正从日常的一点一滴做起并持之以恒，尤其是一线员工就会主动提高操作基本技能和岗位预防水平，确保航天产品质量，预防管理的质量水平最终体现在产品、服务品质上。一次成功系统预防管理不仅需要工具和技能，更需要资源和职责。在航天企业中，质量管理不只是质量部门的事情，最高管理层应从管理上实施整体预防，通过管理的策划，明确航天系统实际运作过程中各部门、各环节对质量预防的职责和把关作用，同时对各型号队伍的系统预防管理能力提出具体的要求，并定期开展综合性质量分析，及时发现管理层面系统性、倾向性、关键性的隐患，预测发展趋势并及时采取针对性的改进措施。

在有些航天企业中，管理层与操作层往往是一种对立关系，管理层的思路是“重奖重罚”；操作层的思路则是“报喜不报忧”，出了质量问题往往“眼睛向外”或“隐瞒不报”，在这样的文化氛围中，不仅从技术上，更从管理上造成隐患，甚至埋下祸根。如果管理层能带头预防，勇于担责，培育“眼睛向内，从我做起”的预防质量文化，操作层就会不遮不掩，每个部门、每个人都会主动查找自身隐患和问题，并及时主动上报，而管理层在深入分析每个质量隐患和问题背后的深层原因，以及综合各方面情况的基础上，不再是简单地进行处罚，而是着重从质量体系、管理流程、质量培训等方面着手，防微杜渐。在良好的系统预防文化氛围中，管理层和操作层不会因为质量问题而“指责”和“躲避”，而是共同解决问题。

管理层积极帮助员工成功，最关键的是尊重员工，引导员工加强自我管理、自我激励，预防质量问题发生，而不是靠简单惩罚来管理质量，也就是说，要创造一种开放的、无威胁的质量预防激励机制和文化氛围，更有效地进行系统预防。典型的事例是航天科工集团四院红峰公司实施“三经三纬五要素”预防型质量自主管理模式，该方法以管理部门、技术部门、车间为经线，以个人层面、班组层面、部门层面为纬度，以“五自主”（自主学习技能、自主落实要求、自主暴露问题、自主照章办事、自主改进提升）为要素，形成矩阵式自主管理预防模式。这种模式切实把质量自主管理的理念和预防的方法贯穿于管理层和基层员工的意识中，质量问题和隐患大大减少。

（2）高度关注常态化预防

至今，仍不时有航天单位开展全面质量整顿，原因自然是型号飞行试验失利或型号产品科研生产中发生了重大的质量故障等，经过“横向复查、纵向复查”相交错的全面复查，拉网式“过筛子、挖根源、堵漏洞”，查出并纠正了一大堆质量问题，同时，也有选择地采取了一些预防措施，然而，这是不得已而为之。经过全面整顿，产品质量似乎得到了较大的改进，飞行试验成功率也上去了，但实际上过一段时期，又开始出现各种各样质量问题和隐患，型号研制和飞行任务又会重蹈覆辙。

保持航天产品高质量不能依靠突击式、运动式的质量整顿和质量大检查，这种检查整顿至多只能获得一时成功，只能是权宜之计。要从根本上摆脱这种改进质量的路径依赖，只能从常态化的质量预防入手。提高质量预防意识不是靠口号式、漫灌式的质量教育就能奏效的，大水漫灌式教育看起来声势很大，但效果未必令人满意，而平时就应经常采用身边的正反两方面的质量预防案例进行“滴灌”式教育，则能使质量预防教育的每一份努力都被输送到最需要的地方和人员。通过贴近航天科研生产实际进行质量预防教育，并将质量专业术语转化为普通员工的话语，提高质量教育的影响力，使质量预防教育会议动员、文件宣贯等落实到日常的科研生产业务和质量活动中去。对质量预防既要在思想上坚定信心和决心，又要在行动上保持平稳和常态化，防止大起大落，防止趋势性下滑，杜绝盲目乐观，不能有丝毫的侥幸心理，坚持常抓不懈、防患未然，稳定地实现航天产品要求，使用户满意。

质量管理如同医生看病，治标不能忘固本，标本兼治，才能形成良性循环。一些航天企业在实际工作中还存在“头疼医头、脚疼医脚”的质量管理误区，在实施质量管理中疲于奔命地“打补丁、做手术”。这就使得出质量问题后，补救者纠正了错误，解决了问题，往往得到员工和领导的认可，而默默无闻的通过预防不出问题者却不容易引起员工和领导的重视，最终形成管理者对事后纠正常抓不懈，而对事前预防和事中控制忽紧忽松。久而久之，形成了不良循环，平时小问题不断，大家习以为常，而遇到大问题时，才轰轰烈烈地开展质量整顿，痛下狠手，形势好转后往往又回到了原状，如此周而复始。

等出了重大问题才被动改进质量，这是一种消极防御型的改进，其成效不可能持续。而主动寻求系统性的、经常性的质量改进，把系统预防思想认识转化为常态化的质量预防行为，积微成著，才有可能真正改进质量。这就需要转变观念，更加注重常态化的质量预防，形成自我改进、互相监督、共同提高的群体性质量预防行动。要建立质量预防管理长效机制，包括自我完善、自主控制、自我约束的机制，规范化预防管理机制，质量持续改进机制，全员质量预防教育培训机制，依靠科技进步提高产品质量的机制，以及利用“竞争机制、激励机制、监督机制、评价机制”推动企业转换质量管理机制等。

要养成质量预防日常习惯和工作方式，高品质是航天产品的灵魂，也是航天人的基因。一旦对品质的追求几乎到出神入化的境界，就会成为一种自然而然的习惯、一种根深蒂固的工作方式。如设计人员良好的工作日志记录习惯，操作人员良好的废物收纳和现场整理习惯，研制试验人员良好的“眼睛向内、从我查起”的处理质量问题方式等。从系统预防的视角看待质量和质量问题，能做到把“小事”当成“大事”（小题大做，稳妥可靠），把“别人事”当成“自己事”（举一反三，引以为鉴），把“无事”当成“有事”（警钟长鸣，常抓不懈），把简单的事做得认真，把复杂的事做得精细（严肃认真，周到细致），而不是顺利时平安无事，碰到质量问题就大事化小，小事化了，或就事论事。这样就不会因小失大，且“第一次做对、每一次做成”也是水到渠成的事。

长期以来，航天系统已经逐步形成了一套系统的质量复查工作的方式方法，包括在各项质量复查的基础上对“质量有前科、技术状态有变化、发射场测试不到、单点失效”4 类情况进行再次复查，并对复查出的质量问题进行“质量交集”分析等，这对确保型号质量过程受控起到了重要作用。但我们不能过度依赖质量复查，无论是专项复查还是全面复查，主要还是事后才去做的。质量复查应当是一种有效的“举一反三”式的检查，或是一种对重点部位、重点环节有针对性的抽查，如复核、复算主要是针对新方案中重要的设计、试验数据等，用不同的人员、不同的方法进行核算，这样做通常能够发现不少问题，所以是一种非常重要的辅助手段。当然，比较现实的是用不同的人员、相同的方法或用相同的人员、不同的方法进行复核复算，也能达到质量控制的目的。但质量复查不应全面成为型号研制过程中的例行复查，质量应当是通过系统预防而内在的，不应是依赖于事后复查获得的。

《航天产品质量检查确认要求》标准将质量复查更准确地称为质量检查确认，突出了从源头抓起、质量控制重心前移、全过程控制的原则。深入开展设计、工艺、生产和试验的检查确认及产品质量检查确认等专项检查确认，虽然有利于对质量管理等进行系统的回顾、清理和阶段总结，但采取这种检查确认的质量管控方式往往会形成一些弊端，如必须通过提供大量客观证据，证实规定要求已得到满足，而将有限的时间和资源投入到分辨有无缺陷和问题中去，尤其是全面检查确认犹如“大海捞针”，每一次的检查确认都会在业务层面制造出一大堆资料或数据，并且都需要重新评估。久而久之，易形成一种认为缺陷存在和检查确认是天经地义的惯性思维，形成一种常规性的、既昂贵又不十分可靠的事中、事后质量管理方式。

需要注意的是即便在特定的环境下必须进行全面质量复查，也不能只是满足于事后补救，如果对复查出的问题只是就事论事的解决，则质量在本质上并没有得到提升，而系统分析质量问题产生的根源，并采取防范措施才是质量复查重心所在。航天质量管理最需要的是全体航天人深度参与系统预防，若人人自觉遵守质量预防行为规范，过程中很少产生甚至不产生质量问题和缺陷，那质量复查就能大幅减少。

质量检查确认只能是一种辅助手段。应尽可能将质量检查确认工作前移到产品各零部组件研制生产的各环节和各工序当中，由事后反向复查向质量正向确认转变。产品正向确认是跟随型号研制过程同步开展的、通过提供客观证据证实规定要求已得到满足所进行的系统的、有计划的认定活动。如在产品生产过程中的质量正向确认，即边生产、边确认、边积累信息，生产完毕，质量确认完毕，信息积累完毕，产品评审完毕。按照这种方法“确认”成为一切流程中每一步骤都必不可少的内在组成部分，而不仅仅是一种分离出的责任。质量正向确认要求有以下几个方面。

1）质量正向确认工作贯彻从源头抓起、分阶段进行、全过程控制的原则，与科研生产正常程序结合实施，保留证据，形成记录。

2）根据型号研制过程，各级产品质量正向确认工作均按设计过程、工艺过程、生产过程、试验过程、产品交付过程等五部分内容，随型号研制同步进行，并在关键环节进行控制。关键控制点一般选择为：文件发出（图纸下厂）前、产品生产前、单机产品出厂交付前（含交付系统试验和总装）、系统试验前、产品出厂前、飞行试验（含靶场合练）进场前等。

3）质量正向确认工作应在型号研制中系统策划，纳入型号计划组织实施，保障资源，视需要可安排专题质量确认。专题质量确认应编制专题计划，并提出具体要求。

4）质量正向确认工作以承担型号设计、生产、试验任务单位的自查为主，相关单位应互相配合。

5）质量正向确认应全面、系统，核对实物及相关质量记录，查看原始凭证及实测数据，必要时，应补做检测或试验。每次确认均应做好详细、准确的记录。

6）设计、生产和试验单位分别对各自确认的结果负责，设计单位对所设计产品的质量正向确认结论负责。

7)质量正向确认发现的问题,责任单位应分析、解决,并按要求及时上报。

8)质量正向确认后若发现问题,或其他型号的问题在本型号举一反三时,应及时对相关部分进行再确认。

9)质量正向确认后,各项有关的文件资料等均应整理归档。

10)任务提出单位应对外协单位的质量正向确认工作进行审定和把关;设计单位应对生产单位的质量正向确认工作进行审定和把关;总体单位应对分系统单位的质量正向确认工作进行审定和把关。

（3）高度关注协同型预防

每一个航天型号的研制,每一项航天工程任务的完成,都涉及众多单位、部门和人员,都是成千上万设计、加工、工艺、检验、操作、试验等人员群策群力、共同参与的结果,其中包括确保型号成功方面开展协同型预防表现出的团结合作、集智攻关的团队精神和局部服从全局、实现整体最优的总体意识。航天工程型号不论总体与分系统,还是分系统之间以及系统与配套单机设备之间,在技术上都存在着相互关联和制约的接口关系,系统功能的相互传递,又是通过系统间的技术接口来实现的,技术接口关系有误,必然出现错误动作,甚至造成型号系统整体功能的紊乱、失效。所以,必须加强总体技术协调,协同防范技术接口关系出现失误。当然,对管理接口关系也同样要协同预防,协同预防首先是对各级管理层要求的,质量预防不能出现灰色地带和盲区,应避免发生推诿、扯皮等。

航天产品的特殊性决定了质量的特殊重要性和对科研生产一线人员的严格要求,不仅设计、工艺人员要具备预防设计和工艺质量问题发生的能力,而且生产、操作人员也应具备预防生产操作质量问题发生的能力。再好的设计思路和设计工艺要求,如果没有生产操作人员去高质量完成,航天产品一次成功是不可能的。如运载火箭上数十万个器件以严密的程序协同工作,指令频出,决不允许出现一处连接松动、密封点渗漏、导线误接、接点虚焊,甚至微小的多余物妨碍了电流、气流、液流的通路,也会导致星箭俱毁。这就要求在生产现场进行协同预防，尤其对那些隐患顽疾，必须靠群体协同，集智防控。再如现阶段航天火化工产品生产方式和工艺技术特点主要是集体作业和手工作业，表现为同一项目工作量大，需要各岗位或同岗位多人配合，在群体力量作用下共同完成任务并承担质量责任。任何一个人或任何一个工序出现差错将可能导致不易察觉的质量问题，甚至发生重大安全质量事故。而出现这类质量问题后又难以准确区分责任，难以追究个体责任。教育惩戒及管理约束触及不到直接责任人，则会积淀影响群体的质量观和积极向上的情绪。

航天工业质量管理强化系统预防，应确保各种相关工作和各类相关人员的协同，统筹兼顾，才能整体提升航天产品质量。系统预防不仅需用管理的手段，还需要可靠性、计量、标准化、工艺等诸多质量技术基础资源的保障和支持。但是，在有限的资源、时间和基础条件下，需要统一协调开展涉及到企业内外部的各种预防工作。系统预防首先必须是各部门、各环节和各类人员在预防活动中的良好对接和集成优化，包括相互之间采用各种方式进行明确分工和深度协作，特别是团队的合作，同时也必须是与各协作配套单位的协同预防。因此，增进对系统预防质量文化的认同非常重要，有效的系统预防必然基于协同预防开展。在开展协同预防过程中应坚持四条基本原则：有问题充分协商，有困难主动克服，有余量整体掌握，有风险共同化解。

5.2.5 广泛开展群众性质量预防活动

开展系统预防不能仅按专家治理的方式，这样难以深入且收效甚微。应持之以恒地广泛开展群众性质量预防活动，无论在日常工作中还是在质量月、质量日等专题活动中，贴近科研生产实际开展形式多样的群众性质量宣传、教育、交流、研讨、实践等预防活动，就能进一步深化航天系统预防质量文化建设。

在开展群众性质量预防活动中，每一个航天人应充分发挥自身的价值和作用，塑造自我激励的系统预防质量文化的浓厚氛围，认真负责地做好身边质量预防的每一件小事，以积极预防的智慧和行动改进质量。不仅如此，开展群众性质量预防活动还需要充分发挥群众性组织和团体的作用，包括发挥各级工会和共青团组织，以及航天工业质量协会等的作用，形成系统预防的合力。各项群众性质量预防活动的相互融合，离不开各个岗位之间、部门之间、团队之间的无缝对接和毫无保留的经验教训的交流传授。开展群众性质量预防活动的最佳实践主要有以下几项：

（1）积极开展“双想”活动

所谓“双想”，就是在航天设计、生产、试验活动中的关键时刻，特别是在型号产品出厂前和大型试验任务准备阶段，组织型号队伍的全体人员有组织、有计划地开展“双想”活动，进行“问题回想”和“故障预想”，即回想是否存在遗漏的质量问题，以及存在的问题是否已真正归零，对之前所做的“FMECA”“FTA”进行“回头看”；预想是否可能发生质量故障或事故，以及需要防范风险的环节。在型号飞行试验现场，每一个参试人员都要紧紧围绕影响任务成败的目标，对当日工作反复回想，对次日工作仔细预想，尽最大可能把“不放心”“有疑点”的事项都找出来，因为这是型号产品发射前质量问题的最后暴露环节，也是质量问题的最后解决机会。

在实际运行过程中也可能出现想到的问题没发生，没想到的问题发生的现象。这一方面说明想的越多，失误就越少；另一方面也说明凡是出现没有想到的问题，其原因往往就在于由于认识所限，相关问题没有得到充分的暴露。强调一次成功并不是要求在型号研制前期每次探索性试验考核都获得圆满，而是要求准确无误地实现预想的过程，并经过这个过程充分暴露存在的问题和矛盾，在解决问题和处理矛盾中提高认识，积累经验，走向成功。此外，遇到没有想到的问题有时还在于经验不足，特别是经验作为一种典型的隐性知识在群体内的共享不够，因此需要型号队伍群体性地改进“双想”方式，不仅自我反思而且互相启发、开阔思路，千方百计地思索问题、挖掘问题和解决问题，目的就是为了真正实现不带疑点进场，不带故障上天，确保飞行任务一次成功。如长四丙火箭试验队开展的关键项目“推演会”就是一项很有特色的群体性“双想”活动。

当然，开展“双想”活动要求每个人首先必须从自身出发，眼睛向内有的放矢地想，并实行闭环管理，想出问题有反馈，对反馈的问题经审查并提出对策措施，对措施列入计划有专人落实。某型号试验队在进行地面试验前，通过反复“双想”，发现发动机点火的设计逻辑存在一定的安全隐患：在极小概率情况下，有可能发生爆炸。尽管当时预想这个问题发生的概率不到万分之一，但为了确保万无一失，型号两总还是决定修改点火逻辑，不留一丝侥幸心理。还有不少型号试验队进场前就认真开展了“双想”活动，进场后到发射前的各项测试和现场操作过程中，没有发生一个质量问题，发射中一系列动作干净利落，完美成功。

（2）积极开展“质量信得过班组”建设活动

班组是航天企业最基层的组织单元，也是型号产品科研生产和质量管控的前沿阵地。班组的质量建设是一次成功系统预防质量大堤建设的根基。争创质量信得过班组，争当质量信得过职工，可以深化全员的质量意识，有效实现质量诺言和质量工作目标，全面提升产品质量。开展质量信得过班组建设活动，一是引导一线员工坚持一次成功的信念，激发班组全员的质量预防责任心，调动其质量情感，树立全心全意为用户服务的思想，创建质量放心岗，争当质量预防标兵，培育质量荣誉感，让“下道工序”放心，让顾客放心。二是班组成员要了解并遵守贯彻相关质量法规制度、纪律和标准，熟练掌握行业和系统内与本岗位有关的质量方法和技能要求，立足于系统预防，形成抓班组质量的长效机制，做到“人人尽责，事事用心”，把复杂问题、系统问题简单化、程序化，提高员工质量执行力。三是增强班组质量预防改进和创新能力，班组质量管理要严格科学，结合现场工作实际，结合班组建设和岗位要求，主动参与质量预防改进，开展班组质量管理尤其是系统预防管理方面的合理化建议活动，做好新岗位成员的质量“传帮带”，群策群力高效优质完成各项任务，并将质量信得过班组考核指标落实到每个人。

航天科技集团五院总装与环境模拟系统总体设计组追求卓越，在打造精品的过程中深入践行“四个100%”质量文化，以“主人翁”态度，通过品牌机制、反馈机制、把关机制，全力实现产品按期交付100%、一次性验收通过率100%、产品合格率100%、顾客满意度100%的目标，全年质量事故为零，并在2017年获得“全国质量信得过”班组称号。

航天企业以各种方式开展质量信得过活动，有的班组和个人以质量承诺书公开要达到的质量目标和要求；有的以现场问题为基本导向主动寻根溯源，及时发现隐患并将其消灭在萌芽状态。还有的班组开展自主质量管控活动，自检自分准确率达到100%，一次检验合格率达到99.9%，确保产品高质量。同时，在航天科研生产一线适时公布反映产品质量问题及处理情况的“每日质量图”和动态体现员工质量素质的“每月星级表”，以及开展“我的工作我负责，我的岗位请放心”的“质量放心岗”活动等，有效促进了航天产品质量“六清楚”——用户需求清楚，产品结构清楚，技术状态清楚，工艺过程清楚，关键环节清楚，质量状况清楚，为系统预防打下坚实的基础。

航天企业在推动质量工作“重心前移，系统预防”中，引导青年增强活力，成为质量预防的先锋。如积极开展质量放心团支部建设，开展“青年先锋岗”质量评选和竞赛、“航天青年说质量”“产品回头看”“质量提升大比武”“质量标语入工位”“青年质量协警”等质量预防活动，成功将“质量放心”的诺言落实到实际科研生产行动中。

（3）积极开展QC小组活动

QC小组活动是一种自下而上的团队质量改进形式，是实现全员参与质量管理的有效载体，既有职能部门、科室、班组内部的小组活动，也有跨职能、跨部门的小组活动，是提高员工素质能力、调动员工积极性和创造性，为企业提升质量作贡献的良好途径。航天QC小组活动具有广泛的群众性、高度的自主性和严密的科学性等特点，QC小组质量攻关活动是系统预防质量管理的重要组成部分，不仅是解决具体质量问题的有效方法，而且也是吸引和鼓励员工更广泛参与质量预防改进、确保任务成功的重要举措。

长期以来，航天系统普遍开展 QC 小组活动，成效显著，营造了浓厚的质量氛围，不仅出成果，而且出效益、出人才，QC 小组成员年度提出合理化建议数达数千条，解决了大量科研生产中的质量难题，提高了员工的综合素质和质量预防能力；创造的年度直接经济效益就超亿元，促进了企业绩效的不断增长。

航天企业在开展 QC 小组活动中应坚持“小、实、活、新”的原则，特别是要引导员工在开展“改进型”QC 小组活动的同时，进一步开展与员工个人发展愿望相结合的“创新型”QC 小组活动，不断增强 QC 小组的活力。开展 QC 小组活动应以持续改进、系统预防为目标，紧紧围绕岗位核心业务，积极开展质量防控，针对研发和生产中的质量薄弱环节和难题，充分发挥 QC 小组成员的集体智慧和创新精神，采用各种质量工具，全方位开展群众性 QC 小组活动。

此外，根据企业的质量方针、目标和自身的实际，还应以 QC 小组活动为抓手，开展覆盖全员的质量管理提升活动，形成质量隐患排查机制、质量数据集成机制和质量攻关激励机制等，针对质量方面的问题提出攻关、改进计划，夯实基础性的质量工作，为体系性的质量改进和管理提供最基础、最完整、最直接的数据和信息。当然，在开展 QC 小组活动中要不断提高员工的参与率，还可根据型号研制需要由管理层、技术层与操作层共同组成 QC 小组开展系统性、综合性的质量预防攻关活动。

上海航天精密机械研究所的“唐建平班组”在班组生产任务日益繁重、生产加工要求不断提高的情况下，严格执行产品“首件三检制”等各项质量管理要求和规定，积极开展“零缺陷”劳动竞赛，激励组员创新工作方法，形成零件加工前工艺、编程、操作三方联合分析制，预先找出加工中的重点、难点，避免加工中可能出现的质量问题，有效防止了质量事故的发生，获得了众多质量预防奖。他们还积极开展 QC 小组活动，讨论解决生产加工中影响产品质量的关键问题，同时主动向设计人员和工艺人员提合理化建议，为缩短新型号的研制周期、确保产品质量作出了贡献。

（4）积极开展“6S”管理活动

加强质量预防管理非常重要的一点就是深化现场管理，航天企业在全系统推行 6S 管理，将其作为提高现场质量管理的一种有益方法，并与其他管理方法融合，为实现一次成功系统预防提供有效的基础保证。

6S 管理的内涵是：

1）整理：区分工作场所必需品与非必需品，现场不放置非必需品；

2）整顿：将必需品分类，按规定位置合理摆放，并加标识；

3）清洁：将工作岗位保持在无垃圾、无灰尘、干净、整洁的状态；

4）规范：将整理、整顿、清洁的做法制度化、规范化，并维持其成果；

5）素养：养成遵章守纪的良好习惯，提升员工素质；

6）安全：落实工作场所的各项安全措施，确保人身、设备、产品安全。

6S 管理活动通过工序流程的控制、作业条件的改善、各种资源的合理配备和利用、人员素质的提高，不仅直接促进了科研生产现场干净整洁有序、物品定置码放整齐、设备正常运转、图卡标识清晰受控、安全防护设施齐全有效、过道畅通明亮，极大地改善了工作环境，减少了差错发生，提高了工作效率，降低了成本消耗，消除了安全隐患，保障了科研生产任务成功，更重要的是在这样的文化熏陶和感染下，促进了全体员工的系统预防质量意识的提高和良好职业习惯的养成，用有形管理促进无形管理。员工在改变外部环境的同时，也改善了自己心灵深处的内在环境，积极向上自我规范，用心改进自己身边的环境和每个细节。这种预防管理活动对有效抑制安全质量问题的发生，对航天系统质量管理整体水平的提升，对班组长和班组成员现场质量改进能力的提高，对员工工作满意度的改善以及企业对外形象和影响力的提升都具有重要的作用。

航天企业开展 6S 管理活动，必须对全体员工进行经常性的 6S 管理宣传教育和培训，引导员工既自我表率又相互监督，并根据科研生产现场实际情况（企业类型、产品对象、生产规模、技术专业和人员组成的不同），不断改进优化，探索和创造适合自身特点的开展6S管理活动的好办法，各级组织也应加强对6S管理活动进行检查指导和定期评价，并持之以恒地开展下去。

（5）积极开展质量创奖活动

积极开展群众性质量创奖活动，有利于激发广大员工追求卓越，实现一次成功的热情与活力，围绕系统预防营造比学赶超、争先创优、岗位建功的浓厚氛围。航天企业除了积极引导单位和员工参与争创国家和地方各级设立的政府质量奖外，还建立科学合理的质量激励机制，积极组织单位和团队员工争创航天行业和企业设立的各种质量奖。

航天系统广泛开展的争创中国航天质量奖的活动，就是引导航天企事业单位推行中国航天卓越绩效模式，通过创奖过程不断学习，对照评价标准开展自评、自查、自纠，提升航天行业整体质量效益和竞争能力，促进组织和个人得到进步和发展，并使组织持续获得成功。又如在航天企业中广泛开展质量预防奖、隐患发现奖和型号连续成功奖等创奖活动，切实把系统预防和一次成功的理念贯穿到型号科研生产中，重奖在重预防、保成功方面做出突出成绩的先进个人和集体，激励更多员工和团队积极主动参与一次成功系统预防管理。再如开展质量技术建议奖创奖活动，鼓励员工和团队在项目研制、生产和试验等方面碰到质量技术难题时开展技术研讨和攻关，从多角度技术质量控制出发，挖掘设计隐患，查找薄弱环节，寻求可优化空间，提出改进措施，最终形成质量技术合理化建议，包括改进质量技术方法和工具的合理化建议，以切实提高质量保证能力，确保型号任务成功。

航天企业鼓励广大员工岗位建功，广泛开展小发明、小创造、小设计、小革新、小建议的五小竞赛活动，并以发明者名字命名优秀工艺方法和作业工具等。员工在争创五小成果奖的过程中，既提升产品质量，又促进员工自身的成长和成功。在组织开展质量累进奖创奖活动中，强化“我的质量我负责，你的质量我有责”，把质量责任和压力传递到每一个员工和每一个岗位。通过工作创优、产品创优，实现质量在航天人心中的真正回归。

开展质量创奖活动重在创奖过程，广大员工和团队在创奖过程中所学到的质量技术和质量管理知识，以及所创造的经验是最宝贵的。通过树立质量标杆，推广质量经验和分享质量知识，开展对标分析，实施质量改进，让更多的航天集体和个人参与到质量创奖活动中来，也吸引更多的航天产品进入到质量创奖活动中来，促进一次成功系统预防管理的深入实施，以及整体水平的提高。

广泛开展群众性质量预防活动涌现了很多有益的做法，如航天科工集团三院 8359 所开展“质量标语入工位”活动，一幅幅凝聚着航天精神、浓缩着航天型号管理经验的质量标语张贴在每个设计人员工位最显眼的位置，时刻警醒自己将“质量至上”目标落实到设计工作中，让质量深入人心，让“做放心设计师”从口号变成承诺。又如航天科工集团四院红峰公司针对试验班组试验时间长、步骤多、每个环节都决定着试验结果的准确性和产品质量的特点，及时将经验丰富的班组老师傅总结的各种方法，从口授秘籍变成文字，将经验决窍尽可能量化，并做成手册，人手一份，提示各种试验注意事项和指南，新员工将其视为至宝，这在人员更替越来越频繁的现今尤为重要。再如航天科工集团二院二部巧用“加减乘除铸质量”的工作思路，创造性地开展了各类青年质量提升专项计划。其中，“加法”即创新活动形式，提升航天青年的质量意识；“减法”即减少重复性质量问题，减少额外工作量；“乘法”即建立激励机制，营造“比学赶超”的氛围，让质量教育效果倍增；“除法”即剔除日常工作中的不合理流程，持续优化管理流程，助力科研生产提质增效。这些创新做法有效推进一次成功系统预防管理。

5.3 深入推进系统预防质量文化建设

系统预防质量文化建设是一种文化变革，必须深入系统推进，促进其有效性和持续性，使系统预防质量文化尤如“春风化雨、润物无声”般地深植于航天人的心中，物化到航天产品质量上，内强素质，外树形象，并深层促进航天企业、员工和相关利益方共同发展、持续成功。系统预防质量文化建设是一项有组织的系统性活动，与质量管理改进、质量技术保障之间存在密切的关系，相互依存、相互促进，其基本模式如图 5-1 所示。

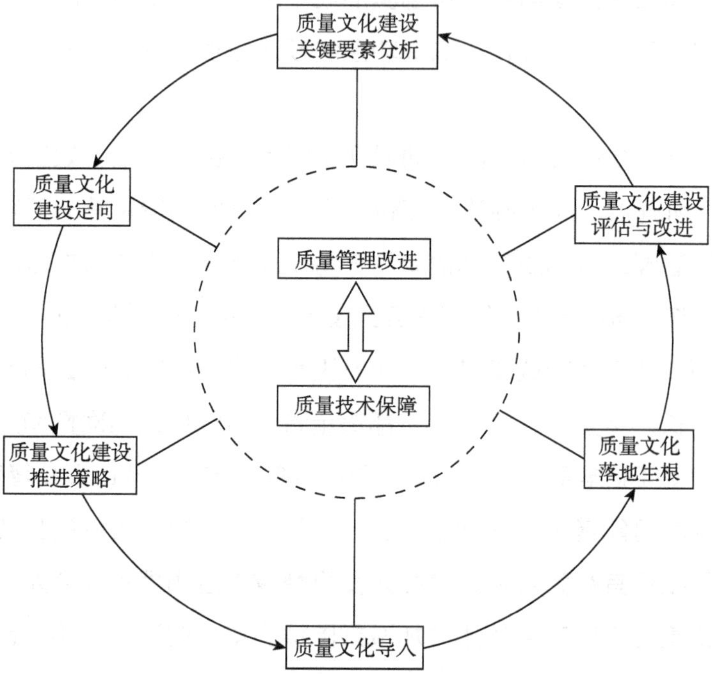

图 5-1　系统预防质量文化建设基本模式

由上图可见，系统预防质量文化建设围绕质量管理改进和质量技术保障呈轮式闭环推进，其中包括质量文化建设关键要素分析、质量文化建设定向、质量文化建设推进策略、质量文化导入、质量文化落地生根、质量文化建设评估与改进等 6 个子过程，每一轮推进中的每一个过程都顺序衔接，并迭代优化。

5.3.1 系统预防质量文化建设关键要素分析

系统预防质量文化建设要深入有效推进，离不开以下关键要素：

1）加强组织领导，营造系统预防质量文化建设的良好环境

强有力的组织领导，特别是来自最高管理者的领导，对于推进系统预防质量文化建设来说极为重要。航天企业各级领导要在明确组织使命，发展战略及核心价值观的基础上，积极组织制定质量文化建设纲要和编制质量文化手册，亲自参与系统预防质量文化建设，成为系统预防质量文化的倡导者、宣传者和推动者、实践者。高层领导必须在实施质量预防方面以身作则，率先垂范，带领员工创造良好的系统预防质量文化氛围，并给予员工及时的、恰当的指导，而不只是在员工工作出现质量问题时施予严厉的惩罚，或只是授权给下属。

2）加强全员质量教育培训，促进系统预防质量文化内化于心、外化于行

“人、机、料、法、环、测”中，对质量影响最大的是人，是人的素质。“品质始于教育，终于教育”，系统预防质量文化建设需要全员参与，需要加强全员质量教育培训，深入宣贯系统预防质量文化核心内容。要组织开展多层次、专题化的质量警示教育，编辑质量故障启示录、质量警示录相片和举办质量预防典型案例展览，召开质量事故现场教育会，创办质量预防素质教育基地，以及举行各种形式的质量专题研讨、质量征文、质量故事会和质量知识竞赛活动等，营造浓厚的系统预防质量氛围，重点培育预防质量问题发生的意识和能力，将航天队伍建设成质量预防大军。

建立健全质量预防教育培训制度，加强系统性和科学性，要根据不同人员所承担的责任、工作的范畴、具体目标和能力要求，进行分类、分层进行质量教育培训，特别是要以系统预防为核心，做好三方面培训：①面向企业全体员工进行质量意识和质量管理基本知识技能的培训；②针对企业经营管理者进行先进的质量经营理念和质量战略管理方面的培训；③针对企业质量管理人员和相关岗位进行专门的质量管理技术和方法培训。除定期举办专题

质量培训班外，还可广泛采用讲座培训、现场培训和网络培训等方式，结合航天型号特点进一步加强对重点人员，特别是关键岗位、新上岗人员的业务规章和岗位技能培训，开展岗位资格认证培训等，扩大质量教育培训面。在生产一线可通过图片、动画、视频等多种方式将工艺规程、岗位描述、案例学习等方面进行细化，精简文字叙述部分，放大关键细节部分，并组织员工进行系统学习。除全面深入开展对各级、各类人员系统预防质量意识、责任、理论、技术、管理、方法和工具的普及学习和培训外，还应针对航天行业型号任务重、质量要求高、风险高、责任大的特点，注重开展对员工的心理健康教育，强调人格独立完整、自强自律，培育团队意识，提高质量预防素养。

3）加强质量创新实践活动，不断提升系统预防质量文化建设水平

系统预防质量文化建设要在精神文化、行为文化和物质文化三个层面上系统推进，涉及面广，既要与企业文化建设相融合，做到相互提升，又要与质量管理模式方法相融合，做到相互促进。要努力建设具有航天特色和时代感的系统预防质量文化，需要在实践过程中不断丰富拓展、不断变革创新，尤其要将广大员工在系统预防质量文化建设中创造的新鲜做法和典型事例及时总结出来，提炼成经验并加以推广，从整体上提升系统预防质量文化建设水平。

5.3.2 系统预防质量文化建设定向

推进系统预防质量文化建设的根本目的是锤炼科学的管理、高素质的队伍、优质的产品和一流的环境，提高企业核心竞争力和确保一次成功目标的实现。系统预防质量文化不是航天产品和服务本身，而是产品和服务中体现的质量理念、价值观、行为道德、素养和文化情愫，明确系统预防质量文化建设的方向，要坚持四个“协调统一”：

（1）坚持基于成功理念的质量与速度、效益的协调统一；

（2）坚持依法治质与以德兴质、科技强质的协调统一；

（3）坚持质量管理体系运行与产品实物质量控制的协调统一；

（4）坚持质量文化创新与质量文化传承的协调统一。

5.3.3 系统预防质量文化建设推进策略

系统预防质量文化建设的推进要讲究策略，因时、因地、因人制宜地推进，防止盲目求快或简单地将理念、措施留在纸面、挂在墙上。要统一策划，结合航天型号研制工程实践加以落实，边推进、边总结、边提高。

（1）用质量制胜战略统筹系统预防质量文化建设推进工作。

（2）以航天型号研制和重大航天工程实施为动力助推系统预防质量文化建设，在型号设计、生产和试验过程中实践一次成功系统预防理念。

（3）采用循序渐进的方式寻求企业和员工的高度认同，保障系统预防质量文化内化于心、外化于行、固化于制。

5.3.4 系统预防质量文化导入

系统预防质量文化导入要在调查研究的基础上，充分酝酿讨论并制定质量文化发展计划，稳步导入，分步实施。系统预防质量文化有益于企业目标实现和员工利益提升，要增强其凝聚力、吸引力，并横向到边、纵向到底地导入全体员工和企业科研生产经营开发活动中。同时，通过各种方式大力弘扬系统预防质量理念、价值观和行为准则，并有效传递到相关利益方，尤其是对外协外购单位加大系统预防质量文化的渗透力度，协同开展质量预防活动。

在实施系统预防质量文化中，鼓励员工在工作中勤于思考并建言献策，利用每天班前会、每周质量剖析会、月度质量自评会和半年度质量总结会等及时表扬和宣传推广优秀团队和员工的质量预防意识和经验做法，从系统预防质量文化层面认真剖析典型质量案例。建立单位、个人质量档案，深入做好质量预防方面先进的评选、表彰和宣传工作，发挥榜样的作用，带动全员的质量预防意识以及质量预防业务水平和能力提升。通过有效的激励约束，提高系统预防质量文化执行力，促进质量责任和各项要求得到全面落实。同时，有意识地培育和营造和谐宽松的工作氛围，让员工在快乐工作中保证工作质量和产品质量。

（1）明确系统预防质量文化导入途径、相应的要求及职责。

（2）充分运用各种手段和方式广泛开展系统预防质量文化促进活动。

（3）建立和完善系统预防质量文化建设激励约束和运行管理机制。

5.3.5 系统预防质量文化落地生根

系统预防质量文化建设关键在于使质量文化根植于员工心中，落实到行动中，并切实发挥作用，应采取有效措施促进系统预防质量文化落地生根。

（1）潜移默化地引导员工积极履行质量承诺，使系统预防质量文化理念变成行动。

（2）通过系统预防质量文化促进过程将建设目标转化为现实。

（3）以制度文化管理为重要抓手，推进系统预防质量文化固化于制。

系统预防质量文化建设落实结果体现在基层，因此在具体举措上一定要接地气，切忌搞“花架子”、做虚功，不能光写在纸上，贴在墙上，停留在口头上，使质量文化成为“空中楼阁”。要在科研生产日常工作中从实施精细化质量管理入手，将非制度性安排的柔性管理与制度性安排的刚性管理有机结合起来，并贯彻到系统预防中，使每一个航天人和每一个团队都立足岗位，团结协同，努力把质量预防工作做深、做细、做精，形成系统预防质量文化落地生根、开花结果的良好局面。

5.3.6 系统预防质量文化建设评估与改进

通过科学测评系统预防质量文化建设，进一步从整体上衡量和改善航天企业质量管理水平和实际绩效是非常重要的。系统预防质量文化建设评估要紧紧围绕质量文化核心内容的宣贯和实施，以人为本推进质量文化建设的方式方法和成效，以及在具体推进工作中还存在的问题等关键要素，特别是在一次成功系统预防质量意识和能力提高方面要结合科研生产和经营开发的具体指标进行评估。评估应实事求是，力求准确，既肯定成绩，也找到不足，特别要从评估中发现系统预防质量文化发展方向与追求的目标是否适宜，以便不断优化改进。

（1）定期测量和综合分析评估系统预防质量文化建设成效。

（2）有针对性地改进系统预防质量文化建设中存在的薄弱环节。

（3）持续优化系统预防质量文化定位的适宜性。

由于系统预防质量文化建设目标大多表现为非量化的定性目标，通常难以测量。为此，航天企业需要依据目标开发和选定相应的测量方法尽可能构建可量化评估的指标体系。对系统预防质量文化建设的结果，既要关注短期的建设成效，更要关注那些关系到企业长远发展的后续绩效，这些绩效的沉淀结果恰恰能为企业长久的成功带来潜在的价值。

第六章
系统预防质量管理改进

中国航天的质量管理是在实践中总结，在总结基础上创新，在创新基础上实现更高要求的质量管理实践。既有源于航天系统工程实践的质量管理理念和方法的原始创新，又有质量与可靠性技术运用和航天质量管理体系运行有机结合的集成创新，还有借鉴国外先进的产品保证等质量管理模式的引进、消化、吸收、再创新，而这些创新本质上都趋向于系统预防质量管理改进。

对航天企业而言，项目或产品的成功无疑是质量管理的基本出发点和落脚点，但仅仅某个项目的成功并不意味着整个企业的成功，因为任何项目都有可能在特殊的保障条件和强大的行政干预下获得成功。要促使企业各个项目都能成功，即持续成功，就必须针对系统预防质量管理的特点，探索其规律性，持续改进并形成有普遍适用性的质量管理方式。

系统预防不仅是先进的质量管理理念，也是有生命力的质量管理模式。不断完善的系统预防质量管理是航天质量管理的高层次，是以质量预防为主线对企业经营开发和型号研制生产进行系统管理和过程控制，必须把航天质量管理逐步引导到系统预防的轨道上来，把航天质量工作重心真正转移到系统预防上来，而不是仅在解决具体的质量问题上疲于奔命，或是满足于一些大张旗鼓进行质量整改后的成功。一次成功要具有可持续性，航天质量管理要“顾眼前”，更要“看长远”，因为最大的问题就在于为何花了这么大气力，质量问题和质量故障仍时有发生，关键就在于质量管理制度的制约上。坚持将系统预防管理制度的实施真正体现于质量管理体系运行、产品保证管理、质量问题归零管理、质量隐患防范管理、质量成本管理、外协产品质量链管理和质量信息集成管理，以此为主导开展系统预防质量管理改进，就一定能持续成功。

6.1 有效运行航天质量管理体系

航天质量管理体系的有效运行，最重要的是靠建立健全保持与完善质量管理体系的预防机制。质量源于要求，系统预防质量管理的首要任务是通过质量管理体系建立明确的要求，以及提供达到这些要求的有效方法和手段，然后把主要精力集中在达到要求的过程管理上。

6.1.1 充分发挥航天质量管理体系的系统预防作用

建立质量管理体系只是为航天企业质量管理搭建了一个标准化的平台，但一个完善的质量管理体系应该建成一个预防的体系。航天质量管理体系的范围包括两层含义：其一，体系覆盖的产品范围；其二，产品实现的过程范围。系统预防就是在质量管理体系的范围内预防不合格的发生，即揭示会导致发生不合格的潜在原因，事先采取系统性的预防措施，使其不发生。质量管理体系的重点是预防质量问题的发生，一旦发生质量问题，重点不是处理过去，而是防患未然，杜绝质量问题重复发生。航天质量管理体系的主要功能应该是系统预防，而实际的运行过程中，质量管理改进更多是基于不合格或已暴露的质量问题而展开，未能聚焦于产品特性和过程参数的波动，发现系统性的薄弱环节并采取系统预防措施，未形成有效的持续改进机制，系统预防管理能力不足。

取得质量管理体系认证证书仅仅是符合了通用质量管理的最基本要求，是企业规范质量管理的起点，重要的是如何有效运行质量管理体系。航天企业绝不能仅仅满足于质量体系认证资格的保持，更应该关注的是质量预防体系的塑造。有的航天企业至今还不同程度存在为建体系而建体系，为认证而认证的不良倾向，对于用户来讲，所得到的产品或者服务并没有因为这些企业建体系或通过某项认证而得到更好的保证，而对于企业自身来讲，产品质量问题仍时有发生，甚至导致项目任务失败，企业也不可能获得持续成功。因此，应以 GJB 9001 标准为依托，融合航天产品保证特点和型号质量管理要求，建立具有航天特色的质量管理体系及其评估工作机制，重点关注体系运行情况和共性问题处理情况，促进业务流程与质量管理体系的融合，并将与质量相关的规章制度融入到程序文件中。

航天质量管理体系运行的着力点更强调实效性，尤其是强调系统预防的作用，应更加关注运行结果，把握精髓所在，将质量管理体系运行与质量绩效紧密结合。质量管理体系标准应是实际使用体系的文件化，要立足系统预防，不断完善专业化质量管理作业文件。一方面，重构质量管理体系的文件体系，将现有体系进行分类清查，梳理其中的对应、连接关系及脉络，补充完善有针对性的、量身定做的细化要求的文件。另一方面，结合岗位标准化工作，梳理、确定岗位工作所需的实用管理文件——岗位质量预防管理指导手册，消除将质量体系文件汇总成一大本带来的不利于实际使用的弊端。航天企业要建立适合自身特点、更加灵活高效的质量管理体系，航天质量管理体系文件的形成与执行一定要根据企业自身特点，并与型号项目管理密切结合，才能有效贯彻系统预防。

航天质量管理体系运行应讲求实效，保持生命力。航天质量管理体系最主要的用途是作为系统预防的基础平台，并在航天企业科研生产经营开发实践中不断地丰富、完善质量管理体系要求，保证航天企业产品质量和经营质量的持续改进。质量审核发现的问题往往只能指出表观的问题，至于真正的原因更多的应从深层次剖析，并系统性地采取预防改进措施。应结合质量管理体系认证升级，以新标准换版为契机，促进航天质量管理体系全面升级，并将系统预防和持续改进作为航天质量管理体系有效运行的重点工作。

从航天一次成功的理念出发，航天企业可更广泛地有效应用 ISO9004 标准《组织持续成功管理的方法之一》，帮助指导组织建立一个比较完善的质量管理体系，尽管其不能用做外部认证的依据。ISO9004 描述的体系范围除包括产品质量和顾客满意相关的活动外，还包括了使员工、社会等其他相关方受益的有关活动。其关注的目标和所代表的质量管理方法，始于对组织环境和各利益相关方的需求与期望的了解，追求组织的总体业绩和效率的持续改进，应对组织环境的挑战并保持成功。

ISO9004 提供的指南体现了组织的持续成功管理，而持续成功是长期地保持均衡协调的能力，不断满足顾客和相关方的需求与期望而获得的。

ISO9004 质量管理体系本身就侧重于系统性预防措施，强调的就是各过程活动的有效性和效率，故而比 ISO9001 质量管理体系更完善。这与航天一次成功、系统预防的内涵是完全一致的。航天企业应通过学习、实施、改进和创新，不断适应环境的变化，保证顾客满意，并对各方利益、成本和风险进行有效管理来获得持续成功。实际上，一些航天企业探索将 ISO9004 标准的精髓融入原已建立的质量管理体系并取得成效。

6.1.2 遵循航天质量管理十项原则

质量管理体系有效性的实现是个复杂的过程。对于航天企业来说，就是要将一次成功的理念与质量管理体系的实施要素结合起来，形成具有航天特色的质量管理模式，尤其是在航天质量管理体系运行和型号研制生产过程中，必须遵循航天质量管理十项原则。

航天 9000 标准的形式采用 A+B 的方式，“A”是国家标准 GB/T19001 设计、开发、生产、安装和服务的质量保证模式的要素结构和内容;“B”是增加航天补充要求，包括应采用和执行的航天标准或国家军用标准。已经通过国标或国军标质量管理体系认证的单位，要在此基础上把工作重点放在落实航天补充要求上。航天行业标准 QJ-9000A-2003《质量管理体系要求》融入了很多航天工业质量管理的经验，重要的是该标准在 GB/T19000-2000 八项质量管理原则的基础上，结合航天产品研制生产的特点，增加了“预防为主”和“一次成功”两项质量管理原则，即形成“十项质量管理原则”，既包含了全面质量管理的核心理念，又体现了航天工程质量管理的特殊要求，即一次成功系统预防管理要求。航天企业应依据该标准的要求，建立适合本企业特点的质量管理体系，并持续改进质量管理体系，对产品实现的全过程实施有效控制，达到不断提高产品质量和增强顾客满意的目的。

航天十项质量管理原则是：

1）以顾客为关注焦点

组织依存于顾客。因此，组织应当理解顾客当前和未来的需求，满足顾客要求并争取超越顾客期望。

2）领导作用

领导者确立组织统一的宗旨及方向。他们应当创造并保持使员工能充分参与实现组织目标的内部环境。

3）全员参与

各级人员都是组织之本，只有他们的充分参与，才能使他们的才干为组织带来收益。

4）过程方法

将活动和相关的资源作为过程进行管理，可以更高效地得到期望的结果。

5）管理的系统方法

将相互关联的过程作为系统加以识别、理解和管理，有助于组织提高实现目标的有效性和效率。

6）持续改进

持续改进总体业绩应当是组织的一个永恒目标。

7）基于事实的决策方法

有效决策是建立在数据和信息分析的基础上。

8）与供方互利的关系

组织与供方是相互依存的，互利的关系可增强双方创造价值的能力。

9）预防为主

合理配置资源并做好事前策划和过程控制，是防患于未然的有效途径。

10）一次成功

航天产品的研制应第一次就把事情做好并实现预期的目标。

这十项质量管理原则形成了 QJ9000A-2003《质量管理体系要求》标准的基础。航天质量管理体系文件全部保留了国标 GB/T 190001，也就是 ISO9001 的 20 个要素。另外，还专门根据航天行业的特殊要求增加了 18 个要素，共有 38 个要素。十项原则给航天企业提供了有所为和有所不为的准则和依据，这对于质量管理体系完全融入航天企业科研生产和经营开发的所有环节，全员自如应用质量管理体系过程控制各项要求并执行到位是非常重要的。当然，航天质量管理体系标准要求也应参照 ISO9000 最新版标准的变化，并在实践中不断改进、完善。如航天十项质量管理原则中可将基于风险控制的思维，作为“过程方法”的重要组成部分。又如“一次成功”原则的定位内容可更准确地表述为“航天科研生产和经营开发应第一次就把事情做对，每一次都把事情做成”。

航天十项质量管理原则是相互联系和相互影响的。航天企业质量管理首先要明确战略方向，即实现科研生产和经营开发一次成功，并将质量管理体系作为一个预防体系实施质量管理。在这样的指导思想下，最重要的是解决立场问题，即以顾客为关注焦点，这是航天企业能立足于市场、社会，并不断发展的基本条件。最高管理者和管理层要充分发挥领导作用，确立航天企业使命愿景和核心价值观，并组织和引导全体员工积极参与各项质量活动，去实现一次成功的目标。必须系统开展以预防为中心的各项质量管理活动，在风险考虑的基础上，应用过程方法对活动和相关的资源实施控制，并建立和有效运行质量管理体系，运用体系管理的方法，系统地实施各个过程的控制。由于激烈的竞争会导致顾客需要和期望的改变，要不断增强企业竞争力，更加注重实现顾客的动态需求和期望，增强顾客满意。必须开展持续改进，以追求一次成功为目标，主动寻求改进机会，确定改进项目，而不是等到出了问题再揭示改进的需要。持续改进的有力武器是基于事实的决策方法，而正确的决策必须以充分的数据和真实的信息为基础，以客观事实为依据。由于航天复杂产品的外购外协范围极广，持续改进仅局限于组织内部取得的成果是非常有限的，因此，必须建立与供方互利的伙伴关系，与自己的顾客和供应商进行紧密合作，才能取得各方的成功。

需要强调的是，航天单位最高管理者应在认真遵循航天质量管理原则的基础上，对质量管理体系运行的有效性负责，并组织全体人员充分运用航天质量管理原则积极开展相关活动，以确保质量管理体系实现预期结果，也就是确保获得预期的绩效，这是航天质量管理体系的基本使命或任务，绩效应当是质量管理体系或过程结果的表现，不仅要关注体系活动是否按规定的去做，而且要关注体系活动的真实结果，关注体系有效性的实质就是关注体系输出的绩效。

航天型号管理层也应清楚地了解 9000 系列标准的基本概念和相关的体系文件，尤其应懂得如何充分发挥质量管理体系在型号研制生产中的系统性预防作用，并积极按航天十项质量管理原则，与相关职能管理部门一起有效地组织开展型号层面的质量管理活动。型号总指挥和总设计师要深入型号研制队伍，以自身的质量预防意识和示范作用，积极影响和充分调动型号研制人员主动开展系统预防、改进型号质量的热情和创造性，确保一次成功。为保证质量管理体系和型号研制生产过程有效运行，可以航天质量管理原则为基础，对影响产品实现和产品质量的关键人员进行质量审核，从中发现关键薄弱环节和制约因素，抓住抓好控制因素，实施系统闭环管理。

6.1.3 追求持续改进的航天质量管理体系成熟度评价

考察一个组织质量管理体系是否保持适应性、有效性，关键看其是否具有自我完善的机制。传统的航天单位内部质量管理体系运行有效性评价，除了由认证机构进行的第三方审核外，通常是通过单位内审和管理评审或是上级单位对所属单位评估的方式进行。然而，反观航天企业质量管理体系运行的现状，虽然通过认证和例行的监督审核或评估，但并不能有效防止质量问题的不断发生，说明仅靠这种评价方式还不够，即使获得质量管理体系认证资格证书并一次次“高分”通过内审和外部评估，也并不能证实企业的质量管理能力和产品质量已经达到较高的水平。如何正确评价质量管理所处的水平，从而客观获取正确的改进方向，是以一次成功为目标的航天企业必须高度重视并付诸实践的工作。一些航天企业探索开展了质量管理体系成熟度评价工作，航天科工集团二院下属十三家单位根据《二院质量管理体系成熟度自我评价实施细则（试行）》，开展了质量管理体系成熟度自评价工作，进一步深化质量管理体系持续改进。二院 206 所以质量战略为牵引，将卓越绩效模式和质量管理体系有效结合，建立“大质量”观质量管理体系成熟度评价系统，全面开展了成熟度评价工作，在提升科研生产质量管理水平和质量经营管理能力方面取得优异成绩。

航天质量管理体系成熟度评价作为一种有效的评价方式，是对质量管理体系运行过程的自我评定，识别体系的成熟度等级，明确改进方向和创新空间，促进体系的自我完善，并集中体现在一次成功上。推行航天质量管理成熟度评价，有利于航天企业应对复杂严峻和不断变化的环境，有效地改进和提高航天企业质量管理体系评价的科学性、合理性，使不同质量管理水平的企业都树立清晰的质量管理“晋级”目标，有效地推动航天企业质量管理的规范化和精细化进程，从而确保一次成功系统预防管理的实施，确保航天产品实现高质量与高可靠的要求。

杨孟飞等提出的航天质量管理成熟度模型（Aerospace Quality Management Maturity Model,AQM^3），是在国际成熟度管理理论的基础上，全面考虑了中国航天企业质量管理体系建设现状和未来发展需求，以GJB 9001系列标准和航天工业的实践经验及教训为基础而建立起来的成熟度模型。

（1）航天质量管理成熟度模型架构体系

1）成熟度等级

AQM^3 的基本框架是一种阶梯式的进化框架，这种框架将 AQM^3 表示成一系列成熟度等级：基础级—有效级—稳定级—增值级—优化级，通过五级成熟度来描述企业质量管理成熟水平渐进的度量标准。

等级Ⅰ为基础级，是对组织建立、运行质量管理体系的最低要求，是组织的质量管理体系从低级走向高级的起步阶段，其衡量标准是通过顾客认可的第三方质量管理体系认证机构的认证并按规定接受监督审核。

等级Ⅱ为有效级，是组织达到基础级要求后，在持续满足质量管理体系的普适要求的基础上，重点关注和改进组织的核心过程——产品实现过程，并通过基本的质量反馈过程运行，满足组织基本的纠偏要求，保证产品符合性要求。

等级Ⅲ为稳定级，是组织达到有效级要求后，通过组织结构和研制生产模式的调整，明确组织中各级质量管理职责，利用质量体系的外延和扩展，建立对实现产品的管理支持过程。

等级Ⅳ为增值级，是组织达到稳定级要求以后，通过质量管理为组织的发展提供增值，利用最高管理层的战略策划对组织质量文化的促进作用，形成自我完善的持续改进机制；组织能将质量管理理念向上延伸到组织外部业务流程，利用组织质量文化影响力整合组织的供应链，形成供应商和组织的利益共同体。

等级Ⅴ为优化级（预防机制），是组织达到增值要求后，建立质量信息系统，使用先进统计方法，对组织内外部质量信息有效收集和分析，并利用质量信息和数据分析的结果有效指导质量管理决策；组织能将质量管理理念延伸到组织外部业务流程的下游，利用组织质量文化影响顾客需求与期望，同时重视员工对组织质量文化的助推作用，形成供应商、员工和顾客的利益共同体。

AQM^3 成熟度结构不主张跨越级别的进化，但是可以并联策划和实施不同成熟度等级的工作，只是在等级评价上每一级是有着明确的目标和要求的。

2）评价对象

AQM^3 的重要基础是 ISO9000 系列标准。通过分析，将航天企业质量管理体系成熟度模型中评价对象分成三个层级，如图 6-1 所示。

图中第一层为功能模块。ISO9000 系列标准将管理职责，资源管理，产品实现，测量、分析和改进作为四大基本过程，然后在此基础上衍生出其他过程。AQM^3 在四大基本过程的基础上，将航天企业的质量管理过程分为 5 类：领导和战略策划、核心过程、管理支持过程、质量反馈、顾客和相关方满意。这 5 类质量管理过程的主要功能是为了质量管理成熟度评价，故称为功能模块。

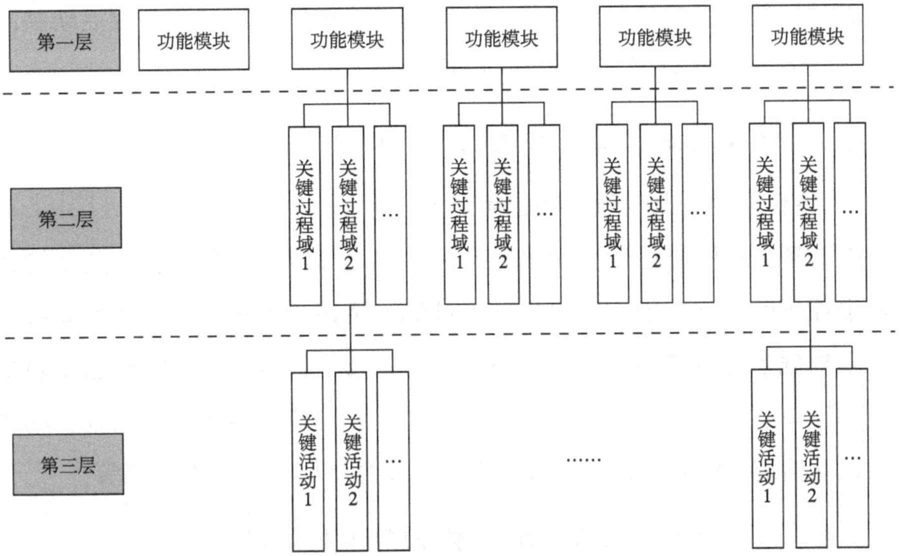

图 6-1　AQM³ 中评价对象的层次结构

第二层为各个成熟度等级所配置的关键过程域。除基础级外，每一个等级都设定了一组目标，每个目标都映射在一个或各个过程中，这些过程在质量管理中隶属于不同的功能模块，这些过程的集合为关键过程域。关键过程域明确了企业质量管理能力要达到某个成熟度等级时所必须满足的条件，每个等级中的关键过程域囊括了功能模块中的目标、管理要求和一些技术要求。

第三层为各关键过程域所属的关键活动。关键活动是指对关键过程域的实施和目标实现起关键作用的活动，是成熟度模型的主体内容，可作为模型应用时评价准则制定的直接对象，也是评价每个关键过程域的基本单元，如方针、政策、技术规范、控制措施等活动，包括对相关基础设施、保障条件的建立、实施和检查活动。关键活动由企业管理层按照不同成熟度等级关键过程域进行识别与确定，具有很强的针对性。

3）架构体系

综上所述，可见质量管理成熟度等级所对应的功能模块是不同的，关键过程域和关键活动也不同。对功能模块的划分有助于组织识别和确定质量管理的流程，而关键过程域和关键活动则是 AQM³ 的基础，评价准则和方法均针对关键活动开展。成熟度等级、功能模块、关键过程域和关键活动共同构成了 AQM^3 的架构体系，如表 6-1 所示。

（2）航天质量管理成熟度模型评价准则

1）评价准则的制定原则和应用范围

由于各企业质量管理活动千差万别，加之影响企业质量管理活动的关键因素也在不断变化，因此要科学地、准确地将评价因素体现在评价体系中，就必须根据各企业的发展特征、质量管理的特点，设计一套能全面反映企业质量管理体系成熟度状况的准则，而准则的制定应遵循科学性原则、动态性与稳定性相统一的原则、系统性原则、可比性原则、实用性原则等。

表 6-1 航天质量管理体系成熟度模型架构体系

质量管理过程 / 成熟度等级	领导和战略策划	核心过程	管理支持过程	质量反馈	顾客和相关方满意
等级 I：基础级	GJB9001B–2009 所有基础性条款				
等级 II：有效级		与产品要求有关的管理（3）； 产品设计与开发过程控制（5）； 新产品试制控制（4）； 生产和服务提供过程的控制（7）； 生产和服务提供过程的确认（4）； 关键过程控制（3）； 试验控制（5）； 产品交付控制（7）； 技术状态管理（4）	文件控制（3）； 记录控制（2）； 监视与测量设备控制（5）	产品监视和测量（4）； 不合格品控制（6）	

续 表

质量管理过程 成熟度等级	领导和战略策划	核心过程	管理支持过程	质量反馈	顾客和相关方满意
等级 III：稳定级	职责和权限(2)； 人力资源（5）	产品实现的策划(6)； 工作环境控制(3)	基础设施（3）； 质量管理体系策划（2）； 内部沟通（3）； 内部审核（5）； 管理评审（4）	过程监视和测量(3)	
等级 IV：增值级	领导作用（5）； 持续改进（2）	外包过程管理(5)； 采购控制（6）	质量经济性管理(3)		
等级 V：优化级			质量信息（3）	数据分析(4)	顾客和相关方满意（3）

注：成熟度等级所包括的关键过程域是累积的，都是在满足前面等级的关键过程域的基础上增加的内容。括弧中的数据为典型航天企业的各关键过程域中设置的关键活动项数。

航天企业的 AQM^3 评价准则既可用于自我评价，也可作为对供方进行二方评价的依据，成为整个供应链上所有企业共同追求卓越的阶梯。AQM^3 评价准则在应用时的具体特点是：

① 能用于整个质量管理体系，或其中的一部分；

② 能用于整个组织或组织的一部分；

③ 能使用内部资源在很短的时间内完成评价；

④ 由横向小组完成评价，或由得到最高管理者指定人员来完成评价；

⑤ 能作为更全面的管理体系自我评价过程的输入；

⑥ 易于识别改进机会的优先次序；

⑦ 能促进质量管理体系向世界级业绩水平发展。

2）评价方法和关键活动评价指标的建立

企业申请有效级、稳定级、增值级、优化级等级别的评估，在确定已达到前几级成熟度的所有要求后，方可按照该级成熟度所属关键活动的评价条款进行该级成熟度的评估。对于每一个成熟度等级的评估，按照关键活动—关键过程域一成熟度自下而上的评价方式确定，如图 6-2 所示。

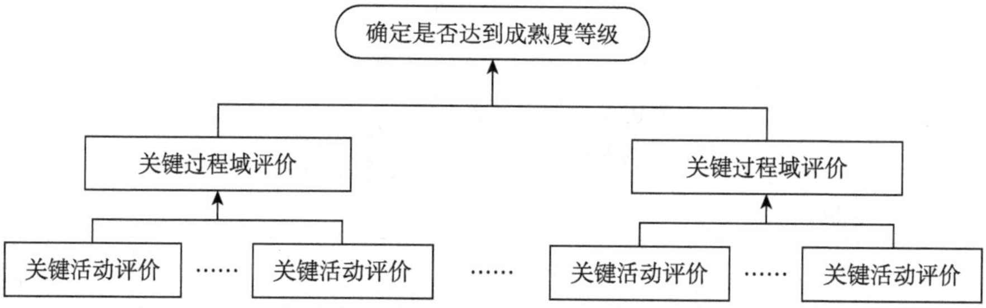

图 6-2　航天企业质量管理体系成熟度评价方法

由上图可见，对关键活动的评价是确定组织是否达到相应成熟度等级的基础。在进行某一等级的成熟度评价时，航天企业一般采用评分法进行，依据关键活动所设立的评价指标，对各项指标进行分析评价，给出相应的分值。在采用评分法对关键活动进行评价、进而对关键过程进行评价的过程中，评价指标的建立是实施的关键。应针对每个关键过程域中的若干关键活动，设立各项评价指标，以对其进行定量或定性的评价。组织根据质量管理运行现状确定每项评价指标的分值权重，以便对关键活动进行定量评估。

在建立关键活动的评价指标体系时，可遵循传统的 PDCA 循环，主要从要求、执行力、执行绩效和持续改进四个方面对指定的关键活动进行评价，如图 6-3 所示。

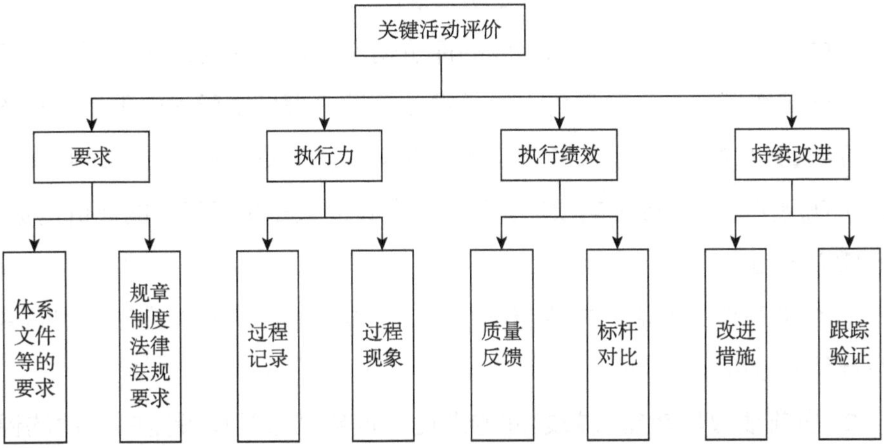

图 6-3　关键活动评价的要素

上图中四个方面的评价分别需要考虑相关因素。

“要求”主要是从收集的客观证据中确定组织是否为满足标准要求采用了适宜的有效管理途径，在评价要求时，主要考虑以下因素：

① 针对每一项关键活动，在满足 GJB 9001《质量管理体系》的基础上，企业是否制定了流程要求，并在企业内能够通过有效的途径传达到每一位员工；

② 组织制定的要求与组织的战略目标、质量管理现状相适应；

③ 要求的评价不仅是评价其存在与否，更重要的是评价其是否充分、合理、科学且操作性强。

“执行力”主要表征人尽其责的能力，也是组织的一种文化。执行力需要言行一致，需要坚定的目标。在评价执行力时，一般要透过表面证据提升观察判断过程的能力，判定评价指标时要关注细节，并在评价中关注以下因素：

① 所有执行的记录或者过程现象是否符合规定的要求，即做事按依据；

② 目标是执行力的核心，各个部门、各岗位是否建立了能够激发所有员工合力的目标，且该目标得到所有员工的认同，并且通过全体员工的努力，

体现了达到预定目标的能力；

③ 各个部门和岗位的管理者决定了团队执行力的强弱，因为执行力就是通过领导者和员工之间的沟通和互动来推动的。

“执行绩效”指的是指标完成的评价情况，也就是对结果的评价，它是执行力的最终反映。一般而言，执行绩效在评价指标里所占权重是最高的，也是需要量化的。执行绩效的制定与企业实施质量管理的基础和现状有关，体现了在历史原有基础上的改进。因此，在设立关于执行绩效的评价指标时，需考虑以下因素：

① 企业在该关键活动中的当前绩效。主要是通过抽样的方法对现有能力进行计算和分析；

② 当前绩效与期望绩效之间的对比。期望绩效是所设定的活动的评价指标；

③ 绩效改进的趋势。主要通过对现有能力的趋势分析，确定企业在关键活动中即使当前尚未达到期望的绩效，但是否已经具备了这一趋势。

“持续改进”不仅仅是关注与产品实物的质量指标（通常反映为执行绩效）的提高，而且还关注于过程的改善。因此，在评价关键活动的“持续改进”能力时，设定的评价指标要强调以下因素：

① 基于当前绩效和目标绩效的差异，企业是否确认了改进环节，采取了有针对性的改进措施并且制定了具体的目标；

② 企业在该关键活动中如已取得目标绩效，是否采取主动的分析活动进一步改进；

③ 在上一次评估时，该关键活动的改进措施是否得到落实并取得了满意的效果。

设立了关键活动的评价指标后，应确定每项评价指标的分值权重，可以采用专家评定法对评价指标的分值进行优化。

3）评价实施方案

确定了各评价指标的分值后，便可以对关键活动实施评价。但在对非量化指标进行评价时，为了避免分值过于发散导致评价的不可信任，要建立得分规则，如表 6-2 所示。

表 6-2 非量化评价指标的得分规则

得分区间（占总分值的百分比）	描述
0~25%	针对该评价指标，没有或只有比较基本的方法，各部门的运作相互独立，执行情况差异较大或者不好，在改进方面欠缺主动，闭环情况欠佳
25%~50%	针对该评价指标，建立了比较完整的要求，但科学性和合理性需要改进。要求在各部门中能够得到执行，但执行情况有所差异。能够针对所发现的问题开展改进活动
50%~75%	针对该评价指标，建立了比较科学系统的要求，能够在各部门中得到执行，执行情况差距不显著。能够基于产品质量分析采取改进措施，提升过程的有效性和效率
75%~100%	针对该评价指标，建立了科学系统的要求，各部门执行情况良好无差距，注重基于事实的决策，学习是企业的主要管理工具，能够获取精细化管理和创新管理的成果

根据建立的评价指标体系和评分指南，可以实施对企业质量管理成熟度的评价。关键过程域评估总分由所属关键活动的数量决定，对成熟度等级评价影响越大的关键过程域包含的关键活动数量越多，关键过程域的评估总分越高，占等级总分权重越大。若某关键过程域是组织中确定过程质量和产品质量的核心过程，则应尽可能充分地设立关键活动对其进行详细的评价。成熟度等级评价总分由所属关键过程域中关键活动的数量和得分确定。等级评价总分由所属关键过程域的得分相加得出。若等级评价得分介于所评估等级总分的 75%~85%，则判定为具备达到该等级要求的条件，但在规定期限内，对评估过程中的不符合项和薄弱环节进行整改，评估小组将再次组织现场审查，检查整顿效果，确认符合要求后，正式认定组织达到该成熟度等级要求。

6.2 不断深化航天产品质量问题归零管理

航天产品质量问题“双五条”归零的要求已经深入人心，其科学性和有效性被航天系统的成功实践所证明。但在具体执行过程中还存在一些有待改进的现象，主要反映在自觉不自觉地将处理质量问题当作型号质量工作的主线来抓。此外，由于对归零工作缺乏严格高效的管理和过程控制，有些质量问题原因分析不透彻、归零措施针对性不强、措施落实不到位等，造成重复性质量问题和人为责任质量问题仍时有发生，质量问题归零的实效性还有待从系统预防的层面进一步提高。

6.2.1 正确处理质量问题归零中“救火”与“防火”的关系

在航天产品研制生产过程中，尽管我们非常重视质量问题归零，但质量缺陷、故障仍时有发生，往往导致疲于归零。如果把及时处理已发生的质量问题称为“救火”，把日常预防质量问题的发生称为“防火”，通过分析“救火”与“防火”的辩证关系，从一起起“火灾”的教训中总结出一套在技术和管理两个方面质量问题归零的“双五条”实施要求，其实质是在“救火”的同时，追溯“起火”的真正原因，尤其通过摸索“火灾”发生的内在规律，找出“防火”的措施与方法，实现从“救火”到“防火”的根本性转变，否则成天忙着“救火”，但“火灾”还是无休止地发生。

航天人不仅要当“救火英雄”，更要做“防火行家”。要防止出现不正常现象：越是不出质量问题或少出质量问题的项目，越被认为是研制难度小而容易成功，质量问题出得越多的项目，越被认为是研制难度大而需大张旗鼓反复归零才能成功，所以最后的鲜花和奖励往往送给后者，而不是前者。这是一种扭曲的质量文化，在一个企业里，如果大力表彰“救火式”的英雄人物，就不会有人甘做默默无闻的“防火式”的英雄，整个企业必定会陷入“到处救火”与危机管理之中。航天企业走出质量困境的首要出路就是系统预防，系统预防应该成为航天企业质量工作最重要的内容。通过“悄然无声”的系统性预防做到“无需救火”，并取得一次成功才更值得提倡。

“救火”本质上并不是改进，只是寻找失去控制的地方，找到其特殊的原因，并改正它，这只是把过程纠正到本来应该的位置。“防火”本质上就是改进，是查找一切可能失去控制的地方并采取针对性防范措施。质量问题归零主体的责任不仅是要提高“破案率”，更要降低“发案率”，也就是标本兼治地改进质量。质量改进不是一时的努力，履行改进责任是一个永远在路上的过程，航天各级管理者和全体员工都有责任不断地提高“防火”的意识和能力。

比如运载火箭发射是一项极其复杂的系统工程，任何一点点的疏漏都有可能造成飞行任务失败。为确保成功，在发射前要有效地采取预防措施，加强全过程的质量控制，特别是提高火箭推进系统的质量控制和发射系统的可靠性至关重要。另外，加强在地面条件下最大程度复现飞行环境也很重要，需要从材料级、系统级及全箭级检测火箭的各项性能指标，并进行及时修正，以适应实际飞行环境。再则，需要加强火箭各个系统的软件设计和测试工作，提高软件测试覆盖性，通过测试软件能够提前将微小的故障暴露出来。同时，提高容错能力，使火箭在飞行过程中能够对已经发生的故障采取措施，避免更大的故障发生。

对于质量问题而言，归零工作是有效的“救火”措施。当然，从“救火”的及时性来说，应将归零工作重心前移，特别是对一些基础管理和前期技术环节暴露的质量问题更需及时归零。而对于企业质量管理而言，还要持续进行预防性质量改善，摆脱被动“救火”局面，将当前的“救火”行为转化为今后的“防火”行动，将质量问题归零中的消除问题根本成因部分作为系统预防管理的重要组成部分。通过质量管理体系中缺省链条的完善，从源头上加以预防，将归零的措施纳入相关文件，形成制度，杜绝质量问题的重复发生，起到“防火”的作用。

质量问题归零中最有价值的活动不在于解决了出现的质量问题，而在于从汲取教训中得到了宝贵的经验后，由此及彼、由表及里系统采取预防措施的行动。技术归零中的“举一反三”和管理归零中的“完善规章”已不是仅停留在纠正措施上，而是包含对可能发生同类质量问题的预防，即转化为预防措施，且这已不是单点预防，不仅时效性强，更重要的是把出现过质量问题的环节一个个关进技术规范和管理制度的“笼子”，使其难以“卷土重来”。只有通过“举一反三”“完善规章”，才能提升预防能力，而不仅仅是纠正能力，才能真正使“失败”转化为“成功之母”。因此，要特别注重质量问题归零中的预防因素。

通过归零，促使型号研制队伍真正吃透技术，更好地保证产品的质量和可靠性；通过归零，发现质量管理体系运行中存在的缺陷和管理链条上存在的薄弱环节；通过归零，不仅促进技术水平和管理水平的提高，更重要的是深化航天人的质量预防意识，培养队伍严慎细实的工作作风和素质能力，从而确保一次成功。

为提高质量问题归零工作的有效性，航天系统必须全面建立质量信息通报制度，各有关单位要把型号研制中发生的重大质量问题，元器件 DPA 的结果、失效分析结果中批次性问题，以及需要进行“举一反三”“完善规章”的问题，及时上报，并利用质量信息通报等方式发到各单位、各型号，供“防患未然”之用。如今后再发生类似的问题，则应加重论处。在通报质量信息时，要严禁瞒报、迟报质量问题，以免带来更大的损失。同时，要把质量问题归零过程中总结出的好办法、好经验等形成质量通报，以信息共享，通过“他山之石可以攻玉”，进一步增强归零启示效果，提高整体质量预防能力。

6.2.2 正确处理质量问题归零中“形式”与“内容”的关系

每当出现质量问题，尤其是导致型号飞行任务失败的质量故障、事故时，质量问题归零的过程往往是很艰难的，不仅耗人、耗钱、耗物，还耗时间，有少数质量问题归零甚至超过一年时间，而不少质量问题都属于事前应该做到，也可以做到，但却因进度、经费等原因没有做到而引发的问题。同样，涉及到任务进度、研制经费和责任追究等因素，质量问题归零有时也出现重

“形式”、轻“内容”的现象，也就是“认认真真走过场”的现象。

“走形式”满足于对发生的质量问题已全部“拉条挂帐，对号入座”，且形式上符合归零标准，归零报告已完成，归零评审会也开过，并有了明确的结论，而实际上归零还未归到根子上，有些问题仅进行表层纠正，很可能就不了了之，在纠正措施方面专家所提意见和建议未跟踪落实，过程改进也并未有效实现，重复出现问题的风险依旧存在，质量问题归零在一定程度上成为一种形式和例行手续。因此，要正确处理质量问题归零中“形式”与“内容”的关系，高度重视归零的实质内容及有效性，并使归零形式更好地为归零内容服务。

对航天产品出现质量问题，归零时应进一步系统地从实质内容上区分是产品性能问题还是可靠性问题，以便针对不同的问题采取不同的解决办法。若组成产品的各单元在正常工作的情况下达不到规定的性能指标要求，或由于产品的各单元设计不协调、设计参数不匹配等原因造成产品故障或损坏，导致产品无法达到规定的性能指标的，属于性能问题，应通过提高性能设计能力加以解决。若产品的性能经试验验证合格后，相同技术状态的产品在持续的工作或不工作的状态下，由于产品的各单元出现故障或失效，造成产品不能达到规定的功能或性能指标要求的，属于可靠性问题，应运用可靠性设计与分析方法来加以改进。

在质量问题归零中，由于各方高度关注乃至高层领导直接过问的态势，往往会出现害怕归零归到自己头上的想法，因此分析原因时只讲客观不讲主观，只讲外部环境不讲内部实施，只讲别人不讲自己，避重就轻、避实就虚地从形式上完成归零。另外，对由于系统复杂、技术难度大等原因而使归零久攻不下的质量问题，归零中易急于求成，可能产生定位不够准确，机理分析不够透彻，问题复现和措施验证受到限制的薄弱环节，往往难以完成实质性归零。这就需要型号系统各有关方面首先做到眼睛向内找问题，刀口向里查原因，敢于主动暴露问题、自我剖析原因。同时系统抓总，组织队伍协同归零，在局部归零工作循环与全局归零工作循环之间，以及内部归零循环与外部归零循环之间建立有效的信息流转与过程衔接机制。

要充分利用专家队伍的智慧深入定位和分析，并不断丰富问题复现和措施验证的方法，善于从内容上真正高效解决问题。要坚持质量问题归零的彻底性，不能对归零难度较大的质量问题轻易地定性为“偶发”现象，把故障轻易归结为“小概率”事件而无条件放行，因为“小概率”事件不等同于“零概率”事件，不能忽视任何一种风险，对质量问题发生绝不能抱任何侥幸心理。此外，也不能在没有真正确定质量问题发生的原因之前，就匆忙地采取综合治理的“让步”措施，由于针对性不强，这种措施只能在特定的条件下采用，且一定要尽最大可能找出所有“漏洞”，并通过全面“堵漏”提高根治质量问题的概率，要力避解决问题不彻底，不愿做更多艰苦细致深入的归零工作的倾向。特别是对复杂系统质量问题原因的分析，正确适宜的做法是采取“步步归零，阶段归零”的方式，急于求成的改进是不会有真正成效的，因为结果是由应用的系统决定的，如果系统没有改变，结果只是形式上的改变，实质内容并不会改变。因此，不仅要求确定关键的少数原因，且要科学确定质量问题原因之间的关联性，刨根问底，才能有效地将质量问题“一网打尽”。

在航天产品全寿命周期中追求“零缺陷”，强调“吃透技术、吃透状态、吃透规律”，对于实现任务一次成功至关重要。但是随着产品的种类和复杂度不断增加，质量与可靠性技术指标和使用要求不断提高，以及外部市场环境的变化，质量问题发生的可能性也不断增大。产生质量问题的原因涉及到设计、制造、工艺、操作、外协外购、试验、技术和管理等诸多方面，也存在为数不少的一因多果或一果多因的情况。为确保质量问题归零的彻底有效，航天人总结出“四查”法：偶发故障系统查，局部现象全局查，界限不清内部查，技术问题管理查。

质量问题归零的原则是：高标准、严要求，不缺项、无隐患。不能搞所谓的“局部归零”“视同归零”，应严格实行不归零不准转阶段，不归零不准出厂，不归零不准发射。当然，要保证发生的质量问题得到较快处理，应从管理流程入手进行归零工作优化，根据实际情况简化归零工作形式，并在明确归零的具体流程、方法和接口责任要求的基础上，建立型号质量问题快速响应机制，如首都航天机械公司建立的质量问题快速归零与举一反三的联动机制等，确保严格按照要求快速完成归零，进一步提高归零工作效率。归零报告的格式应根据实事求是的原则，不必机械地恪守条款，但在本质内容上应做到“三不放过”，即原因责任未查清不放过，整改落实措施不到位不放过，责任人未受到教育处理不放过。当然，对于管理归零中的“严肃处理”，既不能做表面文章，又不能过度处理，要讲求实效。

由于航天型号研制具有高可靠、高风险的特征，对于发现的所有质量问题都应当严格按规定要求施行归零，不留隐患，而在实际操作时可以分为一般性质量问题处理方法和严重性质量问题处理方法。一般性技术问题的处理方法主要是针对原因明显、责任清楚、后果不重、整改容易的质量问题，可以采用传统的关闭办法，即：对于零、部、组件等（包括自制件和采购产品）直接填写“不合格品处理单”；对在研制、试验、使用过程中发生的故障则要求及时记录并填写“FRACAS 表”，必要时通过纠正措施验证表来实现闭环管理。一般性管理问题的处理方法是针对质量问题发生的原因中存在管理因素但仅为次要原因，或者虽然是管理（含操作、使用等）原因为主，但引起的问题性质与后果不严重时，可不单独编写管理归零报告。管理方面的纠正措施可反映到技术归零报告或“不合格品处理单”“FRACAS 表”中，通过不合格管理程序、纠正和预防工作系统进行处理与追踪，达到管理归零的目的。

质量问题归零按照“双五条”标准逐项落实并形成技术归零或管理归零报告、相关的技术文件和管理文件，并且经过一定形式的认可，完成对质量问题的闭环处理以及适度的延伸。技术归零和管理归零都需要通过规定程序的评审来认定，其重点一是分析验证是否准确，获取的结果应具有唯一性，二是纠正措施和预防措施是否落实，实施的效果应具有正确性。需要注意的是，管理归零的成效有时候要较长时间才能体现，因为系统的改变和长效机制的建立和验证有一个滞后过程，不是立竿见影的。因此，通过了管理归零评审并不代表归零工作结束，应适时对管理归零工作效果进行确认与评价。

质量问题归零评审也一定要注意实质内容的把关，不能满足于开过评审会有结论意见就万事大吉了，而应根据会议要求和专家意见建议，对后续的工作和遗留的问题进行逐项落实并跟踪反馈。技术归零和管理归零评审可以视实际情况结合进行，评审形式也可以根据产品规模类型、问题严重程度采取会议、书面会签等形式。但型号研制中一旦出现造成型号飞行任务失败、严重影响进度和经费的重复性质量问题或人为责任质量问题，对这类问题的处理就应该依据“双五条”归零要求同时进行技术归零和管理归零，加严归零评审，管理归零评审与技术归零评审结合进行，并有明确的综合性评审结论。要建立质量问题归零工作的督办制度和定期清理制度，对归零工作的及时性、正确性和彻底性进行监督。

6.2.3 正确处理质量问题技术归零与管理归零的关系

质量问题归零工作必须克服“重技术归零，轻管理归零”的倾向，经过长期实践证明，航天型号产品研制过程中发生的大部分质量问题虽然表现为技术问题，但其背后深层次的原因往往还有管理问题。对这类质量问题，既要按实施要求和步骤开展好技术归零工作，更要认真开展好管理归零工作，绝不能以技术归零代替管理归零，也不能以管理归零代替技术归零。管理归零是对技术归零的由点到面、由表及里的延续，是彻底解决质量问题重复发生的基础和保证。这对提升企业产品质量及质量管理水平将起到很大的促进作用，尤其是为适应航天型号产品高密度研制生产的新常态和新要求，强化管理归零工作已成为提升质量管理水平的重要举措。

当人们提到质量问题管理归零，往往会首先想到是谁的责任、怎么处罚，这一点与质量问题技术归零不同，常常是有碍各单位深入分析管理原因的一个重要因素。管理归零不能推卸责任、隔靴搔痒，要实事求是。一方面管理归零是解决管理上的问题，单位的主要负责人和主管负责人必须给予足够的重视和支持，与此同时更要在一些问题归零中勇于承担相应的管理责任，起到积极的表率作用。另一方面管理归零不是要惩罚和贬低犯错的人，而是要正视错误的现实，挖掘犯错的根源。对“严肃处理”环节要采取多种方式，注重实效。依据质量问题性质及影响程度的不同，增加内部通报、问题曝光、警示教育、现身说法等处理方式，而不是一味进行经济处罚和行政处分，既不能做表面文章，又要防止“扩大化”处理，否则可能会影响员工主动暴露问题的积极性。

部分单位对管理归零工作认识不足，认为技术归零才是解决问题的根本，为此开展管理归零工作积极性、主动性不够，处于被动应付的局面。解决该问题的途径，一是加强管理归零工作的宣传和经验交流，提高对管理归零工作促进作用的认识，形成由下至上的归零工作组织模式，做到我要归零，而不是要我归零；二是应将管理归零工作纳入单位的科研生产计划，对归零工作的进展情况进行监督与考核，促进管理归零工作的正常开展。

管理归零要归到质量管理体系的文件及运行中去，归到制度、标准及执行中去，从根本上杜绝类似质量问题重复发生，这是管理归零的最终目的。而在归零工作中，往往只是在归零评审时对完善规章的操作情况进行评价，由于管理措施有效性并没有经过一段时间的验证，导致部分归零工作并未达到预期效果。管理归零通过评审并不代表归零工作的结束，更重要的应是确认归零工作切实达到了预期效果。因此，应建立健全管理归零工作实效确认与评价机制，定期对质量问题管理归零情况进行统计、分析，再次确认所制定的纠正和预防措施的有效性，并将其纳入本单位年度管理评审的输入中，作为质量管理体系评价的主要内容之一。

实践证明，大部分质量问题归零工作所取得的成效不仅体现在技术层面，更多是在管理层面，进而是在文化层面。航天企业通过实施质量问题管理归零使“可怕”的质量问题转变为“宝贵”的经验财富，通过实施管理归零也必将进一步完善质量管理模式，拓展质量管理思路，提升质量管理能力。当然，质量工作无止境，管理归零工作同样需要不断地去探索新的思路和方法，以更加全面、深入、系统地开展管理归零工作，促进企业管理提升和创新。

“双五条”归零要求是一个有机的整体，不仅各自本身存在内相关性，而且两者之间也有着必然的相互联系。如在技术方面出现质量问题，其背后往往隐藏着管理方面的质量问题：管理不规范，整改不到位；而有些管理方面的质量问题难以彻底解决，其原因与技术方面质量问题归零不到位也有关。因此，必须高度重视技术归零与管理归零紧密结合，深入挖掘造成技术问题的管理因素，筛查分析导致管理问题的技术障碍，形成两者互动，达到“1+1>2”的质量改进效果。

航天企业在长期的归零实践中建立了一套完善的归零实施原则和方法。对于技术归零的前 3 条和管理归零的前 2 条分别是通过各自角度分析定位问题的方法，而其后 2 条和后 3 条分别是从技术和管理层面根除或杜绝质量问题重复发生的措施。技术归零侧重于在技术上处理已发生的质量问题，管理归零侧重于通过个案分析，进而举一反三到带有普遍性的质量管理层面，达到治本的目的。特别要注意“机理清楚”不同于“过程清楚”，技术归零中的“机理清楚”是从技术上分析找到质量问题的位置和故障的机理，管理归零中的“过程清楚”是通过“定位准确”“机理清楚”分析，从每个相关环节上查找管理上的薄弱之处。同样，技术归零中的“措施有效”是在“定位准确”“机理清楚”的基础上制定出排故措施与计划，大都是局限于独立的或是延伸出的质量问题。而管理归零中的“措施落实”是针对此质量问题产生的管理缺陷制定并落实相应的纠正措施，两者之间的关注点是有差异的。但是有一点是两者的共同点，即这里的纠正措施不是就事论事地纠正发生的质量问题，而是着眼于消除引起质量问题的根本原因，而非表面症状。对于管理归零来说，还应在各个质量问题管理归零评审的基础上，对质量问题的管理因素进行系统综合分析，查找共性薄弱环节，发现系统性质量问题，并采取针对性措施，系统性地解决问题，整体性地提升预防能力，这是一种反向预防。

质量问题归零“双五条”要求经过长期实践，已广泛用于航天产品研制、生产、试验、服务和使用的全过程，成为处理航天产品全寿命周期出现的质量问题的“法”。当然，质量问题归零工作还需不断深化、实效化，只有完整准确地把握质量问题归零的精华与实质，才能更有效地开展归零工作。航天系统在执行质量问题归零“双五条”的过程中创造了很多实用性的方法，如有的单位通过对质量问题归零“双五条”要求的再认识和创新思考，提出体现质量问题归零核心价值、协同开展质量问题双归零的归零“七步法”，即通过问题识别、归零策划、原因查明、措施审查、效果验证、归零总结、持续改进7个工作步骤，构成一个完整的质量问题归零循环工作系统。以监测、分析和评价发现的质量问题为输入，以信息管理和故障报告系统、技术与资源和管理保障系统、组织的知识及管理系统、监视测量分析评价系统为支持和保障，通过实施“七步”工作，实现质量问题技术和管理的双归零，最终达到质量保证和改进的目的。

针对质量问题归零过程中暴露的许多深层问题，如对发生的质量问题如何既能够快速、准确地解决，又能够确保不再重复发生，航天型号的复杂性在归零工作上表现出明显的组织特征和工程系统性，使双归零标准缺乏对责任单位、责任人从组织文化上的要求和思想方法上的指导，不少单位和个人对归零的根本目标认识有差距，在归零工作机制的运行保证方面还有所欠缺等，航天科技集团一院与时俱进地提出了“眼睛向内、系统抓总、层层落实、回归基础、提升能力”的“新五条”归零原则。“新五条”原则既是一种文化管理，又是一种行动准则，更加强调了按系统工程规律办事，以实现系统目标为目的，快速彻底地解决问题。它既是保证“双五条”归零标准有效落实的条件和保障，又是对组织和个人归零工作的素养、能力和责任的要求，更是对“双五条”归零标准的补充、完善和升华。同时，它也是促进质量问题归零从“彻底解决问题”为主向“系统预防问题”为主转变的有效方式。

6.3 切实推行航天产品质量隐患防范管理

航天产品质量隐患防范是从航天工程实践中总结出来的质量管理手段和质量保证措施，为防范质量隐患和质量问题的发生提供了系统、规范的程序和方法。

6.3.1 航天产品质量隐患防范内涵

在航天型号研制生产中，人们对暴露出的各种质量问题或故障极为重视，千方百计进行“归零”，这当然是非常必要的，但实际上每一起质量故障或问题的背后，必然存在大量质量隐患。“海恩法则”指出，每一起严重事故的背后，必然有 29 次轻微事故和 300 起未遂先兆以及 1000 起事故隐患。这虽然是航空界关于安全飞行的法则，但就事故的发生是从量变到质变的结果来说，同样适用于航天质量故障。人们往往忽略了更重要的一点，暴露出的质量问题或故障通常是“冰山一角”，而大量潜在的质量隐患恰恰是“冰山暗礁”，这往往比已暴露出的质量问题更危险。最可怕的是人们思想层面的质量隐患，因为最大的障碍往往不在于人们对质量改进中的“冰山暗礁”缺乏了解，而在于人们潜意识中对此不以为然的顽固心态和犹豫不决的侥幸心理。而航天型号研制生产质量管理能力的提升，不仅在于解决质量问题的意识和能力，更在于对质量问题发生防患未然的意识和能力，航天质量管理重在系统预防。

质量问题归零重在事后的纠正措施，质量问题归零越彻底，同类质量问题再发生的可能性越小。而质量隐患防范是正向预防，重在事前的预防措施，质量隐患防范越到位，各类质量问题发生的可能性越小。质量问题归零的主要目标是杜绝重复性质量问题的发生，而质量隐患防范的主要目标是杜绝初始性质量问题的发生。回头看很多已归零的质量问题，其实绝大部分都是可以提前避免的，关键就在于对质量缺陷的零容忍态度和对质量隐患的系统防范。航天质量管理的重心应真正从“治标”为中心向“治本”为中心转变。质量问题归零主要是“治急病”，而质量隐患防范主要是“治未病”。

质量隐患是指可能造成质量问题的潜在危害或不期望因素，分为技术隐患和管理隐患两大类，技术隐患主要体现在设计、工艺、制造、元器件、原材料、软件等方面；管理隐患主要体现在组织、计划、人员、环境、规章、督查等方面，如图 6-4 所示。

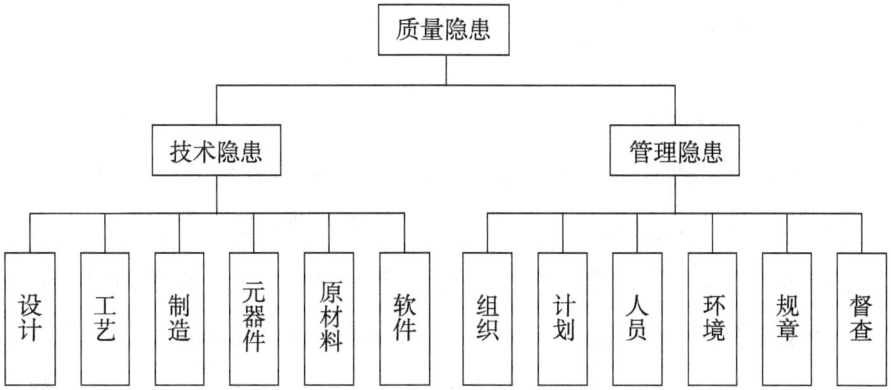

图 6-4　质量隐患分类

航天产品质量隐患防范主要是针对各种潜在的质量隐患进行预先防范，包括质量隐患技术防范和质量隐患管理防范，是将事先已定出明确的要求，而在为达到这些要求进行的质量管理和过程质量控制各环节中潜在的危害或不期望因素显性化，按照航天产品质量隐患防范准则，从源头上采取监控和处置措施，见微知著、防微杜渐，将质量问题解决在事发之前，或刚露出端倪之时，以进一步提高质量管理的整体效能，做到航天产品不带缺陷下线，不带故障出厂，不带疑点转场，不带隐患上天，确保一次成功。

6.3.2　航天产品质量隐患技术防范

航天产品质量隐患技术防范是指在产品研制生产的各个阶段，对由于技术原因形成的产品质量隐患进行防范管理。主要针对的是：可能造成产品研制生产进度延误、性能指标下降、经济损失严重的质量隐患；可能造成批次性产品报废、返修或元器件等不合格的质量隐患；可能造成大型试验失败或产品损坏的质量隐患；可能造成整机、单机、系统（分系统）交付使用后发生故障的质量隐患。

质量隐患技术防范必须遵循“吃透技术，明晰状态，全面借鉴，充分验证，风险可控”的准则逐项落实；其中，“吃透技术”是核心。

（1）“吃透技术”是指在航天产品研制生产全过程中，特别是在设计和初样源头，充分利用预研阶段取得的成果，为产品技术开发清除障碍；通过技术攻关及相关试验，尽早暴露问题，充分认识和把握产品内在固有本质。吃透任务需求，吃透航天产品设计、制造和试验所涉及的相关技术和质量标准，使之满足用户通过研制任务书或研制生产合同等对产品提出的特性要求，依靠设计、工艺优化的深入，实现设计、工艺的“零隐患”目标。吃透技术是建立在对产品功能原理和结构特点透彻了解的基础上，无论对自主创新的技术，还是对引进研仿的技术，都应在客观条件许可的情况下，尽最大可能进行实践或消化，全面认识产品并掌握技术。对新技术的认识，可以有一个过程，在研究的认知阶段也允许有反复，但在工程研制阶段就要杜绝反复，确保一次成功。开展对关键技术成熟度的分析与评价，通过专业培训、同行间交流等方式，不断提高航天产品研制生产的整体技术水平。在研制生产过程中，根据重大关键技术的难度，充分开展航天产品的特征研究、理论计算和数据分析，运用成熟、先进的技术与方法，按照相关标准、规范及技术管理制度的要求，将功能特性、可靠性、维修性、保障性、测试性、安全性和环境适应性等质量特性设计到产品当中，并提高产品的可制造性和可验证性。对于成熟技术，也要进行新环境、新条件的适用分析。

（2）“明晰状态”是指对航天产品研制生产全过程中的设计状态、工艺状态和试验状态进行有效控制。技术状态的确定，以满足产品全特性要求为基本依据，以明晰技术状态基线为基本要求。在产品研制生产的各个阶段进行严格的技术状态管理，做到项目完整、标识清楚、控制有效、记录准确、审核到位；认真开展设计、工艺评审，对已经过评审、审核或地面试验、飞行试验考核的技术状态予以相对固化，不得随意变动成熟的设计、工艺和测试状态；确需更改技术状态的，则必须遵循“论证充分，各方认可，试验验证，审批完备，落实到位”的原则。对难以通过各种试验验证的技术状态更改项目，进行深入的复核复算和对比分析。

（3）“全面借鉴”是指在航天产品研制生产全过程中，全面借鉴国内外同类产品技术发展的成功经验和失败教训，尤其是掌握尽可能多的故障案例并从中获取相关知识，有效防范类似问题的重复发生。从航天产品研制初期开始，对国内外同类产品在设计、工艺、试验等方面的成熟技术、方法及故障分析信息，进行充分的采集并借鉴；通过进一步计算分析、模拟仿真、综合判断，以及深入研究产品发展变化的规律后，反馈给本单位、本系统、本型号及相关领域。对设计指标的合理性、工艺方法的可操作性等进行有效辨识，对试验信息展开综合分析，以发现可能存在的质量隐患并把质量隐患作为设计、工艺优化的切入点，推进产品质量升级。通过对成熟技术的挖掘和成功产品的对比，提高产品设计、制造和试验水平，促进航天产品研制生产各阶段技术成熟度的提高。

（4）“充分验证”是指通过计算、对比、试验等技术方法对产品在使用过程中经历的所有环境及其影响进行识别和验证，从而实现完善设计、发现隐患、预防故障、保证产品固有质量特性的目标。首要的是把验证项目的充分性考虑周全，并根据设计需求，按照相应的标准和规范确定验证项目的依据、原则、基本内容、技术方法和审批程序，做到试验目的明确、验证方案可行、验证条件完备和评定标准合理。要在型号系统的各个层面以及研制的各相关阶段，对设计方案和方案改进开展理论分析和必要的试验验证；用于航天产品的新技术、新材料、新工艺等，必须经过充分的验证试验以证明其成熟性。通过对理论验证、仿真试验验证、可靠性试验验证、地面试验验证和飞行试验验证等系统性验证，以及生产过程符合性检验实施综合策划和管理，保证验证的指标与工程系统实际运行时可能遇到的各种状态保持一致，包括以极限工况、大范围拉偏试验来充分暴露产品的薄弱环节和可靠性短板，有效提高测试覆盖性和天地一致性。同时，要对验证中暴露的所有问题和疑点予以严格处置，防患于未然。

（5）“风险可控”是指通过对技术风险的识别、分析和处置管理，基于航天产品全寿命期控制技术风险，防止发生质量安全事故。事故预防的关键在于如何科学地识别风险，控制风险，从而将传统的事后处理转化为事前预防，保证产品质量与可靠性水平满足用户需求。无论是新研制型号还是成熟型号的改进，对产品研制生产过程中，尤其是初期的风险，在识别、评价的基础上，运用基于风险的技术手段和管理方法，筛查风险因子，表达预防措施概念。对所涉及的风险因素进行系统分析，应用规范的评估方法确定风险等级程度和控制要求，对于可能造成灾难性或严重损失的风险隐患必须杜绝；对需要通过试验暴露潜在的风险隐患，应设置强制检测点；对研制转阶段或生产转批产可能存在的风险隐患，应实施质量审查，制定风险处置措施，特别是事先制定应急处置方案，抓早抓小，有效降低或缓解设计、生产、试验和交付环节中的技术风险。

航天型号产品中潜伏的质量问题或隐患大多存在于未被充分认识的环节中，这就不可避免地带来各种技术风险。一次成功要求准确无误地实现预想的过程，并经过这个过程充分暴露存在的技术风险，且越早暴露越有利，每暴露一个问题就进行未来的风险分析并从源头上解决，就向成功迈进了一步。

对于质量隐患技术防范，必须从源头上采取措施根除隐患。技术风险作为一种特殊隐患，应对其加以重点防范，实现风险可控，否则往往会成为一次成功的“隐形杀手”。尤其对于涉及重大技术状态更改、重大质量技术问题处理以及难以测试和验证的不可重复过程和一次性使用的航天产品或项目，应严格按照相关标准要求，结合航天具体产品特点开展技术风险管理。

6.3.3 航天产品质量隐患管理防范

航天产品质量隐患管理防范是指在产品研制生产的各个阶段，对由于管理原因形成的产品质量隐患开展防范工作。主要针对的是：可能造成重复性质量问题发生的管理隐患，可能造成人为责任质量问题发生的管理隐患，可能造成技术状态管理失控的管理隐患，可能造成质量事故发生的管理漏洞或薄弱环节。

质量隐患管理防范必须按照“严细管理，落实职责，照章办事，督查有效，保障到位”的准则逐项落实；其中，“严细管理”是核心。

（1）“严细管理”是指按照质量管理体系要求，结合多品种、小批量生产的航天产品全特性、全寿命、全系统的质量管理要求，对每一件产品乃至每一个零件的质量与可靠性都提出明确的标准规范，其产品研制生产过程要求严上加严、细上加细地开展系统预防管理，而不仅仅是严格检验、细致复查。

航天产品质量问题往往发生在细节上。因此，每个环节都要实施严格的程序化管理和精细化管理。“细节成就品质”“细节决定成败”，这对航天人来说是不言而喻的。要抓好航天质量，必须把系统预防思想认识转变为常态化行为，航天质量就在平凡的点点滴滴的工作之中，航天质量产生于认认真真做好每一件事情之中，尤其是对细节的“苛求”应成为航天员工的职业习惯。零缺陷的产品来自于设计图中和生产线上的每一个环节和细节，真正的细节是体现在全体员工的工作作风上，精湛设计、精良制造、精准测试、精心服务、精细管理。要摈弃“大概”“估计”“可能”“差不多”的不良作风，遵循“100-1=0 而不是 99”的思想，关键在执行细节的落实。把握航天产品和工程的特点，着力管控关键环节和关键过程，确定并不断完善各类设计准则和试验要求，对工艺操作规程文件和规范加以细化、特别是详细制定并实施型号质量量化控制流程，并将目标设置和结果评价量化。

必须明确管理的质量指标项，如航天型号产品飞行试验成功率、产品一次验收合格率、质量事故和重大质量问题发生频次、产品质量损失率、质量成本与销售收入的比例、用户满意率等量化指标，分解这些指标并做到需求量化、流程量化、工作要求量化、过程记录及数据管理量化。同时，实施表格化管理，遵照航天产品研制生产程序设置质量控制点，并对设计、生产、试验、交付和保障服务全过程状况实施有效监控，准确统计数据，进行准时的程序衔接和正确的工作决策。明确管理工作流程并形成制度文件，精益求精地把管理做到一流，把产品做到极致，实现管理精细化、控制规范化、过程透明化、审批层次化。

（2）“落实职责”是指在各管理层建立明确的质量目标和职责，最高管理者必须负总责，并使之得到有效分解。确保各单位、各型号产品质量责任制的建立和不断完善，并真正落实到每一个环节、每一个岗位。各级、各类人员都应对质量职责和权限进行充分的沟通与确认并严格履行，做到责任体系配套、各级审查到位，消除由“责任真空”造成的隐患。要定期对质量职责的落实情况进行检查与考核，实行质量责任追究，同时通过激励机制，变“被动问责”为“主动自责”，把履行质量职责当作自尊心来维护，确保全员落实质量职责，特别是质量隐患防范责任的充分性、适应性和有效性，为持续改进质量提供组织保证。

（3）“照章办事”是指建立、健全科学合理的工作程序和规章制度，并使流程标准化，确保有章可循；严格遵循相关法规、标准和制度开展科研生产和质量管理活动，从高层做起，确保全员不折不扣照章办事的执行力，使法规、标准和制度成为对航天质量的硬约束。为有利于预防质量问题发生，及时细化、分解质量管理规章、制度，以通俗易记的方式将相关的规章制度明示化，形成满足各岗位所需的工作要求并使之得以严格执行；努力防止不规范行为的发生，坚决杜绝违反工作程序和标准的做法；对违章违纪现象及时果断查处。不断健全、完善质量规章体系，定期开展管理评审，对规章制度内容进行适时的调整与修改，从而确保规章制度的可操作性和时效性。

（4）“督查有效”是指建立、健全质量监督检查长效机制，关注其中的关键环节，保持督查的有效性。建立并完善内部监督与外部监督、技术监督与管理监督、舆论监督与专业监督相结合的质量监督体系。积极开展自查、互查、专查相结合的实时检查，把例行的事后质量复查转变为研制生产全过程中有计划、分阶段、全方位的正向确认，把事中事后的质量监督与过程质量确认互联互动，作为质量控制的重点要素来抓。对本单位质量方针、质量目标的落实状况以及产品的研制生产和质量情况等，通过现场巡查监管与参加各级质量分析会等相结合，进行定期的质量监督、审核；根据审核结果、产品数据分析，及时制定纠正和预防措施；对各类质量违规建立不同形态的质量监管预防机制，实现消除质量隐患、防止质量事故发生的目标，进而实现质量管理体系的有效运行和产品质量的持续改进。

（5）“保障到位”是指不断提高型号设计开发、生产制造、试验验证等方面的质量保证能力，提供满足产品技术和质量可靠性要求的相关基础设施和工作环境，夯实标准、计量、检验检测质量基础，保障资源落实到位。确定航天产品设计、生产、试验等岗位的职业需求，确保上岗人员具备相应的职业素质和能力，对直接影响产品质量的关键人员以及特殊工种，则须定期接受专门培训并按有关规定持证上岗。应充分发挥各类专家组、技术支撑机构的保障作用，尤其在质量隐患防范方面的指导把关。要从管理与技术结合的角度、从质量文化建设层面、从人力资源和基础条件建设投入上，采取综合保障措施并落实到位，促进系统预防的有效实施。

6.3.4 航天产品质量隐患防范的方法和程序

任何质量问题的发生都不是突然的，它必然有潜在根源及初期表现形式，而这常常容易被忽视。质量隐患与质量故障往往只有半步之遥，质量隐患防范稍一放松就有可能导致质量故障、事故的发生，犹如逆水行舟，不进则退。因此，要想有效扼制质量问题的发生，着力防范质量隐患必不可少，对已经显露出的苗头和倾向，要及时采取控制措施，防患于未然。

对于质量隐患防范，应当实施群体性防范和专业性防范相结合的系统化管理。各级有关单位和有关部门机构、各型号系统、各岗位人员，须明确质量隐患防范管理职责，并在广泛收集相关质量信息的基础上，遵循“隐患排查、隐患分析、隐患治理、隐患防范评审和隐患防范改进”5 个步骤，组织完成质量隐患防范闭环管理，并提供质量隐患防范报告，如图 6–5 所示。

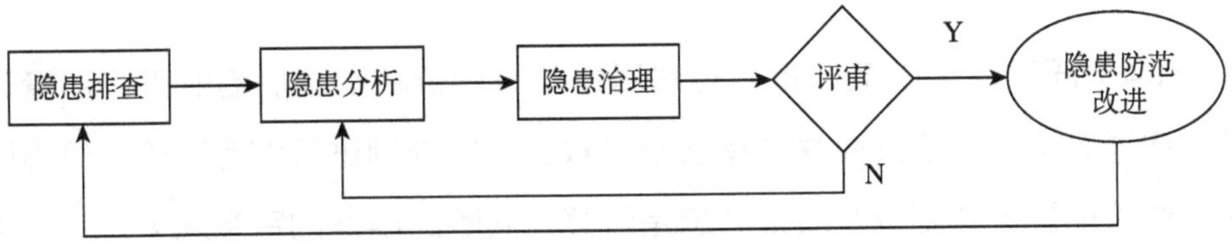

图 6–5　质量隐患防范闭环管理过程

上图中各管理步骤的工作内容有以下五方面。

（1）质量隐患排查是对航天产品系统各层面、各过程进行的系统梳理和逐一筛查，其根本目的在于及时揭示质量隐患。要依据包括使用条件、性能指标、关键参数和相关标准等在内的各项产品要求，对其功能原理或结构特点进行分析，预测潜在质量隐患。按照航天产品研制阶段、工作内容、产品层次划分，自下而上逐级对各产品、各过程的单元进行逐个考察识别和认定，不留隐患死角，这需要全系统的共同参与和各相关部门的通力合作。同时，以相同或相似产品曾发生过的质量问题为基础，分析、预判所有可能发生的质量问题，确定可能造成质量问题或质量事故的关键因素，并予以分级报告沟通。

（2）质量隐患分析是指采用 FTA、FMECA、建模和仿真等各种技术方法和手段，对由设计、生产、试验等过程排查出的质量隐患开展进一步分析，研判所有可能的末端致因，及其可能产生的后果，直到对系统产生的影响为止，并在找出技术成因的基础上进一步找出管理成因。判定可能出现的情况以及关键过程对最佳惯例（或预期目标）的偏离程度，经综合分析，确认每个质量隐患事项的危害性。

（3）质量隐患治理是指根据现有条件，结合航天产品研制的特点，分轻重缓急，对已排查出的潜在危害因素进行全面治理，尤其是对设计和工艺方面的潜在危害因素，应进行深入评估并采取有针对性的措施，对症下药，彻底消除隐患。对由于认识局限等而形成的可能造成严重灾难型或失效型后果的风险隐患，必须坚决杜绝，其他的则应采取严格的风险防范措施加以控制。

（4）质量隐患防范评审是指对质量隐患分析和治理后的航天产品管理进行逐项确认，并依据质量隐患防范“双五条”准则进行综合评价，给出质量隐患防范是否做到位及质量隐患是否真正消除的明确的审查意见。对于未能通过评审的质量隐患事项，则应重新进行质量隐患分析和治理。

（5）质量隐患防范改进是指在总结质量隐患防范案例的基础上，从系统预防质量文化层面进行反思和改进，通过教育培训进一步提高质量隐患防范意识和防范能力，并开始新一轮的质量隐患防范管理。

质量隐患分为一般质量隐患和重大质量隐患。责任单位完成质量隐患防范工作后，对一般质量隐患填写《质量隐患汇总表》，对于重大质量隐患则填写《质量隐患防范报告》，由航天型号指挥系统和设计师系统进行确认，并作为航天产品转阶段评审的输入。需要注意的是，将质量隐患分为一般质量隐患和重大质量隐患，仅仅是为了更利于高效处理，而它们在“零缺陷”和“一次成功”面前都是一样的“有缺陷”“没成功”。因没有重大质量隐患或质量问题（包括严重不合格等）就心安理得、高枕无忧是极其危险的，分等级不能成为我们对质量隐患防范或质量问题归零重视程度不同的一种借口。

依据航天产品质量策划及科研生产计划的要求，在研制和批生产阶段对关键控制节点展开排查，落实各阶段质量隐患防范工作。当产品按照研制程序转阶段时，要进行质量隐患防范评审；未完成质量隐患防范的，不得转入下一阶段。特殊情况下应当制订相应的应急预案，进行预警预报和跟踪监测，在确保质量隐患不影响当前研制生产任务的前提下，可将其作为遗留隐患处理。各航天产品在转阶段评审结论中，应对质量隐患防范的成效给出明确意见。

质量系统的核心在于预防。航天产品质量隐患的技术防范和管理防范是一项系统、规范、长期的工作，必须按标准、按程序持续、有效的开展，并充分利用各种质量管理、产品保证、技术风险控制的技术与方法作为支撑，融合进行系统预防。如在航天型号飞行试验通用放行准则的实践与管理过程中，应遵循质量隐患防范准则，并在实践中不断总结、完善、提高，将原则性的目标落到实处。

质量隐患防范首当其冲的是彻底摒弃“防不胜防”的消极情绪，特别需要的是决心和执行。要不断完善质量预防激励机制，质量隐患防范以正面引导为主，鼓励从内部及时揭示质量隐患，主动暴露质量隐患，提前采取防控措施。要将质量隐患防范工作作为各单位完成航天产品任务、实现质量目标的重要考核指标，对于在航天产品质量隐患防范工作中表现突出、成绩显著的单位和个人，给予奖励和表彰；对未按要求完成质量隐患防范工作的单位和个人予以教育和引导，对隐瞒不报质量隐患造成严重后果的则要严肃惩处，质量隐患决不能有丝毫隐瞒，否则后患无穷。通过航天产品质量隐患防范的深入开展，并与航天产品质量问题归零紧密结合，综合实施质量问题归零标准和质量隐患防范准则，对航天型号质量管理实效性具有决定性的作用，为全面提升航天产品质量和实现一次成功打下坚实的基础。

6.4 进一步加强航天型号产品保证工作

航天型号产品保证是为获得用户信任、履行承诺而采取系列行动的过程，是实现航天型号项目“一次成功”的重要基础。实施产品保证的目的是确保航天产品高效完成其规定的任务，对可能产生的缺陷、不合格、风险和故障进行控制，确保其产生的后果不会影响到人员、设备的安全和任务的完成。面对日益繁重的航天型号研制任务，必须进一步加强产品保证工作，重点抓好以下薄弱环节。

6.4.1 突出抓好产品保证大纲的制定和实施

航天型号产品保证工作主要是通过制定和实施产品保证大纲（计划）进行的，产品保证大纲是对顾客和相关方需求的分析、理解并转化成产品实现要求的纲领性文件，型号产品的所有文件都应在产品保证大纲的框架内展开。产品保证大纲是型号研制各环节产品的保证要求，是产品保证管理的重要文件，具有指令性、权威性和严肃性。制定产品保证大纲有利于管理型号质量与可靠性工作、活动，可反映承制方在型号研制中对质量与可靠性重视的程度，以及为实现型号质量与可靠性目标的保证能力，能评价承制方为实施和控制型号质量与可靠性工作所规定的各项程序是否合适。航天工业建立了一整套产品综合保证和专业保证大纲标准，并逐步建立了相应的管理和技术规范。全面、系统考虑型号产品研制生产全过程的质量管控要求，形成既能满足质量管理体系标准要求，又能满足型号研制需要的产品保证大纲是做好产品保证工作的基本前提，型号产品保证大纲必须建立在系统预防的基础上。

编制产品保证大纲，其依据、内容和程序应严格按相关标准执行，应从特定产品的实际需要出发确定适应具体情况的质量与可靠性活动，形成文件。对于具体型号产品保证大纲，在方案阶段，型号总体单位首先编制方案阶段的产品保证大纲，再根据初样研制的特点对方案阶段的型号产品保证大纲有关内容进行修改、完善、形成初样产品保证大纲。型号进入正样研制阶段前，应根据型号正样研制特点和发射场质量工作要求对初样产品保证大纲内容进行修改完善，形成正样产品保证大纲。分系统或设备级的产品研制可根据系统级产品保证大纲，由分系统或设备研制单位针对分系统或设备研制的具体要求，有针对性地编制相应的分系统或设备级产品保证大纲或实施细则。各分系统和设备级产品保证实施细则内容应具体、可操作并与产品保证大纲要求相协调。型号产品保证大纲应确定型号产品研制各环节的产品保证要求，其内容应对大纲执行情况的检查和考核等作出规定，提出对各阶段可能出现的问题或故障的预防措施及检查方法。

航天型号产品保证大纲可以根据不同对象编写不同的版本，但内容必须协调一致，顾客、供方以及组织内部等方面的保证内客可以各有侧重。产品保证经理组织编写型号产品保证大纲时，应征求顾客和供方的意见并完善后再组织评审和报批，尤其在编制型号产品专业保证大纲中，要搞清并确定顾客需求和对质量问题的预防与管理。明确需求就是明确顾客对产品提出的功能、性能及其指标要求，包括已经确定的、还需进一步确定的要求；明确这些功能、性能及其指标的由来以及调整、变化和变更原因及其过程；明确顾客对这些功能、性能的未来要求和愿望，并根据每个型号产品或工程的特点，有的放矢地变成量化的以及可操作、可实施和可检查的要求，不仅强调“应该怎么做”，而且细化到“具体做什么”，并反映在“产品保证大纲”中。

对质量问题的预防和管理，要求以产品保证经理为首的产品保证工作组掌握丰富的相关质量问题预防资源，对类似项目已经发生过的质量问题心中有数，对潜在的质量隐患和风险进行充分预想，对应对措施和方法进行系统策划，形成完善的产品保证大纲及相关文件并逐层分解，落实在具体制度和行动项目上，落实在产品实现的全部过程中。在产品保证大纲涉及的内容中，尤其对“关”（关键产品）、“重”（重要特性）、“难”（难点技术）、“弱”（薄弱环节）、“短”（短线保障）更应加强产品实现策划和产品保证策划。

产品保证大纲编制后，由型号总指挥授权组成一个有关部门代表参加的评审小组对大纲进行评审，并由型号两总批准。在合同环境下，将大纲提交给用户认可。并在型号工程研制阶段之前完成大纲的编制、评审和认可。具体型号产品保证大纲是动态性的文件，应根据产品要求的变化及时更改，并且在具体的实践活动中不断加以完善和改进。产品保证大纲也是受控文件，应按本单位质量管理体系文件控制程序进行控制。研制生产过程中要严格执行产品保证大纲，工作项目要纳入研制计划，在时间、经费方面给予落实，提供资源和服务，并建立产品保证专家支持系统，对产品保证大纲的实施进行监督检查，包括现场检查、内部审核、评审、审查提供的产品保证报告等。型号产品保证大纲的执行应贯穿于型号各研制阶段，并落实到每个团队和个人。实践证明，航天型号研制、试验飞行任务的成功完成，就是对型号产品保证大纲有效性的实际检验。

6.4.2 突出抓好产品保证管理与质量管理体系运行协调配合

航天系统的质量管理理念“单位抓体系、型号抓大纲”，并不是搞“两张皮”，而是对质量管理矩阵的高度概括。单位抓体系就是行政领导，尤其是一把手，要突出抓航天质量管理体系建设，抓好规章制度，建设好型号研制生产的质量平台，并且推动质量执行力的提高，高质量地运行好质量管理体系；型号抓大纲就是型号两总系统要组织制定并全力执行产品保证大纲要求，通过产品保证管理，全面完成系列大纲明确的任务。质量管理体系为质量管理和产品保证提供了一个基础和平台。其中，产品保证是针对特定任务的个性化和量化的质量要求，质量管理为产品过程质量控制提供通用要求，产品保证为产品质量控制提供具体的依据，过程质量控制是确保产品要求得到落实的具体证实，两者在质量管理体系统一约束和支持下，紧紧围绕系统预防相互支撑。组织层面的质量管理体系运行和项目层面的产品保证管理的有机结合、协调配合是航天研制任务一次成功的重要保证，任何“重产保、轻体系”或“重体系、轻产保”的思想都是不可取的。

航天型号产品保证与质量管理体系的区别主要在于，前者是根据顾客提出的产品保证要求，通过型号项目或产品的一系列有计划的技术和管理活动，保证提供顾客满意的产品；后者是根据质量管理体系标准要求，通过组织的PDCA质量管理运行，证实有能力稳定提供满足顾客要求的产品。两者的总目标是一致的，都是要提高产品质量。航天型号质量管理的重要特点是在质量管理体系基础上，对产品实现过程的控制应考虑实施产品保证管理，即建立质量管理体系与产品保证模式相结合的、并形成互动关系的航天质量管理模式，这是由航天产品的复杂性和风险性决定的。

型号质量管理中存在的一些问题，如设计质量存在薄弱环节，系统级的可靠性工作跟不上，专业队伍和专业能力不足，供方产品质量问题频发，针对产品的保证工作不够系统等，这对确保航天型号稳定可靠、一次成功是非常不利的。有效运行的质量管理体系是实施产品保证的基础和依据，其重要表征是各型号产品保证要求的充分、有效落实。质量管理体系的范围包括该单位研制、生产的各种产品及实现过程，型号产品保证系统的对象是某一个型号产品，涉及该型号研制、生产的全过程，跨多个单位；各型号参与单位可能只涉及型号产品形成过程的某些阶段和过程，这需要各单位质量管理体系都有效运行。由于不同型号的要求差异可能很大，需要各型号产品保证对质量管理体系要求进行具体补充。

产品保证是产品实现、项目管理的核心，但它并不赋予任何人与质量管理体系要求相矛盾的任何职责，即使是技术活动在程序和形式上也要服从质量管理体系的约束。很重要的一个区别在于，产品保证不能仅仅停留于管理程序和形式上的把关，而且要对过程的技术内容进行控制和把关，是形式和内容的结合。值得一提的是，产品保证模式与质量管理原则是完全一致的。“保证”的含义首先是对用户保证，按照用户要求的办法对项目进行与技术相结合的管理，以提供足够的信任，体现的正是“以用户为关注焦点”。“以用户为关注焦点”不是单纯的“满足用户需要”，它包含了满足用户需要的过程和过程方法，了解用户的关注重点和潜在需要，并将企业对产品质量要求的理解与用户相互交流，最终达到“增强用户满意”的目的。因此，既要强化质量管理体系对产品保证的基础作用，又要强化产品保证对质量管理体系的补充提高作用。

要结合质量管理体系的产品实现策划要求做好产品保证策划工作，型号产品保证应该在组织的质量管理体系基础上，结合产品要求和项目组织特点重点抓方案设计和初样设计过程中的各项产品保证活动。实施产品保证工作的核心是技术风险的识别与控制，基础是科学配套的产品保证标准和严谨的产品保证文件体系，关键是建设专业化的产品保证队伍。产品保证体系不是独立于组织质量管理体系以外的新体系，而是给质量管理体系赋予产品保证的具体内涵，给产品研制体系赋予产品保证思想，从人员组织到体系运行都以项目产品符合要求为核心，以保证和促进产品实现为目的，以调动参与者积极性为手段，使与具体型号项目融通的质量管理体系或型号产品保证体系处于高效的良性运行状态。

型号产品保证管理与质量管理体系运行的协调主要由质量部门负责，即质量部门既要负责以质量管理体系为核心的综合质量管理，又要负责以项目管理背景的产品保证管理。这种模式最大的好处是，由质量专业人员行使型号质量管理职责，管理行为更加规范化、专业化，管理水平更容易提高；各型号的质量管理人员出自同一机构，有利于各型号质量管理之间的统一性，也有利于型号质量管理经验教训的相互借鉴。通过质量部门的协调，加强对型号质量主管的指导和必要的约束，加大对型号的质量管理的技术支持的力度，使得型号队伍内质量的声音更强，研制更规范，产品保证得到更深入的开展。

产品保证体系必须充分肯定质量管理体系的基础作用，并与质量管理体系相互结合;必须通过型号产品把质量管理体系要求具体化,具体落实到产品规范、技术要求、研制方案等型号技术文件中，应结合产品保证大纲要求做好质量管理体系内审工作，并按照产品保证要求全方位提高质量管理体系运行的实际效果和效率，从而实现产品保证和质量管理体系水平的共同提高。

对于型号产品保证的有益做法，应及时进行总结、提炼和升华，并纳入到质量管理体系中去，使体系运行更有效。产品保证体系可以结合产品特性和项目团队特点在信息沟通、相关方的友好界面、财务管理与成本控制、质量问题的人性化管理、风险的回避和控制等许多方面提高质量管理体系水平，并及时得到持续改进；质量管理体系也可以在管理的系统性、制度化和规范化等方面对产品保证予以完善和补充。

6.4.3 突出抓好产品质量与可靠性保证的系统化管理

航天产品高质量、高可靠是成功的关键，质量保证与可靠性保证是航天型号产品保证的核心和基础。用户对产品的满意性不仅表现在其性能上，更重要的是表现在产品使用过程中是否发生故障，也就是产品合格性能的长时间保持能力，这就需要有效的质量保证和可靠性保证。这方面的问题主要反映在产品质量与可靠性保证管理系统性不够强，因此，必须加强对型号质量与可靠性保证工作的系统化管理。要全面策划、重点控制、注重细节、早期投入，建立健全型号质量与可靠性保证工作制度，规定各职能部门的质量与可靠性职责；建立型号质量与可靠性工作系统；根据具体型号的质量与可靠性目标制定质量与可靠性保证大纲，规定相关工作项目，制定具体措施和具体的工作计划；及时全面地获取信息，以监督质量与可靠性保证工作的进展；建立质量与可靠性数据库，动态分析和评价产品质量与可靠性状况，制定改进措施。

梁思礼院士曾说过：“导弹的质量和可靠性首先是设计出来的、生产出来的，最终是管理出来的。而不是试验出来的，也不是统计和分析出来的。”生产是百分之百地实现设计，试验是验证设计的正确性、暴露设计中的错误、问题与薄弱环节，而管理是保证质量与可靠性目标的实现。要从组织、流程、制度、方法、标准、队伍、条件等方面建立质量与可靠性保证管理总体框架，以对质量问题、故障和风险的防范工作为重点，系统开展质量保证管理和可靠性保证管理。

质量保证是在质量管理体系中实施的活动，是质量管理的一部分，致力于提供质量要求会得到满足的信任。也就是说，质量保证依赖于质量管理体系的建立和运行。因为质量管理体系将所有影响质量的因素，包括技术管理和人员管理，都采取了有效的控制措施，因而具有减少、消除，特别是预防不合格品的机制，即具有持续稳定地满足规定质量要求的能力。

质量保证是一种有目的、有计划、有系统的活动。通过质量保证活动的开展，有利于组织的质量方针和目标及长远效益的实现。质量保证分为内部质量保证和外部质量保证。内部质量保证是在组织内部向各层次管理者提供足够的信任；外部质量保证是在合同或其他情况下，向顾客以及第三方、上级主管部门等其他各方提供足够的信任，外部质量保证是建立在内部质量保证基础上的。

只有当质量要求全面和正确地反映了顾客要求，质量保证才能够提供足够的信任。因此，要根据质量要求策划和管理好质量保证活动，包括与质量控制相关联的某些活动。要特别注意各项活动相互之间的关系，以保证各项活动相互协调；同时，应根据需要对质量保证活动进行证实，确保质量保证活动的有效性。

产品可靠性保证工作必须提供所需要的支撑性技术，开展可靠性设计准则体系建设，促进航天产品设计由主要关注功能、性能设计向重点消除和控制故障模式的可靠性设计方面转变。要深入开展故障模式影响分析（FMEA），抗力学环境设计、热设计、电磁兼容性设计、静电防护设计、抗辐射设计、裕度设计，元器件选用和可靠性试验验证充分性分析工作，认真做好新技术、新材料、新工艺、新状态的风险分析等项工作，确保型号可靠性基本工作项目得到贯彻实施，并保证其有效性。型号应确保产品可靠性增长试验和验证工作的有效性。新设计或技术状态有重大更改的产品应通过增长试验尽早暴露产品薄弱环节，采取有针对性的措施，实现可靠性增长。可靠性分析验证工作应做到科学、系统、可信；可靠性试验验证应适应航天产品小批量、小样本的特点，尽可能采用计量型试验方案，提高试验效益，切实保证型号可靠性试验验证的适宜性、充分性和有效性。

做好产品可靠性保证工作必须不断提高可靠性工作能力。可靠性工作能力不但包括可靠性技术应用能力、可靠性试验能力、可靠性保障条件等内容，还包括全体员工的可靠性意识，可靠性管理工作落实的程度，更包括一大批能够熟练进行可靠性设计、试验和验证等工作的工程技术人员。要提升可靠性工作能力，就要系统地从各个方面对各级各类人员开展可靠性宣传、教育、培训和实践，树立正确的航天可靠性工作理念，特别要在提高技术实现手段的同时，提高工程技术人员的可靠性意识；在提高可靠性设计和试验技术的同时，提高可靠性验证和检测能力；在提高可靠性技术水平的同时，提高可靠性管理水平。提升可靠性工作能力不能单纯强调可靠性专业机构的作用，这样很容易忽略群体性可靠性工作的作用和意义。只有整个航天系统的可靠性专业技术队伍、单位紧密结合，可靠性专业队伍与可靠性管理工作队伍紧密结合，可靠性专业组织与科研生产一线的研制人员紧密结合，才能真正使可靠性工作落实到型号工程实践中去，才能全面提高航天产品的可靠性水平。

突出抓好产品质量与可靠性保证的系统化管理，其影响和益处涉及航天型号研制生产的方方面面。如 20 世纪 90 年代航天系统开始实施元器件“五统一”管理，一直是元器件质量管理的核心部分，但随着航天型号元器件质量控制与可靠性保障的不断深化，航天系统在最初的“五统一”管理基础上进一步丰富发展和完善，将元器件全过程质量与可靠性保证的重要环节归纳为新的“五统一”管理，即统一需求规划、统一评价认定、统一选用管理、统一组织采购、统一质量保证。并从五个方面提出了 19 条措施。这实际上更加突出了新增的前两项，表明元器件质量管理必须从源头抓起；同时，也更加明确了要“统一质量保证”，强调元器件质量管理要全过程控制。新的“五统一”管理进一步强化了型号元器件质量与可靠性保证的系统化管理，提升了型号元器件的保障能力，是从源头和根本上系统解决航天关键元器件自主可控问题的重要措施。

6.5 全面实施航天质量成本管理

质量成本是指将产品质量保持在符合要求的质量水平上所需的费用，是为了确保满意的质量而发生的费用以及没有达到满意的质量所造成的损失费用之和。质量成本管理，顾名思义，是质量管理与成本管理相结合的产物，也是对与质量相关的成本进行管理的一种应用管理技术。为了满足顾客的需要和期望，并保护国家和企业的利益，航天企业必须有计划、有效率地利用可获得的技术、人力、物资等资源，在考虑利益、成本和风险的基础上，对质量加以控制并使质量效益最佳化。

6.5.1 航天质量成本核算和分析

航天企业开展的质量成本管理工作，是在质量管理体系的结构框架下，结合航天型号产品特点、型号工程技术和企业经营管理等技术经济因素，主要针对各种航天型号产品开展质量成本数据的采集、归集、统计、核算和分析工作。航天企业将质量成本核算和分析纳入企业财务核算和质量管理工作中，努力降低质量损失成本，提高产品质量和企业经营绩效。现行的质量成本核算和分析工作，通常依据 GJB 5423 来进行。

航天企业要有效地控制质量成本，一个关键的环节就是要对产品的质量成本进行准确的核算和估量，质量成本核算是指识别、采集产品制造、销售和售后整个生命周期内发生的质量成本费用，使用财务会计或统计的方法进行处理，用货币量形式反映产品质量状况的活动。质量成本核算为航天企业进行质量预测、制定质量成本计划、实施质量成本控制提供数据支撑。通过质量成本核算，得到航天企业真实的质量成本数据，为开展质量成本分析、编制质量成本报告和进行质量成本考核提供资料和重要依据。

航天企业质量成本科目的设置通常借鉴采用 GJB 5423 的分类方法，将质量成本科目设置为三级科目，一级科目为质量成本，二级科目为预防成本、鉴定成本、内部损失成本、外部损失成本和外部质量保证成本，三级科目则通常是结合企业的自身实际情况，针对二级科目进一步分解展开的子科目。以下是航天企业设置二级科目时通常会涉及到的项目。

预防成本是指为预防产品质量不能获得顾客满意所支付的费用。一般包括：合同评审费、设计质量控制费、采购质量控制费、生产质量控制费、成品质量控制费、售后服务费、质量改进费、质量管理费、质量奖励费、工资费。

鉴定成本是指为鉴别评价产品是否符合规定的质量标准而进行必要的检查、检验或试验所支付的费用。一般包括：进货检验费、工序检验费、成品检验费、交付检验费、安装检验费、检验验证试验和测量设备费、工资费。

内部损失成本是指产品在企业内部生产过程中由于未达到规定的质量要求所造成的损失费用。一般包括：进货损失、废品损失、返工和返修损失、降级损失、停工损失。

外部损失成本是指产品在交付用户使用后不能满足顾客质量要求所造成的损失。一般包括：索赔费、退货损失、降价损失、保修费。

外部质量保证成本是指根据顾客要求，组织向顾客提供证实质量保证能力所发生的费用，包括顾客附加要求的或特殊的质量保证措施、程序、数据、证实试验和评定的费用。一般包括：质量保证措施费、产品质量证实试验和评定费、质量认证费。

航天企业按三级科目对航天型号产品发生的质量成本开支进行采集、归集和核算，根据质量成本分析工作的实际需要，选择应用 GJB 5423 中的质量成本指标分析法、质量成本趋势分析法、质量成本排列图分析法等方法对质量成本数据进行分析，找出影响产品质量的关键因素和质量管理的薄弱环节并加以改进，促进质量管理体系持续有效运行。

虽然航天企业开展的上述工作，还只是质量成本管理中的一部分，但正是通过最基础的质量成本核算和分析工作，使高层管理者对本企业实际发生的质量成本开支有了具体的数值概念，在一定程度上促进高层管理者对质量成本工作的重视，推进了质量成本管理工作的开展，取得一定的效果。但客观来说，航天企业质量成本管理工作是不系统、不全面的，仅进行质量成本核算和分析工作是远远不够的，应当对质量成本开展全方位的管理工作，否则，系统预防质量管理工作难以从根本上取得实效，质量成本管理最终也只会有名无实。

6.5.2 完善航天质量成本管理理念、模式和方法

在以往的工作中，更多地是通过传统的质量指标评价航天企业质量管理和产品质量，然而质量不仅是一个技术性概念，还是一个经济性概念。质量成本是质量经济性的表现，是航天质量管理理论的重要组成部分，是衡量航天质量管理活动经济性的手段，是评价质量管理体系有效性的一个重要因素。通过传统质量指标评价和质量成本指标评价的双重评价，更能够确保质量评价的准确性。对质量成本及其管理的重视和研究，是航天企业发现薄弱环节，挖掘潜力，改进质量的重要途径和经常性的任务，持续改进质量的结果自然是持续降低成本。

航天质量成本管理是企业对产品质量不符合要求所引起的非增值活动和浪费行为进行识别和量化，多层次全方位对质量成本进行管理的行为。在型号任务不断增加，市场竞争日趋激烈的形势下，航天企业必须摒弃反复的不增值活动，力求第一次就把事情做对，每一次都把事情做成。

航天质量成本管理主要包括以下内容：建立企业质量成本管理的组织体

系，制定企业的质量成本责任制度，设置具有本企业特色的质量成本科目体系，开展质量成本管理预测、决策、计划、实施、控制、核算、分析、考核、评价和改进等日常管理工作。航天企业最高管理者对质量成本管理工作的重视和支持是质量成本管理工作能否顺利开展并取得实效的重要保证，对质量成本发生过程实施自下而上的有效控制是质量成本管理的重点，对质量成本进行核算和分析是质量成本管理的重要基础，将质量成本管理工作纳入现代企业管理系统之内，并对其进行考核和评价是质量成本管理体系有效运行的有力保障。

有效的航天工业质量管理除了对航天产品和服务本身的质量管控外，还需要对质量成本进行系统、全面的管理。有效的质量成本管理对质量改进过程本身就是一种很有意义的良性手段，而不仅仅是削减成本的工具。当然，由于航天型号研制生产创新性很强，不确定因素较多，其质量成本管理难度相对来说也较大。

长期以来，一些航天企业只注重确保型号飞行试验成功，对质量成本把控不严，导致对质量经济性的忽视。型号研制内部质量往往是通过一个好的“检验屏”将缺陷留在了企业内部以展现出较高的外部质量，因而质量成本很高，其原因并不是由于预防性活动过多引起，而基本上都是由于技术能力或管理水平所限造成的不增值活动引起。如各种质量问题的频繁发生，纠正或解决这些问题会带来高额成本。伴随着市场经济体制的完善和市场竞争机制的引入，航天企业出于国家利益和自身发展要求的综合考虑，认识到质量效益的重要性，在建立质量管理体系的框架下尝试开展质量成本管理工作，取得了一些效果，但仍存在以下不足之处。

（1）航天企业开展质量成本管理工作最大的问题在于，工作内容过于狭隘，仅限于对发生的质量成本开支进行粗略的统计和简单的分析，而这些工作只是对质量成本的事后控制，缺少质量成本预测，没有制定相应的质量成本计划，没有按计划组织对质量成本实施管理控制，更没有对质量成本目标完成情况进行考核和评价，故而质量成本管理是不完整的。

（2）有些航天企业现行的质量成本核算方法过于粗糙，没有设置详尽的质量成本三级科目，仅根据质量成本二级科目开支内容，由相关部门每年度对发生的质量成本相关费用进行汇总、统计，由财务部门统一归集、核算。这种方法最大的缺陷在于采集的质量损失成本数据缺乏科学依据，由于各部门上报的质量成本数据严重滞后于质量成本发生的时间，且通过手工收集和统计往往存在缺项漏项的风险，统计源头不规范，统计口径不一致，特别是有许多间接的质量损失成本根本就没有计入，造成最终核算出来的质量成本数据严重失真，以此数据进行质量成本分析甚至会得出相反的结论，误导了质量改进的方向，给企业造成不必要的损失。

（3）航天企业质量成本分析工作往往仅限于对年度发生的质量成本数据进行质量成本指标分析，而对质量成本管理缺乏必要的动态监控机制，质量成本管理工作是否能取得预期效果，如何评价质量成本管理体系运行是否有效，都还存在很多未知因素，即缺乏对质量成本管理体系运行效率进行综合分析评价。

航天企业质量成本控制有其自身的特殊性，尤其是航天型号飞行任务失败造成的质量损失往往难以估量。因此质量成本管理体系要取得实效，必须与航天科研生产经营开发实际密切结合。当前航天质量成本管理需要从以下方面加以改进：

（1）树立新的质量成本观。对航天来说，新的质量成本观有三层含义：

一是从顾客需求出发，优化设计流程，降低质量成本。产品的质量和成本主要是设计出来的，这个设计包括结构设计和工艺设计。有资料统计数据表明，产品的设计开发成本虽然仅占总成本的 10%~15%，但决定了总成本的 70%~80%，设计阶段对最终产品质量和成本的影响巨大，因此，质量成本管理的重心要前移。传统观念认为，航天型号成功率越高，质量成本也越高。其实不然，对航天复杂产品来说，纠正同样的质量缺陷，质量损失成本却是随着产品设计、生产、试验、交付使用等不同阶段而剧增的，尤其是纠正设计中的缺陷，其质量损失成本是随研制进程不断提高的。设计质量可以通过质量成本来衡量，由于设计差错引起的质量损失可以通过重复做这些工作而需要花费的金钱来衡量。有的设计问题有可能到交付使用时才暴露，而整个链条上由此所产生的损失都应统计在内，毫无疑问，这种损失是巨大的，由此也可看出从系统预防入手抓产品设计源头质量的重要性。从源头抓起，重心前移，进行及时有效的设计优化和流程改进，省钱省力。而一定的预防成本、鉴定成本是必不可少的，而且越是早期越需要及时投入。

二是质量与成本既有对立的一面，又有统一的一面。坚持“国家利益高于一切”并不等于“不讲任何成本”，“重成功”并不等于可以“轻成本”。但反过来，讲成本不能以最低质量成本作为决策目标，而应始终以顾客满意的质量水平作为质量成本决策出发点和终点。在市场经济环境下，更应强调的是统一的一面，即在一次成功的前提下，实现质量和成本的高度统一，从而追求质量效益最大化。在现代企业管理中，衡量航天质量的有效方法就是看其所花费的不满足顾客需求的质量成本，即所有的质量损失成本，包括由于顾客不满意所产生的无形损失。强调不惜代价保成功，只是表示一种克服困难保成功的决心，而绝不是包含无谓的损失和不应付出的代价，也不能成为质量管理因循守旧、不思改进的托词。

三是质量控制方式对质量损失产生重要影响：事后控制，已经形成损失；事中控制，及时制止损失；事前控制，有效预防损失。当然，事中和事前控制必然增加一定的预防成本，包括为满足顾客需求所花费的调研成本和客户关系维护费用等，但预防成本，如开展质量隐患防范的费用等，一般也是产品质量成本占比中最小的部分，且它能避免付出不必要的、昂贵的损失。一次成功系统预防管理使质量损失降到最低，使预防成本保持在合理的范围内进而使质量总成本更低，从实践中探索并形成的良性循环为：加大预防投入→质量隐患治理→质量问题减少→质量损失减小→质量成本降低→顾客满意度提高→企业绩效改善，更高的质量常常意味着更低的成本。因此，正确的质量成本管理思想是：质量损失代价昂贵；以系统预防管理为引导；预防成本远比质量损失成本小得多。

另外，高质量会导致更好地利用资源，使用设备和材料等，总成本会更低。高质量会提高产品的市场占有率，给企业带来巨大的收益等。需要指出的是，过分强调低成本也是不可取的，航天质量成本管理的目的并不是为降低成本而降低成本，应把重点转向质量成本与质量效益最优组合的战略成本管理，即从航天发展战略角度来研究与实施质量成本的形成与控制。如在特定的时期和环境下，实现航天特殊产品的快速响应要比降低成本重要得多；在航天高技术领域中，因市场需求实现产品的新增功能或许要比控制成本更为重要。因此，提升综合质量效益，聚焦于创造价值最大化才是最重要的。从这个意义上讲，最适宜的航天质量水平是满足国家利益和顾客需求的质量水平。在产品的设计开发阶段，为避免系统性质量损失成本的发生，必须尽力设计能满足目标成本要求，且具有市场竞争力的产品。此外，人为的主观动因也应是驱动质量成本管理改进的一个重要因素，比如员工的质量意识、综合素质、责任感、行为方式等都在无形中影响着质量成本，这也应作为主动改进的战略成本管理来考虑。

（2）完善质量成本管理体系。质量成本管理由策划、执行和检查三个有机联系的阶段组成，以实现对质量成本事前、事中、事后控制的协调和闭环管理。事前控制即按质量形成的全过程，事先确定控制的标准，按质量成本计划所制定的目标为控制的依据，分别落实到单位和部门；事中控制即按质量形成的全过程，对日常发生的费用对照计划进行检查对比，以便发现问题，采取措施，这是监督控制质量形成的重点和有效的控制手段；事后控制即查明实际质量成本偏离目标的问题和原因，在此基础上提出切实可行的改进措施，以便为下一个计划改进质量，进一步降低成本提供决策依据。

航天企业目前对质量成本管理的理解还不够全面，质量成本管理的实施还不够到位，并不同程度地游离于现行管理系统之外，没有引起最高管理层的足够注意。今后应当从顶层对质量成本管理体系进行重新规划设计，一方面将质量成本的统计分析工作与企业财务体系有效结合，使质量成本数据成为企业经营过程中实实在在的财务数据；另一方面要改变“质量成本仅仅是会计帐目”的传统理念，强调各个部门的共同参与，细化流程，从预测、决策、计划、控制、核算、分析、考核、评价等方面全方位开展质量成本管理工作，把它作为促进企业质量管理持续改进的系统和绩效衡量的工具。质量上的持续改进其实就意味着质量成本管理体系的有效运行。

（3）优化质量成本核算方法。真实准确地核算出企业实际发生的质量成本数据有利于企业进行质量改进从而提升质量水平，有利于企业科学开展下一阶段的质量成本预测、决策、计划等质量成本管理工作。企业要想准确收集各项质量成本开支费用，需要基于质量活动流程、企业信息化手段，建立并运用有效的质量成本信息获取渠道，强调质量成本基础数据与产品研制和质量活动的关联，建立一套科学、高效的核算方法。根据质量成本二级科目的范围，预防成本、鉴定成本、外部质量保证成本，由于具有在相应的质量活动结束后就可以从财务报销数据中直接提取信息的特点，利用企业信息化技术即可以实现对这三项质量保证成本数据的可靠、实时、动态、高效采集；内部损失和外部损失这两项质量损失成本，由于核算工作涉及到研制生产过程的返工、返修工序，以及质量问题归零处理等，涉及到各道工序的工时、材料价格、数量，涉及到设备的折旧费、使用费等，核算方法比较复杂，需要从质量活动的角度针对性地开展研究，改进质量损失成本核算方法。

（4）强化质量成本管理对解决问题的实效性。应改变单纯财务角度的质量成本分析方式，改变宏观的质量成本按半年度或全年度汇总的方式。因为航天质量成本管理从本质上是作为高层管理者的决策工具而生成的，其目的是要通过对质量成本科目的研究分析，找出发生质量费用的项目和产生质量损失的原因，认识质量瓶颈；同时要考虑把成功与质量改进活动联系在一起研究质量成本，得出因改进过程质量、提高过程效率带来的收益，用货币形式综合反映企业质量活动及其结果，得出企业质量管理能力状况和成本效益效果，为质量改进工作提供依据。因此，各级管理者和航天员工都应在日常的科研生产活动中按规范实时收集质量成本信息数据，及时进行信息反馈和灵敏的分析决策，不仅进行质量成本构成分析，而且进行质量成本相关比率分析，以便更有针对性地提出解决问题的方法和建议，更有效地改进质量，更充分地体现质量成本管理的作用。

6.5.3 一次成功质量成本特性曲线

质量成本按其存在形式可分为显性质量成本和隐性质量成本，其中显性质量成本可以通过会计成本系统，根据原始记录、报表、数据进行核算。通常，质量成本是指显性质量成本。质量成本主要包括 4 个部分：预防成本、鉴定成本、内部损失成本、外部损失成本。预防成本、鉴定成本和内外损失成本之间存在着此消彼长的关系。

基于以上 4 种成本及相关关系，早期提出了传统质量成本特性曲线，如图 6-6 所示。

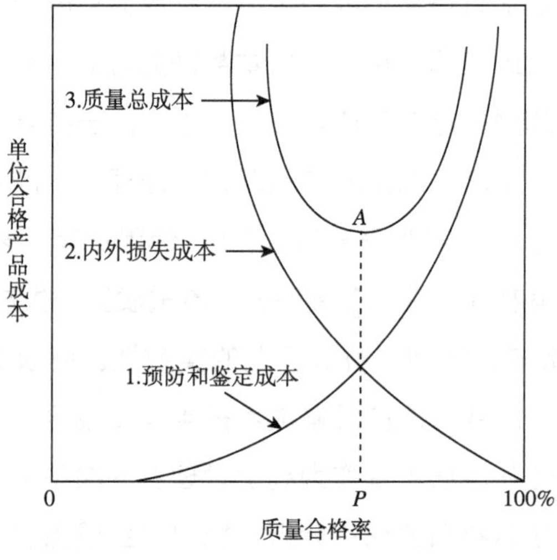

图 6-6 传统质量成本特性曲线

质量成本特性曲线经不断改进，有所发展。著者结合航天质量管理实践，提出一次成功质量成本特性曲线，如图 6-7 所示。

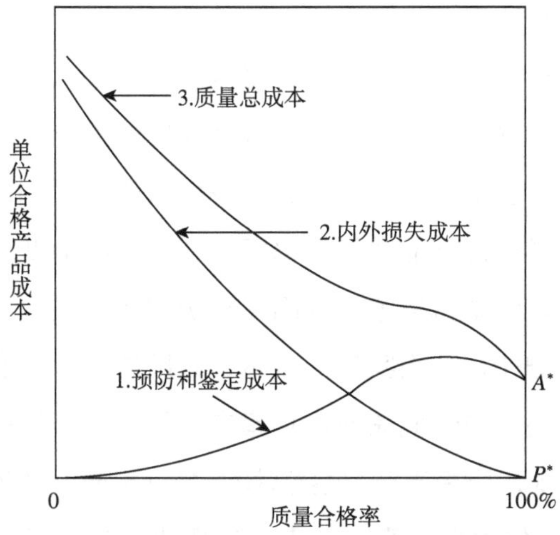

图 6-7　一次成功质量成本特性曲线

上述两图中曲线 1 表示质量投入，即各种预防成本和鉴定成本之和；曲线 2 表示直接质量损失，即内部损失成本和外部损失成本之和；曲线 3 表示质量成本总额，即质量投入和质量损失的合成。当质量投入为零时，产品质量合格率为 0，当产品质量合格率为 100% 时，直接质量损失为零。质量成本控制的目的在于通过合理地投入预防和鉴定成本来获得内、外部损失成本的减少，从而实现最佳的质量成本分布，最终实现质量总成本最小。此时所对应的质量水平便是最适宜的质量水平。

从图 6-6 中可以看出，传统质量成本特性曲线认为，要提高产品质量水平，质量投入就要增加，随着预防和鉴定成本的增加，内外损失成本开始减少，质量总成本开始下降，但当预防和鉴定成本增加到一定程度的时候，其所增加的成本不足以抵消随着减少内外损失成本带来的收益，于是，质量总成本又开始上升。当质量合格率为 100% 时，质量投入趋向于无穷大。因此，曲线 3 存在一个最低点 A，也就是质量总成本最优点，表示“适宜的质量成本水平”，它所对应的质量合格率 P 就是“适宜的质量合格水平”。换言之，过度的预防和鉴定在经济上是不合适的。

从图 6-7 可以看出，一次成功质量成本特性曲线认为，当产品质量水平较低时，要提高产品质量合格率，必然导致预防和鉴定成本上升，但当预防和鉴定成本增加到一定程度时，即满足必要的质量投入时，逐步趋于平缓。进一步提高产品质量水平，并不需要无限增加质量投入，而主要是通过设计和管理流程的优化、技术与质量手段的改进和人的素质的提高来逐步降低预防和鉴定成本，同时提升产品质量合格率，从而显著降低质量总成本。现代企业实践证明，随着质量合格率的提高，预防和鉴定成本不会急剧上升，而是呈现相对平稳的增加，从而实现低成本、高质量。从一次成功角度分析，产品越接近于零缺陷，内外损失成本越趋向于零，预防和鉴定成本在原有基础上反而会稳步降低，只有当产品合格率为 100% 时，质量总成本才是最低的。曲线 3 在 A* 点处最低，表示“最低的质量成本水平”，它所对应的质量合格率 P* 就是“最高的质量合格水平”。换言之，立足一次成功的预防和鉴定投入是最适宜的质量成本水平。这种投入使产品缺陷不断减少，提高市场竞争力并使企业利润上升，进而持续预防投入，形成良性循环。

对比两种质量成本特性曲线，最大的区别在于，前者因追求最低的质量总成本而将质量合格率控制在一定水平上，而后者因追求最高的质量合格率而将质量总成本控制在最低水平，其根源就在于传统质量观念认为，恰当的质量标准应是可接受的质量水平（AQL），AQL 允许生产一定数量的缺陷产品。传统质量成本管理以企业为关注焦点，质量成本的确认以是否符合企业规定的标准为依据，如果在实际工作中对质量过高的要求超过 AQL，就必然要增大预防和鉴定成本，需要花费很多时间和金钱，企业往往会得不偿失。甚至很多专家都认为质量有层级的概念，好的质量需要付出高昂的质量成本，且用户也不愿意为质量付出更高的价钱，因此以满足经济性为质量投入的决策，即以最低质量成本为决策目标。而一次成功的质量理念认为质量就是满足用户要求，就是将不符合质量要求降低到零。一次成功质量成本管理以用户成功为关注焦点，质量成本的确认以是否符合用户成功的标准为依据，始终以用户满意的一次成功作为质量成本决策的出发点，虽然短期会引起预防成本的大量增加，但其竞争力和生产效率却会因此而提高，经过一段时间质量总成本的降低就会显现，从而促进企业长期效益大幅度提高。那种认为提高质量就一定会提高成本的观念，会导致丧失很多“不增加成本提高质量”，或“降低成本不降低质量”，乃至“提高质量降低成本”的机会。内外部损失成本越低，质量总成本就越低，质量合格水平越高，质量总成本是随着用户满意度提高而不断降低的。

以用户成功为关注焦点，质量成本应该是没有达到用户满意水平所造成的损失和为了保证达到用户满意水平而发生的费用。从这个意义上讲，最适宜的质量水平，不是质量成本最低的质量水平，而是满足用户成功需求的质量水平，这是一次成功质量成本理论与传统质量成本理论的质的区别，另一个区别就是打破了传统的“提高质量就意味着增加成本”的老观念。当然，质量成本特性曲线只是一种理论曲线，它没有考虑到隐性损失成本，也没有考虑质量经济性的其他影响因素，且需要结合企业实践不断完善，持续实施质量改进，提高质量成本效益。

6.5.4 重视航天隐性质量成本的管理

克劳士比先生提出，质量是以“不符合要求的代价”（The Price of Nonconformance，简称 PONC）衡量的，并进一步将之解释为若“此事情是因为第一次没有完全做对而产生的多余行动”。统计表明，PONC 在制造业公司中约占总营业额的 20% 以上。对航天企业来说，因为没有做到“一次成功”而产生的损失成本，包括质量问题归零所花的代价往往是很高的，但现实的统计数据却并不高，甚至很低。其原因在于，除了统计数据的准确性需要进一步提高外，主要是由于航天产品研制生产的特殊性造成统计数据的“缺失”，一般统计的都是直接损失，而对“多余行动”产生的间接损失往往不统计或统计不全。比如航天企业内一个型号由于设计不合理导致飞行任务失败，不仅损失了昂贵的型号产品发射费用，而且耗资进行质量问题归零，造成重新设计、工程更改和生产检验成本增加等“多余”浪费，在技术、进度、资源配置上往往还打乱了原定的计划和后续的安排，也可能打乱其他型号正常的任务执行，造成各型号在人力、时间和资源投入方面的大量损失，这些间接损失因很难统计而被“搁置”，这是需要进一步完善改进的。如果把“不符合要求的代价”再引伸开来，就不仅包括很多有形质量损失，还包括大量无形质量损失。

朱兰博士在《质量控制手册》中提出“水面冰山”比喻一说，把产品废次品所产生的真实损失成本比作整座冰山，产品废次品损失分为显性成本和隐性成本，其中显性成本比喻作冰山的水面部分，是容易看到且可测量到的损失成本，隐性成本比喻作冰山的水下部分，是不容易看到且很难精确量化的损失成本，即无形质量损失。无形质量损失包含产品质量不能满足顾客要求所造成的企业品牌损害、信誉下降、产品滞销、顾客流失及忠诚度降低、内部人才流失等带来的危机。无形质量损失中最大的损失是机会成本损失，如挑战者号航天飞机发生事故以后近三年的时间，美国肯尼迪发射中心停止发射工作，在这期间，国际上的竞争对手飞速发展，美国只能眼睁睁地看着竞争对手一个个地赶上来。由此可见，隐性质量损失成本远远高于显性质量损失成本，是企业最危险的“隐形杀手”。有研究表明，如果产生隐性质量损失成本，那么只有 3~4 倍的乘数效应才能真正反映出其实际损失数额，企业为此付出的代价是极大的，甚至导致亏损破产，殃及社会。实际上从战略的角度看，由于顾客不满意所产生的无形质量损失远比有形质量损失有害得多，而这往往被企业忽略了。

隐性质量成本主要是由于预防上的重视不够、投入不足或措施不力造成的，其表现为违背“适用性”的各类质量成本的汇总额。既使产品或服务的质量水平已经较高，但是一个小小的质量问题仍然可能导致巨额的质量损失成本；顾客不满意在市场中迅速传播，无形质量损失可能被急剧扩大化；顾客的期望是不断变化提高的，如果新的期望得不到满足，仍然会形成一种无形损失。大量学者对隐性质量成本测量做了深入研究，如质量损失函数法、乘数法、市场研究法等。由于隐性质量成本在企业实际经营中很难在财务会计中体现出来，其价值很难得到补偿，预防和鉴定资金的合理投入是控制隐性质量损失的基本保证。因此，从系统预防的角度分析，航天企业要确保一次成功，使质量损失成本降到最低，就必须高度重视隐性质量成本的管理，尤其是企业需要针对隐性质量成本产生的根源，制定提高预防能力和鉴定能力的资金和资源投入计划，进行持续的质量改进，从根本上确保质量成本的控制效果，从而最大限度地降低内外部质量损失成本，包括隐性成本，化巨大的无形质量损失为实实在在的、丰厚的质量效益，把“冰山”变为“金山”。

6.6 探索实践航天外协产品质量链管理

外协（外包）产品在航天型号研制生产中占有重要的地位和作用，航天系统抓总型号以及协作配套型号任务的供应商有成千上万家，其中任何一家供应商的产品出问题，都有可能影响航天任务的成功完成。如何有效提高航天外协产品的质量和可靠性，一直是航天质量管理关注的重点和难点。随着大型企业集团进行全球资源重组整合，供应链的全球化是必然趋势，这种全球化会同时引发对多层级供应商质量管控的风险，尤其是外协产品与外购产品不同，后者一般是定型产品或成熟产品，而前者往往是新研产品。外协产品进一步的质量提高是靠整条供应链来保证的，要求企业必须在充分挖掘内部资源的基础上，整合利用外部资源进行协同质量管理，而不是将质量管理的重点仍放在关注一个独立的企业及其产品与服务的质量本身。由此，质量链管理的理论和方法应运而生。

6.6.1 以协同理念探索航天外协产品质量管理

协同是指系统的各个部分之间相互协作，使整个系统形成微个体层次所不存在的新质的结构和特征。自然界和人类社会的各种事物普遍存在有序、无序的现象，一定的条件下，有序和无序之间会相互转化，无序就是混沌，有序就是协同，这是一个普遍规律。

随着世界经济的飞速发展，市场竞争已逐步拓展为企业整个供应链之间的竞争。在这种环境变化的背景下，善于合作和协同利用资源的企业必将能够得到更大的发展。美国波音公司从波音 787 型飞机开始的产品设计，彻底改变以往的组织模式，通过与 30 多家主要供应商全面协作，优化设计，提高产品质量与可靠性，首架用于商业飞行的产品比以往提前近两年面市。

航天外协产品协同质量管理是以提高产品质量、增强企业综合能力为导向，以建立共赢机制，促进企业群整体发展为目标，建立一个高度协同的航天外协产品配套系统，该配套系统中的各个相关企业（节点）通过产品质量形成过程的核心协同要素和若干支撑要素的协同作用，实现产品质量管理协同效应，并不断优化该配套系统的过程。

回顾历史，“大力协同”是航天工程项目研制的宝贵经验。计划经济时代在行政干预下，强调“全国一盘棋”，发挥各方的积极性和系统接口间的协调一致性，建立动态联盟等，无一例外都体现了协同思想。而随着社会主义市场经济环境的变化，航天外协产品质量管理面临着一系列新问题，传统的外协产品质量管理模式也暴露出一些不适应的弊病，即整体优化性差，全过程监控难，敏捷性低，协作单位主动协同性不强，各方之间不同程度地被质量“暗箱”所割裂，一些重大质量问题在外协产品交付后甚至在外场飞行任务中才暴露。

现代质量管理面临着一个复杂多变、不可预测、竞争激烈的环境，企业要生存和发展，除了协同好内部各子系统之间的关系之外，还需协同一切可以协同的力量来弥补自身的不足，提高自身的竞争优势。航天外协产品质量管理是一个多要素的组合与协同的过程，协同对航天外协产品质量管理起着深远的影响，它将形成一种战略的协同，像纽带一样把企业的大量内外业务有机联系起来，从而使企业可以更有效地利用内外资源和优势提升质量，开拓新的发展空间。

航天外协产品协同质量管理的内涵从协同度、序参量、协同效应三个方面体现。

协同论告诉我们，系统能否发挥协同效果，应由系统内部各子系统或组分的协同作用决定，协同得好，系统的整体性功能就好；从航天外协产品配套系统整体功能看，协同度高，整合程度高，互动性强，系统的整体功能越强，越能实现共赢，反之，协同度低，各自分散，各要素企业之间联系简单且关系松散，整体功能就越弱。

航天外协产品质量管理的形成因素由多方决定，这些因素（要素）之间呈复杂的非线性关系。协同论认为，系统的动力学和突现结构通常由少数几个集体变量即序参量决定，在航天外协产品质量管理中，需要对那些决定性因素进行分析，确定序参量的形成机理和其伺服作用，通过对这些决定性序参量的不断调整和修正，使得整体系统达到协同的结构状态。

一个航天项目的外协外购产品供应商往往多达数千家，抓总单位或委托单位与供应商或协作方之间是相对松散的结构系统，其协同过程就是要通过各种途径增加聚集态，实现协同的最大效应。协同效应所反映的是航天外协产品质量管理中各要素企业的紧密程度和有序程度，其最终目标不是局限的零和战略目标，而是一种适应于全球经济日益一体化的、长远的、多方共赢的质量战略目标，是希望达到一种系统自组织的状态、人人为质量的状态。

航天外协产品协同质量管理追求整体优化，讲究全局好，其管理过程是一个通过竞争机制，激活要素、优化配置的过程，目的在于追求寻找满足外协产品质量管理绩效最大化的要素匹配。在航天产品外协配套体系中，各单位质量管理协同的过程是委托单位与系统配套单位之间质量管理的有机融合。系统中各要素企业的质量管理能力、协同意图等是具有差异的，协同管理的具体措施中，不但需要主业务流程的协同，更需要质量文化、战略层面、质量管理体系、绩效机制等要素的协同，这些不同的要素之间交织的非线性关系为协同效应的产生提供条件。

航天外协产品配套系统的开放性是协同质量管理的重要特征，供方和核心企业处于一个开放的整体的系统内，该系统以实现共赢为目标，系统内各个跨组织、跨地域、跨流程、跨文化的相关方在产品质量管理上协调一致，最大程度地发展和利用各自的资源，无缝衔接各种流程，使得产品质量满足不断变化的需求，这个需求不但来自用户，也来自系统内各企业的利益（质量目标）。相关方所有活动围绕统一的质量目标展开，达到竞争与合作的对立统一。航天外协产品协同质量管理不强调某一要素的完整独立，而是强调在既有资源条件下通过要素的相关作用，实现总体功能的放大，即 1+1>2。也就是说外协产品协同质量管理不是重新划分任务，不是要核心企业花费更大的精力去跟踪产品质量，以及向外协单位延伸更多的质量控制活动，而是充分调动各方的能量，使得各方之间达成一致的质量目标：在项目全过程中、全系统内，各企业节点质量战略决策同步，充分发挥和利用好各自的专业资源优势，形成质量责任和风险共担，互利共赢的伙伴关系群。

航天外协产品协同质量管理与传统质量管理模式相比，能以更低的代价产出同样的效用，或以同样的代价产出更高的效用。通过协同质量管理，外协产品质量成本居高不下的现象得到明显降低，不仅是通过外协产品本身质量的大幅提高，更是由于协作的关系和基础的高度协同使得质量成本、沟通成本大大降低。协同质量管理的关键是将航天质量意识、价值观和标准规范等渗透到系统内所有成员，使之对航天质量文化具有强烈的认同感、荣誉感。要重新认识与外协单位的关系不是单纯的产品配套关系，而是同舟共济的战略伙伴关系，是互利互惠的关系，以齐心协力将产品质量管理保持在一种自组织状态，并形成广泛的沟通渠道，使得质量管理的所有信息充分共享，支撑质量管理的预测、计划、决策、控制的协同。

在协同质量管理过程中，核心企业和配套企业通过建立和完善跨单位的质量保证组织系统，以及各方衔接的质量管理体系，实现外协产品质量管理的闭环。全领域（抓总型号以及协作配套的全部航天型号任务）、全级次（航天型号各层级配套产品和各层次配套单位）、全过程（航天型号产品的设计、生产、试验、售后服务等全寿命周期过程）、全要素（以质量为核心，综合考虑进度、成本、创新、技术、服务等全面要求）的协同质量管理就是将航天产品质量保证要求和质量管理体系标准等传递到供应链上的每一个组织，传递到最末端供应商，即横向到边，纵向到底，协同一致，全面促进航天产品核心企业与外协配套单位质量管理水平和基础能力的整体提升，这也体现了质量链管理的思想。

6.6.2 质量链管理内涵及特征

质量链管理实质上就是一种整体协同的质量管理。质量链管理是以多个组织、多种要素共同参与质量形成与实现质量过程为内容，以质量流、信息流和价值流为对象，通过控制关键链节点，实现协调耦合、增值高效的质量管理方法。其中涉及到的一些基本概念有以下几方面。

（1）质量链：组织群（包括核心企业与外围企业）共同参与实现的质量过程集合体，是质量流以及信息流、价值流运行的载体。

（2）质量流：产品固有的或隐含的质量特性，在设计、制造、交付、服务等各个过程中的定向流动和有序传递。质量流存在于所有产品研制生产和服务提供的过程中，它与信息流、价值流共存，是实现满足顾客需要的质量特性的物质表现形态。

（3）链节点：在质量链中，由多个组织、多种要素协同实现的质量过程或活动，或在特定时间段内完成的事件。对关键质量特性有决定性影响的链节点，即质量链的瓶颈、薄弱环节，则为关键链节点。

（4）耦合效应：描述关键链接点处相关组织和要素发生的相互影响、相互作用所产生的结果和程度。

质量链管理是在企业协作越来越广泛，而外协质量管控越来越重要的前提下产生的，它体现了从源头抓质量，从原始供应商群体开始，延伸核心企业的质量管理，并具有以下显著特征。

（1）强调核心企业主导下的组织群体间的协同：核心企业是质量链管理的发起者、组织者和协调控制者，它决定着质量链整体运行的绩效，应充分发挥其主导作用。组织群体建立战略伙伴关系，协同控制质量，共同提升满足顾客要求的能力，追求整体最优。

（2）强调合作企业间质量管理的系统性和预防性：各成员企业在基于

特定产品的质量链中承担不同的质量职能，强调采用系统的方法管理和控制涉及产品质量的各种要素，在外协产品生命周期的各个环节采取有效的质量隐患预防措施，在产品形成过程中把质量问题消除于萌芽状态，以达到一次成功。

（3）强调质量管理系统的开放性：在传统的质量管理模式中，主要强调在企业内部实行全面质量管理，对少量的外协件，仅通过合同约束及质量检验的方式进行质量控制。而质量链管理则强调打破企业之间的质量壁垒，打开外协企业质量管理的“黑匣子”，组建开放式的质量管理系统。

（4）强调对关键和薄弱环节的控制：加强对质量链条上关键和薄弱环节的控制，是迅速提高产品质量的有效途径，而这些最薄弱环节主要体现在组织群之间的质量链节点上。应从质量链的全局出发，着力打通“瓶颈”，以最小的代价为质量链的企业联盟成员获取最大的收益，提高组织群的整体质量竞争力。

（5）强调质量信息的统计分析和集成共享：质量链是一个动态的链式结构，它随着成员企业运作过程的变化而不断变化。因此，要借助质量链管理信息系统，最大程度地实现外协产品相关质量信息的统计分析和集成共享，这是质量链管理的重要内容。离开了信息化运行平台，所有质量链的特征和功能都无从谈起。

6.6.3 实施航天外协产品质量链管理的必要性

航天重大工程项目和产品研制系统复杂，技术难度大、专业面宽、协作配套广泛，涉及到众多的设计、生产、试验、装配等外协配套单位群体。从中国航天历史上看，很多重大工程项目和产品外协配套任务的完成都是全国大协作的结果。航天产品质量与成千上万的供应商密切相关，而在未来，这种协作将是世界范围的，中国航天在融入国际市场的进程中，必然会逐步形成全球供应链。因此，航天外协产品质量管理模式和方法也需在实践中不断改进。唐晓青等人提出了面向全球化制造的“协同质量链管理”

概念。不同于传统的“黑箱型”质量关系模式，协同质量链管理强调彻底打破质量黑箱的封闭界限，综合运用技术管理等多种手段，从观念、方法、过程、体系等方面营造基于开放、合作、协同模式的新型企业间质量关系，以整体的、系统的、集成的观点看待并组织产品全生命周期与全过程的管理，在供应商、制造商、销售商乃至最终用户之间建立一条敏捷、畅通、受控、优化的广域质量链路，从而在整体上提升全球供应链制造系统及其成员企业的质量水平。

通常，为确保航天产品的技术先进性和使用可靠性，作为系统重要组成部分的部分单机产品和零部件按照专业分工的技术特色，由外协配套单位完成，技术抓总单位进行系统集成，外协配套质量管理按照传统的供应商质量管理实行。但随着航天工业管理体制机制改革的深入，航天外协单位越来越多，且越来越多样化，航天外协产品质量问题也有不断增多的趋势，其主因在于企业间竞争已逐步转变为供应链之间的竞争，即转变为由信息流、物流、质量流、价值流等众多要素形成的综合实力的竞争。而传统的航天外协产品质量管控仍处于封闭的状态，成为质量管理的短板，这就使航天企业有必要从实行供应商质量管理拓展为实践外协质量链管理。

航天外协外购产品质量管控是航天工业质量管理的重要环节，对系统集成方来说，由于外协产品质量控制的重点在研制生产过程质量，与外购产品质量控制的重点在产品的最终质量不一样，且要承担外协过程的质量责任，如对协作配套的单机要统一元器件的质量控制要求，强化航天元器件标准体系的应用和新型元器件的应用验证工作等，质量管控难度更大。航天外协产品的质量直接影响到整机产品的质量，是保证型号任务一次成功的基础。对于航天型号产品，用户和公众只会记住整机产品是哪一家企业研制生产的，而不会去关注产品各个分系统、单机或零组件的生产企业。一个小小的配套产品出问题，可能使航天型号任务失利，使航天企业在经济上蒙受巨大损失，还会严重影响企业的信誉，甚至影响国家安全和整体形象。

当前，航天企业正在实现质量管理水平的新跨越，包括供应链系统中企业群的整体质量预防能力的提升，这就迫切要求将系统预防理念、方法等扩展至质量链的各个环节，协同共保一次成功，这成为新时代航天质量发展的必然要求和战略选择。为了有效地对航天外协产品进行质量控制和实施企业群（组织群）质量协同管理，结合航天实际利用质量链管理理论和方法是十分必要的。

6.6.4 航天外协产品质量链管理的基本思路和主要内容

（1）解决航天外协产品质量管理问题的基本思路

利用质量链管理理论并结合航天企业现行的外协产品质量管理模式，先假设以航天外协单位内部的质量流为横向质量流，形成外协单位内部质量管理框架模型，如图 6–8 所示。

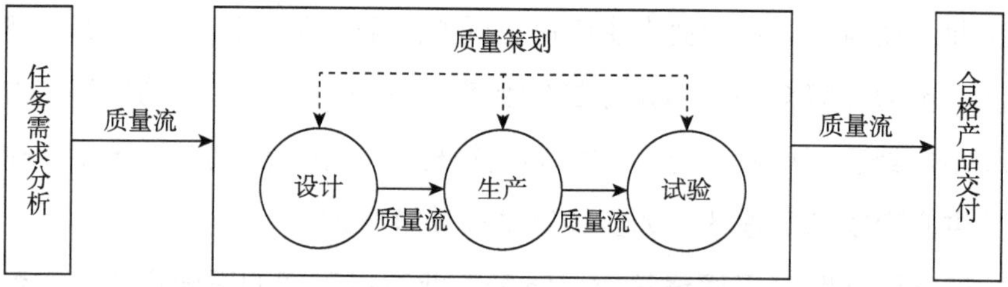

图 6–8 航天外协单位内部质量管理框架模型

上图中外协单位以分析任务需求为出发点，以交付合格产品为目标，通过质量策划，从产品设计、生产到试验等各环节质量特性定向流动和有序传递形成了内部横向质量流。再假设以航天系统集成单位对外协单位的外部质量流为纵向质量流，形成航天外协产品质量链管理框架模型，如图 6–9 所示。

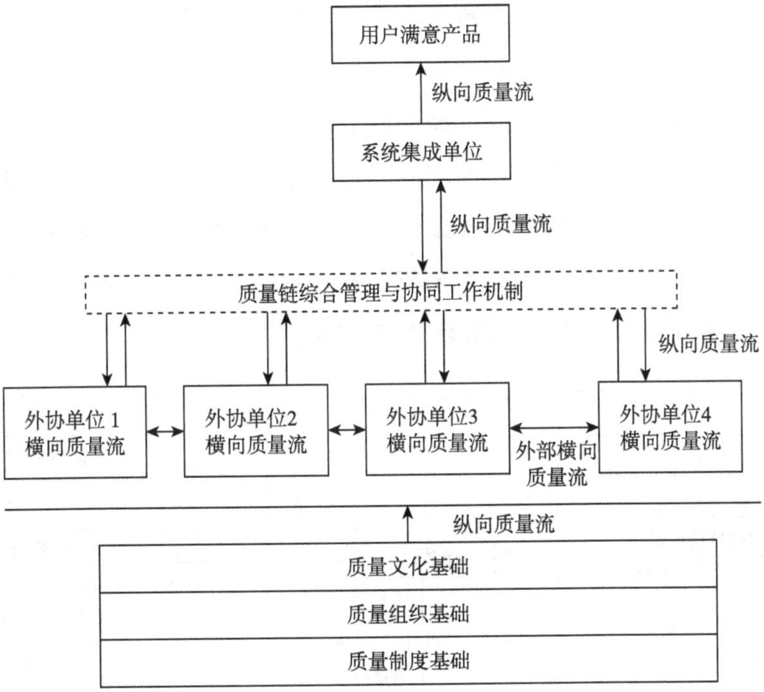

图 6–9　航天外协产品质量链管理框架模型

上图中系统集成单位在合作各方共同认可的质量制度、质量组织和质量文化基础上，通过实施质量链综合管理机制（对质量链成员单位质量行为的考核与评价；对外协产品质量链波动与异常的监控等）和质量链协同工作机制（支持全质量链范围内信息共享；支持质量链成员单位间就共同的质量问题或目标开展协同工作等），对外协单位和配套产品的质量管理过程加以整合，各环节质量特性定向流动和有序传递形成纵向质量流，并与外协单位内部横向质量流交织，而各相关上下游企业之间或外协产品之间的质量衔接和配合形成外部横向质量流。在内外部横向质量流与纵向质量流有机融合过程中，形成敏捷、高效协同运转的质量链系统，实现对航天外协产品有效的质量管控，提供用户满意产品。

对航天外协产品实施质量管理的基本思路就是要处理好三方面的问题。首先要解决系统集成单位自身对航天产品外协工作的主导管理问题，即要解决纵向质量流的问题；其次要解决外协单位对所承接的项目严格质量管理和相互衔接配合的问题，即要解决横向质量流的问题；再则就是系统集成单位与协作各方共同建立质量协同和战略联盟关系，通过有机融合实现对外协产品的管理，即解决好纵横质量流之间的耦合效应问题。耦合效应是质量链管理的核心，也是航天外协产品质量链管理区别于传统外协产品质量管理的主要特征之一。航天外协产品质量链管理强调外协产品质量管理是一项完整的、相互关联的系统工程，其质量耦合效应如图 6–10 所示。

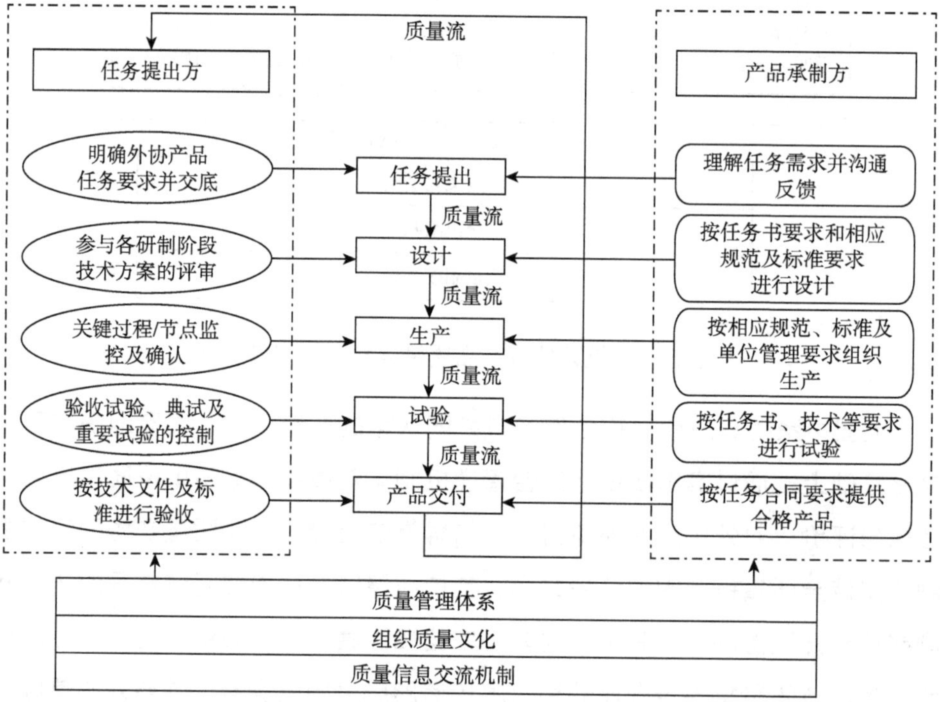

图 6–10　航天外协产品质量耦合效应

上图中任务提出方和产品承制方以双方认可的质量管理体系、组织质量文化和质量信息交流机制为基础，共同参与质量链管理中的耦合控制。打开外协单位的质量管理“黑匣子”，分别在外协产品设计、生产、试验、交付验收各环节之间建立一条连续、畅通、长效的质量链，从而确保外协产品质量全过程受控和最终产品的成功，实现合作共赢。

需要强调的是，企业质量文化理念的趋同对建立航天产品外协质量链是极为重要的。基于供应链体系在地域与职能上的分布性，以及成员间的文化差异与利益冲突，航天外协产品质量链管理绝非基于某一企业环境的传统质量管理模式在主体尺度上的简单延伸，而是需要供应链所有成员企业的共同参与。因此，一定要加强核心企业与各协作单位间质量理念与文化方面的沟通和融合，消除各种文化摩擦及由此产生的系统内耗，增强企业质量文化的亲和度，促进各方进行高效的耦合控制。

（2）航天外协产品质量链管理的主要内容

航天外协产品质量链管理的实施以关键质量特性或质量改进目标的确定、关键链节点的识别、耦合效应分析、质量链运行绩效测评为主线，以质量链管理信息系统平台做支撑。

1）质量改进目标的确定

以顾客关注的关键质量特性的改进作为企业群的共同目标，以便将顾客需求转化为质量链上各组织分别承担的产品设计、生产、试验、交付验收等每个环节的质量标准，并配置相应的资源，以最经济的成本、最短的周期追求最佳的经营绩效。

2）关键链节点的识别

识别关键链节点是进行质量链管理的基础和核心。识别和选择关键链节点的一般原则是：质量形成的核心过程；与关键质量特性密切相关，质量链中的瓶颈或薄弱环节；要素的结合。

3）耦合效应分析

耦合效应分析的主要内容就是确定输入输出之间的作用机制与对应关系，从而为提升耦合效应指明方向。通过进行质量链耦合效应分析，有助于各组织之间的协调配合，形成整体合力，不断提高产品质量。

4）质量链运行绩效测评

质量链运行绩效测评内容主要包括三个方面：质量链上的企业内部质量

管理绩效，质量链上下游伙伴之间的协调状况，以及质量链整体绩效的度量。测评过程应尽可能采用实时分析与评价方法，因为这要比仅做事后分析更具价值。

5）质量链管理信息系统设计

质量链管理信息系统的功能主要包括相关的质量数据处理、质量结果分析和质量知识库管理。质量链管理信息系统设计应充分考虑支持外协产品系统集成单位与各合作方在质量管理方面的协同。

6.6.5 航天外协产品质量链节点管理的核心流程

航天外协产品质量链管理区别于企业自主研制产品的质量管理，对外协产品的质量控制，选择在质量链上的关键链节点进行，主要包括以下几个方面。

（1）建立有生命力的合格供方管理机制，真正实现动态管理

现代化的供方管理强调企业之间的战略合作，互相信任、互相支持、优势互补、共同发展，而不是单打独斗、各自为战。通过分享技术和信息，分担改进的成本和风险，从而共同实现提高顾客价值和实现持续的竞争优势。

航天工业体制和航天产品的特点决定了外协配套的合格供方相对比较稳定，但这必须建立在对质量链上的协作企业进行动态管理的基础上，包括定期对合格供方进行巡查，建立供方质量奖惩激励机制，加强对供方的量化评价考核，以便动态调控外协产品质量链。在选择外协单位，建立供应链及质量链时应注意贯彻以下基本原则。

1）对供方质量保证能力进行客观、量化的评估，尽量在合格供方目录等级优先的单位内选择供方，以择优建立战略联盟关系，确立相对稳定的供应链与质量链。

2）依据产品种类及特点选择质量文化理念基本趋同的协作单位， 否则协作难度增大，不可控因素会严重影响产品质量。

3）对有一定研制和协作基础的非合格供方，应及时提供相应的管理培训，进行技术协作沟通，并开展合格供方资格认证工作，以提供外协产品的外围质量保证基础，也为实现合格供方动态管理提供淘汰和选择的机会。

（2）规范合同、任务书的质量管理

为确保配套外协产品的质量，作为外协配套任务的输入性文件——任务书的要求就需要提得很明确且易于操作。规范和完善任务书中质量保证的相关要求，成了解决外协配套产品在任务提出这个链节点上的重要内容。任务书的质量管理内容除按常规要求编写外，在实际编写时还应依据各专业产品的特点，组织群的综合质量管理要求等进行适应性的补充或完善。

（3）强化外协产品研制过程中关键链节点质量控制

外协产品质量链管理的实质，是对关键链节点的选择和控制。外协产品暴露的质量问题分析表明：必须从总体的角度深入到外协产品的技术方案和质量形成过程中进行充分了解，认真细致识别关键链节点并严格把关。以下几个关键链节点的控制是任务提出方与承制方进行耦合管理的重要质量活动。

1）任务书提出后，任务提出方应向供方进行详细的技术和质量交底，要根据产品特点及研制需要，辨识和确定产品研制过程的关键控制节点是否需要设置强制检验点等，做到研制过程质量受控和心中有数。

2）参与外协产品各研制阶段设计评审是链节点上的重要质量活动。这就要求设计师系统对相关的专业知识和行业规范有相当的了解，对外协产品电气、机械接口的有关内容在设计评审时进行确认。

3）生产过程包括工艺流程中，对之前辨识和确定的关键过程、关键控制点进行监控和确认。这个环节就需要对所确认的项目内容进行预想与回想，拟定过程中所需记录内容，对一些强制检验点及不可逆的环节进行多媒体记录等。

4）试验环节包括产品验收试验、鉴定试验及产品参加的系统试验等。任务提出方从系统角度关注的重点是对试验过程的现象和结果进行确认。

5）为避免外协产品带着问题进入到系统中，验收过程是质量把关最关键的环节。参照质量管理各项要求做好产品验收工作，在做到眼见为实的基础上，还应现场随机抽取适当比例的产品进行功能、性能指标的测试，并对相关记录资料进行审查确认，确保所验收产品是合格产品。

6.6.6 加强航天外协产品质量信息沟通和分析工作

加强与外协单位的质量信息沟通是提高协作双方耦合管理效率的重要前提。为提高航天外协产品质量链系统的敏捷性，实现企业配套外协产品质量链管理的精益运作，与协作方之间的充分的质量信息沟通显得尤为重要。如加强具体产品研制过程中技术状态管理相关信息的交流，减少由于各方信息不对称、信息失真或传递不及时易造成的与外协单位之间的误解，以及外协配套产品在后续装配试验过程中出现的质量问题。要实现对航天外协产品有效的质量链管理，构建一个安全保密符合要求的网络化信息平台，可以及时消除因不同组织或异地信息沟通交流带来的不便和信息不对称造成的被动，并对外协产品设计、生产、试验等核心流程实行动态监控和管理。

对航天外协产品研制过程中收集到的质量信息进行及时的、深度的技术与管理层面的分析，可以发现质量链中的问题以及可能出问题的环节，全面掌握外协产品满足任务指标要求形成过程的动态，便于针对性地改进和提高外协产品质量，并以此形成一个闭环反馈系统，促进外协产品整体质量水平的不断提高。

为实现航天外协产品质量链管理，应以对外协产品全面质量管理为指导思想，以产品实物为管理核心，以质量信息为监控对象，以质量改进为管理目标，以合作双方耦合效应为管理方式，既抓实物质量，又抓质量信息。借助航天外协产品质量链管理信息系统，精准规范供方选择和认定的工作流程，以及组织群之间的技术及质量控制要求，及时传递、动态更新有重大变化的质量要求，最大程度地通过外协产品质量链综合信息管理直接参与、监督协作单位的质量管理工作，最终达到外协产品质量满足任务提出方的要求。如快舟十一号运载火箭固体发动机研制通过数字化手段，开展智能化数据采集，打破地域限制、时间延迟、信息衰减的壁垒，提高与外协配套企业信息交互的效率，实现了对外协、外购产品生产现场的质量信息采集与管控，并成功应用于发动机产品生产，外协产品质量问题下降 30% 以上。

6.7 注重完善航天质量信息集成化管理

航天复杂产品质量管理突出的特点是，质量传递链长，过程质量管理中技术接口和管理接口数量大、关系复杂。此外，鉴于地域上的分布性，职能与企业文化方面的差异性，以及利益上的潜在冲突，航天产品多企业制造环境中质量管理行为特征与协调机制也要远比单一企业环境下复杂得多。这些特点反映在航天质量信息上就呈现出其广域性和纵深性，而由于质量信息管理不适应，系统预防质量管控的效果就会大打折扣，使型号研制和飞行任务失败的风险加大。因而，必须加强航天质量信息集成管理。美国波音公司、欧洲空中客车公司等在其复杂型号产品研制与生产体系的质量管理中，已普遍采用跨地域、跨部门的集成化、信息化管理手段，中国航天企业也在积极实践质量信息集成管理。

6.7.1 航天质量信息管理的重要性

航天质量信息是有关航天产品质量方面有背景和目标的系统性数据，是航天企业科研生产经营活动的重要信息和做出决策的主要依据。在进入信息时代之后，航天“数据”的内涵在扩大，它不仅替代了“数字”，还统称一切保存在电脑中的信息，包括文本、声音、视频等。不要将质量信息仅仅当做质量问题的曝光台和警示灯，而应把它作为系统预防质量改进的宝贵矿藏。

从以往看，在航天产品传统的研制生产模式和航天企业传统的管理模式的共同作用下，航天质量信息管理呈现出如下不适应性。

1）质量信息时效性较差

航天企业质量数据或信息不少都采用人工记录、间断传递的方式，此种做法不仅工作效率低，也使得许多质量信息存在着信息传递滞后现象，质量数据或信息到使用者手中时，已是过去某个时间点或某一阶段时间发生的事情或数据，尤其是产品故障信息的处理过程无法得到实时有效的监控和追踪。

2）质量信息共享性较差

质量信息一般留存在各单位或各部门（团队），信息流动过程存在着“信息孤岛”现象，即在各单位或一个单位的各个部门之间由于体制机制等原因造成单位与单位之间，部门与部门之间相互隔离，各种质量信息无法顺畅地在单位或部门之间流动，这样就形成了信息割裂。加强质量信息文档（包括电子文档）管理是非常必要的，但并不是信息储存起来就万事大吉了，“以存为主”而不是“以用为主”的结果是无法充分发挥信息化的综合优势，各应用系统之间数据信息不能实现交叉分析；各业务系统之间相对独立，且仅能提供单一系统的数据信息分析，无法实现跨系统间的信息共享和利用。

3）质量信息完整性与规范性欠缺

质量管理原始记录是产品质量过程受控的重要凭证。人工采集和纸质记录存在着质量记录欠完整、欠规范，同时在人工整理和传递大量记录过程中，相关质量信息有可能存在失真或丢失等现象，这给质量信息的共享、查询、追溯以及统计分析带来较大的困难。

4）质量信息的分析、利用系统性不够

对质量信息的系统分析和深度挖掘能够准确识别质量问题和改进点。在对质量信息资源进行系统的管理以及将统计技术与相对应的特征数据相结合进行系统性的质量分析与决策，尤其是充分利用质量信息进行系统预防改进等方面还存在较大差距。

另外，航天产品由于其行业特点，对质量信息管理还增加了很多特殊要求，如质量问题归零“双五条”规定的举一反三就需要对有相关性的产品进行全面复查；技术状态更改的“五条原则”就是在时间上需要持续跟踪的一个过程；共性质量问题、重复性质量问题分析也都在时间和空间上对质量信息采集、分析、处理、利用等提出了特殊要求。

航天质量信息管理是对所需的质量信息进行采集、整理、分析、反馈、传递、建档，并加以利用的过程，其流程控制如图 6-11 所示。

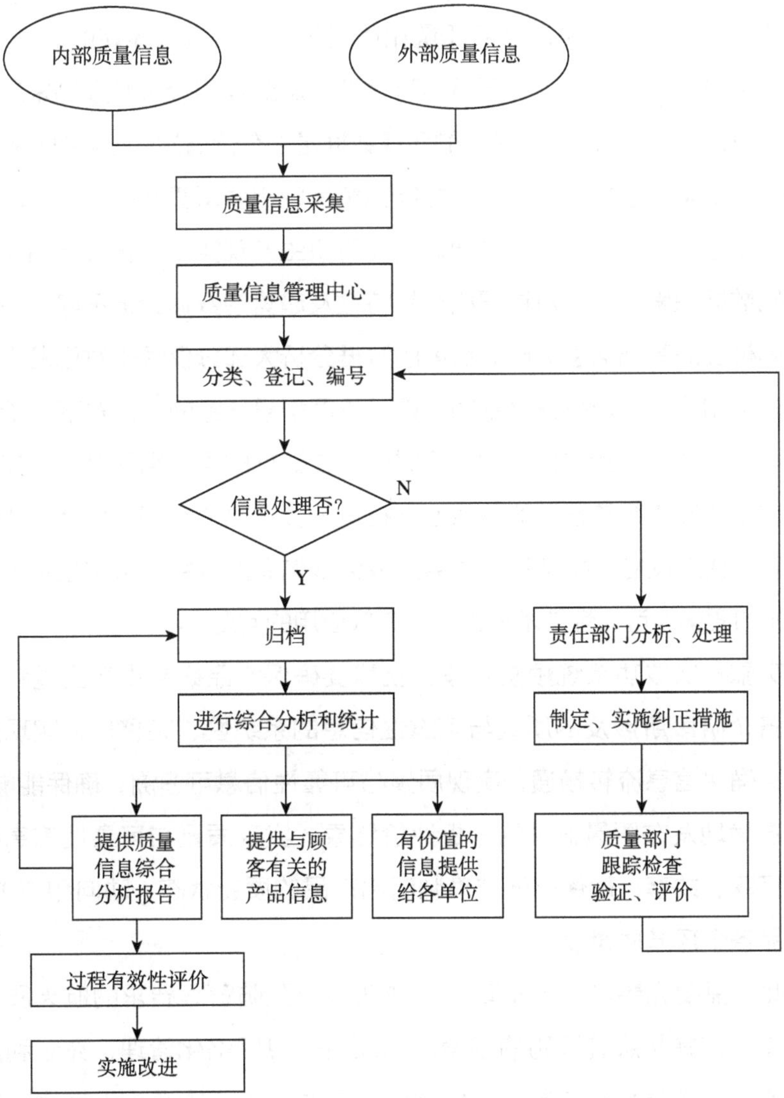

图 6-11 航天质量信息管理流程控制图

上图中的“信息处理”是指对质量信息进行深入细致的甄别、筛选等，而重点流程则是对质量信息进行综合分析和统计。需要指出的是实施质量信息管理流程控制的前提是，必须完整记录产品研制生产过程的中间和最终变化的质量履历和文档，确保它们的正确性、一致性和可追溯性。实施质量信息管理流程控制的效果是以产品质量和质量管理的改进来体现的。

系统预防是建立在对大量质量与可靠性信息数据的分析并预测未来可能发生质量问题的基础上的，支离破碎的质量数据是没有价值的，必须把各种来源、不同类型的质量信息集成在一起，才能完整反映出质量管理的全貌，所以质量与可靠性信息的集成管理极为重要。而在科研生产现实中，航天产品质量与可靠性基础数据积累不足，对过程和产品特性及趋势的数据分析不够，提供识别预防措施机会的基础信息欠缺。目前的数据分析大部分仅限于对已发生质量问题进行总结和分析，很少根据不同时期、不同型号任务的特点对下一阶段的研制过程和产品质量趋势作出预测，同时对既往数据的再利用程度也不充分，质量信息的多样性和系统预防的有效性存在进一步提高的空间。另外，质量信息早期预警、快速反应，特别是质量事故或失败信息充分共享机制还不够完善，仍然是制约质量与可靠性技术在工程中有效应用的问题。

要实施一次成功系统预防管理，就需要确保产品研制生产全过程、全生命期的各个阶段所涉及的质量与可靠性信息的系统性、完整性，实现质量信息集成；确保信息流转畅通，实现质量与可靠性信息可追溯；确保能够及时、全面、准确地发布质量信息的分析评价结果，实现质量与可靠性信息和分析成果的互联、共享；确保能够准确判断出产品的质量状态、动向和改进方向，实现产品各个环节质量受控。

为此，需要完善能保障实现一次成功系统预防管理要求的航天质量信息集成化管理，并从系统预防的视角加强质量信息网络化管理，充分利用信息技术和手段，实施系统控制和系统检测。同时，重点围绕航天产品研制生产过程的质量与可靠性信息、试验 / 测试 / 检测信息两条主线，形成相互关联的质量信息采集与控制网络，实现对产品研制生产质量过程的有效规范与实时监控，实现对产品全生命周期质量信息的有效集成和管理。

6.7.2 航天集成化质量管理信息系统

航天质量管理信息系统是航天企业管理信息系统的重要组成部分，是以质量管理体系为基础，以产品（质量）保证为主线，多层次、多型号（项目）、全寿命周期、支持异地协同管理的集成化质量管理信息系统，与企业的科研信息系统、生产信息系统、企业资源管理系统以及办公管理系统共同构成企业的信息管理系统网络。航天质量管理信息系统建设目标是规划质量相关活动，通过识别问题，提供数据并寻找原因，驱动质量改进，促进企业质量工作逐步实现三个方面的转变：由结果控制向过程控制转变，由指标控制向参数控制转变，由人工控制经验决策向自动化控制科学决策转变。毫无疑问，这对于推进一次成功系统预防管理具有重要的保障作用。

航天企业通过质量信息集成管理实现对质量信息的及时提取、分析、处理、反馈和共享，使质量活动协调运行，以提高质量系统对于多变的质量需求及研制环境的适应能力。从集成方式来看，一般来说，质量信息集成可以分为纵向集成和横向集成。

纵向集成是一种层次型集成，即与质量形成有关的信息在企业质量管理中的决策层、管理控制层和执行层之间的自上而下和自下而上的集成，执行层的检测与过程监控的有关信息应能及时地传递到管理控制层和决策层，为企业的质量问题决策提供支持，同时决策层的质量计划、检测计划、质量控制任务等应及时地传递到管理控制层和执行层，实现在正确的时间将正确的质量信息传递到正确的人。

横向集成是一种环状的过程集成，是指产品生命周期各个阶段质量信息的集成，即以市场需求分析、产品设计与开发、生产设备与制造、质量验证、包装与贮存、销售与使用、技术支持与售后服务，又回到获取市场需求分析这一质量形成全过程的集成。

从航天集成化质量管理信息系统组成来看，一般来说，系统包含质量工作平台、质量信息管理平台、系统集成平台、决策支持平台等 4 个模块化功能平台，从而实现航天企业质量信息全层级管理和航天产品生命周期质量信息全过程管理。

（1）质量工作平台

质量工作平台是转变航天企业传统的质量管理模式，为企业建立一个基于信息化、网络化的质量系统工作的基础环境，以实现全过程质量控制。此平台系统利用生产任务信息、工艺施工信息，自动生成产品生产过程用质量控制记录卡及生产过程需填写的与质量检查确认相关的表单；操作人员和检验人员按工艺文件规定，对加工产品进行检查和记录；产品加工完成并经确认满足要求后，系统可以自动形成并输出产品质量证明文件及各种记录表格、产品质量检查确认相关表格，并随产品一同交付，此过程通过计算机网络可以实时进行跟踪和追溯。通过上述过程对各项指标执行过程进行监控，对生产过程出现的异常问题能够及时发现、及时解决，提高产品生产质量，企业各部门、各级相关质量人员通过此平台开展日常的质量管理、控制和监控协调工作。

（2）质量信息管理平台

质量信息管理平台是航天企业质量信息的管理中心和流转枢纽。以质量为优化目标，统一建立一体化、集成化的质量信息库，建立从质量策划、设计、采购、制造、测量、改进到分析的全过程信息管理平台，可以收集散落在企业各个角落的质量数据，整合散布在各部门、其他各信息系统中的与质量相关的数据，并通过统计形成和输出相关质量文件，合理运用信息数据管理平台，对收集、汇总的质量数据进行分析和整合，最终形成航天产品质量与可靠性数据包，使之成为企业内部对产品进行系统分析，持续改进的基础。

（3）系统集成平台

系统集成平台是质量信息集成化管理的核心。航天质量管理工作与企业的其他管理过程密切相关，作为企业信息化的一个重要组成部分，质量管理信息系统同工艺系统、生产调度系统及其他系统间存在着资源共享和大量的数据交互，为此，质量管理信息系统必须与其他系统充分集成，成为一体化系统，以满足数据信息的一次采集、多方利用、多次使用。如建立设计与制造过程信息化管理系统，将设计、材料、工艺、制造、检验和测试工作协调一致，保证产品与设计状态的一致性，实现设计到产品的无缝衔接，将质量过程管控嵌入到程序中，将计划管理和资源管理融合到信息化管理系统中，提升产品质量管控水平和产品制造效率。通过分别安装于不同部门中的质量业务与功能模块之间的集成，质量管理信息系统才能作为一个有机的整体有效运转，避免质量信息孤岛。

（4）决策支持平台

决策支持平台是在统计大量质量信息并进行定量分析基础上对质量管理决策的重要支撑。基于事实的决策方式和统计技术的应用是质量管理的一大特色。经验式的决策已经不能满足企业精益化、集约化管理的需要。质量信息管理是在基础数据、过程数据采集和有序管理的基础上，应用大量统计分析工具和报表定制功能，为产品成功数据包络分析提供原始数据积累，为管理者、决策者提供详实、准确的分析报告，为企业质量管理决策提供有力支持。

集成化质量管理信息系统作为打通企业内部科研生产主线的有机组成部分，将各种质量管理规定和流程嵌入质量管理信息系统中，内部集成了一系列业务子系统，对质量管理业务进行数字化管理，对质量活动产生的质量信息不间断地进行收集、汇总与统计分析，其中包括综合质量管理、质量问题归零管理、质量管理体系建设、质量评审管理、质量成本管理、外协外购件质量管理、系统基础平台等功能部分，为系统运行提供统一、严格、规范的基础数据支持与安全控制。

1）综合质量管理。可实现对产品协同研制过程中出现的质量问题、定期质量信息、质量通报、顾客满意度数据、质量分析报告、质量培训与教育信息等质量信息进行采集、统计、上报、汇总与分析。

2）质量问题归零管理。可支持质量问题反馈和质量问题处理的全过程。负责对产品在研制生产过程中产生的各类质量问题进行收集汇总，对责任单位、责任人完成质量归零的情况进行监督，并可实现对质量问题归零效果的实时采集、上报及汇总。

3）质量管理体系建设。可提供质量管理体系建设、审核与管理的工具支持，将全面质量管理使用的各种统计方法和工具程序化、系统化，使质量管理体系运行更具有操作性，实现对质量管理体系信息的采集、上报、统计、分析、定向发布等功能，主要包括质量管理体系运行情况、评审报告的登记备案管理、评审报告问题落实情况、审核计划管理、审核问题管理、问题跟踪落实情况和审核员库等信息。

4）质量评审管理。可对产品研制生产中的各种评审进行管理，如设计评审、工艺评审、产品质量评审、质量问题归零评审等。可实现对质量问题的基本信息、评审过程信息、评审结论等的采集、维护、统计分析等功能。

5）质量成本管理。可对产品质量成本进行合理地分类和统计，并为质量改进提供财务数据。可实现对预防成本、鉴定成本、内部损失成本、外部损失成本等质量成本信息的采集、上报、统计、分析和定向发布等功能。

6）外协外购件质量管理。可对外协产品生产现场的质量信息，以及产品所采用的外购零件和原材料检验，包括元器件复验及筛选、破坏性物理分析和失效分析等情况进行采集、上报、统计与分析。

7）系统基础平台。可实现产品管理、组织人员管理、权限管理、日志管理、数据备份与还原以及集成接口等。

利用集成化质量管理信息系统可以随时查看研制生产过程质量状况，并对质量文档实施动态和全寿命管理。信息化手段加强了全层级、全过程的质量可追溯性管理，使质量管理更加透明化、规范化，通过跟踪、追溯能够实现快速查找定位质量信息，提高质量数据的有效利用率。同时，还可充分利用最新的质量文档适时开展编研工作。如不断修订完善《典型质量隐患警示录》《设计质量改进指南》等，进一步加强对型号研制生产过程的质量管控。

6.7.3 注重发挥航天集成化质量管理信息系统的作用

推进航天质量信息化建设的根本目的是通过提高航天产品质量控制和质量管理的信息化水平，改进型号产品质量和提高企业经营质量效益，因而要注重发挥航天集成化质量管理信息系统的作用。

（1）实现质量信息实时传递和共享

集成化质量管理信息系统的实施有助于提高质量数据采集和获取的自动化水平，拓宽质量信息获取的渠道，为产品研制过程中的质量控制及时提供数据和信息依据。在传统管理模式下，质量信息的实时性、共享性差，而集成化质量信息管理模式能打破复杂组织结构形成的信息壁垒，大大加快企业内部质量信息的处理和传递，使企业内部更多的资源和信息能够更加快速的共享和利用，加快各环节响应速度，提升企业快速应变能力，实现海量质量信息数据通过网络信息化的平台，实时地传递到多个职能部门，使得各职能部门人员按照信息平台分配的权限，实时参与质量管理。同时，通过计算机网络对质量系统内部相互分离的单元质量保证技术进行集成，及时采集、处理与质量有关的信息，使各种质量活动协调运行，以提高质量系统对于多变的质量需求及制造环境的适应能力，使产品质量持续稳定地提高。

航天科工集团南京晨光公司在科研生产任务十分繁重的情况下，针对技术质量管理控制存在的一系列问题，如一线技术状态闭环管理模式各异，基本以纸质传递控制闭环为主，且规范性不强，技术质量工作流程复杂、交互慢、重复工作多，质量信息管理的集成性不强，导致查询及统计分析工作困难等，有针对性地运用流程信息化手段研发、应用“技术质量管理系统”，实现了产品数据唯一源管理，实现了单位、部门级的层级化闭环管理模式，闭环流程节点突破单人模式，实现多人并行闭环作业，以利于质量信息实时传递和共享。

（2）提高企业整体运行效率

建立集成化质量管理信息系统有利于实现质量信息的集成化采集与处

理，提高质量信息的规范化和集成化处理水平。传统管理流程存在生产过程数据记录随意、不规范、格式不统一，各个单位基础管理没有形成标准。新的管理模式实现了生产过程记录的电子化、规范化、统一化，杜绝了生产现场记录随意和划改现象；同时对原有资源进一步重组，主要包括企业网络资源、信息资源、管理资源和人力资源的重组，使质量信息达到一次采集，多方利用，整合优化管理流程；对基础资源信息也实现了从大量纸质记录或电子表格的台账管理模式，向条码信息采集的方式转变，解决了原材料过期、量具超出校验期、吊具超范围使用等问题，提高整体运行质量和管理效率。通过质量信息化建设，型号研制和质量管理实现全寿命周期一体化管理，质量业务也实现纵向、横向和端到端集成。如航天科工集团三院 239 厂采取数字信息化手段控制质量缺陷，避免人为因素影响。用多媒体方式构建出的型号管理“主体数据库”，将一线员工通过 ERC 信箱及时上报质量建议的信息，收集、跟踪生产流程的数字影像资料和质量案例库等电子信息系统录入；纸质表格等形式质量信息也纳入全方位、主体式质量信息集成化管理，并随着生产进度持续更新，使质量过程有据可查，使质量问题数量大幅下降，一次交验合格率稳定提高。

（3）促进企业实施精细化管理

集成化质量管理信息系统为企业实施全面质量管理提供有力的信息保障，使企业突破以往手工管理方式的限制，强化对质量产生的过程详细数据的适时记录和分析，实现了研制生产全流程每一个环节都做到精细化管理。同时，定量证实质量问题所在，使研制人员对质量问题的本质有更加清晰的认识；通过细化指标，并对各项指标执行过程都能加以监控，适时调整、改善，使得控制效果更好，有利于建立质量问题快速响应和处理机制。另外，以集成化质量管理信息系统建设为契机，健全与优化企业质量管理体系，进一步规范运行机制，以加强信息监管为手段强化精细化管理。

（4）促进质量管理逐步转变为事前防控

集成化质量信息管理模式将先进的质量管理工具应用到管理工作各项流程中，对质量数据进行自动化或半自动化处理并实现了利用统计原理，在产品开发生产中把同一型号或图号的所有相关联的信息统计出来，进行分类汇总，按照用户需要的检查确认模式输出，输出的信息覆盖面更宽，也更准确更直观。在制定标准的基础上，通过实时质量信息的分析、在线校验和监测手段，比对识别关键环节、薄弱环节，提高质量在线检测控制能力，促进质量管理由事后处理逐步转变为事中控制和事前防控，即质量管理各种预防措施和活动落实到位，并保持在正确的轨道和确定的范围。

通过强化集成化质量管理信息系统功能部分的有效衔接，以及质量信息在过程节点之间的有效流转，来实现过程的集成。对型号研制生产过程中出现的异常和问题及时发现，及时解决，坚决不带缺陷流入下道工序，不带隐患上天。如航天科技集团一院一部研制的运载火箭通用大数据健康管理平台，融合健康管理、装备综合保障等概念，可为火箭提供健康管理、健康监测与数据分析三大服务，支撑运载火箭全寿命周期数据的存储、智能分析与深度挖掘，预防质量问题发生，为火箭发射一次成功打下坚实的基础。

（5）保障企业决策更具科学性

通过整理现有质量信息种类，将规范制定为计算机识别的信息格式，避免了手工管理时质量信息记录的随意性。在采集到大量“数据”化的质量信息后，通过将先进的质量管理分析方法植入管理模式中，就能够精确地统计、分析、整合质量信息，使离散的质量信息能够更直观、更系统地集成并向决策者展示，使决策者能够动态把握产品的质量和质量问题的处理过程，并为电子化数据包的建立提供了保障，在大量质量信息的定量分析基础上，使企业决策更具科学性。

当然，在注重发挥航天集成化质量管理信息系统的作用时，应充分调动员工的积极性和创造性。航天科工集团第九总体部构建了基于数据挖掘的质量管理决策支持系统，其架构如图 6-12 所示。

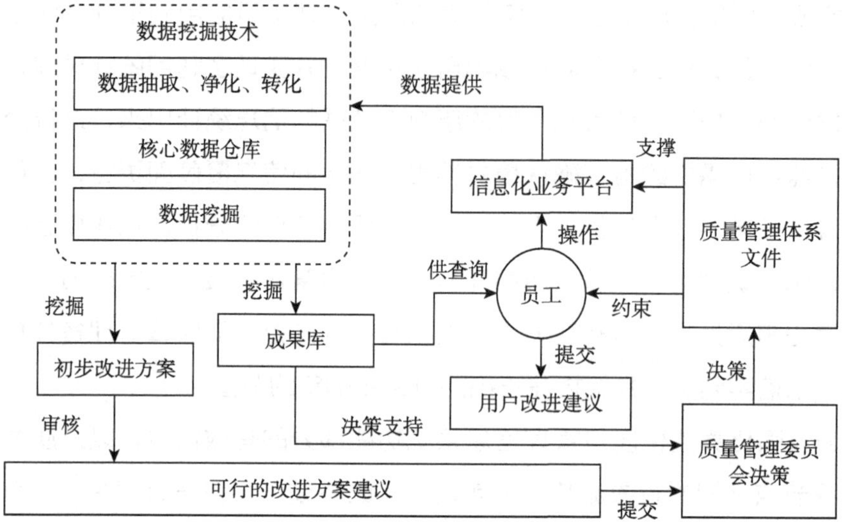

图 6-12　基于数据挖掘的质量管理决策支持系统架构

该系统围绕“以员工为中心”“以信息化手段为保障”，由信息化业务平台、数据挖掘、成果库、改进方案建议、高层决策、质量管理体系文件六大部分组成闭环的质量管理决策支持运作模式，每位员工积极参与质量管理决策支持系统的运行。该系统的实施彻底扭转了“拍脑袋”“想当然”的质量改进工作方式，形成了“用数据说话”的质量管理决策机制，提升了航天质量管理精细化、智能化水平，提高了质量事前防范和过程管控能力，促进了质量管理流程优化和决策效率的改进。

第七章
系统预防质量技术保障

随着航天产品科技含量越来越高，其研制生产和质量管控的难度也越来越大，在抓好型号工程技术攻关的同时，抓好质量工程技术应用研究与实践也越发重要。在航天科研生产和质量管理中，树立系统预防的理念并不等于万事大吉，系统预防不仅依靠质量管理更严、更细，还要依靠更科学、有效的质量技术保障。除了常用的以统计技术为主的新老质量改进工具，以及六西格玛改进 DMAIC 等方法以外，还应广泛使用先进适用的质量与可靠性技术，其作为一种“使能”技术，包括质量管理技术、质量形成技术和质量检测技术。航天产品高质量、高可靠的强烈需求催生了许多具有航天特色的质量与可靠性新理念、新技术和新方法，这些技术方法在航天型号研制实践中不断完善，引领和带动质量专业技术的应用和发展。综合使用质量技术方法和手段进行系统预防，并从整体上强化质量技术支撑机构和基础能力建设，是实现一次成功的基本保证。

7.1 航天型号研制一次成功技术保障分析

在航天型号研制工作实践中，航天科工集团通过总结某型号研制队伍创造性地提出“成功树”的思想，并应用于研制过程中的经验，形成一套自成体系的确保型号研制一次成功技术保障分析方法。此方法已在全系统推广使用，并取得了显著成效，为航天产品一次成功系统预防管理的实现提供了重要的技术保障手段。

7.1.1 航天型号研制一次成功技术保障分析总体思路

航天型号研制一次成功指的是在航天型号设计、生产、试验、交付、保障、使用等研制活动中所树立的一次就把事情做对、做成的理念和目标，就是要求与型号产品关联的所有研制人员开展系统预防，确保型号研制和飞行任务一次成功，满足用户和相关方的需求，实现最佳效益。

从总体思路来看，航天型号研制生产中极其重要的环节是飞行试验（试样飞行试验、正样飞行试验、定型飞行试验和抽检飞行试验），型号飞行试验是在动态、综合、真实飞行条件下对系统进行的一种全面考核，它是设计质量、工艺质量、制造质量、测试和试验质量，以及保障质量等的综合反映。尽管在型号研制生产过程中进行了大量的地面试验，但最终还是要看飞行试验的成功与否，而飞行试验的失利往往带来难以估量的损失和影响。因此，确保飞行试验一次成功是确保航天型号研制一次成功的集中体现。

航天型号研制一次成功技术保障分析是以确保飞行试验一次成功为“顶事件”，从设计、工艺、制造、测试、保障等工作流程入手，对每一个分系统、设备及软件进行逐项分析，找出并针对影响产品使用成败的关键环节，分析产品的设计、生产、工艺、单机试验、总装测试、地面试验、综合保障、使用全过程中的每一个环节、每一个流程，找出制约产品正常工作的影响因素及控制因素。同时，对控制因素审查并明确责任单位及责任人。对分析中发现的薄弱环节有重点地进行试验验证，从而确保每一个控制因素能够得到有效控制，在技术上、管理上确保飞行试验一次成功。

一次成功技术保障分析也可称为成功树分析，与故障树分析（FTA）有很多相似点，它们都是围绕“顶事件”，对导致“顶事件”发生的事件进行逐层分解，最终找出导致顶事件发生的“底事件”。“故障树”和“成功树”都是一种特殊的倒立树状逻辑因果图。不同的是，故障树分析是以一个不希望的故障或问题作为顶事件，通过由上而下地、逐层、逐个地进行故障因果逻辑分析，找出促使顶事件发生的必要而充分的直接原因，即中间事件，最终找出造成问题发生的根本原因和原因组合，即底事件，然后制定并采取有针对性的措施以避免问题发生。而成功树分析是以确保飞行试验一次成功为顶事件，通过由上而下地、逐层、逐个地进行一次成功因果逻辑分析，找出促使顶事件发生的关键环节、影响因素和控制因素，即中间事件，最终找出制约一次成功的薄弱环节所在，即底事件，然后对分析中发现的各薄弱环节采取有针对性的措施，以确保飞行试验一次成功。图7-1为成功树分析示意图。

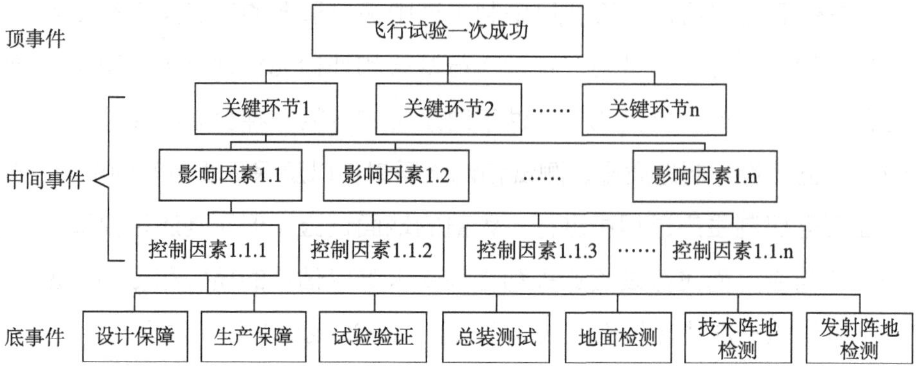

图 7–1　成功树分析示意图

上图中的关键环节是指在设计、生产、试验、保障全过程中所有影响型号产品使用成败的工作项目。影响因素是指影响每一个分系统、设备正常工作的相关因素。控制因素是指确保每一个关键环节正常、可靠的相关影响因素的再进一步分解。过程保证是指针对每一个控制因素从设计、生产、试验、保障直至使用的全过程进行保障分析，确认每一个控制因素在形成的全过程中，直到每次发射前是否都一直处于正常状态，确保产品每次飞行试验都可以正常、可靠地工作。薄弱环节与措施是指关键环节分解的控制因素中，在进入某一流程后无法检测，以至产品使用终止仍不能保证其正常、可靠工作的控制因素，均列为薄弱环节。针对确定的薄弱环节，进行具体分析，结合实际情况，采取相应措施，确保其在使用全过程中正常、可靠工作。对于暂时无法采取措施的薄弱环节，要对其进行风险分析，并提出相关预案。

与故障树分析相比，成功树分析，即一次成功技术保障分析具有以下优越性。

（1）一次成功技术保障分析为事前通过系统性地分析产品中所有涉及飞行试验成败的关键环节和影响因素，且每个关键环节和影响因素的分析都与实施飞行试验全过程紧密结合，对存在的所有薄弱环节提前采取系统性的预防措施，确保与型号相关的所有产品、环节工作可靠，更着眼于在型号设计、生产、试验和保障服务的不同阶段通过系统预防的实施，提高航天型号产品的可靠性、稳定性和安全性，确保飞行试验和研制任务一次成功。而故障树仅仅是局部性预测和诊断故障，并要与 FMEA、FMECA 等协调配合使用，才能较全面地查明系统薄弱环节。

（2）一次成功技术保障分析中的控制因素，其过程保障分析涵盖从设计保障到发射阵地检测的全过程，特别是系统性因素可以在产品寿命周期各阶段实施过程控制，并采取针对性的保证措施或进行有效的验证试验以防控风险，确保成功。而故障树分析更多地适用于设计过程中的对可能发生故障的原因分析和发生质量事故后的原因分析，并采取相应的纠正措施。

（3）一次成功技术保障分析工作虽然需要花费一定的人力、物力及时间，系统开展大量深入细致的分析工作，但通过主动的分析及有计划、有目标地采取预防性措施，可以大大提高型号飞行试验的一次成功率。而故障树分析由于故障的诱发因素在事发之前有一定的偶发性和盲目性，故往往在事发后才被动地分析问题，解决问题。

由一次成功技术保障分析和故障树分析的总体思路对比中可以看出，一次成功技术保障分析的实质是全员、全系统、全过程的质量预防和风险管理。

7.1.2 航天型号研制一次成功技术保障分析流程和内容

航天型号研制一次成功技术保障分析注重过程化和时序，其按层次可分为三部分内容，首先是确定航天产品研制中一次成功技术保障分析的各个关键环节和影响因素；其次是以关键环节和影响因素为依据对分系统（分设备）影响因素进行分解，形成控制因素；最后是完成对控制因素的过程保障分析。确定关键环节和影响因素是后续工作分析的基础和输入，影响因素分解和过程保障分析是对顶层分析的细化和落实。最终通过对分系统（分设备）控制因素的过程保障分析，尤其是对技术状态变更部分的相关分析，确认对技术状态变化验证的充分性及是否存在薄弱环节，最终确保型号研制和飞行试验一次成功。航天型号研制一次成功技术保障分析程序如图 7-2 所示。

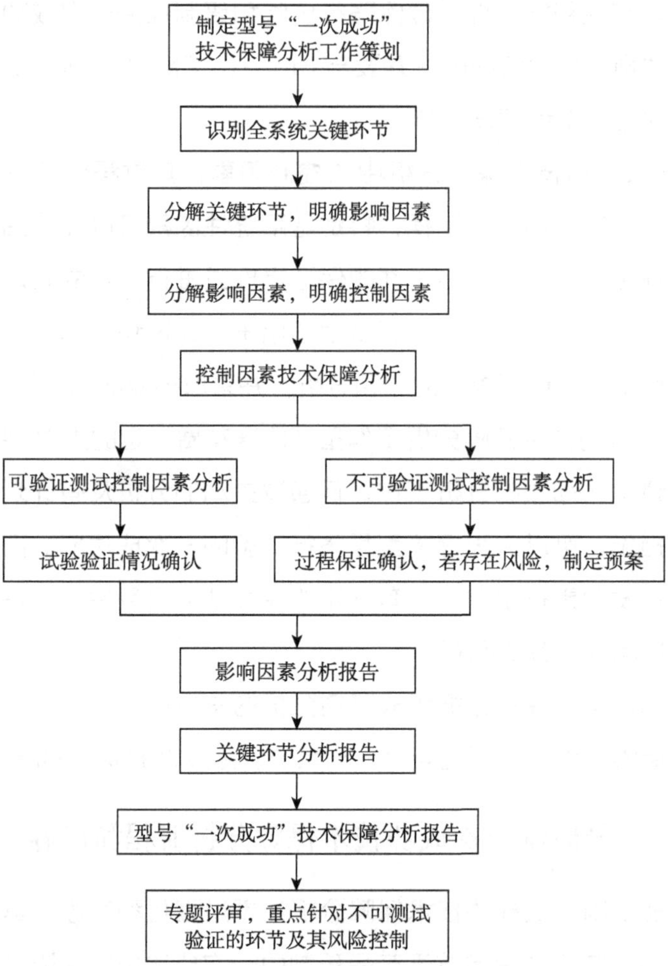

图 7–2　一次成功技术保障分析程序

由上图可见，一次成功技术保障分析在制定相关工作策划的基础上展开，其程序主要包括以下 6 个方面内容。

（1）按航天产品的设计、生产、试验、保障等各个阶段进行过程分析，按其流程分别提出确保产品研制及使用一次成功的关键环节。关键环节的提出有以下几个方面的分析原则和方法：

1）所提出的环节必须是与型号研制成败具有直接和重要的关系；

2）关键环节的提出要考虑在型号飞行试验中可能发生的各种情况，比如一些应急处理和安全保障环节；

3）所提出的关键环节必须具有一定的时序性，避免各环节间出现跳跃和遗漏；

4）所提出的关键环节必须具有覆盖性，最终分析得出的关键环节能够覆盖型号研制的全部过程。

（2）对每个关键环节进行分析，找出其相关设备、成件级影响因素，提出分析要求，统一制定分析用表格，明确责任单位。影响因素分解有以下几个方面的分析原则和方法：

1）某关键环节分解出的影响因素应对关键环节有所覆盖，即所有影响因素均正常或正确，就能保证该关键环节正常；

2）分解出的影响因素应尽量相互独立，明确责任单位，即一项影响因素尽量对应一个责任单位；

3）影响因素应具体、明确，便于分系统（分设备）技术人员进行控制因素分解；

4）随着型号研制阶段的不断深入，参加型号飞行试验的装备（设备）可能会有所增加，影响因素分解须重点关注新参加的装备（设备）状态，确保新参加设备涉及的关键环节和影响因素均能够正常实现。

（3）对每一个影响因素进行深入分析，找出其控制因素，并明确具体责任单位、责任人。控制因素分解要体现和注重以下几个方面：

1）影响因素分解出的控制因素要更加具体、相互独立，每项控制因素要明确到责任人；

2）控制因素分解应尽量落实到每一个设备组合工作是否正常，每一条指令/信息执行是否正确，每一个设备的输入/输出信号是否正确，以保证控制因素过程保障分析切实有效；

3）进行控制因素分解和控制因素过程保障分析时，对飞行试验中新参加的装备（设备）需要重点分析。

（4）对每个控制因素从设计保障、生产保障、试验验证、总装测试、地面检测、技术阵地检测和发射阵地检测的发射前的全过程进行相关影响因素的技术保障分析。控制因素的过程保障分析要体现和注重以下几个方面：

1）在不同研制阶段，设备的技术状态会有所变化，须明确本阶段参与设备与前一阶段参与设备相比技术状态的变化，明确技术状态的变化是由于不同研制阶段功能的逐步增加和实现引起的，还是由于其他原因引起的（如性能优化、工艺改进或技术更改），这些技术状态变化尤其需要在控制因素过程保障分析中给予体现；

2）每个设备的控制因素过程保障分析要包含责任人复查结论和本单位行政主管领导意见；

3）完成一次成功技术保障分析后，技术状态发生变化的产品，要对其更改部分进行补充分析。

（5）通过分析控制因素，找出不能得到充分保证的薄弱环节。对于可验证测试控制因素进行分析，结合实际情况提出试验验证方案、解决措施；对于不可验证测试控制因素且无法采取措施的薄弱环节，须进行风险分析，并提出相关预案。

（6）编写相关一次成功技术保障分析报告，指出存在的薄弱环节，提出有针对性的预防性措施，进行专题评审，并在型号科研生产计划中落实到位。

在实施一次成功技术保障分析过程中，还必须配合进行“测试和试验真实性、覆盖性分析”等工作，真实性即天地一致性，指地面测试、试验的产品、试验环境、试验条件与飞行试验的一致性；覆盖性指地面测试、试验对参加飞行试验的产品、产品属性及飞行试验全过程的覆盖性。只有经过全种类、全覆盖的系统预防性测试和试验，以及综合的、彻底的技术保障分析，才能最终实现型号飞行试验和研制任务一次成功。

7.1.3 航天型号研制一次成功技术保障分析管理要求

航天型号项目是集众多高技术为一体的复杂系统，航天型号研制一次成功技术保障分析充分体现了“系统预防”的理念，其管理具有系统性强、涉及面广、执行要求精细的特点，具有工作关系顺畅主动、有助于提高型号研制质量和保证型号研制进度、有效降低质量损失成本和试验验证成本等优点，是型号研制质量管控的一种创新。确保型号研制一次成功技术保障分析管理流程如图 7–3 所示。

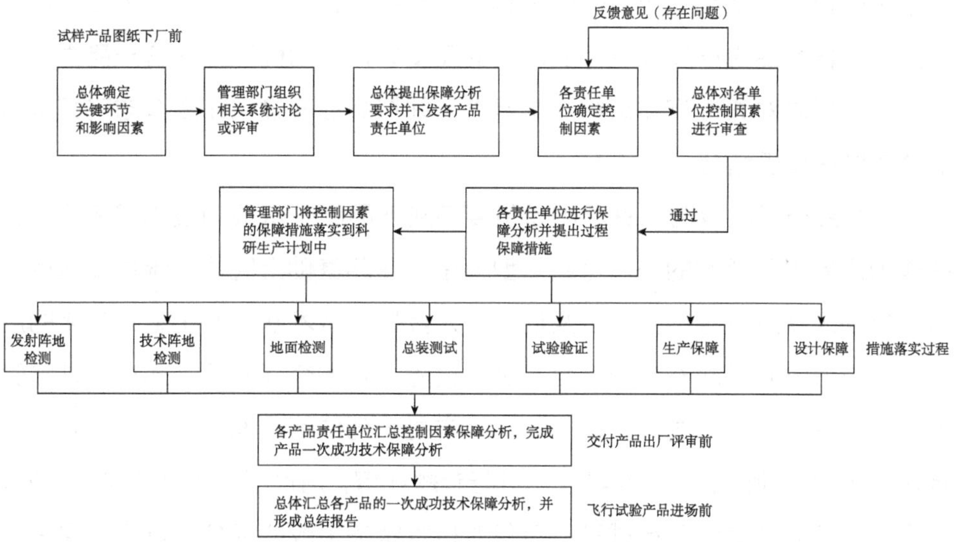

图 7–3　确保型号研制一次成功技术保障分析管理流程

一次成功技术保障分析工作应制定专项计划，明确各分析项目的责任单位及责任人，逐一落实。在完成全系统总体技术方案、技术设计等阶段性工作，完成阶段故障模式影响分析（FMEA）后，在参加飞行试验产品的试样产品设计图纸下厂前，启动一次成功技术保障分析工作。

首先，型号总体紧密结合飞行试验全过程完成各个关键环节和影响因素的分解，上报总设计师系统并组织进行讨论和审查，必要时组织评审；然后提出一次成功技术保障分析要求及工作计划，并下发各分系统单位；各分系统单位完成控制因素分解后，报上一级设计师系统把关、审查，重点审查技术文件、管理文件中规定的工作项目、内容是否都已经做了，做得是否到位，并明确各控制因素的责任单位和责任人。各责任单位对控制因素进行过程分析并提出过程保障措施，便于尽早地暴露问题和解决问题。

控制因素的保障要随着研制工作的进展而不断完善和补充，保障措施必须落实到科研生产计划中。如设计保障中的元器件选用、热防护设计、软件评测等；生产保障中的元器件筛选、复验、工艺落实、产品检验等；试验验证中的真实性和覆盖性分析、试验总结等；总装测试中的安全评测、防差错、多余物防控等以及其他检测保障过程中的产品运输、贮存、维护等各项保障措施。在各产品生产过程中，应对产品质量进行正向确认；在各产品生产完成后，应适时对关键产品组织质量复查，并将静态的确认和复查与飞行试验的动态过程有机结合。

各产品交付验收时，其承制单位要完成产品的一次成功技术保障分析，并作为产品出厂评审的备查材料。型号总体在此基础上完成系统性试验后，对各控制因素进行进一步分析及汇总，尤其是对技术状态发生重大变化的产品，更应通过必要而充分的地面测试和试验，对各个环节是否通过了试验验证、条件是否真实、试验是否充分、状态是否到位等方面严格把关。要重点针对不可测试验证的环节及其控制进行专题评审，对产品技术状态基本相同，而产品属不同批次的飞行试验，可仅对技术状态更改的部分进行相关保障分析。

在型号研制过程中，总体单位应下发《确保型号研制一次成功技术保障分析要求》，并针对设计定型、生产工艺、飞行试验、综合保障等，分别提出确保型号研制一次成功技术保障分析报告；各分系统设备、成件责任单位应提交《确保型号研制一次成功技术保障分析（设备、成件）》报告；最后，型号总体单位根据总体与各分系统设备、成件所做的分析工作，提出《确保型号研制一次成功技术保障分析工作总结》报告。在实施型号飞行试验前应完成全系统的一次成功技术保障分析工作，从而对整个系统产品研制质量做到心中有数，为型号飞行试验和研制任务一次成功奠定坚实基础。

当然，航天型号研制一次成功技术保障分析方法在推广应用的实践中积累了丰富的经验，但还需不断完善管理，并从外延上进行拓展。如与用户共同开展型号装备全生命周期任务一次成功技术保障分析研究工作，遵循“用户成功”原则，将质量工程技术与型号工程技术完美结合，探索总结确保装备型号使用一次成功的先进适用的理论和方法，并形成相关的应用软件。

7.2 航天产品成功数据包络分析

在实施航天运载火箭和导弹高密度发射飞行任务过程中，如何有效防范风险，确保成功，一直是个难题。我国航天工业不仅借鉴国际通用的单点故障模式识别与控制等质量控制方法，还探索形成了具有中国特色的航天产品成功数据包络分析和管理方法。

7.2.1 航天产品成功数据包络分析技术内涵

航天产品成功数据包络分析是从航天工程实践中总结出来的识别、控制、分析产品技术风险的一项技术，是基于小子样数据分析理论和小子样统计过程控制理论，利用有限子样的数据表征和分析，识别可能影响任务成败的风险因素并进行评价，以确定产品能否满足发射飞行任务要求，从而解决大系统全特性的技术风险应对问题的技术方法。同时，该技术通过对产品实现过程关键数据的持续积累、系统分析，为进行工艺和设计改进提供量化支撑，是涵盖型号全系统、全过程关键特性的量化控制技术。

产品成功是指产品构成的系统完全满足任务性能指标要求，产品成功数据可以根据产品特性及实际情况来确定。产品成功数据的收集与整理，首要的是根据产品成功的定义，从产品质量与可靠性数据包中获取可用的各种试验、检验或分析数据，组成分析样本数据集。由于产品成功数据来自以往的成功样本所积累的集合，所以从中提炼出的规律确实能反映一些可借鉴的经验。产品成功数据包络分析通过整理提取已经试验验证成功的若干产品的相关数据，建立产品数据包络范围，将待分析产品数据与对应的成功子样数据包络范围进行比对和分析，判定待分析产品数据是否落在包络范围内，得到待分析产品数据包络状况，评估产品是否满足执行任务能力要求，以确保型号发射飞行任务圆满成功。

产品数据主要包括产品材料数据、产品工艺数据和产品性能数据等，对应的产品成功数据包络分析主要从零件、部（组）件、单机、分系统、全弹（箭）逐级开展产品材料数据包络分析、产品工艺数据包络分析和产品性能数据包络分析等。产品成功数据包络分析可以为航天型号研制风险的防控，为产品质量稳定性、一致性的分析和评判提供有益参考。

对于航天型号研制而言，对产品的本质属性了解越多，评价风险就越准确。当各种硬件条件已经限定在既有水平时，就需要在解析观测值上想办法。产品成功数据包络分析成了提高评价风险精度最直观的办法，原因有以下几个方面。

一是产品性能指标的观测值（如测试数据），与产品完成任务能力直接相关。

二是产品成功数据是一些产品性能指标观测值的集合，这些观测值的共性是它们来自以往的成功样本，其规律与成功具有必然的联系。

三是成功数据包络是成功完成地面试验及飞行试验产品各项参数的上、下边界范围，包括产品本征参数包络和产品对飞行任务剖面适应性包络，是综合分析风险的重要信息和直观依据，为确保任务成功提供了参考。

四是产品成功数据包络分析的实质是让数据“说话”，且要“细说”数据，体现了数据挖掘的基本思想，是从一定量、不完全、有噪声、模糊、随机的实际应用数据中提取隐含在其中的、可能事先未知且潜在有用的知识。

五是用产品成功数据包络方法作为评价风险的重要手段，也体现了基于案例推理的基本思想，即以实例为基础进行推理，把以往的经验存储成多个实例，面临新问题时，从实例库中找到合适的实例作为参考，以实现经验的重复使用；若找到的实例不符合实际，则可通过修改来满足当前情况，修改后的实例将被再次存入实例库，以便下次使用时作为参考，从而实现经验的自学习。

7.2.2 航天产品质量与可靠性数据包

航天产品成功数据包络分析是航天产品质量与可靠性数据包管理成果的应用，开展产品成功数据包络分析的支撑是产品数据。产品质量与可靠性数据是指在产品实现过程中形成的、代表产品质量的特征量，是证明产品是否满足执行任务能力的依据。产品质量与可靠性数据包从以下三个方面来把握。

（1）产品质量与可靠性数据包的内涵

确切地说，航天产品质量与可靠性数据包，是指航天产品在设计、生产、试验和交付等研制生产环节中形成的与产品质量与可靠性有关的各项要求，及其实现过程和实现结果的客观记录的集合，能为评价产品质量与可靠性特性提供客观证据。产品质量与可靠性数据包也是产品质量成熟度的重要标志之一，是实施过程控制、开展质量改进、产品交付验收的重要依据。

航天产品质量与可靠性数据包一般包括产品的设计文件、工艺文件、测试和检验文件、试验和验证文件、产品保证文件、质量改进和综合管理文件等，还包括产品研制生产试验全过程实施质量控制的记录（含照片、录像等），以及产品交付后提供使用、装配的相关文件和资料。

具体而言，产品数据包主要包含三类数据：

1）产品基础数据：构成产品的原材料、标准件、部组件的基础数据。

2）产品功能数据：产品成熟度数据、产品试验验证数据、飞行测试数据、地面测试数据等。

3）产品关键特性数据：按照形成的阶段不同可以分为设计关键特性数据、工艺关键特性数据、过程控制关键特性数据等。

与国外的数据包相比，中国航天质量与可靠性数据包具有以下特点：

功用更多。国外的数据包通常是作为证实产品满足要求的依据，所以多用于产品验收和评审。国内航天产品质量与可靠性数据包的功能有较大拓展，主要包括：产品过程控制的依据、单位和产品质量改进的依据、用户单位接收产品的依据，以及用户后续使用维护的依据。

内容更全。由于功用的不同，其内容也不一样。国外的数据包通常是产品实现过程一个或多个阶段的有关数据的集合。国内航天产品质量与可靠性数据包则包含了从设计到交付全过程的所有数据，数据的类别和数量都更加丰富。

要求更严。功用决定了国外的数据包主要以满足用户的要求为最终目标，其要求主要取决于用户。国内航天产品质量与可靠性数据包强调系统性、完整性、正确性和可追溯性，同类产品要求的统一性，存放、标识、检索、查询等的便捷性，标准更高，要求更严。

（2）产品质量与可靠性数据包的构建

在航天产品质量与可靠性数据包构建的过程中，必须重点把握系统性、完整性、正确性和可追溯性的原则。

数据包的系统性，就是要求在数据包建立过程中，要对产品实现全过程质量与可靠性的各项要求按产品研制阶段进行系统梳理，确保工作项目系统、协调。

数据包的完整性，就是要求工作项目要覆盖各项要求，每项工作项目的内容要全面，每项工作的记录要完整。

数据包的正确性，就是强调数据包内各项工作记录的准确，强调数据包的内容必须是各项工作结果的客观真实反映。

数据包的可追溯性，一方面指每一个工作项目、每一个表格记录在数据包中要有唯一标识，能够方便检索和查找；另一方面是指产品上每一个零部组件能够追溯到与其采购、制造、检验、试验、装配、总装和操作活动有关的资料、人员和设备，向前能够进一步追溯到元器件、原材料生产厂家的相关信息，向后能够追溯到其在产品上的安装位置。

产品研制生产单位是产品质量与可靠性数据包建立的工作主体，负责产品数据包工作的策划和实施。产品质量与可靠性数据包的建成主要包括以下五个方面过程：

1）总体策划

产品研制生产单位在对产品的质量与可靠性要求进行全面系统理解的基础上，对产品数据包进行总体架构。结合产品特点及各项技术和要求，明确产品在各个阶段所应开展的工作及具体要求，并对每个阶段应该做的记录进行整体的策划与部署，这个阶段是产品数据包建立的输入阶段。

当产品成熟度等级较低时，需要对产品全生命周期的数据内容进行策划分析，总体策划的前提是要综合考虑产品设计、工艺及过程控制的关键特性，为后续的数据记录、对比利用及持续改进打下基础。

2）系统分析

产品研制生产单位要针对不同的产品开展系统分析，以产品的故障模式及影响分析等可靠性设计分析工作为重心，识别影响产品最终质量与可靠性的关键项目与环节，设置合理的强制性检验点，制定措施来规避和控制风险。其主要的目的是找到产品的共性问题和薄弱环节，最终提出产品数据包的要求。

3）确定清单

系统梳理产品全生命周期各阶段的要求，根据需求制定开展工作的内容，对工作项目进行系统化、规范化、表格化处理，对工作项目提出具体的要求并明确记录的载体形式，例如文件和表格等，在此过程中必须要贯穿细化与量化的要求，形成数据包清单。

4）记录数据

在数据包清单的基础上，将任务通过管理文件、设计文件、工艺文件和调试测试文件分配到不同岗位和不同员工，各个负责人在产品的生产研制过程中采集相关的信息和数据，并对这些信息和数据进行汇总处理，形成资料记录。

5）确认存档

在产品研制生产过程中，产品研制单位对各阶段形成的产品数据包的内容进行逐一确认或审核，按照相关规定，进行统一编码并集中存放，形成产品数据包。

（3）产品质量与可靠性数据包的管理和应用

产品质量与可靠性数据包的管理，重点包括以下三方面的内容。

1）建立体系，落实责任。要将质量与可靠性数据包工作要求纳入质量管理体系文件中，要处理好不同层次产品（型号总体、分系统、单机）数据包管理的接口关系，明确单位和型号在数据包管理工作中的责任，形成科学、完整、有效的质量与可靠性数据包管理工作体系。

2）加强质量分析，把握关键。认真做好数据包建立工作中的质量分析工作，针对产品研制特点，明确质量分析要求和分析方法，做到识别产品研制的关键项目和关键环节，把握关键，使数据包的建立更有针对性。

3）持续改进，完善管理。注重对数据包的系统性、完整性、正确性和可追溯性的改进工作。在对产品研制生产试验中的质量问题和薄弱环节系统分析的基础上，在实施产品质量改进的同时，不断完善产品数据包，并确保数据包完善的过程受控。同时，充分利用计算机和信息化手段，逐步实现数据包的电子化、信息化、网络化。

正确地应用产品质量与可靠性数据包，能够有效识别产品实现过程的关键环节和风险点，预先制定针对性的防范和控制措施，使关键环节和风险得到控制。如航天科技集团五院相关型号队伍建立了载人航天器系统数据包体系，同时增加了对电子数据包文档的收集工作，以便检索、存储和应用。把质量控制的重心前移，变抓结果为抓过程。在转阶段等环节，组织专家组认真查实物、查数据包、比照测试数据，把好过程关、出口关，确保了质量问题的及时发现和解决。

推进产品质量与可靠性数据包应用，让型号研制生产过程用数据说话，并在产品研制生产全过程实施偏差管理，使质量管理工作由定性管理向定量管理转变，逐步实现精细化质量管理，保证交付产品质量，提高产品成熟度，从而提升产品保证能力。

更重要的是，对于产品质量与可靠性数据包这样的技术档案，可通过二次编研，将历年的各种航天产品质量与可靠性数据进行综合分析，从中找出航天产品质量管理的规律和趋势，特别是找出航天产品质量控制方面的系统性和关键性问题，以指导一次成功。

产品质量与可靠性数据包的一项重大优势就是可以不断进行后续的应用和验证，特别是针对成熟度高的产品，重点关注根据重复生产和多次飞行考核数据记录、对比的实际情况，进行持续改进。对于与飞行环境有着紧密联系的产品，统计历次飞行成功产品的关键特性参数实测值，并结合成功的地面测试结果形成环境条件参数成功数据包络线，并基于地面和飞行考核数据，可更新产品可靠性评估的结果。

7.2.3 航天产品成功数据包络分析方法体系框架

在总结航天型号技术风险分析与控制、产品数据包建立与应用的基础上，通过跟踪、研究国内外相关理论方法，针对航天产品质量控制的特点和需求，航天型号产品成功数据包络分析方法在实际研制生产过程中逐渐形成了一套较为完善的体系。该体系能覆盖所适用的典型产品，符合航天型号研制生产的特点和型号生产质量管理、风险控制需求。产品成功数据包络分析方法体系框架如图 7-4 所示。

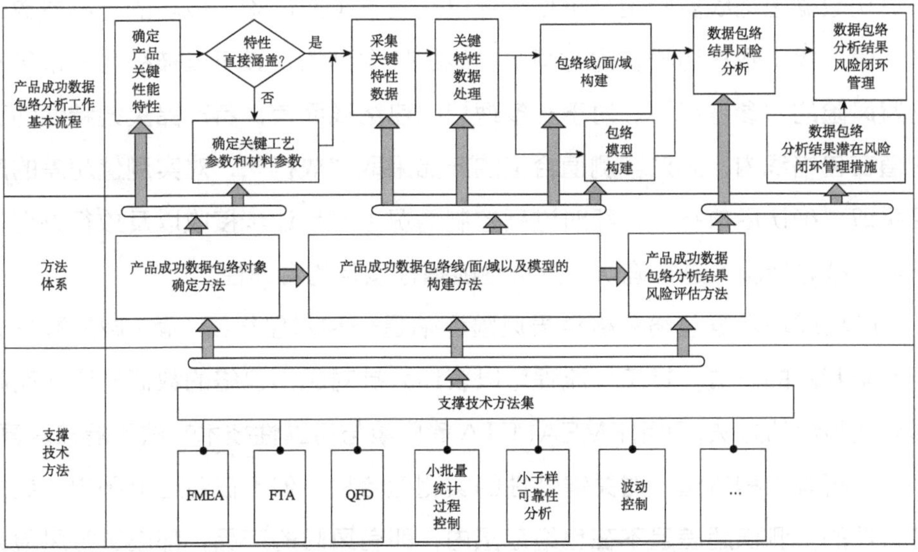

图 7-4　产品成功数据包络分析方法体系框架

产品成功数据包络分析的方法体系主要由产品成功数据包络对象确定方法、产品成功数据包络线 / 面 / 域及模型构建方法、产品成功数据包络分析结果风险评估方法三大部分组成。以下简要地对每个部分的工作方法和工作目标进行说明。

产品成功数据包络分析对象可以通过采用单点故障模式识别及 FMEA、FTA、QFD 等质量与可靠性工程方法，分析系统关键特性（产品设计关键特性、产品工艺关键特性、产品过程控制关键特性）来确定。确定包络分析对象的方法应能够清楚识别影响型号成败的关键产品和关键特性，包括性能参数未涵盖的关键工艺参数和材料参数。

产品成功数据包络线指以往成功单一数据参数集合构成的线；包络面指 2 个参数之间具有耦合关系，其耦合结果构成的面；包络域指 3 个及以上参数之间具有耦合关系，其耦合结果构成的域；包络模型指试点产品 / 系统 / 型号所有参数的传递和耦合关系。将待分析产品数据与对应的经过飞行试验或地面试验验证成功的若干产品数据所构成的数据范围（即包络）进行比对，判定待分析产品数据是否落在包络范围内，得到待分析产品数据包络状况。如成功数据包络线实际上是根据统计以往飞行（或试验）成功的产品参数的实测值，找出数据边界，同时画出曲线提炼得到的，其可以被视为一条用于规避风险的“参考线”。对于一条理想的包络线而言，若产品关键特性的实测值在包络线内，则对实测值合格的产品采取“放行”，对实测值超差的产品采取“确认后放行”，即对过程控制情况（产品让步接收以及放行办理、审批手续等情况）进行确认，分析性能指标设定的合理性。

产品成功数据包络分析结果风险评估是一种对包络线 / 面 / 域外数据进行风险判断的方法，其工作流程可以表述为针对超出包络的数据及潜在风险建立风险评估办法，利用 FMEA、FTA 等质量与可靠性技术方法和复核复算、裕度分析等工程方法，对关键特性的实测值合格，但不在包络范围内，或关键特性的实测值超差且不在包络范围内，即有风险的产品，都应进行风险分析和评估，给出是否影响飞行任务的结论，提出风险闭环管理建议措施，并组织评价落实。一般说来，对关键特性的实测值超差且不包络的产品采取“不放行”，以消除飞行任务失败的潜在风险。

7.2.4 航天产品成功数据包络分析主要工作内容和程序

航天产品成功数据包络分析主要针对原材料特性、工艺特性、性能特性和环境特性 4 个方面展开，其主要内容如下。

（1）产品原材料数据包络分析：收集并列出待分析产品所用原材料的炉（批）号，化验编号等信息，与以往材料关键性能指标数据所包络的范围进行比对分析。

（2）产品工艺数据包络分析：收集并列出待分析产品生产过程中的工艺数据，一般指设备、过程参数、工装工具、工作环境、操作程序等要素的相关数据，与以往产品生产过程中的工艺数据包络范围进行比对分析。

（3）产品性能数据包络分析：收集并列出待分析产品性能指标、关重特性等实测数据信息（包括单元测试、综合试验、总装测试等数据信息），与以往产品的对应数据包络范围进行比对分析。

（4）产品环境参数包络分析：收集并列出历次所试验的环境实测结果，与总体确定的全程环境条件进行比对分析。

（5）各项数据包络分析比对：将待分析产品的实测数据与产品各项数据包络范围进行对比，并从参数设计指标的裕度以及地面试验结果两方面进行风险分析。

（6）产品性能数据差异性分析：将待分析产品各阶段测试数据（包括出厂前的验收性测试、综合性试验、出厂测试以及靶场各阶段测试数据等）进行比对，找出实测参数的离散偏差情况，明确偏差量的多少对飞行试验的影响程度。

产品成功数据包络分析主要程序为：

（1）确定关键产品及参数；

（2）确定包络分析范围；

（3）开展确认和分析，将参加飞行任务产品的各项参数的实测值与成功数据包络范围进行逐一比对，画出曲线观察趋势，分析数据是否在成功数据包络内，同时确认产品的质量表征趋势；

（4）针对超差或超出包络的参数，尤其是“超差、不包络”的数据，逐一进行风险分析，根据分析结果确定控制措施。

产品成功数据包络分析工作原则上应从方案阶段开始，贯穿于型号研制的全过程。每一次型号飞行任务结束后，对成功数据包络边界及分析参数进行修正完善。

7.2.5 航天产品成功数据包络分析方法应用

航天产品成功数据包络分析方法在航天型号研制、批产过程中逐步应用推广，对于完善和优化产品关键特性数据、提升产品数据包的精细化程度、分析产品各项指标的离散程度、提高产品的一致性水平，特别是辨识产品可能存在的风险因素、评估产品能否满足研制要求、确保型号飞行任务成功起到了重要的促进作用。

例如，2011 年 7 月，在发射场对某火箭动力系统测试数据与包络线比对，发现火工品引爆线路回路阻值超出包络线 0.7Ω，但合格。经排查，发现了电缆网线插头根部 3 根导线由于操作问题造成断裂的隐患，避免了发射失利。

又如，2014 年，某型号导弹飞行试验故障归零时，在缺少故障导弹遥测数据使归零工作异常艰难的情况下，利用成功数据包络分析方法对故障产品建立包络线进行分析比对，发现了故障产品某参数的离散性，使得质量问题快速归零，确保型号研制生产计划顺利推进。

再如，航天科技集团六院针对神舟十一号载人飞船飞行发射的任务要求，科研人员认真反思一段时期以来某发动机研制工作出现的质量“疑点”，量身定制了多项质量改进措施，并借鉴此前获得成功的产品的成熟技术，拓展应用范围，运用信息化技术，有效开展产品成功数据包络分析，通过系统分析可能存在的薄弱环节和风险，进一步辨识各种关键特性，特别是对一些不可检测项目的分析，从设计和工艺上采取有效的风险控制措施，确保载人飞船发动机的可靠性和安全性。

当然，产品成功数据包络分析方法也在应用中不断完善。航天科工集团二院于 2015 年发布了《型号产品成功数据包络分析实施细则》，但在实施中采用人工进行包络分析，很容易出现误判、漏判等现象，分析质量难以保证且效率低下。二院二部设计师协同开发出了一款通用化产品控制系统数据包络分析软件平台，利用先验信息来识别可能影响任务成败的风险因素并进行综合评价。该软件通过对产品关键数据的持续积累、系统分析，为产品风险因素辨识、质量后续改进提供了切实依据，为开展工艺和设计改进提供了量化支撑。同样，航天科技集团八院八部建设综合测试大数据管控平台，针对设计师的具体需求，平台提供了通用成功数据包络分析工具，对型号超包络参数开展风险预警和分析处理，自动生成成功包络线，并对后续批产数据开展包络分析，快速获取包络线外数据的对应信息，为产品健康状态评估提供大数据分析支撑。

7.3　航天产品研制中的 QFD 技术应用

QFD（质量机能展开）是一种在世界上比较流行的质量管理技术和方法。质量机能展开是用多层次演绎分析方式，将顾客的心声转化为产品开发设计过程的一系列工程特性，以市场为导向，以顾客需求为依据，在开发初期阶段就对产品的适用性实施全方位保证，将顾客需求分解到产品开发的各个阶段和各职能部门中，通过协调各部门的工作以保证最终产品质量的系统方法，是顾客满意的定量实现技术。这项技术对航天产品研制实施系统预防质量技术保障有很好的实用价值。

7.3.1　QFD 的基本定义和基本原理

QFD 是质量展开与质量职能展开之总称。

质量展开由赤尾洋二教授定义为："将顾客的需求转换成代用质量特性，进而确定产品的设计质量（标准），再将这些设计质量系统地（关联地）展开到各个功能部件的质量、零件的质量或服务项目的质量上，以及制造工序各要素或服务过程各要素的相互关系上，使产品或服务事前就完成质量保证，符合顾客要求。"它是一种系统化的技术方法。而当初的"质量展开"已发展成为综合性质量展开。

质量职能展开由水野滋博士定义为："将形成质量保证的职能或业务，按照目的、手段系统地进行详细展开，通过企业管理职能的展开实施质量保证活动，确保顾客的需求得到满足。"它是一种体系化的管理方法。

综合性质量展开与质量职能展开的概念如图 7–5 所示。

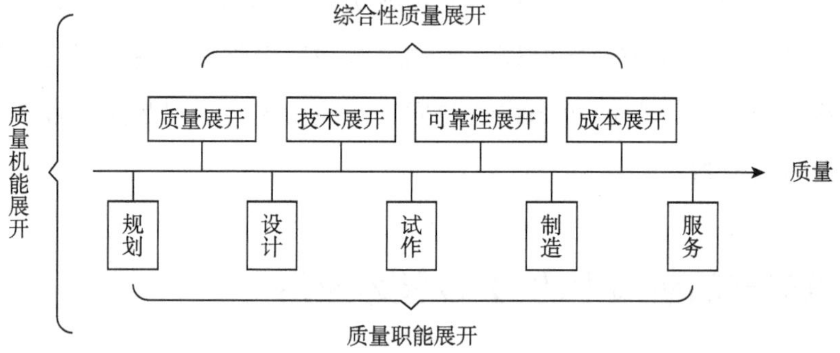

图 7–5　综合性质量展开与质量职能展开的概念

图中下侧的"规划""设计""试作""制造""服务"都可表示为形成右侧箭头所指的质量的职能，以企业管理职能为中心的质量职能展开是非常重要的，这也是 ISO9000 国际标准受到广泛重视的原因。但论及质量的系统，不仅是组织程序的集合，明确质量本身的集合也是必要的，也就是说图中上侧的"综合性质量展开"，这部分也很重要，因为产品整体的质量保证，是建立在产品各个零部件质量都得到保证，以及相关过程要素的统筹协调的基础之上的。综合性质量展开主要包括质量展开、技术展开、可靠性展开和成本展开，技术展开中又包括功能展开、装置展开、零部件展开和工序展开等四项展开。

QFD 是指企业为使产品、过程或服务满足规定的要求或用户的需要而进行的全部活动的总称。QFD 作为一种用户驱动的产品开发与规划方法，是一种结构化的产品规划与决策方法，采用系统化和规范化的方法，获取和分析用户需求，并通过矩阵图解法将其转化为产品特征、零部件技术特征、工艺特征、质量控制等技术规范与信息，通过协调各个部门的工作以保证最终产品质量，使得设计和制造的产品最大限度地满足用户需求。

QFD 的基本原理被日本学者归纳为以下六条：

（1）展开的原理。QFD 中的展开形式有在各种展开表中可以见到的树状展开以及从用户需求到生产现场的全体性展开。前者是在质量需求展开表、质量要素展开表及功能展开表中，系统地展开成 1 次水平、2 次水平、3 次水平等，越是层次低的抽象度越高，随着展开深入变得具体化。后者是从把握用户质量需求开始，向规划质量、设计质量、功能质量、零部件质量、生产工序管理点方向，上游（源流）向下游的展开。

（2）细分化与统合化的原理。全体的质量由各个质量要素构成，各自的顾客的要求强度不同，质量不进行细分化，其实际状态就不明确。但仅靠细分化，质量整体形象就不清楚，因此像 3 次、2 次、1 次水平一样进行统合化，并用展开表进行归纳。各个质量要素的层次水平和权重合计等，能具体确定整体质量水平，对以前比较模糊的服务质量等可以进行同样的评价。

（3）多元化与可视化的原理。QFD 由各种展开表构成，这些可以被视为“多元的”。以前质量要素没有在企业高度进行体系化，而是依存于设计者个人的经验，缺乏客观性。通过“可视化”不仅可以进行相互交流，而且经营者进行客观的质量决策也成为可能。

（4）全体化与部分化的原理。质量的集合是庞大的，通过将其展开为 1 次、2 次、3 次水平等，“全体化”和“部分化”就可以自由地进行。例如，到 2 次水平展开为止能把握整体的概要，利用计算机能将其中一部分进一步展开成 3 次、4 次水平并平衡部分最佳与整体最佳之间的关系。

（5）变换的原理。能使庞大的质量集合得以展开的就是这个原理。质量表是一种从顾客的世界向技术的世界变换，并进一步向子系统、零部件、生产和质量信息等不同侧面的变换的过程。在两种侧面的交换中，关系矩阵起着重要的作用。

（6）面向重点的原理。正因为展开容易变得庞大，这个原理才显得更加重要，质量需求展开表注重网罗性，重点事项并不明确，为此，通过了解顾客的关心度及比较本公司与他公司，选定战略性重点项目。利用各种展开表将重要度向下游进行变换，也就是说，不是笼统地，而是将质量信息的重点经过庞大的质量体系，系统地向生产阶段传达。

7.3.2 质量屋的基本框架及构建

QFD 的核心内容是需求转换，其过程是通过一系列图表和矩阵来完成的，其中起重要作用的是质量表。质量表是将顾客要求的真正的质量，用语言表现，并进行体系化，同时表示它们与质量特性的关系，是为了把顾客的需求有效变换成代用特性，进一步进行质量设计的表。由于这种表的形状很像一个房屋，所以被形象地称为“质量屋”。质量屋是建立 QFD 系统的基础工具，是 QFD 方法的精髓。广义的质量屋是指 QFD 中的所有关系矩阵，如图 7-6 所示。

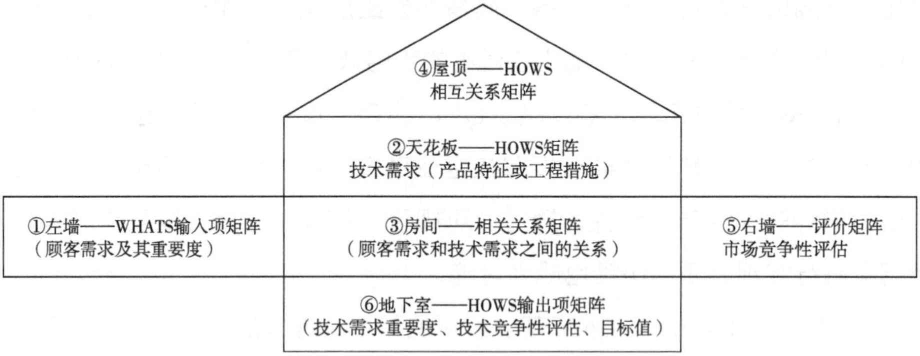

图 7-6　质量屋基本框架形式

质量屋的一般形式由以下几个矩阵部分组成。

（1）WHATS 输入项矩阵。它表示顾客需求什么，包含顾客需求及其重要度（权重），是质量屋的“什么”。

（2）HOWS 矩阵。它表示针对顾客需求，设计中应该怎样去做，是技术需求（产品特征或工程措施），是质量屋的“如何”。

（3）相关关系矩阵。它表示顾客需求和技术需求之间的关系。

（4）HOWS 相互关系矩阵。它表示 HOWS（技术需求）矩阵内各项目的关联关系。

（5）评价矩阵。它指竞争性或可竞争力或可行性分析比较，是顾客竞争性评估，从顾客的角度评估产品在市场上的竞争力。

（6）HOWS 输出项矩阵。它表示 HOWS 项的技术成本评价等情况，包括技术需求重要度、目标值的确定和技术竞争性评估等，用来确定应优先配置的项目。通过定性和定量分析得到输出项——HOWS 项，即完成“需求什么”到“怎样去做”的转换。

通过上述组成建立质量的基本框架，给以输入信息，通过分析评价得到输出信息，从而实现一种需求转换。对具体产品进行质量屋的构建和分析可分为如下几步：

1）确定对象产品；

2）顾客需求及重要度的调查与提取，即顾客需求的展开；

3）产品质量特性的展开；

4）构建顾客需求与产品质量特性的二维矩阵，并对其中的关系度进行打分；

5）市场竞争能力的评估；

6）确定技术需求之间的关系；

7）工程措施重要度和技术竞争力的计算；

8）质量屋的构造；

9）根据质量屋结果，综合分析产品的顾客需求、质量特性等，发现保证和提高质量的最关键因素。

然后，针对工程措施重要度最高的质量特性，用上述同样方法进行下一级的质量机能展开。

7.3.3 QFD 在航天产品研制中的作用

根据日美等工业先进国家的文献报道，应用 QFD 方法不仅能够提高产品质量，保证产品质量一次开发成功，而且能使产品开发周期缩短 1/3，成本减少 1/2，绩效十分显著。QFD 已广泛应用于全球的各个领域，航天领域也不例外。美国国防部和国家航空航天局已要求企业广泛使用 QFD，其中，国防部强制要求所有生产军工产品的企业应用 QFD。中国航天系统的不少研究院所也充分认识到 QFD 技术在航天质量管理工作中的重要作用，并积极推进该方法在型号研制过程中的应用与实践，取得了较大的进步和一些成功的经验。

综观 QFD 在航天领域的应用与实践，其最重要的作用可归纳为以下几点。

（1）QFD 是一种集成的系统工程方法。从系统工程的观点来看，QFD 是系统工程理论与方法在产品设计开发过程中的具体应用。它是一个具有输入、过程和输出的复杂系统，原则上，它是一系列的问与答，包括两个最基本的问题：——什么？（即顾客需要什么？）——如何？（即如何满足顾客的期望？）将各阶段的质量屋按输入和输出关系相连接就构成一个完整的产品开发的 QFD 系统。来自市场顾客的原始需求由产品规划阶段质量屋转换成工程特征要求，即通常意义上的工程设计目标要求；工程特征要求经零部件设计阶段质量屋转换成零部件特征要求；零部件特征要求由工艺规划阶段质量屋转换成对制造工艺的要求，制造工艺要求最后由生产计划阶段的质量屋转换成具体的生产要求。这一系列的需求转换过程就是系统的 QFD 技术过程。

（2）QFD 是一种新产品开发的质量保证方法。QFD 是一种旨在开发设计阶段就对产品适用性实施全过程、全方位质量保证的系统方法，是一种顾客驱动的产品开发方法。它提供了系统的、层次化的顾客需求分析手段，把顾客的声音转变为顾客所需要的质量特征，是支持从一开始就考虑到产品全寿命周期中各种要素的并行工程的重要技术和方法。在激烈的市场竞争中，企业在质量、成本、进度等方面领先于对手才能取胜，如果企业缺乏把顾客需求与企业组织过程联系起来的一套有效机制，那么新产品的开发最终大部分会失败。而应用 QFD 最大的好处是可把市场和用户对产品的要求，在产品设计时通过质量策划转变成企业可实施的行动，并使这些行动具有非常明确的目的性，使“满足市场和用户的要求”成为企业每个部门、每个员工看得见、摸得着的具体活动。更重要的是，它改变了传统的质量管理思想。即从后期的反应式的质量控制向早期的预防式质量控制的转变。通过质量控制重心前移，QFD 可以把“产品质量保证”真正做到从预防上保证，而且每项预防活动都有着强烈的针对性，这就大大降低了新产品开发的失败风险。

（3）QFD 是一种有效的技术创新工具。技术创新可分为产品创新和工艺创新，两者本质上都是市场导向，即为满足顾客需要服务，而工艺必须为产品服务，因此产品创新必然与一定的工艺创新相联系，必然要引发工艺创新。正是按照这个逻辑，QFD 把顾客需要依次转化为产品特性、零部件要求、工艺要求和生产甚至服务要求，从而把产品创新和工艺创新之间的本质联系体现出来，完成技术创新的整体功能。QFD 中的综合性质量展开实际上起着企业技术创新活动的路径图的作用。正是通过 QFD 才真正实现了技术与市场的统一，保证企业技术创新的成功。

除此之外，在航天领域应用 QFD 的作用还体现为：有利于复杂系统或产品研制的综合策划；优化人力和物力资源配置；促进各职能部门、各类人员和各相关利益方协调地工作；与相关设计和制造质量保证方法互补并引导其他质量工具或方法的有效使用等。当然，随着智能化、集成化计算机辅助 QFD 应用系统的开发完善，以及 QFD 标准化、规范化的不断成熟，QFD 在航天领域的应用将进一步拓展实施，并在一次成功系统预防管理中发挥更大作用。

7.3.4 扩展型 QFD 分析模式——系统屋技术

航天复杂产品如卫星、火箭等的研制工作，由于相关因素众多，并且相互之间存在着复杂的转换、衔接、分解、权衡和综合的相互关系，国外专家提出的 QFD 中二维质量屋的结构和分析方法过于简单，很难适应航天复杂产品研制，需要扩展功能。中国航天标准化与产品保证研究院与中国运载火箭研究院针对这种情况，将 QFD 技术与系统工程的方法相结合，提出了一种新的作为质量屋扩展的 QFD 分析模型——多维结构的系统屋。

（1）系统屋的结构与建立

系统屋是多维的系统矩阵，其结构主要由系统屋的框架、“墙面”“阳台”和“屋顶”组成，如图 7-7 所示。

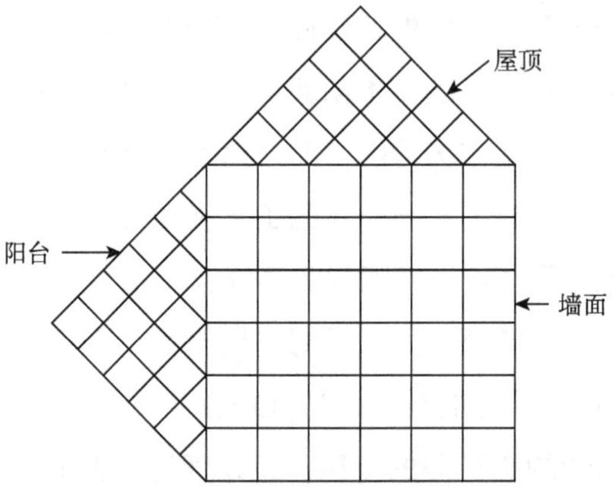

图 7-7　系统屋的结构示意图

系统屋的框架以系统矩阵中的多维坐标表示，每一个坐标表示系统分析中的一个因素。坐标上的点表示某因素的元素。多维坐标中相关的两两坐标形成的多个直角坐标平面，即两因素相关矩阵图称为系统屋的“墙面”。“墙面”上的点用以表示相关矩阵中两因素的各元素之间的相关度。系统屋中以坐标表示的相关因素分为输入因素和输出因素。前者的各元素是已初步确定的，后者的各元素是待求的。对一个输入因素的各元素之间进行相关分析形成的相关矩阵称“阳台”，对一个输出因素的各元素之间进行相关分析形成的相关矩阵称“屋顶”。

在系统工程决策与规划的系统分析中，首先应选择相对独立的阶段或专题作为建立系统屋的位置。同时，应确定各系统屋的输入、输出因素，明确系统屋之间的前后衔接、左右相邻、上下从属的相互关系，并对所有因素、元素进行系统性编号，从而形成与系统工程展开全过程相对应的，各系统屋之间接口明确、综合权衡、反馈及时、逐步展开的系统屋系列。

建立系统屋的框架就是确定该系统屋有哪些相关因素及因素的性质。建立系统屋的“阳台”是指对输入因素确定各元素，并通过建立绘制成三角形的相关方阵，比较各元素两两之间对该因素的作用大小，用于确定各元素的权重。建立系统屋的“墙面”是指确定在一个系统屋中需要进行相关分析的两两因素对。建立系统屋的“屋顶”是指对输入因素的各元素通过建立绘制成三角形的相关方阵进行相关分析，用于消除各元素之间的重复和不协调之处。

（2）系统屋技术的分析方法及评价准则

系统屋技术的分析方法及评价准则主要采用层次分析法（AHP）。

确定输入因素各元素的权重，即建立“阳台”的方法采用 AHP 法中的层次单排序。对两因素相关分析，即建立“墙面”可采用两种方法，矩阵表法和 AHP 层次总排序。在一个系统屋中，可能通过与不同输入因素进行相关分析取得同一输出因素的两组或多组不同的元素及其权重，为了系统屋进一步的展开，应对各元素组之间的部分重合元素进行综合，综合的方法有多种，可根据需求进行选择。

进行输出因素的各元素间的相关分析，即建立“屋顶”时，对于采用矩阵表法取得的输出因素的各元素及其权重，由于没有针对输入因素在输出因素的各元素之间进行两两比较，可采用 AHP 层次单排序法求出各元素的权重，判断其与经过两因素相关分析求得的该输出因素各元素的相关重要度的接近程度。根据判断结果对该输出因素的有关元素进行必要的调整。对于采用 AHP 层次总排序法确定的输出因素的各元素不必进行其间的相关分析，因为在两因素相关分析时已经进行了输出因素的各元素之间的两两比较和一致性检验。

（3）系统屋技术的应用

系统屋技术为复杂系统或产品研制引入了以用户需求为中心的新的分析思路和分析手段，通过建立一套完整的因素间和元素间的相对应关系和相对重要度的体系，为系统或产品研制人员在早期研制过程的决策提供了辅助性分析依据，使方案分析考虑更全面，分析更深入，得出的最后方案也更能体现综合权衡的结果。

系统屋技术方法及其应用软件已经在我国新一代运载火箭总体方案论证中初步有效应用。系统屋技术既适用于研制项目整体系统工程策划，也适用于研制项目某一专项的策划，如质量与可靠性策划，其思路如图 7–8 所示。

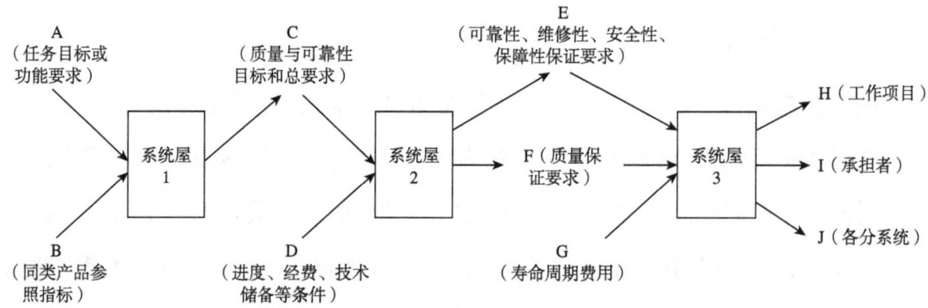

图 7–8　质量与可靠性策划系统屋系列示意图

由上图可见，系统屋 1 中，通过 AB 相关分析，参照同类产品调整任务目标或功能要求，然后通过 AC 相关分析，将其转换为质量与可靠性目标和总要求；系统屋 2 中，通过 CD 相关分析，从可行的角度对 C 因素进行调整，然后通过 CE、CF 相关分析，把质量与可靠性目标和总要求转换，分解为较为具体的质量与可靠性保证要求；系统屋 3 中，通过 EG、FG 相关分析，用寿命周期费用来权衡、调整 E、F 因素的各元素，然后通过输入因素 E、F 与输出因素 H、I、J 的两两因素相关分析，把要求转换、分解、落实到质量与可靠性工作项目、承担者和各分系统三个方面。

系统屋技术还需要同其他方法综合应用，如运用 FMECA 对潜在隐患和不确定因素进行反向分析，并把其分析结果和建议采取的预防、改进或补偿措施反馈到系统屋分析之中，便于系统提出更加具有针对性的解决措施，这对于确保航天型号研制一次成功是很有裨益的。

7.4 航天型号产品可靠性工程实施和可靠性系统工程应用

从系统预防的角度分析，在航天型号产品研制过程中，发生的质量问题除了技术性能问题，即组成产品的各单元在正常工作的情况下达不到或丧失规定的功能指标要求外，往往还是可靠性问题，即产品的“功能持久性”问题或者说“时间性质量”问题，以及安全性、维修性、保障性问题等，这与型号研制中还普遍存在重视功能性技术性能而忽视非功能性使用性能的观念有关。传统质量管理关注的是产品出厂的时刻，即 t=0 的质量，对于 t>0 的质量，强调的是售后服务。可靠性工程则着力于在产品开发阶段实施一系列的故障预防措施和对潜在故障的纠正措施，产品 t>0 的质量就可大大提高。产品可靠性往往与用户直接相关，直接影响用户忠诚度，对企业影响也较大，可靠性问题造成的损失是质量损失成本的重要构成，也是顾客流失的重要因素。因此，当前航天型号研制更应抓好以可靠性为中心的质量建设。必须针对不同的问题，质量问题或可靠性问题，采取不同的解决方案，解决问题的核心思想是“防患于未然”。

7.4.1 有效实施航天型号产品可靠性工程

航天型号可靠性保证一直是型号研制工作的难点和重点，为达到产品的可靠性要求，确保一次成功，在研制、生产过程中必须采用科学、有效的可靠性技术和管理手段，实施可靠性工程。

可靠性工程是指为了达到产品的可靠性要求所进行的一系列技术与管理活动。可靠性工程研究的是产品故障的发生、发展及其预防的规律，通过设计、分析、试验等手段，防止、控制故障的发生与发展，提高产品的固有可靠性水平，达到“优生”的目的。可靠性工程包括可靠性要求的确定、可靠性设计与分析、可靠性试验与评价、可靠性管理等多项工作。可靠性工程是可靠性系统工程的一个重要组成部分，长期以来，航天型号研制积累了大量可靠性工作经验和教训，要有效实施可靠性工程，必须注重下列事项。

（1）可靠性工作必须从用户需求出发，贯彻“从源头抓起、预防为主、全过程控制、系统管理”的原则。航天型号可靠性工作旨在满足用户对产品可靠性的需求，因此必须充分了解和认真分析用户的需求，并将其转换成产品的可靠性要求。可靠性要求是型号可靠性工作的依据。根据产品的可靠性要求，在型号研制初期就系统策划研制全过程的可靠性工作，明确各阶段的可靠性工作要求。设计过程确定了产品的固有可靠性，必须抓好可靠性设计这个源头。规范开展型号研制可靠性工作并加强全过程控制，把预防、发现和纠正产品设计、工艺、材料、元器件和软件等方面的故障或薄弱环节作为可靠性工作的重点，如在选用原材料和元器件时，绝不可只注重其功能和技术指标，对质量等级和可靠性要求更要给予足够的重视，以及早发现和解决问题。在航天复杂产品研发中，设计时需要进行分析和考虑的内容与项目越来越多，涉及可靠性分析的内容不但越来越多，而且越来越困难、复杂。要坚持在设计中综合应用“3F”技术，开展“3F”活动，分析找出设计项目的关键部位和主要环节，对其中的设计参数和加工工艺提出专门的控制要求，采取“加固”措施以提高航天新产品和大系统的可靠性、安全性等，当然，“3F”技术也需要不断总结、提高、发展。保证型号可靠性应注重早期投入，合理配置人力、物力及财力资源，按照系统工程的思想，尽早并行开展可靠性、维修性及保障性工作，特别对一些重要的新研产品，在初样阶段要 100% 开展可靠性摸底试验或整机级可靠性强化试验，提早并充分暴露产品潜在缺陷，避免后期因可靠性问题出现反复，从而确保型号在规定研制周期达到规定的可靠性指标和要求，并降低研制、使用、维护费用，降低费效比，满足用户需求。

（2）可靠性工作必须以提高产品使用效能为目标，系统策划并规范实施。效能是系统在规定的条件下满足给定定量特征和服务要求的能力，它是系统可用性、可信性及固有能力的综合反映。可用性、可信性主要取决于系统的可靠性和维修性，可靠性是系统固有能力能否充分发挥的基础。开展航天型号质量与可靠性策划，最为关键的是必须注意以系统观点引领型号质量与可靠性的提高，应当重点关注系统各部分之间，以及系统与其他系统之间的交互作用，而不只是单独考虑各个部分和单个系统的作用。一个系统的实用价值取决于系统的效能，因此设计一个系统时，必须从保证系统效能的角度出发，对可靠性、维修性和固有能力全面考虑，将可靠性指标与性能指标置于同等重要的地位，综合权衡。应在全面掌握、理解用户需求的基础上，以提高产品使用效能为目标，系统策划和规范实施可靠性工作。采用有效的可靠性工程技术，研制生产出好用、耐用、顶用的产品。

（3）可靠性工作必须处理好继承与创新的关系。优先采用成熟技术，在有效控制风险的前提下采用新技术、新材料、新工艺、新方法（统称新技术），是提高产品性能、可靠性和寿命的重要技术途径。在航天型号研制过程中，新技术的采用会带来一定的可靠性风险，技术成熟性直接关系产品的质量，影响“一次成功”。要合理地将继承和创新有机统一起来，研制人员必须处理好继承与创新、在研与预研的关系，保证产品可靠性。使用有继承性的产品，必须做好符合性分析和验证，而不是简单照搬；为了保证在新的环境条件下满足新的任务要求，又必须进行创新，不断采用新技术，不能墨守成规。在技术创新的同时，必须加强对新技术采用的风险控制，新技术必须在充分的分析、论证和地面试验验证后再应用于型号飞行任务。新技术的采用不能脱离工程实际，要优先采用成熟但不陈旧的技术，大力推行“三化”，充分利用继承性技术提高产品可靠性。

（4）不要轻易把故障归结为“小概率事件”，更不能以小概率事件为借口放松对故障的分析和处理，可靠性工作就是与产品故障作斗争的过程。产品是否发生故障、何时发生故障以及产品功能能否满足规定要求都具有不确定性，而不确定性因素的出现具有一定的概率。设计人员必须识别必然故障和偶然故障，要根除必然故障，尽可能控制和降低偶然故障发生的概率。小概率事件是指在一次试验中出现概率极低、但在多次重复试验中才可能出现的事件。航天型号试验次数有限，若发生故障，一般就不是小概率事件。因此，既不要笼统地把型号研制过程中出现的故障当作“小概率事件”，也不要忽视小概率事件，对小概率事件应认真分析与对待。

（5）试验成功不等于技术成熟，技术成熟不等于产品可靠。要认真总结产品成功的经验和各种失败的教训，注意从成功中查隐患，促进可靠性不断增长。一些飞行试验多次成功的型号依然暴露出质量问题和设计缺陷，表明型号试验多次成功不一定代表技术就非常成熟，技术相对成熟也不一定代表产品就非常可靠。因此，既要从失败中找出可靠性设计、试验和管理方面的问题及其深层次原因，也要从成功中查找还可能存在的隐患。即使型号试验取得成功，也不能放过出现的任何蛛丝马迹的故障苗头和疑点，应组织全面系统地收集、分析和处理有关产品发生的所有不合格或故障问题，开展有针对性的可靠性工作。应根据航天产品的研制特点，与性能试验、功能试验、环境试验等结合，统筹安排和实施可靠性研制/增长试验，通过“试验—分析—改进”过程，暴露薄弱环节，改进设计、工艺，使产品可靠性得到有效增长。

（6）在系统开展航天型号可靠性策划工作方面，要建立健全可靠性工作体系，落实承制单位领导、型号两总、各级产品设计师和可靠性专业机构的职责，培养一支懂可靠性工程的“明白人”队伍；要加强型号可靠性设计、分析和试验工作的顶层策划，深入推进可靠性量化设计、故障模式影响分析、环境预示和防护设计；要大力开展可靠性增长试验、可靠性验证试验和软件保证等工作；要加强通用产品可靠性工作，做好通用产品选用、定型控制、批生产控制、贮存过程控制等工作；要建立健全通用产品可靠性数据库；要健全可靠性规范体系，严格按规范开展可靠性工作；要强化可靠性技术基础建设，有分析有选择地应用各类可靠性技术，研发型号可靠性工作急需的软件工具等，将可靠性工程技术手段嵌入到产品研发、制造、采购、售后服务等流程和企业运作体系中，从整体上解决问题和提高能力。

（7）不要忽视产品工艺可靠性。航天产品可靠性涉及到设计可靠性、工艺可靠性等，可靠性工程的重点首先是设计可靠性，但工艺可靠性也是可靠性工程的重要组成部分，两者相互作用，共同保证产品可靠性。特别是在可靠性设计阶段，产品设计可靠性与工艺设计可靠性的关系更为紧密，其重点是预防、发现和纠正可靠性设计以及工艺、元器件和材料等方面的隐患和缺陷。另外，航天产品生产过程中工艺要素的失控、变异也都可能影响产品质量，从而降低设计赋予的固有可靠性。因此，必须高度重视工艺可靠性，不仅包括工艺可靠性设计，同时也包括生产过程中的工艺可靠性控制。工艺可靠性是为了达到产品固有可靠性要求而进行的有关工艺设计、分析评估和试验验证等一系列工作，从而提高航天产品的使用可靠性，确保研制任务一次成功。

影响工艺可靠性的要素除人员、机器、材料、方法、环境、计量和检测外，还应包括工艺管理。由于工艺所具备多功能目标、多要素组成和多途经求解的系统特征，工艺可靠性要求通过运用系统工程的方法，科学集成各工艺要素，优化组合，统一协调，对工艺可靠性活动进行统筹规划、组织协调与监督检查，实现工艺可靠性目标。

鉴于我国航天产品设计和制造工艺分工的差异（欧、美、日等推行的是设计 / 工艺一体化的工作模式），考虑角度不一，产品设计师往往过多强调产品的性能、可靠性，而考虑产品实现的可能性较少，忽视了产品的可制造性，没有给工艺分配必要的可靠性余度，对制造精度提出了过高的、不合理的要求。这样，不仅造成制造难度大、产品合格率低、生产成本高、生产周期长，而且对产品可靠性也带来不利影响。

随着航天产品日益朝着轻量化、复合化、集成化、智能化和绿色方向发展，航天产品要求更高的内在质量与可靠性，工艺可靠性作为产品内在质量与可靠性的重要保证，已成为保证航天大型复杂系统可靠性的重要技术之一，其重点内容如下。

（1）工艺可靠性设计在航天型号研制阶段开展时，可按独立功能产品的关键产品工艺过程或关键工艺进行工艺系统的可靠性设计，工艺系统则是在规定条件下执行给定工艺过程或工序，在功能上是相互联系的人、机、料、法、环、测、管理等的总和。

（2）工艺可靠性分析可以确定影响工艺可靠性指标的因素及其影响程度，也可以确定影响因素之间的相互关系，并确定主要的可控影响因素以及故障预测和控制等的分析，其中最经济、最有效的手段是以航天产品生产的各个工艺过程作为分析对象所进行的工艺故障模式、影响及危害性分析（PFMECA）。

（3）工艺可靠性评估在航天产品研制和批生产阶段进行，运用统计学数值估计理论和可靠性评估方法，对工艺系统实际运行或试验数据进行评估。

（4）工艺可靠性试验与验证应重点进行关键项目的控制，特别是危及航天产品的成败问题的项目，从方案阶段开始，应建立关键项目清单。工艺可靠性试验与产品的设计可靠性试验应同时进行。

7.4.2 航天型号产品可靠性系统工程的内涵与运行

可靠性系统工程是研究产品全系统全寿命过程中同产品故障作斗争的工程技术，是运用系统科学与系统工程的理论和方法，从系统的整体性及其同外界环境的辩证关系出发，研究产品故障发生的机理与发展规律、故障预防、预测、诊断与维修保障的理论与方法，并运用这些机理与规律、理论与方法开展一系列相关的技术与管理活动。可靠性系统工程是一个有机的整体，它具有统一的目标和共同的研究对象，以获取并保持型号产品可靠性为中心；它所涉及的航天型号产品可靠性是一个广义的概念，不仅包括狭义的可靠性，还包括以提高产品的使用效能和任务成功性这个总目标为出发点的安全性、维修性、测试性、保障性和环境适应性，即包括“六性”。

按照现代质量的品质标准，产品的功能特性称为专用质量特性，而“六性”称为通用质量特性，可靠性系统工程就是围绕产品保障规律，组织管理通用质量特性工作的方法论。各项通用质量特性的定义为以下几点。

（1）可靠性是产品在规定的条件下和规定的时间内，完成规定功能的能力。

（2）安全性是产品所具有的不导致人员伤亡、系统毁坏、重大财产损失或不危及人员健康和环境的能力。产品的故障可能导致安全性事故的发生。

（3）维修性是产品在规定的条件下和规定的时间内，按规定的程序和方法进行维修时，保持或恢复到规定状态的能力，即反映产品是否易维修的能力。

（4）测试性是产品能及时并准确地确定其状态（可工作，不可工作或性能下降），并隔离其内部故障的能力。

（5）保障性是产品的设计特性和计划的保障资源能满足平时和战时使用要求的能力，包括维修保障能力和使用保障能力。

（6）环境适应性是产品在寿命期内预期经历的热、力、电等耦合环境作用下能实现其所有预定功能、性能和（或）在极限环境条件下不被破坏的能力。

以上“六性”均直接或间接与故障相关，用“故障”可以把“六性”串起来形成一个整体。航天型号产品的可靠性、安全性、维修性、测试性、保障性、环境适应性之间的关系如图 7-9 所示。

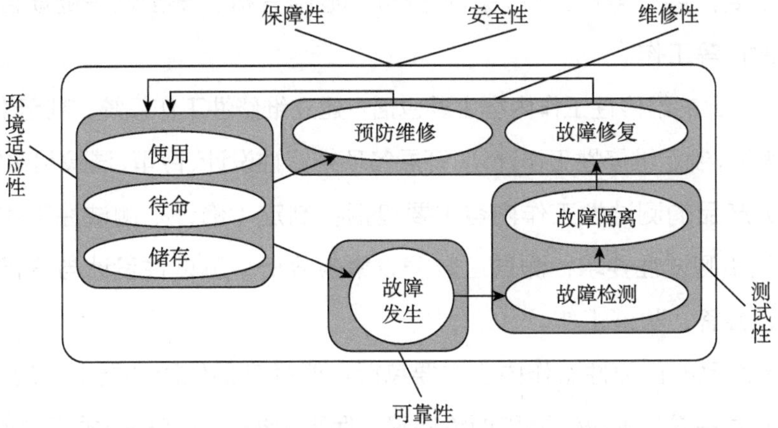

图 7-9 航天型号产品“六性”的关系

从上图可看出，“六性”在航天型号产品全寿命期内不同的定位和相互的关联。“六性”属于航天型号产品的关键质量特性，对航天型号研制来说极其重要。航天型号产品在使用过程中发生的故障多、维修难、保障差、费用高等技术质量问题很多都是在“六性”保证方面没下功夫做到位造成的。当然，可靠性工程是首要的，因为可靠性工程除了有自身的工作目的外，其工作及结果是安全性工程、维修性工程、测试性工程、保障性工程、环境适应性工程的基础。但在通用质量特性的形成过程中，可靠性系统工程专业未得到应有的重视，“重性能、轻效能”的现象依然存在。这不仅对企业来说往往造成重大的质量损失，影响研制任务的一次成功，而且会严重影响产品效能的发挥，直接影响用户的使用，甚至给国家和社会造成重大不利影响。因此，必须强化落实“六性”保证，通过深入开展“六性”工作，来实现航天型号产品高可靠性和高质量。

航天产品的可靠性是产品质量的主要关注点，提高产品的可靠性的关键在于改进设计和工艺，严格控制生产过程，加强组织管理。主要开展可靠性工作项目确定、可靠性指标及分配、可靠性预计、可靠性分析和可靠性评价等工作。

航天产品的安全性是一个十分重要的质量属性，直接影响到型号研制的成败。主要开展安全性分析、风险分析、危险分析、安全性关键项目判别、安全性评价等工作。

航天产品的维修性工作内容主要包括：建立维修性工作系统，制定（修订）维修性大纲，制定维修性工作计划；开展各项维修性设计、评审、试验和评价工作。

航天产品的测试性工作内容主要包括：制定（修订）测试性工作计划、测试方案和测试性要求；测试性数据收集与分析；测试性设计与分析；测试性评审、会签、验证工作。

航天产品的保障性工作内容主要包括：明确产品保障性要求；规划维修、人员和人力需求；供应保障和训练保障；保障设备、设施和技术资料的提供；计算机和计量保障；包装、装卸、贮存和运输需求；保障性评价工作。

航天产品的环境适应性工作内容主要包括：获取与分析环境数据；开展环境条件设计；进行环境条件分解；组织开展环境试验；完成环境适应性评定工作。

运行可靠性系统工程必须确定和完善相应的政策、组织、管理、程序、过程和资源建设，在这些要素中，最需要下功夫的是可靠性系统工程管理和程序。可靠性系统工程管理追求最佳效能，主要通过在产品全寿命过程中运用系统工程的方法，对可靠性系统工程过程中的论证、设计、试验、评价工作进行管理，实现提高产品效能的目标。可靠性系统工程管理是产品系统工程管理的重要组成，应将“六性”保障工作统一纳入产品研制、生产、试验、使用等计划中，并与其他各项质量与可靠性工作有机地协调进行。必须按规范程序运行可靠性系统工程，强化监督和控制工作，并按研制计划进行严格评审。通过规范化的工程和管理途径，实施产品性能、可靠性、安全性、维修性、测试性、保障性和环境适应性的系统综合并进行并行设计。特别是在型号研制方案阶段，尤其要确定设计方案以及相应的保证措施，确定产品“六性”的定性、定量要求及相应的考核或验证方法，制定并细化“六性”工作计划以及进行费用分析等，在质量、进度、费用之间进行有效的综合权衡，以实现产品最佳费效比的远期目标。

7.4.3 强化可靠性系统工程技术应用与研究

中国航天工业可靠性工程经过长期的发展，在不断学习和借鉴国内外可靠性工程的技术方法的基础上逐步成熟并应用，但可靠性系统工程的发展还需要加大应用与研究力度，这是系统预防“质量设计”在航天产品研制中的重要切入点。各级领导尤其要在技术管理、质量管理等方面加强对可靠性系统工程技术应用与研究的管理，通过采取有效措施，明确研究方向，规定实施准则，确定应用方法，推动可靠性系统工程技术应用与研究水平的提升。

大量可靠性应用实践范例证明，抓好了可靠性系统工程应用，型号研制过程进展顺利，否则将可能导致反复甚至失败。因此，必须根据产品研制要求，提出产品全寿命周期内分阶段开展的可靠性、维修性、保障性、测试性、安全性、环境适应性等工作项目以及资源要求，有针对性地制定可靠性系统工程技术的实施方案并融入研制过程。

在需求论证阶段，要结合专用质量特性的论证，同步开展可靠性、维修性、测试性、保障性、安全性、环境适应性等通用质量特性的论证，并强调专用质量特性与通用质量特性指标的权衡分析，明确两方面的定性、定量要求。在质量设计阶段，应在充分开展可靠性、维修性、测试性、保障性、安全性、环境适应性等各单项通用质量特性设计的基础上，强化性能与可靠性维修性保障性一体化协同设计和综合优化，防止出现系统性的设计缺陷。“六性”首先决定于设计，而设计过程为产品“六性”奠定基础，制造过程保证“六性”实现，使用过程维持 “六性”水平。因此，必须十分强调设计过程“六性”管理，大力开展“六性”设计的基础工作。在工程试验阶段，应在开展功能例行试验的基础上，强调可靠性摸底、可靠性增长、环境应力筛选、软件测试、元器件二次筛选、虚拟维修性演示、测试性仿真、保障方案仿真等研制试验。在验证考核阶段，应按照规范的程序和方法验证评估产品各种质量特性的满足程度，强调贴近实况条件下的可靠性、维修性、测试性、保障性、安全性、环境适应性等通用质量特性验证评估的科学性、合理性。在使用保障阶段，要运用质量特性制定科学合理的产品使用规范和保障方案，准确测算维修和售后服务的设备设施、备品备件等保障资源需求量。

可靠性系统工程应用的技术途径是在充分利用并综合集成现有 RMS 技术成果的基础上，紧密结合产品论证、研制、生产和使用保障的需求，通过构建型号 RMS 指标体系、综合流程、规范体系、集成平台、数据环境，全面运用 RMS 应用技术，形成型号研制性能与 RMS 一体化工作模式和综合解决方案。

必须强化可靠性系统工程的应用技术研究，加强技术成果转化和工程化研究。在产品保证中不断提升可靠性系统工程技术应用能力。一方面，要尽快建立可靠性系统工程技术规范体系，完善技术配套的软件工具和硬件手段，形成各类基础产品数据库。另一方面，要不断提高可靠性系统工程的系统化、规范化、工程化、定量化设计与评价能力，重点开展可靠性定量设计、维修性虚拟设计与评价、测试性仿真验证、保障能力仿真评价等研究，并建立配套的数据库。再一方面，要积极发展可靠性系统工程的综合与优化能力，重点开展复杂大系统质量特性综合设计、专用特性与通用特性的一体化协同设计与多学科优化设计、效能建模与仿真评价、多目标权衡优化、故障预测与健康管理等研究，并实现可靠性维修工程在产品质量全系统、全过程、全特性的无缝链接和全方位覆盖。

可靠性系统工程是产品通用质量特性形成的核心技术。随着航天高新复杂产品研制的深入发展，质量问题呈现出多发性、致命性、深层性、复杂性、周期性等特点，其中质量问题的技术化特征日益凸显，这需要保证技术的稳定与可靠，需要质量技术作支撑。因此，要研究从质量全特性内涵着手，以产品质量固有特性的形成过程为切入点，应用可靠性系统工程技术强化系统预防质量技术保障，推动质量技术变革。

7.5 航天产品防差错技术及多余物防控方法

航天产品是系统复杂、高可靠、高标准、高科技产品，其研制生产环节也非常复杂，任何一个微小的差错或多余物，哪怕是一颗螺丝钉、一个接头、一粒碎屑，都可能对产品实现过程产生非常不利的影响，甚至引起飞行任务失败，造成重大损失。航天产品防差错以及多余物防控是系统性很强的工作，一方面应将关注的焦点集中到人为差错的根本成因、不利影响和改进措施上，而不是仅对个人所犯差错责怪和惩罚，要促使所有相关人员真正吸取教训，提高预防意识，主动查找差错，并努力发现避免差错的建设性方法；另一方面应在航天产品研制生产中广泛采用防差错技术和多余物防控方法，依靠系统预防技术保障，力求做到“零差错”“零多余物”，这对实现一次成功是不可或缺的。

7.5.1 防差错技术与“人因差错”防治

防错法最早是由日本质量管理专家新乡重夫提出的。防错法意在过程差错发生之前即加以防止，是一种在生产过程中应用自动作用、报警、标识、分类等有效手段，使作业人员减少或避免产生差错的方法，其主要目的是预防生产过程中可能出现的差错，并避免由于差错而产生的质量问题。目前，防错法在产品设计、制造中越来越受到企业的重视，并涌现出了诸多防差错技术及装置应用的成果。作为一种日趋成熟的系统化质量工程技术，防差错技术可直接应用于航天产品研制生产过程的每一个环节，通过建立科学的差错分析和控制系统，逐渐形成对差错发生规律的认识，采取相应的防范措施。

航天复杂产品研制生产过程中易出现的差错主要包括三类：

（1）设计不周差错：设计不周差错一般是导致后续产品生产过程和使用操作过程差错不断发生或发生的可能性较大的根源所在，这里的设计主要是指产品的工艺设计。设计不周差错往往是由于设计人员的疏忽，或是由于对后续生产流程、工艺和产品使用保障等不甚了解，未能全面考虑产品的全部生产和使用环节而出现的差错。

（2）装配不当差错：装配不当差错一般是生产或返修过程中人、机、料、法、环的某一个或几个要素的异常变化引起的差错，装配不当差错包括零件装配和装备总装，也包括接线和焊接等差错，差错的形式主要为漏装配、错装配、反装配、多装配等。装配不当差错往往是由于装配人员的失误，或是由于设计不合理、工艺流程不妥当或环境条件不完善等引起的。

（3）检测不准差错：检测不准差错一般是指检测过程中发生的错检、漏检问题。检测的目的是发现缺陷，但即使是 100% 的检测也不能发现所有的缺陷，错检、漏检这些因素直接导致诸如公差范围内的零件可能被拒绝而成为“废品”，或超差的零件可能被接受而成为“合格品”等。检测不准差错往往是由于检测（自检、互检、专检）人员的失误，或是由于检测设施不完备、不精确以及检测方法不当造成的。

现代防错理念认为，在复杂系统中尽管每次差错的出现都会涉及到人，但造成错误的原因往往是人所不能完全控制的。差错往往是在特定的复合型条件下发生的，尤其是常见和多发的差错。复合条件的组成因素包括操作人员注意力和记忆力等工作状态，以及设备结合面、工作目标、生产条件、工作环境和社会环境等人们无法控制或难以控制的随机因素。因此，将差错看作是整个人－机系统的函数更为合理，差错在形成缺陷之前是可以预知并避免的。

在航天产品研制生产过程中出现的质量问题，往往都是由设计、工艺、操作、检验、管理等各个环节中的各种差错引起的，其中不乏存在大量的人为因素。实际发生的各类质量问题中也确实有很大一部分是由于设计人员、生产人员、试验人员或管理人员的主观差错而导致的，工作中的差错原因时常反映为能力欠缺或责任性不强。因而传统的做法是，防止人为差错主要靠加强教育和加严惩罚，但实际运行中人为差错仍是层出不穷，究其根由就在于没有将系统预防贯穿其中。

人为差错可分为人为技能差错、人为规则差错和人为知识差错，要有效防范人为差错必须从管理理念层面和技术层面“双管齐下”。首先，应提高人员自身防差错、防止缺陷产生的意识，在执行标准上绝不容许存在人为差错，因为如果允许人为差错存在，那差错一定是不可避免的，小缺陷可能蔓延至大漏洞，甚至泛滥成灾。要力避人的感知与确认失误、判断与记忆失误、动作与操作失误，特别是生产测试班组的操作人员群体，一定要是高素质的，具备精细的作风和精湛的技艺，具备精益求精的匠人精神，对航天产品质量执着追求，对实行航天标准规范深度苛求，以确保航天产品质量的稳定，即使是面对许多特殊和高难度的加工工艺要求也能胜任。其次，还需尽可能多地采用防差错技术。防差错技术最重要的特性是预防，而不是预测，利用防差错技术及装置提高防错能力，从设计、制造工艺和检测上采取措施，及时、清晰地发现错误和失误，尤其是由于难以保持高度注意力和记忆力而产生的缺陷，从而有效地消除这些差错，使人们不论在何时何地，也不论是谁做都不易犯错，且即使有人一时疏忽也不会引发一连串差错，或一旦失误也不会导致缺陷产生或造成不良后果。

航天科技集团一院519厂加强“人因差错”质量风险防范，努力使职工深入了解“人因差错”概念，深层次地挖掘“人因差错”发生的原因，有的放矢地进行防差错治理，认真梳理历年来出现的产品质量问题，系统剖析“人”这个质量核心要素，从知识结构、动作意识、环境控制、操作习惯等方面评估深层根源，创新质量管理方式，稳步提升产品质量。

为此，必须从预防系统上考虑彻底改变满足于“知错就改”的行为、做法，在全员牢固树立“第一次就把事情做对、做成”理念的基础上，采用一系列有效的防错设备、软件方法和工具等综合性措施，建立差错分析和控制系统，把握差错发生规律。同时，以技术为依托，建立覆盖航天产品生命周期全过程的防差错管理机制，有效防止差错的发生、发展，从而系统地解决差错问题，努力做到无错需改。与事后检查相比，防差错技术是从事前和事中预防角度出发而采取的防止缺陷产生的措施，而单靠检查并不能防止缺陷的产生，只能纠正发现的缺陷，造成时间和资源的浪费。

做好防差错工作首要的在于认真梳理易发生差错的过程，找出每个可能发生差错的机会。在工作中要注重收集缺陷并建立缺陷数据库，针对由于人的原因产生的差错，制定相应的防差错措施并不折不扣地实施，实现真正的预防在先。尤其对关重工序及产品要进行事先预测、分析；对每个可能发生差错的机会进行重点防范，重点监控，事先设定防错方案。对于常见、多发、疑难的差错问题，一定要从技术上采取防错装置或手段，有效降低对人的依赖性，大大减少人为责任质量问题的产生。

通过对防差错的主要内容和使用场合进行系统地梳理，再结合航天产品研制生产流程中的各环节特征，可以归纳出实施各类防差错技术的主要步骤为：

（1）筛查易差错项目，确定产品缺陷，并追溯缺陷发现工序和产生工序；

（2）找出实际作业过程与作业指导书之间的差异，并确认该工序是否存在问题；

（3）分析缺陷原因和作业差错原因；

（4）设计防错程序或采用防错装置，并确认防错效果；

（5）必要时进行过程调整，并持续控制及改善。

7.5.2 航天产品防差错设计技术

防差错设计技术在坚持传统设计理念注重可加工性、可装配性、经济性以及省时性的同时，更加强调从源头预防质量缺陷的产生，同时在不改变产品质量的基础上降低加工和装配难度，提高使用、维修、操作的方便性、准确性和可靠性。在设计阶段统筹考虑可能会出现的易错项目，提出解决方案或便于在制造过程中应用防错法进行解决的措施，重点从设计的防错评审出发，提高产品的固有质量，降低设计的质量风险，这是消除可能的失误和差错的有效方法。随着自动控制技术和计算机仿真技术的发展，从设计源头开始采用防错设计，使产品具有自动防错能力，可及时发现和排除潜在的质量缺陷，使制造过程能够更容易达到零缺陷制造的目标。

防差错设计模式无法实现统一，但是根据产品类型及特点的不同，常用设计方法有五种：

1）零件的通用性设计

目前航天产品的生产模式属于多品种、小批量，零件外形相似而型号规格不同，且共线生产，工人在实际操作中往往难以区分，出错的几率也就相应增加。因此，在设计时要考虑尽量变多品种、小批量生产为大批量单一生产，提高通用性和互换性，有效降低加工、装配差错，如型号产品中同批次卡箍以往生产多种尺寸规格，并且在不同位置需要安装不同的卡箍，规格尺寸不统一，易发生装错问题。而改进设计后，同一产品不同部位采用同种规格的卡箍，规格尺寸统一，产品代号相同，可以避免差错的发生。

2）零件的差异性放大化

针对外形相似而规格不同的产品零件，为便于对其差异性通过直观观察或者借助某种防错装置加以区分，在通用性设计不能实现的前提下，就放大它们之间的差异性。如在电连接器安装过程中，相同规格电连接器安装在相邻位置，容易造成插错。为避免差错发生，设计时在同一安装位置采用不同规格和外形的电连接器或采用不同键位的方式安装，放大插头差异性。

3）零件的装配唯一性

针对安装时不注意而装错部位或者安装不到位造成的差错，在设计时可以将易装错部件之间的装配方式设计成不可互换的形式，如部件的非对称设计，这是防差错设计最常用的方式。另在航天产品总装、测试过程中，涉及到大量的电连接器插接过程，由于差错发生的质量事故不在少数，因此在插头、插座的设计上广泛使用唯一性设计。

4）零件的标识

针对结构相似而功能不同的零件，设计时可以考虑加以标识，使其具备不同的颜色或符号等标志，增强识别的差异性而易于区分或正确安装。这种防差错方式极为简单且效果明显。如在火箭产品部段总装或起吊运输的过程中，为保护箭体结构、防止多余物进入等，一般会有起吊接头、溢出口盖等地面辅助产品，如果不做标识，则有可能会导致该下箭的零件没有下箭，作为多余物被带上天，出现质量隐患。而为了区分正式上天飞行的产品和仅在地面辅助使用的产品，对所有最终不上天飞行的产品标识红色。

5）零件的替代材料

随着各种新型材料的不断出现，防差错设计时可以充分考虑替代材料在各种性能上与钢铁材料的差异，对一些加工、装配或使用中易出错的钢铁制零部件，可采用新型材料替代传统的钢铁材料，并制定更有效的防差错措施。

7.5.3 航天产品防差错装配技术

防差错装配技术在产品的制造过程中，针对减少和消除不合格能够发挥重要的作用，也是实现生产现场零缺陷管理的有效途径之一。一般情况下，对于单一、个体的产品制造过程，应用于产品设计中的防差错技术在制造过程中同样适用，采用颜色、标识和简易防差错装置等方式往往就能够起到极强的防错作用。但在航天复杂产品的制造过程中，一些高精度、高质量装配过程是涉及范围最广的过程，不少产品装配过程由于设计结构的特殊要求，不能够采用设备、工具、装置等防差错手段，难操作、易出错环节多，失误和差错的发生频率高，并在很大程度上影响了制造过程的效率、质量和成本。在这种状况下，一味苛求一线操作人员提高质量意识，生产完美无缺的产品是不切实际的，因为造成不完美产品的大多数原因来自设计不完美的生产系统，而这已超出了操作人员的控制范围。

从长远看，运用机器人技术、自动化生产技术、信息技术，通过智能防错装置与质量实时监控设施能较好地解决这些问题，但目前在航天制造领域其应用还不成熟，仅在少数部段装配开始由“手动模式”转向“自动模式”，它能最大程度地减少专用装配、定位、检验等工具的使用，减少人工操作过程，从根本上不给差错出现的机会，这需要逐步完善。而在多数零部件装配中，仍需强调防差错技术中人的参与。因此，通常采用工艺流程变化的方法进行差错预防，而分时、分工位、分人员、顺序控制装配等从管控入手的防差错装配技术则是一种“性价比”较高的防错方法。

（1）分时装配

分时装配是通过工作流程控制，将两种以上容易混淆的零件，安排在不同的时间段进行装配，使工作现场在同一时间段内只有一种规定的零件存在，从而杜绝装配差错。一般情况下，满足以下条件可以采用分时装配：两种以上容易混淆的零件装配时，上一种零件装配后不影响下一种零件装配的场合；两种零件安装的时间间隔要足以保证操作人员做好下一个零件的领用等准备工作，不能出现生产停滞等待的现象。如发动机两种装配调节元件外廓尺寸一样，只是内孔尺寸不同，装配时易出错。为此采取分时装配，工艺规程中规定出库时分开领取安装，就能有效避免差错。

（2）分工位装配

分工位装配是最能避免装配差错的有效方法，是产品生产线、制造单元上避免装配差错的最常用的方法。也就是将容易混淆的装配过程在产品生产线、制造单元上分布到不同的工位，容易混淆的零件散布在不同的工位，使同一工作现场只有一种规定的零件存在，从而杜绝装配差错。但是，分工位装配要求装配现场具有足够的空间进行工位划分，同时要求尽可能缩短工位之间的距离，减少产品流转时间。

（3）分人员装配

分人员装配是当两种以上容易混淆的零件只能在同一工位进行装配时，每一种零件的安装过程只能由一个操作人员进行装配，不同的零件安装由不同的操作人员进行操作，使同一工作现场虽然存在容易混淆的零件，但每一种零件只掌握在一个人手里。然而，采用分人员装配容易造成人力资源的浪费。

（4）顺序控制装配

顺序控制装配是指通过标识、形迹、表格化等管理控制手段，控制零件的装配顺序，使其按照规定的顺序进行装配。其中形迹管理是指利用零件形状、规格、长度等方面的不同点，制作出只能允许某一特定零件放置的器具、装置，将零件放置其中，避免混淆，防止使用错误。如发动机装配过程中，每道工序装配零件很多，两种螺栓尺寸相近，长度仅差别几毫米，肉眼无法辨别。原装配流程下，零件凌乱的散装在一个盘子里，很容易出现装配错误，为了防止差错，为每道工序装配需要的零件设计专用的托盘，托盘刻有与各种零件尺寸、数量一致的空格，保证一种尺寸、一个位置，避免相似零件的错装及漏装，提高装配质量和效率。

需要引起注意的是：无论应用的是分时装配、分工位装配、分人员装配还是顺序控制装配，都应当遵循一条防错原则，那就是尽可能削减、简化和合并作业步骤，否则作业步骤越多，出错的机会也就越多。当然，对于航天产品复杂装配来说，可通过全流程梳理生产现状，采取装配可视化等信息化方法，用电子作业指导书以动画和语音展示操作流程、要点、禁忌、易错项目提示、实物对比图谱、产品技术指标、工艺过程参数等信息，对操作者进行人机交互式装配指导；在操作控制点设置数据采集点，由系统进行自动判读数据，确保装配作业首次做对、次次可靠。

7.5.4 航天产品防差错检测技术

防差错检测技术主要是在对产品进行关、重件(或特性)分析,采取突出重点、关注难点、逐级分层检测的基础上，将产品检测流程化、可测量、工具化。

流程化就是规范检测环节：事前检测，即在差错未发生之前发现它，并采取相应措施；事中检测，即操作者检查自身的工作，发现问题及时解决；事后检测，即下一道工序检查上一道工序生产的产品质量，并立即将问题反馈给上一道工序，让其停产并纠正差错。

可测量主要是针对一些工艺过程容易产生失误的环节，尤其是一些由于经验性的操作或采用特种工艺而无法直接进行检测的环节，设计一套专用的防错设备或方法对产品指标进行分解细化并转化成易检测出差错的指标，使操作者在作业时可以明显发现缺陷或使操作失误后不产生缺陷。

工具化则是通过改变或增添检测工具、工装、清单、图表等方式进行防错改进，包括用多媒体记录航天产品总装中易错项目的操作结果；还包括用表格化方法规范复杂工作的操作程序，它既是程序化要求，也是透明化要求，可防止操作漏项或错误操作，保证各项操作记录的完整性和可追溯性。

另外，可广泛利用各类高效的防差错检测设施（或传感器）对产品的各种质量特征信息进行在线自动检测，如在线尺寸测量、产品测量、图像识别、电流检测等等，并作为生产制造过程中的一部分。传感器的检测信号与设备之间具有数字化的检测接口连锁，借助软件使有关产品性能指标和功能指标的数字化信息被自动获取、处理和判别，一旦发现不合格品就立即报警或停机。自动检测根据设置时点的不同，有效性也不同。

在产品的形成过程中，要尽一切可能把人的影响降至最低，由传统的目检手测逐步转化为自动化仪器检测，尽可能将人、机、料、法、环、测等保障约束要素高度集中到自动化的设备之中，嵌入到具体工作流程与规则之中，关键是从易出现差错的大量重复性劳动之中解放出来。利用自动检测技术进行生产线的智能化防错设计，实时检测并纠错，及时、准确发现差错(或缺陷)，一旦出现误操作，设备就会自动停止，或立即启动备份系统，防止漏检、错检及差错蔓延，避免产生产品缺陷或发生质量安全事故。通常情况下，自动检测设计应用于监控流程顺序、自动检测不合格品、计数控制与检查加工工具等场合，特别是在关键数据分析过程中，设计采用测量值与设计值、包络线双重比对方式，在线校验数据的符合性，发现错误立即停止而报警，有效避免了作业后人工判读数据漏项及错判问题。所有自动检测都必须100%逐个检测，而不是抽检或其他非完全检测。

当然，作为检验人员来说，在检验中应提前做好预防工作，充分利用高效防差错检测技术，在验收时严格把关，确认无异常才能放行，往往可以取得事半功倍的效果。

7.5.5 航天产品多余物防控方法

航天产品中如果存在由外部进入或内部产生的“无文件依据”的物质就是“多余物”，它既可以是看得见的宏观物品（如毛刺等），也可以是看不见的微观物质（如尘埃等）。在航天型号复杂结构中产生多余物，轻则可造成产品电路短路、活动部件卡死等，重则可直接造成设备烧毁、甚至造成产品爆炸事故等，其危害性非常严重，是航天型号研制一次成功的大敌，也是航天型号产品质量管理的“顽疾”，必须给予足够的重视。

航天产品多余物防控是一项系统性工作。一方面，由于多余物产生原因复杂、多样，控制多余物必须以系统预防措施为主，全员参与，要有强烈的责任心，全过程控制。确保一次成功必须要建立完善的多余物防控标准和严格的多余物防控管理流程、制度，预防性控制与发现性控制相结合，除了运用有效手段及时发现多余物和采取合理方法清除多余物外，关键还在于从源头控制多余物的产生。从产品设计、工艺、生产、试验、外协、包装、运输、贮存和交付等全过程梳理多余物控制关键点并细化相关要求。另一方面，多余物防控要根据产品类别、研制阶段、生产过程系统的重要程度、产品批量等不同的技术和管理要求，统筹各个环节之间关联影响因素，综合采用多种技术手段和管理方法。重点应把好以下几道“关”。

（1）把好设计关

设计过程是多余物防控的源头，应遵循三项原则：一是要把防控多余物的影响作为提高可靠性的设计原则；二是要把多余物的防控工作贯穿于型号设计全过程，包括设计文件资料的多余物防控工艺性审查；三是要进行健壮性设计，即部件和系统设计中要有一定抵御多余物的能力，产品结构布局应便于检查和清除多余物，或者将多余物可能造成的影响降到最低程度。

有些多余物是产品内部产生的，是由于结构设计时原材料的选择不当造成的。如有些材料易脆断、易脱皮、易龟裂、易腐蚀、易被虫蛀，易氧化、易硫化，从而产生多余的碎渣。因此，要把好选材关，禁用此类原材料。还有些多余物是从外部进入的，在结构设计时，应尽可能采用密封结构，设置适当过滤精度要求的过滤装置，或在开口处设计防护堵盖等。

另外，在设计文件中应明确提出防控多余物的要求，并在工艺上能够落实。例如电连接件和坚固件的防松、防脱落要求，生产操作和储存现场的环境要求，转场运输中的防护要求等。

（2）把好工艺规程关

应将多余物的防控措施和检查方法及时写入工艺规程，完善多余物控制的工艺管理。原材料的消耗定额、元器件的配套数额等必须在工艺文件中明确规定，以防多领、多耗器材。

在编制“表面处理工艺”时，应选择经过实践考验的成熟工艺，以提高表面处理的质量，确保在未来使用过程中，材料表面不龟裂、不腐蚀、不脱漆、不脱皮（多镀层）、不氧化生锈和发生脆性断裂等。

在编制“机加工艺”时，应尽力通过工艺方法保证完工的机加零件中没有尖角、毛刺和金属屑，而不是把清除工作留给装配工艺完成。

在编制“装配工艺”时，应具体列出在装配过程中可能产生的多余物类型，并提出对应的防控措施，以及在装配完成后的检查方法和清理方法。

在编制“特种工艺”时，应详细规定完善的操作流程和严格的工艺纪律，谨防多余物混入。

（3）把好产品装配关

产品的装配和返修过程是多余物的“多发过程”。螺钉、螺母、垫片的遗失；处理焊接导线时剥除的短纤维、导线头、塑料残渣以及焊锡颗粒等；清理产品时所用刷子掉毛及所用棉纱掉线头等，都可能成为带入产品的多余物。因此，必须精细操作，并严谨检查。

在产品中安装大量标准件时，为避免零件掉到产品内形成多余物，可采用“形迹管理”，即按照工序对每个标准件规格、形状、数量设置形迹，通过形迹管理对发放和使用标准件过程进行控制。

无论在装配厂房还是在试验场所，产品正式装配时不允许再进行锉修、钻孔等操作。如果不可避免，则必须采取严格的防护和隔离措施，防止切屑进入产品。装配完成后，应按装配工艺规定的方法进行多余物检查。为防止微观多余物，装配现场应满足规定的洁净度要求，人员必须按规定着装。

（4）把好包装、运输和贮存关

半成品和外协外购件在不同工序（或车间、工厂）之间传递、运输和交接时，必须具有完好的包装防护，以防止头发、昆虫以及其他杂物落入其中。产品包装并应去除表面的多余物，包装材料应不产生多余物。

产品运输过程中应检查各运输支点的连接件，核对数量无误、配套齐全、洁净。产品在贮存时敞口部分应密封保护，以防产品受损害和多余物的进入。对库房应按期检查、确保整洁、无多余物。

（5）把好检验关

工序检验（过程输出）和成品检验（最终输出）的“关口”主要由检验员把守，多余物的检验是检验员的职责，应作为检验项目写入检验规程。在对产品进行检验的过程中，应确保检验过程本身不带入多余物。

宏观多余物的检查，依靠检验员的感官和工具等。元器件内部的微观多余物的检查，则必须依靠专门的仪器和设备，如 X 射线检查、颗粒碰撞噪声检测等。另外，在整机产品交付时，还需借助“工艺振动”对可能卡在缝隙中的多余物进行彻底检查。

（6）把好试验关

试验涉及的试验介质、试验设备、外部环境等，均应保证无多余物和对产品无污染。低温系统在试验前应对系统和试验产品内腔进行有效的吹除、置换、气封，试验结束时，应检查试验产品多余物的情况，并对试验系统敞口端采取封堵、包扎等保护措施，并做好记录。

（7）多余物问题的处置

发现多余物，应在第一时间保护现场，记录多余物的位置，保存取出的多余物，并开展分析工作，查明原因，制定解决措施。在系统内发生多余物故障时，为使多余物保留在原位，应尽量保持系统状态不变，并应制定排查多余物的具体方案。在管理上，应按质量问题归零要求对出现的多余物问题进行技术归零和管理归零；应在工艺评审和产品验收评审中重点审查产品在生产和试验过程中多余物防控措施的有效性。

7.6 航天质量专业技术机构和质量专业队伍建设

中国航天工业要有效地实施系统预防一次成功管理，必须建设具有国内领先和国际一流技术能力的质量基础保障系统，其中最重要的是质量专业技术机构和质量专业队伍。

7.6.1 不断增强航天质量专业技术机构的支撑能力

中国航天科研生产能力建设应成体系发展，其中就包括质量技术支撑能力建设。按照统筹规划、授权认可、加大投入、有效监督的原则，中国航天逐步建立起一批拥有一流设备、一流人才、一流管理的质量专业技术机构和专家队伍，并对其职能做出明确规定，为型号研制生产提供有力的产品保证技术支撑。

航天质量专业技术机构主要包括质量与可靠性研究中心、可靠性与安全性研究中心、标准化研究院所、计量测试中心和计量实验室、环境与可靠性试验中心、工艺技术研究中心、元器件可靠性中心、软件评测中心、材料检测与失效分析中心、理化分析和无损检测中心、紧固件研究与检测中心、电磁兼容试验中心、产品质量监督检验中心、质量与可靠性信息中心等，还包括获得国家认证认可监督管理委员会、中国合格评定国家认可委员会等授权、认可的专业机构，如国家卫星应用产品质量监督检验中心、推进剂技术分析中心国家实验室等。这些机构形成比较完整的支撑型号系统、整机、单机、零部件、元器件、原材料和软件等质量保障的研发、试验、检测能力，型号科研生产的新发展对航天质量专业技术机构能力要求的综合化，使其整体能力还需不断增强。

航天质量专业技术机构的整体能力主要体现在：布局合理、专业齐全、技术先进、管理规范、人才配套、权威可信、监督有力、保障高效。有效的资源配置对航天质量得到实质性提高至关重要，而资源不足则会导致难以维系航天高质量。应紧紧围绕航天型号研制生产任务的升级和航天产业的发展，合理配置优势资源，建成业务资源、信息资源、人才资源、设备设施等资源开放共享的、高水平的质量基础服务和应用平台，包括航天计量数据监测和分析大数据平台、航天标准信息网络平台等。应以实现一次成功为目标，以系统预防为准绳，全面改善航天产品研制生产及试验条件、型号可靠性设计分析及试验手段、元器件检测及软件评测手段等；不断完善质量专业技术机构的组织体系、工作标准和管理制度等；大力培育技术层次、人员结构、素质规模与型号科研生产需求相适应的质量专家队伍。

特别是要着力提升航天质量技术基础能力，主要包括三个方面：1）深化航天计量基础设施和能力建设；2）深化航天标准化基础能力建设；3）深化航天检验检测能力建设。三者协调发展，作为一个完整的技术链条，进行一体化实施和集成化应用，使之成为提高航天产品质量、提升研制生产效率、确保型号任务连续成功的重要手段。同时，每一个方面的深化都要落到实处。如深化航天计量基础设施和能力建设，不仅要建立参数齐全、技术完备的计量量值标准体系，而且要建立覆盖主要型号产品和核心科研能力的量传组织体系，还要以优化人员配置为切入点，建立专业技术层次、人员结构规模与航天型号任务愈益增长需求相适应的计量测试队伍，其中包括国家级注册计量师、计量标准考评员、计量认证认可评审员等。不仅要全面实施校准和检测实验室认可，更要鼓励各实验室积极参加国家有关部门统一组织的计量校准、检测能力验证活动，确保航天计量体系有效运行，促进型号研制生产一次成功。

7.6.2 充分发挥航天质量专业技术机构和组织的作用

充分发挥质量专业技术机构和专家组在一次成功系统预防管理中的作用，是航天工业质量管理工作的成功经验。就以各种航天检验检测机构来说，一流的检验检测机构应充分发挥质量技术监督作用，尤其注重质量预防的职能，一方面可以帮助航天企业掌握研发数据，为改进航天复杂产品性能质量提供支撑，另一方面能够有效及时发现不合格品的产生，保障研制生产任务成功。为更好地对软件研制的全过程实施监督与测量，设立专职软件质量保证和软件检验队伍，监管软件研制过程和软件产品质量，同时还本着“以测试促开发”的思路，成立软件评测中心和软件检测站，作为独立的第三方测评机构对航天型号研制的软件，特别是关键系统软件都要进行确认测试，并将此项测试作为软件交付的条件。再以航天计量保证为例，由于航天型号产品的研制规模大、技术复杂、综合性强、集成度高，对计量的需求日趋呈现出参数多、量限宽、综合性强、环境复杂以及对测量准确度和可靠性要求高的特点。因此，航天计量检定机构一方面坚持计量测试保障的全程化、计量保障管理的规范化、量值传递需求的科学化、计量测试能力的综合化，跟踪新技术，配备先进的计量保障手段，为航天产品的发展服务；另一方面坚持计量保障方式的多样化，主要表现在实验室检定、校准与现场巡回检定、校准相结合；计量检定与科研开发相结合；计量检定与维修相结合等，实现研制与计量工作的一体化，满足现代化航天型号研制、生产、试验一次成功的需要。此外，在航天复杂产品的全员、全方位、全过程质量保障中，充分发挥质量认证认可机构的作用，通过质量认证评价实现各产品之间的质量互认，保证关键价值创造过程和关键支持过程高效实施。各级技术基础支撑机构要进一步加强技术基础研究，促进技术基础研究成果的应用、推广及转化，增强系统预防能力，推进航天质量迈上新台阶。

为确保一次成功，必须组建多层次、多专题的质量与可靠性技术组织，并充分发挥专家组群体在质量与可靠性专业技术研究、型号质量管理决策支持、研制生产质量技术咨询、技术培训和技术把关等方面的作用。在质量与可靠性、标准化、计量、环境与可靠性、元器件、标准紧固件、电器软件、工艺等方面成立的各类专家组是航天质量管理不可或缺的重要力量，应充分发挥专家各自专长和群体优势，相互配合，在型号研制生产过程中，特别是在转阶段重大节点，紧紧围绕确保一次成功，对型号技术性能、可靠性、安全性以及元器件、软件等进行严格的技术评审，对产品技术状态、设计复核复算、质量问题归零和质量隐患防范等进行专项重点审查，协助型号两总系统、各专业研究部门和项目管理部门深入分析质量信息，分析和识别技术风险和质量隐患，重点在系统预防技术保障方面起到集智攻关和技术把关的作用。同时，专家组可采用“学术＋管理”“专业＋专题”“发现问题＋解决问题”的方式积极开展形式多样的研讨、交流、评审、咨询等质量活动，并在质量专业技术领域持续跟踪、引入国内外先进适用的方法和手段，从实践中及时总结、提炼有自身特色的方法和手段。要在依托专家组技术支持的基础上，保证质量管理机构更好地行使质量预防指导职责和质量否决权。

7.6.3 着力提升航天质量专业队伍的整体素质

建立一支专业的航天质量管理和质量技术队伍是确保航天一次成功的决定性因素。航天质量专业队伍主要由专职质量管理人员、质量审核人员、型号质量师、产品保证工程师、派驻质量监督人员、质量监理和质量培训师资人员等组成。其中，质量监理以某项质量条例或质量准则为依据，对一项质量行为进行监视、督察、控制和评价，航天系统内运载火箭领域开始试行质量监理制度，建立独立的专职质量监理队伍，对型号研制生产全过程技术和管理活动开展独立的质量监理，强化质量把关作用，在型号研制过程和关键环节要正式签署意见，对不符合质量要求的要坚持原则提出整改要求，对可能影响任务成败的要实行一票否决。此外，有条件的企业还应建立标准化师等职业序列，侧重于航天企业与质量有关的体系、机制和基础能力建设（组织开展标准规范、程序、方法、工具的建立和培训等）等方面工作。

对于航天企业来说，质量专业队伍素质水平的高低，直接影响着企业质量管理水平的高低和产品质量的优劣。航天质量管理的管理主体是人，相对于管理客体起着决定性、支配性的作用。对于一个现代化管理的航天高科技企业而言，组建一支优秀、成熟的质量专业队伍尤为重要。结合航天企业的型号任务特点以及队伍配置方式，重点围绕实现一次成功、系统预防，应着力加强质量专业队伍的素质和能力锤炼，优化质量专业队伍结构，完善质量人才管理制度，共享质量人才资源信息，推进质量专业水平再上新台阶。

航天企业质量管理部门充分发挥“领头羊”的作用，协同各相关部门开展一次成功系统预防管理，并保证其权威性，主要就是依靠高素质的质量专业队伍。型号研制单位质量管理部门应从纯管理型朝管理 + 技术研究方向转变，使之有能力组织开展型号产品保证技术的开发、应用等。这需要造就既懂质量管理又懂产品保证技术的专业知识和实践经验兼备的复合型质量专业人才。而一个称职的质量专业岗位，并不是随便什么人都可以胜任的，除了具备严谨细致的工作作风和敢于直面问题，敢于碰硬的品格外，还需要具有深厚的质量专业素养、质量创新意识和科研生产质量管理的实际工作能力。

但在现实中，还有一些质量专业人员缺乏扎实的质量专业知识和技能，质量创新意识不强、质量管理经验不足，尚未形成良好的质量专业素养。而缺乏质量专业素养的质量专业人员，在履行本职工作中只能处于低层次的应付状态，很难胜任监督、指导产品质量的稳定提升和引导质量管理深入有效地开展，严重影响一次成功系统预防管理的成效。因此，必须在质量专业队伍中进一步加强质量专业素质培养，尤其是在改变传统的质量管理理论、模式和方法方面，要系统地学习和掌握质量管理新知识，不断提升专业能力。在自觉应用质量专业技术有效控制产品质量问题的发生和质量隐患的防范方面，需要提高深层次的综合质量管理水平和产品质量管控能力。同时，应建立并完善质量与可靠性专业人员上岗资格和考评管理制度，促进更多质量专业技术人员取得国家注册质量工程师资质。

航天质量专业人员要搞好工作，首先要充实自己，尤其在一次成功系统预防管理的实践中，应做到善于学习并学以致用，不断提高实际工作能力，把自己锻炼成为航天企业中质量管理水平很高、技术知识全面、有独立判断能力的核心人员，而不是缺乏质量管理能力和技术知识，只能打杂配套的从属人员。不同层次、不同岗位的质量专业人员除具备一般管理知识，质量管理工具、人力资源管理、关于顾客和供方管理的知识外，还需要具备不同的专门知识，努力掌握相关的专业技术知识以及与质量专业密切相关的其他方面的知识，如在航天企业质量管理工作中，对各种新的、高级统计技术的应用一直是个薄弱环节，原因就在于企业中缺乏接受过统计技术系统学习或培训的高素质的专业人员，而先进适用的统计技术对实现一次成功系统预防是必不可少的，充分运用统计技术对航天质量形成、发展和改进过程作量化描述分析、解释和预测，可以使一次成功系统预防的目标和行动更清晰、更现实。

质量专业人员应在实际工作中沉下去，作为产品质量保证和质量管理的“明白人”，在运用质量预防技术、方法方面积极帮助广大员工改进质量行为，积极推进型号质量预防水平的不断提高，主动指导航天质量预防管理深入持久开展，而不是满足于被动的、高频次的“救火”行为。这样的质量专业人才队伍对于一次成功系统预防管理的实施将起到实质性的推进作用。

专职质量管理人员应更多地在一次成功系统预防管理中担当“教练员”“督导员”的角色，而不是“警察”或“裁判”的角色，要着力督促、指导和帮助各职能部门、各型号队伍和各生产班组等履行好系统预防的主体责任，这就要求质量管理队伍贯彻少而精的原则，更多的质量管控工作应逐渐融入到具体的科研生产业务中去，融入到其他专业技术队伍中去，融入到科技人员、管理人员、技能人员和操作人员的日常工作中去。质量部门管理人员必须具备系统思维的素质和整体解决问题的能力，并与其他部门人员相互协调配合，围绕“一次成功、系统预防”的目标开展工作，尤其是在为其他部门和各类人员提供一次成功系统预防管理的技术、方法、工具和督导落实措施上更要尽心尽力。专职质量管理人员经过系统学习和培训，应全面掌握质量管理专业知识，会熟练使用各种质量管理工具，能有效组织产品保证的技术策划、技术支持和把关，对型号产品质量保证工作起到规范和指导作用。除此之外，专职质量管理人员还必须有较强的协调能力，因为实施质量管理不等于实施质量职能，质量管理并不是去直接实施属于各部门的质量职能活动，而是在质量方面指挥和控制组织的协调活动，尤其对系统预防活动更是如此。

应进一步加强产品保证组织和队伍建设。型号产品保证队伍由包括质量工程技术人员在内的各相关专业的产品保证工程师组成，负责组织实施航天型号各项产品保证活动，更侧重于对产品设计和试验过程的管理和支持来保证型号研制质量。产品保证人员应经过专业化的培训，精通本专业的产品保证业务，全面了解目标产品和项目情况，熟悉航天产品特点和研制过程，熟悉产品保证专业化的程序和方法，具有丰富的航天产品风险控制经验，有较强的管理能力，对产品实现过程提供预防导向的支持保证。当然，为进一步提升航天产品保证队伍的综合能力，还要努力做到产品保证专业队伍与质量管理工作队伍紧密结合，产品保证专业组织与科研生产一线的研制人员紧密结合，航天系统内产品保证专业工作与系统外相关机构和专业团体的相关工作紧密结合。

另外，航天质量培训师资队伍是开展系统预防质量文化、质量管理和质量技术培训的专业化师资力量。应充分利用专家资源，建设一支以优秀质量专业人员和返聘质量专家为主，经验丰富的高层管理人员和资深技术人员为辅的高素质专兼职师资队伍，并紧跟质量专业发展趋势，紧密结合航天科研生产和质量管理实践中形成的新经验和遇到的新问题，开展全员培训、持续培训、实用培训。不断充实这支师资队伍，并激发其主动性和创造性，进一步提升其施教能力和水平，以便在质量培训中，特别是在突出一次成功系统预防管理培训方面能加大工作力度，针对不同的岗位进行分类培训，既促进全员尤其是高层人员对新时期质量意识、质量知识和质量管理要求的理解、掌握和贯彻执行，又促进质量专业人员素质和能力的提高，培养更多通晓航天质量管理和质量工程技术的质量专门人才。

第八章
中国航天工业质量管理未来发展趋势

当今中国正在迎接新的航天时代，全球性的发展航天技术的活动方兴未艾，世界航天市场规模将不断扩大，太空产业需求也将持续增长，各种社会组织和资源将以前所未有的方式进入航天领域。航天技术将更加广泛地应用于人们日常生活和生态文明建设的方方面面，对人类经济社会发展和国家安全也将产生更为重大而深远的影响。而用户和社会对航天工业的需求将更多地体现在“质”的变化上，中国航天工业实现产品质量和质量管理能力的新跨越是大势所趋。

站在历史交汇点上，中国航天工业正处于转型升级的发展机遇期，中国航天发展的重点将逐渐转向开展较大规模空间科学实验和空间应用，如空间站建设、深空探测、载人月球探测、新一代重型运载火箭、空间飞行器在轨服务与维护、可重复使用航天运输系统、天地一体化信息网络等航天重大科技项目和重大工程，为国民经济和社会发展服务；同时，将更多地研制生产新型航天防务装备，为国家安全和国家利益服务。探索新时代航天质量工作的新特点和发展新趋势极为重要，中国航天工业也要进行品质革命，其质量目标将更多地聚焦于一次成功系统预防管理的深度拓展，达到航天产品质量与经营质量的全面提升。追求并实践一次成功与系统预防是一项长期的任务，是没有终点的进行时，必须常抓不懈，持之以恒。要紧紧盯住未来航天质量发展的关键领域和薄弱环节，牢牢把握航天工业质量管理发展趋势，深处着力，不断成就中国航天新的未来。

8.1 基于新一代信息技术的航天智能化质量管理

新一代信息技术飞速发展，并与现代制造业、生产性服务业等融合创新，由此带动的产业化革新进程加剧，包括制造业、制造模式、制造流程、制造手段、生态系统等的重大变革，制造业质量管理也面临着巨大的机遇与挑战。从当前我国制造业的总体情况看，产品质量问题仍是企业所面临的重大问题，也是企业在转型升级发展过程中必须首要解决的问题。而质量管理的变革对提高产品和服务质量日益重要，实现“中国制造 2025”目标，离不开产品质量这一基础支撑。

根据先进制造技术未来发展趋势，中国航天工业将进一步增强数字化、精益化、柔性化等先进制造能力，调整落后的生产制造方式，重点加强数字制造技术、敏捷制造技术和增材制造技术等领域的研究和开发。尤其在航天科研生产和质量管理变革中，新一代信息技术将越来越多地扮演倍增器角色，并为航天系统工程提供新型的研究手段和发展模式，促进航天一次成功系统预防管理逐步实现数字化、网络化、智能化，更深层次的高质量、大众化、常态化势在必行。

航天工业将以新一代信息技术与航天制造业深度融合为主线，以推进智能制造为主攻方向，构建信息化条件下的航天产业生态体系和航天智能制造体系。智能制造是指基于物联网、云计算、大数据等新一代信息技术，贯穿于设计、生产、管理、服务等制造活动各个环节，加上智能机器人和 3D 打印技术等，具有信息深度自感知、智慧优化自决策、精准控制自执行等功能，实现全自动化制造和信息扫描、上传及集中管理的先进制造过程、系统和模式的总称。作为航天未来发展方向的“航天智造”包含了航天智能质量管理，能解决航天工业传统制造模式带来的质量稳定性不高、生产效率偏低、研制成本较大等突出问题，达到优质、高效、安全、经济地制造航天产品的目的，促进航天工业能力向数字化、网络化、智能化转型。

利用新一代信息技术和人工智能技术提升航天产品质量和改善质量管理，将体现在以下几个主要方面：

（1）大数据与人工智能技术融合于航天产品设计开发，更有利于从源头提高产品质量与可靠性；

（2）多传感器形成的智能化实时监控与数据分析，能自动识别、自动采集、跟踪定位产品质量信息，及早发现异常信息并进行质量隐患的预警提醒，有效预测产品故障的发生；

（3）高精度的机械化智能操控和智能在线检测，可确保产品制造各阶段参数的精准对接，满足航天复杂产品精密加工质量要求；

（4）计算机模拟带来的数字化虚拟验证，能提升仿真阶段的精准性、实用性，在线仿真技术将仿真系统嵌入到质量管理系统中；

（5）智能化信息系统支撑的全流程质量管理，能进一步提高质量管理体系运行的有效性，进一步增强型号产品保证的能力。

大数据是实时产生的具有连续性的海量数据（包括企业内部数据、物联网数据和用户生成数据等），与传统数据不同，航天质量大数据更多地体现为针对某个对象在时空两个维度上的“全息”数据，即在纵向上有一定的时间积累，在横向上有细致的记录精度，再和其他相关数据整合优化，就能产生很大的使用价值。大数据实质上是一种管理思维，其支点在于业务信息资源与媒体的融合，以及内外部数据的融合，在这样的支点上反思航天质量管理模式，大数据将极大地改变航天人的质量思维。特别是对航天复杂系统的研制过程采用的方法将由过去的实验分析、解析分析、仿真分析转变到未来采用大数据分析，这对航天质量精准管控大有益处。大数据管理把设计、试验、生产、交付保障等各个过程的数据进行有效整合，得到有关评审、检验、质量问题归零等的综合数据，并从质量需求出发建立质量数据标准，使系统预防更全面、更深入、更具关联性，大数据驱动的质量管理也将更迅速、更直观、更理性地对复杂系统质量问题和质量隐患，或质量信息进行分析、预测、评估、决策和实施管理，成为预警质量风险的有力工具。

全系统精准预防将通过全维的、连续的、过程的质量数据管理与应用技术手段，对产品的全生命周期实施更为有效的质量自动化、智能化监管控，及时防控质量隐患和质量问题的发生和发展，提高产品质量和可靠性。如在航天产品设计、装配、试验、维修过程中，用网络技术结合自动设计软件和三维可视工艺流程，以及产品全过程工作状态三维演示动画的可视化动态管理等，能显著提高设计、装配、试验、维修的正确率，预防质量问题发生；在可靠性判别过程中，在基于新一代信息技术的支撑下，对复杂系统的数据模型重新定义，通过对研制生产阶段、售后服务阶段的数据监测分析，从而依托新的数据模型实现对产品出现故障概率和“健康状态”的判别，把握苗头、超前控制，变“事后判断”为“事前预防”，确保产品的完好性和使用可靠性。尤其是它能在关联分析基础上做因果分析，这就使全域、全员、全程的航天一次成功系统预防管理全面实施成为可能。

航天工业具有系统性、专业性、复杂性，其输出产品具有多系统部件、多分系统架构，通过有效融合前沿信息技术，可将信息技术创新成果直接作用于航天工业质量提升。在新一代信息技术的支撑下，在越来越先进、复杂的航天型号研制中深入应用虚拟仿真技术，不断提升数字样机成熟度，用数字化改进设计、制造和试验，通过虚拟仿真反复迭代，确保航天型号研制一次成功。与数字化技术相匹配的协同研制模式让很多原来只能串行开展的工作尽可能同步、甚至提前开展，直接在三维模型上进行设计、工艺及制造协同，并有效减少实物样机的试验种类和次数，以及改变用样模进行航天器总装方案的验证定型等。这不仅能大大提高效率，而且能有效避免设计等缺陷导致的反复或失利，大大提升型号研制质量，实现“近乎完美的产品”。不少航天产品在设计、制造、试验等环节，已逐渐通过现代信息技术实现了自动化、数字化，如河南航天 695 厂通过工业机器人辅助弯管，实现了金属硬管上料、抓取、弯制、穿芯轴、下料过程的全自动化。工艺图纸也由原有的纸质文件提升为三维建模，通过系统下发生产指令，机器人可自动完成生产各环节动作。使用激光测量设备对弯管进行扫描，各项关键指标、数据可立即获取并自动生成结果，打通金属硬管生产各关键流程，产品质量一致性、稳定性得以提升，加工效率大幅提高。

航天制造业的发展方向是智能化，要向用户提供高附加值的航天产品和服务。航天人应始终牢记中国航天走过的艰难历程和一次成功的目标，在推进智能制造过程中把智能化质量管理放到重要的位置上来。尤其在推进智能化工厂、智能化车间、智能化生产线、智能化试验室、智能化装备建设中，应着力推进智能化质量系统建设，将航天质量管理知识，包括质量技术、标准、规范和方法等，与新一代信息技术和人工智能技术有机结合，促进航天质量管理向智能化变革。不久的未来，航天数字工厂将为航天智能制造的实现提供基础条件，这些工厂以数字技术进行研发和生产，并重塑质量管理模式。这些数字技术通过零失误设计、零缺陷制造和基于外协质量链管理的零差错供应使航天企业市场竞争力大大增强。

针对航天高科技产品全生命周期内产生的大量数据，以及产品本身具备延续发展的特点，通过将云计算概念引入航天工业质量管理，有效应对航天工业质量管理模型中累积的海量数据存储、运算、仿真等技术难点，将确保数据运算的时效性与准确性，为航天复杂产品持续成功提供新型系统。同时通过对大量监测数据、观测数据、试验数据、仿真数据的相关研究及对比，通过数学模型的适当建立，从大数据中分析动态质量信息，将更准确地预判质量风险点。通过质量大数据实现产品性能提升，以及通过非线性因素分析反馈，优化质量管理能力提升，改变以往更多依靠人的经验管理质量的方式，从而加强智能化质量分析决策进程。航天智能质量过程管控将产品质量标准、质量管理标准融入质量管理过程，与自动化设备集成，通过自动采集质量数据，分析和优化质量工艺，并实时控制相关参数，进行质量异常追溯，实现智能质量管理。

工业互联网是实现智能制造的具体方式和抓手。“互联网＋航天产业”将带动航天工业的深度变革与发展，航天产业在借助互联网模式转型升级后也将成为新型的产业。在未来智能化的航天企业里，通过工业互联网、物联网可以与用户从航天产品的设计、原材料、制造、设备、试验及销售等大数据信息实现互通、互动和互联，更好地满足用户需求，这对于航天质量管理来说也是前所未有的。航天质量管理的理念、模式与方法都会发生重大变化。工业互联网推动了硬件与软件的融合，将智能机器人与嵌入式技术和物联网结合起来，这也是未来航天质量控制适应性改进的方向。当然，这需要拆除内部数字围墙，打通外需对接通道，实现开放的航天工业科研生产和经营开发全流程的质量信息互通、质量资源共享和质量能力协同。

新一代人工智能技术将有力促进航天质量创新发展。随着航天工业智能化水平的提高，将智能质量管理嵌入到航天产品智能制造流程中，航天产品研制的质量管理模式将迎来重大的变革。以智能机器人为主要应用手段的质量管理新模式，使得机器可以自动学习并不断更新内容，打造高级人工智能在线质量监测系统和诊断系统，实现由人工智能与机器共同提升的航天信息化、智能化质量管理能力，而无需大量专业操作人员和复杂检测装置。航天产品设计、制造、试验中的许多工作已开始由人工智能设施代替人来完成，如航天科技集团五院总装与环境工程部自主研发的机器人装配系统成功应用于“北斗三号”等 5 个型号，涵盖通信、遥感、导航、载人、深空探测等领域的航天器型号装配中。与传统方式相比，其在硬件投入、作业效率、装配质量等方面均有显著的提升。

尤其是未来的航天运输系统将向高可靠、可重复使用、智能化方向发展，并逐步形成以智能化设计、制造、试验、保障为代表的新型航天科研生产和质量保障能力。此外，传统的航天发射指挥控制模式是，众多值守的科研人员在指控大厅主要负责监视各系统的数据，对型号产品飞行状态进行适时判读，在出现异常时，要在第一时间及时发现、准确判断、快速上报、正确处理，这难度无疑是很大的。而采用人工智能技术在自动监视、数据分析、故障诊断、运行管控方面，不仅能提高对异常现象的响应速度和判断准确性，还能让科研人员从高度紧张的工作状态中解脱出来，集中力量采取应对措施，确保飞行任务顺利完成。

新一代人工智能技术将大大提高航天型号产品使用的本质质量，使一次成功更有保障。将来，基于自动测试技术和高速网络技术，可实现航天型号产品远程状态监测、排故和发射控制，减少发射场前端工作人员数量，甚至发射场前端真正实现无人值守、无人操作，实现高质量测试发射的智慧化。不仅航天发射如此，卫星在轨运行管理也将采用在轨故障自动处置系统，进行在轨故障的智能化自主诊断、定位及处置，避免人工判读处置带来的操作低效易错的隐患。

“互联网 + 智能制造”将孕育更先进的质量管理方式，未来的航天质量管理人员可以在任何一台拥有质量管理权限的计算机上，同时审计国内外所有供应商为自己提供产品的质量管控数据，进行可追溯的实时质量管控。未来的航天质量管理将在实体架构基础上，搭建“线上组织”“虚拟组织”“柔性组织”“自组织”等新型组织形式，形成自适应的动态高效的质量管理新格局。总之，采用各种方式保证线上质量与线下质量的一致是航天制造智能化、网络化健康发展的基线。基于新一代信息技术的航天智能化质量管理技术将从根本上使一次成功系统预防朝更为精准、开放、便捷、高效、持久的方向发展，特别是能更及时有效地发现并防范日常科研生产中一些原来“看不见的问题”，以及更加彻底地从最根本处解决一些长期解决不了的“老大难问题”，能少出甚至不出质量隐患或质量问题，实现整体最优。

云制造将是运用大数据技术、人工智能技术及互联网平台技术对制造业进行革命性改造所形成的一种全新制造形态。未来的航天制造业将逐步朝无场所系统集成商的方向发展，通过互联网与产业链各环节紧密协同，促进设计、生产、质量控制和运营管理系统全面互联，推行众创、众包和网络化制造等新模式。比如利用“航天云网”这种跨专业、跨领域的工业互联网平台，向下连接设备、产品，向上支撑应用，实现产品、机器、数据、业务的云端互联互通和云端综合集成。然而，在云平台上，由于市场规律的作用，每一批产品可能会对应不同的生产能力组合，因此生产配套关系必然高度不稳定，质量要求以及标准的验证和传递必然会随着生产配套关系的变动而衰减，而基于稳定配套关系的传统质量管控方式已经很难支撑云制造的新型生产模式，因此必须探索采用新的质量管控模式。比如可通过大数据采集追踪分析来全程保证产品的制造质量，即利用信息化技术和平台，把丰富的内外质量信息资源高效、有序地组织起来，通过大数据采集追踪分析来监控产品质量、过程质量，向各类人员定向推送与质量相关的各种信息，提供个性化服务，建设以数字化为主导的科研生产和质量管理系统。当然，针对工业互联网上交易具有流动性、跨界性、虚拟性的特点，一方面要开展航天云制造履约综合能力级别认证和质量认证，把好“入门资格”和“临门一脚”质量关口，另一方面要与国家有关监管部门密切配合，做好定标准、搞认证、抓监管等一系列航天制造网上交易质量控制。

8.2 直面航天工业转型升级的质量竞争力提升

航天企业质量竞争力是企业通过其产品和服务质量在竞争的市场环境中表现的一种外在市场力量，同时也是一种与竞争对手竞争并获胜的能力，一种占有市场的能力、创造价值和利润的能力以及创新发展的能力。面对全球航天领域产业规模化发展、产品与服务商业化应用、技术持续突破，以及太空军事化和武器化的基本发展趋势，中国航天工业必须加快转型升级，由航天制造业向航天产品和服务有机结合的航天制造服务业转变，由以型号研制为主的任务型航天工业向军民融合的任务能力结合型航天工业转变，由主要从事军事航天和民用航天工业向从事军事航天、民用航天和商业航天工业并重转变。航天工业为航天服务业提供了航天商品和航天服务对象，未来航天制造业服务化会给航天企业带来很多机遇，也会带来严峻挑战。无论是航天重大工程及项目的持续展开，还是航天科技成果的转化应用与空间资源规模化、产业化开发，都对航天工业制造质量和服务质量提出了更高的要求。航天企业也将在转型升级中找到更广阔的发展空间，并加快提升质量竞争力，建成新型的中国航天工业体系。质量是航天企业加快转型升级的核心要素，质量是航天企业转型升级成功与否的重要标志。

全面提升航天制造服务业水平，尤其在空间应用这块短板上下大工夫，必须推进航天产品系列化和服务规范化，并将质量作为航天制造服务业中的关键竞争指标。通过互联网迅速捕捉用户需求，实现个性化定制、柔性化生产；基于互联网开展故障预警、远程维护、质量诊断和过程优化等在线增值服务，拓展航天产品价值空间，实现航天工业增品种、提品质、创品牌，提升高端竞争力。

航天“制造 + 服务”的转型升级最终将作用于航天质量竞争力的全面提升，因为航天技术商品化、产业化和高度市场化是建立在航天产品高质量和高可靠性基础上的，其必然趋势是与国际接轨，广泛开展国际合作。这将促进航天工业质量管理更上一层楼，使中国航天产品和服务真正成为新时代“中国创造”的优质品牌，成为中国走向世界的“国家名片”。

航天制造服务业的市场格局变化因素包含如下：

（1）《中国制造 2025》等国家发展规划的牵引带来的对航天领域发展的政策面引导；

（2）军民融合发展思路下民参军规划，民营企业参与到航天制造服务业所带来的市场格局竞争态势；

（3）面向未来的航天智能结构的 4D 打印等增材制造技术的创新突破、新一代人工智能技术的飞速发展等带来的工业变革，以及技术创新牵引的制造业转型形成的内部变革驱动。

由市场化格局变动带来的因素，都将作用于航天制造服务业的各个领域，并进一步加大对于提升质量竞争力的需求。在这种背景下，需要结合航天工业的结构转型以及国家发展的宏观引领，加强航天质量和质量管理的深度创新，匹配质量竞争力的提升需求。如在航天产品高同质化的竞争环境中，航天企业将在航天制造服务业方面承担越来越多的责任去推动和引导顾客进入他们不曾想去探索开发的领域，进而形成新的航天产业。

值得注意的是，在国外航天产业继续保持快速发展的势头下，中国航天产业应用领域和规模不断扩大，如为满足市场对微小卫星的发射需求，长城公司依托成熟、高性价比的长征火箭推出了“长征快车”服务，以星座组网、专享发射、搭载发射和集簇发射等形式，为各类客户提供快速、稳定、可靠的“一站式”发射服务。除了新一代商业航天发射服务外，卫星运营与服务成为航天产业规模快速增长的主要因素。我国提出了应用卫星“由试验应用型向业务服务型转变”的发展战略，强化卫星在资源开发与环境保护、防灾救灾与应急反应、社会管理与公共服务、大众信息消费与服务等方面的综合应用，并根据运营商各种要求，在卫星研制阶段和在轨运行阶段提供更广泛、灵活的解决方案。航天制造与服务质量将得到前所未有的高度关注。

航天军民融合将深度发展，民用航天市场对航天相关产品和服务的需求也将被充分挖掘，促进航天工业向军民融合的任务能力结合型转变，必须从“任务化”转向“产品化”。航天质量管理不仅要确保型号任务成功，而且要全方位提高质量管理能力，保障航天产业又好又快发展。如为满足高密度发射任务而建立的长三甲系列火箭“流水线”式生产总装方式和北斗导航卫星的“批量研制”就是“产品化”“去任务化”。以往的模式是一项任务研制一发火箭或一颗卫星，要确保单项研制任务成功，而“产品化”打破了“逐个定制”的模式，要确保批量定制产品成功。以火箭研制为例，火箭去任务化就是把火箭的单机产品进行状态统一，标准化设计，批量化生产，系统化集成，从而实现火箭单机产品在不同型号上通用，实现同构型火箭系统级和整箭级的通用。“产品化”的核心是在系统规划航天产品的基础上，推行货架管理模式，通过打造货架式产品及实施产品的组批生产和集中采购等，大大简化了重复的质量程序性工作，实现产品的质量审查和验收按批进行，有效提升生产效率和效益，产品质量也更加稳定。

航天领域的军民融合发展要走在前列，航天质量管理必须要跟上，全面实现“去任务化”需要结合实际创新质量管理模式和管理机制。随着人类航天活动越来越走向繁荣，顾客的需求向多样化、个性化的方向发展，如对航天发射服务的需求将更加多样化发展，同样，对航天器应用的需求也将更加个性化发展，更大、更小、更安全可靠、更节能环保、更多样化与个性化的高性能运载火箭和卫星、飞船等也将应运而生。未来的航天产品将在军民融合基础上，更多采用规模定制方式，并及时更新换代，从根本上提升航天科研生产能力，同时也从根本上提升航天产品质量管理能力。要达到使顾客满意的“魅力型”质量，一方面要逐步建立军民通用的新型标准体系，在深化实施航天产品（包括系统结构、接口）通用化、系列化、组合化的基础上，通过采用模块化设计结构以及成熟技术等有效开展系统预防，系统开展货架式产品全生命期质量管理，形成面向货架式产品的质量管理制度，优化过程质量控制，完善质量监督体系，实现成熟产品稳定生产，保障航天系统产品质量与可靠性，提升航天系统产品组合性、互换性、可检测性、可维修性。另一方面必须建立长期用户制度和产品全寿命周期管理模式，在持续跟踪服务中反馈用户的需求和产品存在的不足，并予以快速、精准的解决，真正从以产品为中心向以用户为中心的经营模式转变。

此外，我国航天产业长期存在的军事航天、民用航天和商业航天发展不协调的状况和单一由国家投资、国有企业研制航天产品的传统模式将逐渐被打破，商业航天将异军突起。商业航天是指按照市场规则配置技术、资金、人才等资源要素，以盈利为目的，独立的非政府航天活动，是以市场经济原则和商业方式运行与发展的航天产业。商业航天对于我国航天工业整体发展是重要的切入点，也是建设航天强国的必由之路。

从世界范围看，航天技术商品化、产业化和国际化的步伐正在加快，商业航天的发展成为航天工业发展的新趋势愈发明显，新兴的太空经济必然催生“商业航天”。由于世界各主要国家均将航天作为战略性产业予以支持，航天经济总量呈现逐年增长的态势，尤其 2017 年增长速度加快，全球航天经济总量达到了 3835 亿美元，其中，商业航天收入 3073 亿美元，约占全球航天经济总量的 80.1%，商业航天经济上升势头极为旺盛。据预测，到 2020 年全球的商业航天市场将达到 4850 亿美元，中国的商业航天市场也将达到 8000 亿人民币。

近年来，国际商业航天发展迅猛，在空间运输、卫星遥感等方面商业化进展显著。初创航天企业快速成长，展示了全新的商业航天产品制造和服务商的形象。这标志着商业航天创业时代已经来临，这个时代里许多引人注目的航天创举，如运载火箭的部分成功回收和动力系统的重复使用等都是商业航天催生的杰作。商业航天发展应走航天工业的整体结构转型之路，包括传统的航天企业将逐步分化出更多市场化的商业航天企业，也包括更多的民营商业航天企业将进入航天工业领域，并拿到国家“订单”。与传统的航天企业不同，尤其是初创商业航天企业大多选择低成本的商业模式和聚焦系统的总体集成的思路，如何持续在产品和服务上保质量、保成功，必须从管理模式、研发模式、试验模式、资金模式等多个维度实现转变，真正做到性能优、质量优、价格优、服务优。

随着我国航天器制造业的逐步成熟，卫星数量的逐步增加，航天技术实现广泛的商业化应用进入快速发展阶段，商业航天产业同时也能赋予航天技术发展新的动能，并有力推进航天工业领域新产品、新模式不断涌现。以商业发射服务和卫星应用产业为重点的中国商业航天将迎来重要战略机遇期，发展空间巨大。社会资源将充分参与到航天产业运作过程中，这都将对航天工业质量管理带来新的挑战。

（1）商业航天高时效性的研制周期和高性价比的研制成本与全流程质量管理的匹配；

（2）市场经营下商业保险概念的引入对于质量管理的挑战；

（3）商业航天的协作模式下质量管理的优化对接。

世界航天产业正在成为一个开放的全球市场，在这样一个充分竞争的商业航天市场中，民营航天企业和混合所有制航天企业将挑战各国传统的航天机构，航天产品的高质量和低成本无疑是最重要的竞争焦点。以政府为主导，充分利用市场化运作机制，大力推进商业航天发展，是当今世界航天强国发展的重要途径。商业航天产业化是我国未来航天发展的重要组成，将助力中国航天不断走向世界，而国内外商业航天市场日益加剧的竞争将极大地促进航天产品质量的提升，今天的质量就是明天的市场，治理航天质量最有效的方法还是市场机制。商业航天的发展离不开高额利润回报，但这是建立在航天高品质的基础之上的。

未来，商业航天还将逐渐推进到载人航天领域，这对航天工业质量管理提出了新的更高的要求，航天新产品研制首先要解决的是如何确保高质量、长寿命、高可靠性的问题，其次要解决高成本的问题。航天精益求精的品质追求不能成为不计成本的代名词，不计成本的航天时代已经过去，不讲发射成功率和运行完好率的商业火箭、商业卫星都是空谈，但不讲利润和经济效益的商业火箭、商业卫星也不是好火箭、好卫星。“价廉物美”的航天时代正在到来，太空经济发展在追求高质量、高可靠的同时，也必须追求低成本，比如新一代载人飞船将追求高性价比，新一代微小卫星快速批量生产也将追求高性价比，这也是一次成功在航天企业经营层面将面临的严峻挑战。

市场经营模式的转变将倒逼航天工业质量管理实现自适应提升，寻找在商业航天发展过程中更为契合与匹配的发展道路。如何把握商业航天低成本、快速响应与传统航天高质量、高可靠之间的契合点，如何开展以“低成本、高可靠”为目标的商业航天探索，将促进航天工业质量管理的整体提升。如航天科工集团以“航天质量管理 + 民企经营体制”相结合的全新研发模式，广泛吸纳社会资本与市场参与，打造开放的火箭研制环境，形成商业化的快舟系列运载火箭产品和服务，使运载火箭的可靠性和性价比获得综合提升。

“低成本，高可靠”的挑战对初创商业航天企业来说尤为严峻。美国的商业航天发展虽然取得了惊人的成效，但也非一帆风顺。如现已成为美国私营航天巨头的 SpaceX 公司，在成立之初也经历了数次失败，其前三次发射运载火箭，三次发射，三次爆炸，船箭俱毁、星箭俱毁，甚至发射台部分设施也被毁，SpaceX 数度濒临破产。又如美国轨道科学公司发射运载火箭也发生爆炸，箭船俱毁。这些航天事故虽未阻挡美国商业航天前进的步伐，但也提供了深刻的教训。曾有评估报告指出，美国几家商业航天公司未能严格遵守航空航天行业质量管理体系，存在不少质量隐患，可能影响未来发射任务的进度和性能。当然，这实际上就会影响到质量竞争力的提升，这种风险对于中国的商业航天发展也同样存在。如前不久北京蓝箭空间科技有限公司发射中国首枚民营运载火箭“朱雀一号”，在正常完成第一和第二级飞行及整流罩分离后，火箭三级主发动机正常点火，但飞行中姿态控制力出现异常，推进剂提前耗尽，导致搭载卫星未能入轨。

商业航天对于航天工业的整体发展是新动力，随着世界航天全面商业化的到来，我国航天发展也将面临新的挑战和严峻的考验，完全由政府主导发展航天的传统模式正在转换，将逐步走向“国家队”和航天创业公司共同发展的新时代，民营航天企业将成为中国航天发展的重要力量。新兴航天企业在商业航天发展中运用互联网思维颠覆了传统的航天发展思路。如 SpaceX

在实践中不断总结提高，用互联网思维把用户的需求转化为发展方向。通过优化设计与测试流程，应用隼发动机、液氧/煤油推进剂等简单适用的成熟技术和产品，采用动力冗余技术，执行严格的质量监管程序和试验计划等方式，实现了航天产品低成本和高可靠性的完美结合。

对中国航天来说，“经济地为顾客提供满意的商品”这项质量管理最基本的原则，将在商业航天发展中得到最充分的诠释和体现。中国商业航天市场极具成长性，但应特别注意的是，在商业航天活动中，为降低成本而牺牲部分质量与可靠性措施所带来的系统高风险是值得反思的。反之，在不影响系统质量与可靠性的前提下，尽可能采取降低成本的措施则是可取的。如目前国内航天装备元器件选用控制大都是基于宇航级等高等级元器件进行，就一颗卫星而言，如果所有的元器件都采用宇航级元器件，可能整颗卫星80%的资金都将耗费在元器件上，这不利于元器件低成本控制，更不利于商业卫星整体的研制和发展。如果适当结合采用一些低可靠的元器件组成高可靠性的系统等，就可以达到“低成本，高可靠”的目标。当然，这需要在系统设计和元器件质量管理方面全面改进。再比如，国内正在开展可重复使用航天运输系统研究，以达到降低发射成本的目的。必须从设计源头就开始考虑回收使用如何保证质量与可靠性的问题，同时在重复使用过程质量控制中应采取更有效的质量隐患防范措施，确保重复使用次次成功。商业航天发展中既要重视经济效益，重视技术创新，更要重视安全性和质量可靠性，重视研制模式和管理模式创新，追求一次成功，提升质量竞争力。

8.3 追求卓越绩效的航天质量经营之路

在新的历史时期，随着我国社会主义市场经济体制的逐步完善，市场化运行机制在航天领域得到不断应用，航天产业向多元拓展。航天企业经营目标虽然呈现出多元性，但其核心问题仍然在质量。质量作为产品属性，企业对于产品的经营将直接作用于对质量的经营，航天质量经营将更为深刻广泛：

（1）航天企业管理必须以卓越质量管理为基础；

（2）航天质量贯穿到企业经营管理的各个领域之中；

（3）航天质量工作的标准，除了型号研制生产任务完成情况外，还应包括企业经营绩效；

（4）必须通过恰当的经营把航天质量效益充分发挥出来。

从质量管理的发展和质量理念的演进来看，人们对质量的关注已经追溯到影响质量的根源性问题，包括企业战略、领导、市场、信息与知识、过程、绩效等要素，这些内容已经涵盖了企业管理的全部。注重顾客需求、体现顾客价值、追求顾客满意和忠诚，提供富有魅力的、没有缺陷的卓越质量，成为质量管理的发展趋势。而国际上以美国、欧洲、日本以及中国设立的国家质量奖等为引导的管理模式被称为“卓越绩效模式”，这种模式就是帮助组织取得杰出的经营结果的管理模式，组织所有重要的经营活动都需要与质量原则一致起来，作为一个系统共同发挥作用，并随着经营条件和方向的改变持续改进。质量的概念超越了狭义的产品和服务质量，演化成了卓越绩效的概念。它以结果为导向，关注组织经营管理系统的质量，致力于持续获得全面、良好的经营绩效和长期成功，这已成为一种全球性的潮流。

卓越绩效模式是激励和引导企业追求卓越，成为世界级企业的有效途径。中国航天企业要在不远的将来建设成为具有国际竞争力的一流企业，也必定要走追求卓越绩效的质量经营之路。航天一次成功在追求零缺陷的基础上，进而更致力于追求卓越。从航天发展方式的视角看，追求卓越的一次成功能持续促进航天高质量发展。

费根堡姆博士在 2005 年就指出：质量的一个基本趋势是“质量不再是减少缺陷，而是有关价值提高”“质量必须创造每件事物的价值”。他强调，质量管理就是要使价值提高。然而，对于产品（包括服务）价值的大小，是由接受产品的顾客和与产品有关的其他利益相关方来评价的。因此，卓越绩效准则要求组织平衡或兼顾各相关方的利益，这是创造价值的重要原则。

航天质量经营将质量管理与企业经营联系起来，作为一个整体研究从发展战略上系统考虑，将创造价值作为航天质量工作的出发点。这反映在一次成功系统预防管理上就是成功创造价值，即促进航天企业开展以价值创造为中心追求卓越绩效的质量经营，航天质量管理体系运行也从资质型向绩效型转变。实施质量经营，提高经营绩效并不是追求“以获取利润为中心”，而是追求“以创造价值为中心”，提供让顾客和其他利益相关方满意的产品和服务，以质量求绩效，求价值。实现高质量、低成本、高绩效、用户和各相关利益方不断成功，全面提升质量核心竞争优势，保持航天企业发展的长久成功，这是一种成功质量型的现代质量管理方式，也是更高层次的航天质量管理。

新世纪国际国内航天市场竞争日趋激烈，中国航天事业的可持续发展不仅取决于高速度，更取决于高质量。不同于当年举国体制搞“两弹一星”，不再是一次性资源消耗，要健全优胜劣汰质量竞争机制。中国航天参与激烈的市场竞争并不是打“价格战”，而是打“价值战”，为国家、为社会、为用户、为员工创造价值，航天高质量根本上是以各方价值能否最大化来衡量的。中国航天的后发优势已逐渐显现，很重要的一点是得益于航天产品长期保持较稳定的质量和可靠性，能否在社会主义市场经济体制下保持高质量已经成为中国航天事业可持续发展的重大战略因素。

在社会主义市场经济体制下，如果缺少价值内在动力，航天质量工作不与企业经营绩效结合，就会成为单纯的技术工作或技术管理工作，就很难从根本上强化系统预防，实现一次成功。未来的航天工业质量管理应更多遵循市场经济规律，不能局限于企业内部技术和操作层面的质量管理，因这类质量管控将逐渐成为企业科研生产日常工作的一部分，并严格按标准规范来完成就行，而重要的是从战略层面上更加系统地将航天企业的整个经营管理系统与不断增长的用户期望和航天事业可持续发展要求结合起来，制定卓越绩效模式下的企业发展规划，使航天质量管理真正成为航天企业经营管理的核心部分，从封闭式型号研制管理转变为开放式企业经营管理，通过“一次成功”的新拓展，提高航天企业经营绩效。第一次就把事情做对，侧重于强调符合性质量；每一次都把事情做成，侧重于强调适用性质量，两者在企业经营过程中有机结合提升为卓越性质量。未来的一次成功就是坚持走追求卓越绩效的航天质量经营之路，使航天企业成为卓越的组织，从而获得持久的成功。

追求卓越绩效根本要靠市场机制，只有在竞争中，航天企业才有内在的动力和压力去落实质量主体责任。从航天企业长远发展来说，就更要注重抓质量经营，使航天技术更有效地转化为生产力，在提高经营绩效中持续改进产品和服务质量，保持核心竞争力。中国航天工业要努力成为有国际竞争力的优质产业，即把航天技术、航天工程和航天产业打通，不仅要突出航天技术，重视航天工程，更要做大航天产业，做强做优航天企业，这就要求航天企业全面实施质量经营，要充分运用系统预防质量理念、工具和方法，改进经营全过程，有效提高企业经营管理和型号研制生产的各项管理的质量和效率。

对于一个成功的航天企业实施质量经营来说，卓越绩效是更高层次的"一次成功"。一次成功系统预防管理在本质上体现了具航天特色的卓越绩效模式，这种模式旨在通过卓越的过程创造卓越的综合绩效。在这种模式中，航天质量的内涵不仅限于产品、服务质量，而是更加突出"大质量"的概念，由航天产品、服务质量扩展到工作、过程、体系的质量，进而扩展到航天企业经营的质量和其履行的社会责任。更加强调质量对航天企业绩效的增值和贡献，强调质量是航天企业的一种系统运营的全面质量，强调顾客和利益相关方价值的最大化，强调与所有利益相关方一起共同实施卓越绩效模式。

卓越绩效模式在航天企业的覆盖面超过其他任何管理模式和方法，应作为航天企业的整体行为来实施。航天卓越绩效评价是对我国航天企事业单位管理成熟度的评价，其准则充分体现了一次成功系统预防管理理念。当然，卓越绩效评价准则的内容和评审方法是在实践中不断完善发展的。中国航天卓越绩效评价标准就是引导和激励航天企事业单位推行航天卓越绩效模式和管理理念，通过持续质量改进，努力提升航天行业整体经营绩效和竞争能力，其核心理念为：

（1）国家利益至上，履行国家使命和社会责任；

（2）高瞻远瞩的领导；

（3）战略导向；

（4）以顾客为中心，为利益相关方创造价值；

（5）坚持可持续发展；

（6）以人为本；

（7）以事实为基础；

（8）系统工程管理；

（9）重视过程，关注结果；

（10）学习、创新与快速反应；

（11）预防为主，一次成功。

航天企事业单位运用以上核心理念追求卓越绩效，实施卓越绩效管理，强化质量经营过程中的输出结果。不少航天企业努力创奖，通过对质量管理理念的不断升华与对卓越绩效的不断追求，形成大量优秀的卓越绩效管理成果。如航天科技集团一院 15 所在承建海南文昌航天发射场的低温加注系统项目中，按照卓越绩效管理模式，确立了“项目投标一次成功、产品研制一次成功、发射场装调一次成功、项目验收一次通过，实现所有相关方利益最优化”的项目总目标。项目团队引领全体成员追求卓越，实施航天系统工程和项目管理，项目集合了国内低温行业的优秀研制生产单位，并将投标的竞争对手转化为合作伙伴，建立了基于目标的供应商→项目→顾客协同共赢体制，推动交流合作共同发展，圆满完成了既定目标，成功完成了我国新一代运载火箭的发射任务，项目关键技术指标达到国内先进水平，实现了我国低温加注系统技术水平的历史性跨越，该项目获得第三届中国航天质量奖。

促进航天质量经营走上卓越绩效之路，航天工业质量将真正转变为卓越性质量，进一步将质量管理的系统化、标准化、程序化和规范化的体系理念与用户需求多样化、个性化、快捷化的发展趋势有机结合，并推广到企业科研生产经营管理的所有领域，将卓越绩效理念融入到企业经营的深层战略中，持续地为国家、顾客、员工、供方、合作伙伴和社会创造价值，全面提升航天企业质量管理的战略性成效。

8.4 研究开展航天企业质量风险管理

中国要在不远的将来建成航天强国，面临着各种风险和挑战，与世界航天强国相比，我国是在资源投入和工业基础方面都有较大差距的基础上发展航天事业，并且发展速度要更快，所面临的风险也更高，风险管理更为重要。随着航天质量管理的日臻完善，应在更深层面上认真对待制约航天企业持续健康发展的各种质量风险。质量风险管理将在航天企业管理中占据主导地位，未来的航天质量管理着力点也将更多地体现在质量风险管理上。

随着社会经济的发展和大质量观念的深入人心，企业的质量风险管理将越来越受到人们的重视，虽然我国对企业质量风险的研究及企业质量风险管理的实践还处于起步阶段。2015 年 9 月正式发布的 ISO9001 新版标准有一个重要的变化，就是对标准进行基于风险的通盘考虑，增加了风险的重要性，将风险管理的思想和方法引入质量管理，在 PDCA 每个环节均强调了风险管理的要求，并使整个质量管理体系真正成为预防工具。同样，把风险管理的思想和方法运用到航天质量管理上，这对于深化航天企业实施一次成功系统预防管理是非常重要的。

航天企业对风险管理并不陌生，但以往所开展的风险管理主要是针对航天产品研制项目来说的，而且往往是在项目研制碰到重大问题时才实质性开展。项目风险是指“对在规定的费用、进度和技术的约束条件下，不能实现项目目标的可能性及所导致的后果的一种度量”。项目风险管理是项目管理的一种方法，技术风险、费用风险和进度风险构成了项目风险的三个方面，三者相互关联、相互作用。在研制项目质量管理中，人们往往更关注技术风险，即在设计和生产进展过程中存在的影响产品性能水平的风险，在很多情况下，技术风险直接导致费用风险和进度风险。而在航天工业领域，迄今对于企业质量风险管理还很少进行深入研究和实践。

新时代航天企业经营开发和型号研制生产任务越来越繁重，航天企业内外经营环境也更为复杂多变，在加快航天产业化的进程中，航天产品或项目的高风险更多地聚集于企业质量风险，即对企业全面质量管理产生不利影响的系统性风险因素。因为它会引发一连串涉及产品技术风险、进度风险、费用风险、安全风险和环境风险等的连锁反应，对于具有高风险、高质量与高可靠性显著特征的航天行业，要持久地实现一次成功，企业质量风险管理是一个迫切需要研究解决的问题。

产品质量是指产品是否适用，是否可靠、耐用。质量风险就是在产品从研制生产到使用的整个生命周期中存在的不确定性，也就是与产品质量相关的损害发生的可能性以及后果的严重性。航天企业研制生产的产品整个生命周期每个阶段都存在影响产品质量的风险，这些风险可能源自企业外部，也可能源自企业内部。如政策法规、用户要求或原材料产地等发生变化可能造成质量风险；又如质量管理体系未能有效运行，质量保障条件建设不完备都可能造成质量风险；再如军民融合环境下，不同企业之间存在不同的质量管理理念、模式和方法带来的质量风险。此外，型号研制生产流程中多部门、多岗位之间业务工作的承接、流转由于关键人物不到位或分工不明确，以及与产品质量相关的大量信息不能保证在每个环节都及时、真实、准确传递所带来的质量风险等。

影响航天产品质量的因素很多，如制造过程中人、机、料、法、环、测等，因此导致质量风险的风险源也很多。同时对于一般过程、特殊过程、关键过程的质量控制不同，这中间任何漏洞都会产生各种不同的质量风险。

对航天企业来说，未来质量管理的主要对象就是“质量风险”，航天质量管理的思路就是以风险管理为主线。质量风险管理的目的不仅仅在于维持原有的水平，更要基于持续改进的思想去实施管理。质量风险管理是一个系统化的过程，就是通过获取足够的质量管理信息、知识、事实、数据，在航天企业质量管理体系的运行和产品（项目）的整个生命周期中，对所有质量活动所涉及的风险进行识别、评价、控制的过程，但是整个过程并不是要消除所有的风险，而是前瞻性地分析推断未来可能发生的质量事件，通过质量风险管控，避免危害发生。航天企业质量风险本身具有不确定性，但同时又有着一定程度上的可预见性，通过质量风险管理，以最小的成本使风险的负面效应降到最低。对航天企业、产品或项目来说，质量风险其根本就在于质量的不确定性对“一次成功”目标的影响，而质量风险管理实质是以分析并实施质量风险防控措施为主的“系统预防”重点活动。

航天企业质量风险管理应从实际出发启动质量风险管理程序，在信息充分传递的基础上，开展质量风险识别、风险分析、风险控制、风险跟踪及审核等活动，并适时编报质量风险管理情况，确保企业负责人和管理层获得所需的全部信息，以做出有效的质量决策。航天企业质量风险管理基本流程如图 8-1 所示。

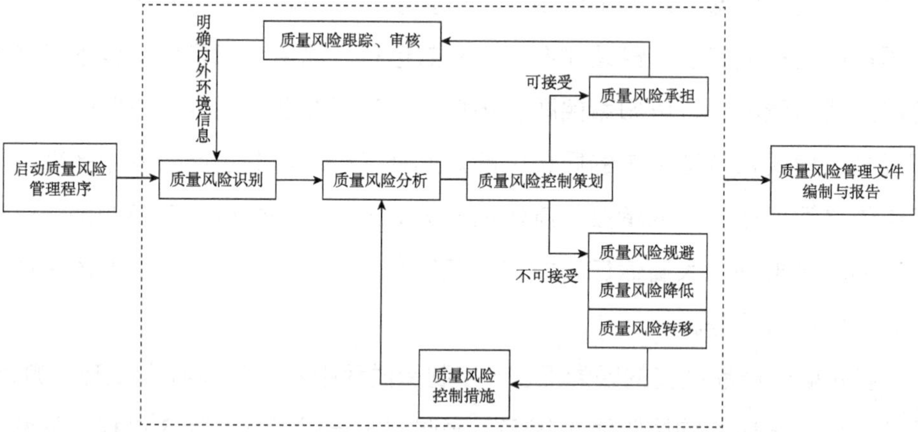

图 8-1　航天企业质量风险管理基本流程

质量风险识别可以采用头脑风暴、专家访谈、评估与评审和先前经验借鉴等方法，还可采用流程图法，通过对航天企业质量管理体系和产品生命周期内各阶段流程的分析，了解质量风险所处的具体环节以及风险的起因和影响。

航天企业质量管理体系是由管理职责、资源管理和产品实现，以及测量、分析和改进四个过程组成。航天产品整个生命周期涉及的过程大致可分为论证过程、签约过程、设计开发过程、外协外购过程、生产过程、交付过程、服务保障过程。质量管理体系运行和产品实现的每个过程都存在来自企业内部、外部环境变化的质量风险，在识别质量风险源时，主要从文件资料、人、机、料、法、环、测和处置等重要环节入手，找出所有的风险因素并列出清单，包括对新技术、新材料、新工艺、新软件、新状态、新环境、新单位、新岗位、新人员、新设备等全面开展风险分析，也包括对航天产品的任务特点、关键特性、设计裕度、过程控制能力、试验方案等开展风险分析。

识别出质量风险源后，应利用相关的风险分析方法及风险矩阵等，按照事先确认的风险发生概率和影响程度的判断准则进行分析判断并量化，再按照事先确认的风险等级判定准则，以定性与定量相结合的方法作进一步分析评估，判定其风险大小或等级，进行综合排序，并确定风险是否可接受，对风险做到心中有数。

在分析评估的基础上进行质量风险控制策划，明确风险管控重点。对于不可接受的风险采用风险规避、风险降低、风险转移的方法，应制定适应航天企业、产品或项目的符合性和顾客满意的风险控制措施并加以落实，运用各种有效手段规避、降低、转移风险。其中风险降低是航天企业在科研生产中最常用，也是最主要的风险控制对策，应着力采取有效的预防措施，将风险损失控制在最低程度。对采取风险控制措施后残余的风险要进行重新分析评估，如仍不可接受则应采取进一步的风险控制措施，直到风险可接受。质量风险控制对于可接受的风险采用风险承担的方法，并依据确定的指标体系，系统地对质量风险控制行动的执行情况进行跟踪监控。质量风险控制工作必须坚持系统预防、主动出击、关口前移，下大力气构建质量风险预警机制和质量风险事件应急处置机制。许多质量风险事件不一定是孤立的，而是相互影响、相互交叉的，可以采取先跟踪风险，待考察有关风险处理后的变化情况，再进行决策和处理。利用质量风险管理，就可以实现由“管结果”向“管因素”的转变，质量风险管理是由事后处置为主向事前预警、事中控制和事后处置相结合转变的风险全过程监管。

为了确保质量风险分析和控制的有效性，应定期对企业的质量风险总体情况进行审核，在此过程中进一步明确企业内外部环境信息，确认是否还存在原来未识别出的质量风险，或企业内外部环境发生新的变化，特别是发生重大变化时，可能产生新的质量风险，应对质量风险情况进行再识别，开始新的迭代周期。因此，航天企业的各项质量风险管理实施活动是动态的、连续的、系统的、迭代的活动，这种特点对研制生产高质量复杂产品（项目）的航天企业来说尤为重要。应将质量风险管理过程各个环节的活动及结果都记录下来形成文件，并按要求撰写质量风险分析评估报告，同时应根据需要在关键节点适时进行总结，并提供质量风险管理报告。

航天企业应根据不同的组织类型和产品特点等，结合质量管理体系运行，积极探索建立以质量风险管理为导向的规程或制度，并在实施中不断完善。航天企业在防范产品质量风险时，应该实施全面风险管理，目的就是要把风险控制在企业承受范围之内，并增进企业价值，也就是要将风险意识转化为全体员工的共同认识和自觉行动。从长远看，航天企业质量管理体系与风险控制体系、经营体系等进行一体化整合，可以提高企业面临质量风险时的应对能力，特别是应对可能发生的企业经营和项目研制失败风险时，有更为完善的计划对策和富有成效的战略决策，为航天企业质量管理体系持续、有效运行，以及航天产品（项目）质量的持续稳定、可靠夯实基础，保障“一次成功”的目标实现和“系统预防”的持续优化。

8.5 更加注重航天质量创新发展

中国航天的成功是质量与创新完美结合的产物。随着全球经济一体化和世界新技术革命的加速发展，航天技术将实现更大的飞跃，航天产业也将成为 21 世纪的支柱性产业之一。中国国民经济与社会发展对航天的需求越来越广泛也越来越迫切，质量对中国航天未来发展的影响将更为举足轻重，航天质量创新就更为必要。人们在研究新时代的各种变化对航天质量管理的影响的同时，也对航天质量发展进行着新的思考。中国航天要获得稳定的高质量和持续成功究竟靠什么？既不能靠人海战术“保”出来，也不能靠金钱“堆”

出来，而主要靠技术创新、管理创新和质量发展创新模式“创”出来。未来我国航天发展还存在巨大潜力，只有更加注重航天质量创新发展，才能跟上时代步伐，把巨大的潜力转化为现实的成功，满足用户日益提升的新需求。质量是航天的生命，创新是航天的灵魂，航天质量的许多重大改进本质上就是一种创新。必须坚持以创新驱动质量发展，在航天产品品质、品种、品牌方面创造一流，释放更大能量，获取更大成功。

美国质量专家彼德·迈瑞尔曾断言：“未来的质量专业将以创新为中心。”未来的航天质量专业必将以创新为内生动力，航天质量方针将从持续改进转化为持续创新。航天质量创新意味着为顾客创造新价值和超出预期的满意度，提供性能更先进、质量更可靠的航天产品和服务是新时代中国航天拓展国内外市场的重要前提，而核心基础是航天质量创新能力的不断提升。面对新时代航天工业质量管理目标，航天企业在满足时代发展基调及市场化需求的同时，必须不断地创新并超越竞争对手，超越自我，以卓越的品质、品牌引领航天市场。航天质量持续改进面临的最大挑战将是如何创新，一流质量是不断创新出来的。质量创新日益成为航天工业发展进程中的重要因素，中国航天工业质量管理离不开在实践中创新，在实践中发展，要不断研究新问题，总结新经验，探索新途径，创造世界一流的航天质量。

一是把科技创新作为航天质量发展的强大动能。科技兴质是实现质量强国、航天强国的有效途径，提高航天产品质量的根本手段是靠科技进步，科技创新带来的航天质量的提高往往是革命性的。当代科学技术的迅猛发展可有效突破质量难题，有力促进产品质量的提升。一个明显的例证是：随着电子产品设计技术和制造工艺技术的不断成熟，电子产品的不合格率由过去的百分之一（10^{-2}）、千分之一（10^{-3}）数量级逐步降低到百万分之一（10^{-6}）、甚至十亿分之一（10^{-9}）的水平。航天领域新的重大科技专项任务和重大型号研制任务的持续开展，以及航天传统产品的转型升级都将给航天质量提升带来更广阔的空间。

在航天产品研发中，既要继承完善成熟技术，更要不断自主创新，尤其在靠原有技术途径提高质量捉襟见肘，甚至走不通时，必须进行技术开发，发展以提高技术质量为核心的新产品、新产业。例如，正在开展的固体推进剂用石墨烯－二茂铁的合成与应用研究，显示了其在纯感、抗迁移性、催化效率等方面的潜在的应用前景，可解决新一代高性能固体推进剂装药行业的安全和质量瓶颈问题。又如，未来的空天飞机是集成涡轮发动机、冲压发动机、火箭发动机等多种动力装置为一体的飞行器，它将完美实现可重复使用的天地往返运输，这从技术方案上有利于航天产品可靠性达到更高的需求，使包括载人航天在内的航天活动的安全性、经济型都得到质的提升。另外，航天器与运载器可重复使用技术的突破，必将推进传统航天产业寻求更加深刻的变革，包括航天质量管理模式和标准的深层优化。所以要注重将新知识、新技术作为一种质量资源，作为航天高质量产品实现的支持过程，从本质上提高航天产品的质量和可靠性，科技创新往往是解决航天质量困境的根本途径。

要充分利用技术进步和技术改造，在手段上完善或更新产品设计、生产、试验的方法、工具、设施和环境，在产品上积极稳妥地采用新技术、新工艺、新材料和新元器件，提高产品的质量起点。以创新的思维方式和方法手段攻克质量难点问题，可大幅降低航天质量发展的难度。比如在航天产品结构三维数字化设计阶段，在 1:1 沉浸式 3D 可视化环境下，通过人机交互、动态干涉、动态剖切等技术手段检查零部件可装配性、验证装配工艺可达性，规划零部件装配工序，实现结构与工艺的协同设计，在显著提高产品结构设计质量的同时，大幅缩短研制周期和降低研制成本。

要建立有效的航天质量技术创新投入机制，根据不同时期航天科研生产和质量发展需要，推动实施重大质量改进项目，尤其在航天产品设计、生产制造和试验环节的系统预防方面，要尽一切可能，研究应用智能化设计、生产、检测技术和工具，尽可能减少人为因素，以先进技术提升航天产品质量与可靠性。比如为了加速实现航天产品的高可靠性要求，在统一的数字化平台下，对数字化样机进行可靠性设计与预计，使可靠性工作能够从产品的早期论证阶段就实实在在与产品的性能设计结合在一起，并且贯穿于产品研制的全过程。再比如未来使用的智能火箭、智能导弹等将是智能设计、智能生产、智能测试发射、智能飞行、智能管理（过程控制）相结合的有机整体。尤其为了改善航天飞行器的生存性，增加可靠性，在测试发射和飞行过程中能够实现在线识别故障模式，并根据预定策略进行自主系统重构，借助人工智能使航天飞行器及时应对更多突发故障，也就是说，航天飞行器自身具有对其故障进行自检测、自分析、自诊断和自定位的能力，从而制定最优自维护方案，实施最佳的自修复，尽最大可能保证飞行任务一次成功。

同时，要制定更加完善有效的激励机制，鼓励一线员工集智开展颠覆性创新活动，并通过群众性创新活动不断提升航天产品质量水平。此外，还应以航天企业为主体，以市场为导向，协同开展产学研结合的航天质量技术创新，并加大航天质量科技成果转化应用力度，推动航天质量技术基础与航天工程技术创新相辅相成、相互促进。

二是通过管理创新为航天质量发展注入新的活力。根据市场经济条件下航天产业科研生产经营的新特点和新规律，在进一步加强与当代国内外质量管理先进企业交流、合作的基础上，对传统的航天质量管理模式及相应的管理机制和方法进行变革，如针对怎样通过系统预防减小质量波动和确保持续成功，可试点开展航天一流质量管理示范企业创建活动等，通过不断创新质量管理的方法、手段和长效机制，建立完善新时代具有中国航天特色的质量管理理论、模式并体系化。当然，航天质量管理创新将依托技术创新，更多地以重点突破加循序渐进的方式体现。

随着网络化、数字化与自动化在智能化工厂中的实施，以及航天产品的集成度越来越高，用户对航天产品研制生产周期的要求越来越短，而对质量与可靠性的要求越来越高。航天企业质量管理模式和科研生产模式也将发生深刻变革，对产品全生命周期过程的价值链将进行重构，从原来的过程驱动变成以用户需求和满意度为基础的数据驱动模式。以往不少新型号的研发往往是从零开始，其中不乏重复“从猿进化成人”的漫长过程，针对这种低效且产品设计质量完全依赖设计师个人能力而难以把控的问题，航天科工集团三院三部引入新的管理模式，以市场和客户为需求导向，利用信息化手段优化、固化研发流程，同时推进核心技术变“货架”产品——将设计方案、图纸、样件、产品说明书等整合在一起，并以标准化的形式呈现出来，传递下去，供再次设计时使用，这不仅大大提高了效率和效益，也更有效地提高了产品质量，有利于减小质量波动。当然，随着先进的质量管理理念、模式和科学的质量管理方法的不断引入，质量保障关注重点以及各类人员的岗位质量职责都会发生相应的变化。

未来的航天质量管理变革，将使质量问题在科研生产过程中得到系统预防，具体业务操作者将成为质量保证主力。因此，航天质量专业人员，不仅要掌握现在岗位所需的质量技术和管理知识，还必须具备长远的眼光，为质量预防管理全员化的将来做好角色转变准备，从知识、能力、人格魅力等多方面提高和完善自我，有效应对一次成功系统预防管理新变革，并使自身获得更好发展。质量管理创新将激发每个航天企业、每个航天人的潜质，航天质量专业人员将更加充分地发挥质量创新的推进者、组织者和指导者的作用。

面临知识经济时代，航天质量管理创新正朝着质量知识管理方向发展。航天企业的质量管理创新能力依赖于其具有的知识管理水平和组织的学习能力。企业质量知识管理是一项由质量知识需求驱动，充分考虑产品生命周期各个阶段可能发生的各种质量问题和故障信息，通过知识管理方法，实现技术与质量知识的综合，进行质量知识创造、传递、共享、利用的系统工程。对航天企业而言，质量知识管理是一种全新的质量经营管理模式，其出发点是将质量知识视为企业质量活动中最重要的战略资源，把最大限度地创造和共享利用质量知识作为提高企业质量竞争力的关键。因此必须深入研究质量知识管理的新模式、新方法和新手段，充分发挥知识管理各要素对航天质量管理水平、过程方法与质量控制改进和质量结果水平的积极促进作用。航天企业实现质量知识管理的具体目标：

（1）推进新质量知识的有效开发和创造；

（2）确保质量知识在需要的时候是可得的；

（3）质量知识的扩散以使一个组织内的所有成员能共享和应用质量知识；

（4）支持从外部获取质量知识；

（5）确保质量知识、特别是新质量知识在组织内有效传递；

（6）确保组织成员知道所需要的质量知识在何处。

通过内外网建立质量管理信息系统等平台，采集并传递质量信息和数据，对过程质量数据统计分析并实施监控，及时发现异常并采取措施。将各类质量数据信息分析形成质量知识，并将质量知识有效利用起来，从中找出发展规律和改进方向，形成规范等指导性质量文件进行知识共享。对产品故障建立专家诊断系统，利用丰富的质量知识文档和众多的专家资源交互知识，极大地提高预防和排除质量隐患的能力。

另外，在航天质量管理创新方面，国外航天领域研究表明，传统的“基于文本的系统工程（TSE）”方法已不能满足显著增长的航天系统的规模和复杂性，而“基于模型的系统工程（MBSE）”方法代表着系统工程方法的最新进展和未来发展方向，也是系统工程在航天领域应用的新趋势。因此，航天质量系统工程管理也将顺应这种趋势，积极开展相关研究和应用。一次成功系统预防管理将以新的系统工程为主导方法，边探索、边实践，把航天质量管理水平提到新的高度。

三是比对国际先进水平，创新质量发展模式。要逐步培育形成以航天技术、航天标准、航天品牌、航天服务为核心的航天质量新优势，尤其在推动航天工业军民融合深度发展的进程中，要以此为契机，通过改革创新，破除传统体制机制束缚，顺应共享经济时代潮流，努力建成国际一流航天企业。对从事航天器制造和发射，民用及军用卫星通信、导航、遥感、测绘等相关业务的企业，更要率先探索如何积极培育和充分发挥军民融合基础上的质量新优势。如航天领域国企与民企合作，航天技术向普通民用产品和服务转化，形成先进的、能掌握行业话语权的标准和有竞争力的品牌，充分发挥军事航天、民用航天质量管理的溢出效应；在航天领域开展采购商业服务以及降低准入门槛，民为军用等方面的改进中提升航天产品和服务的质量效益，实现军转民、民参军，军民协同、发展共赢。国企与民企双方在相关质量基础建设、质量能力布局、质量资源利用、质量系统管理等过程中，通过在人力、物力、财力和制度、标准、条件等方面的统筹考量，最大限度地实现质量资源优化配置和成果互惠互利。

培育质量新优势是中国航天工业质量创新发展的内在驱动力，应在实践中不断结合技术发展的优势，紧密联系航天市场化、社会化需求对于航天工业产品和服务的现实要求，提供更为全面的质量保障。航天质量效益型发展要靠综合性多轮驱动，在整体上实现航天技术创新成果专利化、专利标准化、标准市场化，并助推航天品牌建设和航天服务质量的提升。如中国航天工业高质量发展离不开先进的航天标准和高水平的标准化工作，航天标准化工作要全面服务航天企业经营管理、科研生产、能力建设，特别是航天产业发展要全面建成由相互协调配套的国家标准、航天行业标准和各级企业标准组成的各有侧重、结构协调、科学合理的中国航天标准体系，同时促进中国航天工业更多地按规范制定、实施既适应国内又适应国外的、先进的、合理的航天国际标准，向国际先进质量标准看齐，在全球航天领域竞争中占据标准高地。坚持标准引领，用先进标准倒逼航天制造业转型和助推航天高质量发展，同时，以航天标准“走出去”带动航天装备、技术、产品和服务走出去，打造有世界影响力的中国航天质量品牌，塑造国际一流的中国航天质量形象。

成功品牌是航天质量新优势的核心，也是构建航天制造业长远竞争力、在更高层次参与国际竞争和合作的战略高地。成功品牌应具备的要素为：具有极高的知名度和美誉度；市场占有率高，竞争力强劲；工艺精湛，品质卓越；质量可靠，服务优良；具有很高的顾客忠诚度。成功品牌是对高品质的承诺，以高品质铸就成功品牌，使更多的航天产品塑造成为拥有市场竞争优势、高技术含量、高性价比、高质量、高可靠性的无可挑剔的知名品牌，成为享誉世界的“中国品牌”。航天企业要创新质量发展模式，就必须很好地积累航天品牌价值，要拓展发挥“长征”“东风”“神舟”“北斗”“嫦娥”“快舟”和“中国航天”等航天品牌优势。随着航天技术的规模转化应用，航天品质会让“中国品牌”更自信，中国航天品牌不仅获得国内用户的认可，而且成为世界用户的首选，在国际社会上拥有良好的声誉，赢得更多用户的普遍信任。如中国的长征系列运载火箭性能先进，品种齐全，发射频次高，发射成功率高，其技术和质量水平位列世界一流，培育“长征”成为真正的“世界名牌”，可以从根本上改变国际运载火箭市场的格局。中国航天企业在打造更多的具有更高市场认可度和用户忠诚度的航天优质品牌，不断带给世界新的惊喜和贡献的进程中，将实现航天产品和服务质的飞跃，推动中国航天品质走向世界，开创中国航天高质量时代。

8.6 与时俱进地培育航天先进质量文化

中国航天发展的实践证明，提高质量必须要两手抓：一手抓硬的，即质量技术与质量管理；一手抓软的，即质量文化。航天企业应用各种先进的质量管理模式或技术方法，都需要先进的质量文化支撑，否则难以持续成功。中国航天工业发展将进入可持续性更强的稳定增长阶段，航天优秀的质量文化伴随航天工业发展而不断传承与丰富，其内涵也将与时俱进，衍生新的质量动力。航天质量管理有其时代发展特性，企业文化发展也有其时代特征。如何与时俱进地培育航天先进质量文化，是新时代航天质量管理面临的新挑战。唯有自觉从文化层面寻求质量改进、质量创新的航天企业，才能真正持续提升质量，真正成为有长久生命力的企业。

对航天一次成功系统预防管理来说，人的因素在本质上始终是决定性的因素。即便是到了科研生产管理过程自动化、智能化程度较高的阶段，还需充分考虑组织行为、人的心理因素和外部环境影响等，与时俱进地培育航天先进质量文化仍然是不可或缺的，其在新时代航天工业质量发展的过程中仍将起到至关重要的作用。培育先进的航天质量文化，将为有效实施先进的航天质量管理和先进的质量技术保障打下坚实基础，并能有效促进航天一次成功系统预防管理理念、方法和行为准则等更加完善、成熟，航天先进质量文化引导航天质量未来发展。

航天先进质量文化的培育是一个长期的和渐进的过程，需要“绵绵用力、久久为功”，它既体现组织领导者崇高的质量追求，更涵盖了全体航天人在实践中的认识飞跃和价值凝聚。随着经济社会发展，文化因素的多样化以及多元化发展不断改变着社会文化内涵，其外部冲击对于航天企业文化的整体影响也有一定的作用，对航天先进质量文化的建设也存在着相应影响。如何让一代又一代航天人在应对思想多元化及个体发展为主的社会观念下，坚持正确的质量价值观和道德观，寻求整体最优才是最优的精神牵引，必须以人为本自觉培育正向激励的航天先进质量文化，航天企业也必须更自觉地履行社会责任，提供高质量产品和服务，帮助用户和相关方成功，使越来越多的航天人更善于按社会责任所倡导的理念行事。航天先进质量文化在质量改进方面的根本出发点，就是要把管理层对实现一次成功系统预防的更多“强制性”要求转化为全体员工的“自主性、创造性”行为，除了有较健全的成文的规章制度外，更突出的是有很多不成文的好习惯、好风气、好传统。人们在浓厚的质量文化氛围中，往往能够更自觉地、严肃地执行各项规章制度，并创造性地开展工作，不管有没有监督检查都同样认真执着，不打折扣。这是在新时代航天先进质量文化建设过程中需要追寻并不断适应、调整、创新的发展模式。

先进的质量文化是航天企业持续发展的基因，航天匠人精神就是其中的重要内容。质量之魂，存于匠心。这不仅反映在以“科学巨匠”钱学森为代表的老一辈航天科研人员身上，而且也反映在以“大国工匠”徐立平为代表的新一代航天技能人员身上。在新时代传承匠人精神，厚植匠人文化，打造过硬产品，建设航天强国，是值得全体航天企业和航天人高度关注的。匠人精神是一种心无旁骛、一丝不苟、锲而不舍的技术追求，也是一种敬业创新、精益求精、追求极致的精神品格，这在新一代航天人中尤其需要发扬光大。当然，匠人精神是建立在匠人制度和匠人习惯基础上的，传承匠人精神也要与时俱进地改进相关制度和行为习惯。

航天先进质量文化具有动态特性，更注重未来发展过程中的实际需求，满足时代特征。当“一次成功、系统预防”的质量理念不断深化并渗透到航天企业的每一个角落时，质量会真正变成每个人的责任，特别是创造价值的质量责任将更有效地赋予实际工作的员工和团队。航天先进质量文化也会有效提升员工追求卓越的高度自觉性，提升员工的价值创造力，从而为用户、为社会提供更多的优质产品和服务。不仅如此，在中国经济从产品经济向品牌经济转型发展的进程中，航天先进质量文化还将助力航天品牌经济的发展。

航天先进质量文化是靠企业、员工在长期科研生产经营中共同创造和自觉培育、塑造才得以形成。航天先进质量文化培育应遵循以下原则：一是领导推动，在未来的质量管理中，高层领导最主要的就是从事航天先进质量文化的培植，确定质量文化发展的方向与目标，结合社会发展的新变化和航天新实践，不断提升航天质量文化的先进性和适应性，尤其对先进的质量文化苗子，要从萌芽开始精心培育；二是各方参与，通过全体员工的自觉参与和积极实践，切实促进航天先进质量文化的培育与优化，企业与员工、员工与员工、扩展到企业与相关方在航天先进质量文化培育活动中相互影响、相互帮助、相互熏陶，在质量文化核心内容上深化提升，达成共识，使相互信任、协同预防、和谐共赢的质量文化成为确保成功、永葆成功的基础；三是树立标杆，培育航天先进质量文化的着力点要放在深入弘扬航天精神，培育“一次成功”质量理念和“系统预防”质量行为上，要树立先进典型，开展比学赶帮活动和对标改进活动，既要充分发挥先进质量文化精神激励的作用，又要激发先进质量文化内在动机软约束的无形力量，培育自律向上的质量文化；四是不断创新，保持航天质量文化的先进性和独特性，应在传承的基础上，探索创新适应性强的航天质量文化，为建设质量强国、航天强国不断注入新的活力，重点培养和锤炼全体员工的航天先进质量文化素养，利用信息化手段和多媒体方式等将航天先进质量文化广植于科研生产、质量体系和行为规范中，让一次成功系统预防管理长效机制建设成为航天先进质量文化培育的精髓。

航天先进质量文化需要从系统的高度进行整体培育，遵循从实践中来，到实践中去；从员工中来，到员工中去的原则，通过集成、凝练、融入、转化的培育过程呈螺旋上升不断发展，如图 8-2 所示。

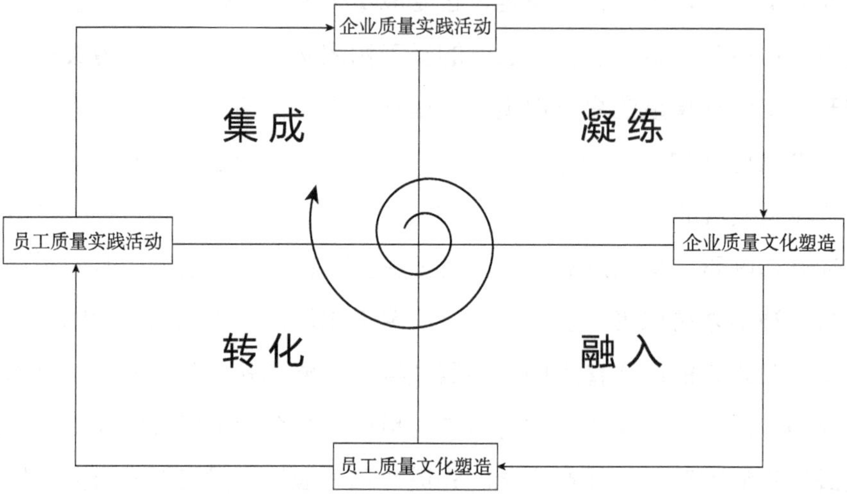

图 8-2　航天先进质量文化培育过程

由图中循环过程可看出，“集成”是从“员工质量实践活动”到“企业质量实践活动”的过程，也就是企业综合集成每个员工质量实践活动并创新提高的过程。“凝练”是从“企业质量实践活动”到“企业质量文化塑造”的过程，也就是企业从整体质量实践中总结提炼先进的质量文化内涵并成型的过程。“融入”是从“企业质量文化塑造”到“员工质量文化塑造”的过程，也就是企业引导全体员工将先进的质量文化内涵融入头脑、内化于心的过程。“转化”是从“员工质量文化塑造”到“员工质量实践活动”的过程，也就是全体员工将自我细化丰富的质量文化自觉转化为群众性质量实践行动的过程。航天先进质量文化的培育是一个长期的和渐进的过程，它涵盖了航天企业和全体员工在质量最佳实践活动中的认识飞跃和价值凝聚，如追求卓越的质量文化正在航天系统内逐步培育成形。

航天先进质量文化的发展具有继承性与创新性有机统一的特点。新时代航天先进质量文化培育应坚守“一次成功、系统预防”质量理念，推进航天先进质量文化内容形式创新，提出各发展阶段新的目标，从更广阔的视角和更深的内涵培育和发展先进质量文化。比如航天企业以“一次成功、系统预防”的理念广泛收集、凝练、宣传更具穿透力、亲和力的质量格言，使全体航天人耳熟能详，言行一致；还比如从“硬设施”和“软环境”两个方面入手，以五星级标准打造现代化科研生产和试验现场，以星级现场建设促进全员质量系统预防观念和常态化工作质量的提升，形成人人都是管理者、人人又都是被管理者的团队文化氛围；再比如以质量预防评价（包括自评、互评和专评）为重要抓手，推动质量工作做“减法”，留出足够的质量创新管理空间，从根本上保障航天产品研制和使用成功，推动航天质量迈上新台阶。

航天先进的质量技术和质量管理只有在先进的质量文化层面上才能更有效地发挥作用，才能使航天企业在激烈的竞争中长盛不衰。作为推进航天企业高质量发展的重要环节，航天系统预防质量文化需要持续的精心培育，逐渐形成更具鲜明航天特色的先进质量文化，并充分发挥其导向功能、凝聚功能、约束功能、激励功能和辐射功能，使一次成功系统预防真正成为航天发展的“遗传基因”。只有当一次成功不再作为一种任务目标，而真正成为一种做事信念时，当系统预防不再作为一种方法手段，而真正成为一种工作习惯时，也就是当一次成功、系统预防质量意识、质量理念、质量管理、质量方法成为航天企业的和航天人意志、道德、行为的自觉时，才能真正实现一次成功系统预防内在的创新与提升，才能真正增强质量竞争力和价值创造力，为中国航天迈向卓越，实现航天强国梦开辟新的境界。

结语

随着社会的发展，科技的进步，全球治理体系和国际秩序变革加速推进，质量日益成为企业、国家和全社会的共同追求。在第四次工业革命席卷全球之际，新一代信息技术和人工智能技术等呈现爆发性增速的跨越演变，在不同层面上牵引着质量管理不断向更为广阔的空间拓展。这种拓展不仅是内在技术、管理的变化所形成的自体演变，同时也伴随着适用范围、沿用范围不断扩张的外在探索与外在牵引。顺应“质量世纪”潮流，夯实“质量大堤”基石，是中国航天工业质量管理理论和实践发展的当务之急。

当今中国经济发展正在进入质量时代，质量提升已上升为国家战略，中国航天工业高质量发展也成为航天企业创新和转型升级的必然选择，航天发展新动能将更加深刻地改变人们的生产生活方式。可以预期，随着质量强国战略的逐步落实，全社会都将形成以质量为先导的浓厚氛围。中国航天将率先“追求世界级质量”，并创造更高质量的产品和服务，航天品质一定会让中国更自信。中国航天工业质量管理也必将延续辉煌的历史，并伴随着质量时代的进步而不断向纵深发展，从成功走向新的成功。

在建设质量强国、航天强国的征程中，中国航天这艘航船将更加勇敢地面向星辰大海，开辟新的航道，将更加高扬“一次成功”之帆，稳控“系统预防”之舵，乘风破浪，穿越暗礁险滩，驶往新时代的美好未来。

参考文献

[1] （美）彼得 S. 潘德，罗伯特 P. 纽曼，罗兰 R. 卡瓦纳 . 6σ 管理法：追求卓越的阶梯 [M]. 刘合光等译 . 北京：机械工业出版社 ,2001.

[2] （美）菲利普 · 克劳士比 . 质量无泪——消除困扰的管理艺术 . 第 2 版 [M]. 北京：中国财政经济出版社，2005.

[3] （美）菲利普 · 克劳士比 . 完整性——21 世纪的质量 [M]. 杨钢，林海译 . 北京：中国人民大学出版社，2006.

[4] （日）久米均 . 质量经营入门 [M]. 马林译 . 北京：中国经济出版社 ,2009.

[5] 《型号质量管理》编写组 . 型号质量管理 [M]. 北京：中国宇航出版社 ,2017.

[6] 《中国航天文化》写作组著；谈凤奎主编 . 中国航天文化 [M]. 广州：华南理工大学出版社，2001.

[7] ABDULLAHI H, KAI C. Development of the supply chain oriented quality perspectives[J]. Chinese Journal of Mechanical Engineering, 2016, 29(6):1067-1073.

[8] BARRETT B,WADDELL D.Quality culuture and its impact on quality performance[s.n.].2001.

[9] BOLATAN G I S, GOZLU S, ALPKAN L, et al. The impact of technology transfer performance on total quality management and quality performance [J]. Procedia - Social and Behavioral

Sciences, 2016, 235(11):746-755.

[10] BOURKE J, ROPER S. Innovation, quality management and learning: short-term and longer-term effects [J]. Research Policy, 2017, 46 (8): 1505-1518.

[11] Department of Defense, Systems Management College. System Engineering Fundamentals[R].Washington, D.C.: U.S. Government Printing Office, 1999.

[12] DUBOS G F, SALEH J H, BRAUN R. Technology readiness level, schedule risk, and slippage in spacecraft design[J]. Journal of Spacecraft & Rockets, 2015, 45(4):836-842.

[13] FAWAZ Z. Quality control and testing methods for advanced composite materials in aerospace engineering[M]// Advanced Composite Materials for Aerospace Engineering. 2016:429-451.

[14] GAO J, MOHAMMED EL S, KEATES S, et al. An investigation on the engineering process oriented approach to aerospace quality assurance compliance in manufacturing SMEs[M]. IOS Press:2017-06-15.

[15] LIONS J L, L · BECK L, FAUQUEMBERGUE J L, et al. Ariane 5 flight 501 failure report by the inquiry board[J]. 1996.

[16] MADSEN P M, DESAI V. Failing to learn? The effects of failure and success on organizational learning in the global orbital launch vehicle industry[J]. Academy of Management Journal, 2010, 53(3): 451-476.

[17] MANKINS J C. Technology readiness assessments: a retrospective[J]. Acta Astronautica, 2009, 65(9): 1216-1223.

[18] MCDONALD A J, HANSEN J R. Truth, lies, and o-rings:

inside the space shuttle challenger disaster.[J]. U.S. Airforce, 2012, 26(4):452–453.755.

[19] MI K, HU Y, YIN C. Quality evaluation for model based definition of aerospace products[J]. Advanced Materials Research, 2014, 945–949:30–34.

[20] MIL–I–1547A. Electronic parts, materials and processes for space and launch vehicles [S]. Department of Defense, 1992.

[21] NASA IV&V. Guideline for Risk Management. March 2009.

[22] SIVA V, GREMYR I, BERGQUIST B, et al. The support of quality management to sustainable development: a literature review[J]. Journal of Cleaner Production, 2016, 138(12):148–157.

[23] WILLIAM H S, MOSHE F. Organization at the limit: lessons from the Columbia disaster[M]. John Wiley & Sons, 2009.

[24] 查亚玲．新形势下的供方质量管理思考 [J]. 航天标准化，2012 (3):37–40.

[25] 常文兵，张仁兴，汪邦军，等．成亦质量 败亦质量——国外武器装备质量管理方面的成败案例 [J]. 国防科技工业，2011(2):56–58.

[26] 陈丽云，芮振洋，金凤伟．关于强化航天产品质量问题管理归零工作的探讨 [J]. 质量与可靠性，2014(5):26–28.

[27] 承文．航天先进质量文化建设的思考 [N]. 中国航天报，2011–9–6.

[28] 承文．丰田事件的质量警示 [J]. 管理与实践，2010(4):13–14.

[29] 承文．航天产品质量隐患的防范 [J]. 中国质量，2012(3):29–31.

[30] 承文．加强可靠性基础工作提升可靠性保障能力 [J]. 质量与可靠性，2006 (1):3–4.

[31] 承文．坚持系统预防 一次成功 促进航天又好又快发展 [J]. 航天工业管理，2008(12):3–8.

[32] 承文．正确处理新世纪航天质量工作的十个关系 [J]. 质量与可靠性，2001(6):6-12.

[33] 承文．质量持续改进中的“冰山理论”[J]. 中国质量，2009（4）：36-37.

[34] 承文．建设航天计量体系 促进企业科学发展 [N]. 中国航天报，2010-5-20.

[35] 承文．强化批量生产质量管理 提供合格可靠型号产品 [N]. 中国航天报，2005-9-23.

[36] 程晓，李罡．航天企业供应商质量保证能力评价研究 [J]. 质量与可靠性，2011(4):12-16.

[37] 杜娟，秦立东，王惠苗，等．建立质量问题快速处理联动机制 [J]. 中国质量，2012(10):88-90.

[38] 符志民．航天项目风险管理 [M]. 北京：机械工业出版社，2005.

[39] 龚庆祥．型号可靠性工程手册 [M]. 北京：国防工业出版社，2007.

[40] 顾欣．制造业防错技术设计方法及管理 [J]. 中国质量，2008(10):46-48.

[41] 郭宝柱．中国航天项目管理探讨 [J]. 中国航天，2002(11):13-15.

[42] 国防科技工业可靠性工程技术研究中心．强化可靠性系统工程 推进质量技术变革 [J]. 国防科技工业，2011(2):50-51.

[43] 何桢，阮渊鹏．质量信息集成框架的构建——宇航元器件应用验证及特点分析 [J]. 中国质量，2012(5):5-7.

[44] 侯建国．航天产品保证与质量管理体系关系的再认识 [J]. 质量与可靠性，2017(1):38-41.

[45] 胡云，李跃生，荆泉．航天产品成功数据包络分析技术方法探讨 [C]//中国航天质量论坛．2013.

[46] 花禄森．系统工程与航天系统工程管理 [M]. 北京：中国宇航出版社，2010.

[47] 黄春平．航天技术经济学 [M]. 北京：宇航出版社，1996.
[48] 黄芬，孟晓雄．国外大型航天工程的质量和风险管理经验 [J]. 航天工业管理，1999(5):33-34.
[49] 黄芬．全面质量管理——美国加强大型航天项目质量管理的主要措施 [J]. 航天工业管理，1999 (4):38-39.
[50] 黄瑞松．飞航导弹工程 [M]. 北京：中国宇航出版社，2004.
[51] 贾成武．以精细化质量管理为抓手，让航天质量文化落地 [J]. 质量与可靠性，2013(4):34-38.
[52] 贾志涛．“零缺陷”“零缺陷”管理与系统工程 [J]. 质量与可靠性，2009(3):22-28.
[53] 姜南，于立明，吕腾龙．航天企业的集成质量管理系统 [J]. 中国质量，2013(3):45-46.
[54] 焦根强．加强质量文化建设提升企业的软实力 [J]. 中国质量，2007(6):12-13.
[55] 金柏冬，苗宇涛．浅析航天型号产品保证管理要求 [C]// 中国航天质量论坛．2013.
[56] 金其明．防空导弹工程 [M]. 北京：中国宇航出版社，2004.
[57] 荆泉，李京苑，胡云．对产品成功数据包络分析方法的探索与实践 [J]. 质量与可靠性，2014(4):47-52.
[58] 李大南．“成功树”之标准化探讨 [J]. 航天标准化，2005 (2): 8-15.
[59] 李锋．以系统工程方法论为指导 推进中国航天标准化工程建设 [J]. China Standardization, 2012, 55(5):46-53.
[60] 李福昌．运载火箭工程 [M]. 北京：中国宇航出版社，2002.
[61] 李红．实施卓越绩效与转变质量观念 [J]. 中国质量，2008(5):47-48.
[62] 李洪．把成功作为信仰——航天工程质量管理 [M]. 北京：首都经济贸易大学出版社，2015.
[63] 李良巧，陈凤熹．可靠性工作中的若干问题 [J] 中国质量，

2007(7):8-10.
[64] 李念滨，李琴．对产品成功数据包络线分析的理论把握和应用展望 [J]. 航天工业管理，2011 (7): 15-19.
[65] 李松林．以顾客为关注焦点的质量成本管理 [C]// 首届亚洲质量网大会暨亚洲质量研讨会，2003:171-175.
[66] 李天池，侯军华，侯军辉．航天研究院质量管理体系成熟度评价创新管理实践 [J]. 中国质量，2014(10): 121-122.
[67] 李晓松，蔡文军，刘舒莳．武器装备企业的质量风险管理 [J]. 中国质量，2010(9):25-28.
[68] 李跃生，林树茂，李文钊．适于大型复杂航天系统的 QFD 与 FMECA 技术及应用 [M]. 北京：中国宇航出版社，2011.
[69] 李跃生，王晓军．扩展型 QFD 分析模型在航天产品研制中的应用研究 [J]. 中国质量，2003(9):4-8.
[70] 李正权．从全面质量管理到全面质量创新：论 21 世纪的质量管理发展趋势 [J]. 齐鲁质量，2000(1):11-12.
[71] 刘保中．可靠性工程概要 [M]. 北京：机械工业出版社，2013.
[72] 刘纪原．中国航天事业为什么能成功（第一卷 第二卷 第三卷）[M]. 北京：北京大学出版社，2018.
[73] 刘靓燕．浅析航天电子元器件质量控制与可靠性保障 [J]. 科技与创新，2017(1):11-13.
[74] 刘守信．基于 Web 的质量知识管理系统研究与开发 [D]. 浙江：浙江大学，2004.
[75] 栾恩杰．耕天思絮：栾恩杰论文选编 [M]. 北京：中国宇航出版社，2008.
[76] 栾恩杰．航天 [M]. 北京：宇航出版社，1999.
[77] 罗国英．构建质量文化建设模式的研究——探索质量文化建设的方法与途径 [J]. 上海质量，2009(11):12-15.

[78] 罗国英．质量管理如何适应 21 世纪的变化——解读影响未来质量的六种力量 [J]. 中国质量，2007(2):30–33.

[79] 罗国英．质量管理体系有效性的内涵及外延 [J]. 中国质量，2006 (2):8–12.

[80] 罗选定．标准化与质量管理刍议 [J]. 航天标准化，2008 (3):1–3.

[81] 雒继忠，靳思贤，杨勇．质量风险管理的研究与应用 [J]. 中国质量，2010(8):20–23.

[82] 马林．防患于未然的七个步骤——铃木和幸和他的质量风险预防系统 [J]. 中国质量，2010(9):9–12.

[83] 马林．质量的核心是让用户满意 [J]. 工程质量，1997 (5):8.

[84] 马显军，陈新华．关于“质量问题归零”前移的探讨 [J]. 航天标准化，2003(5):1–8.

[85] 马显军．从项目管理角度认识产品保证 [J]. 航天标准化，2004(2):1–7.

[86] 马兴瑞．深入践行中国特色航天科技发展道路，为加快推动我国成为世界航天强国而努力奋斗 [J]. 航天工业管理，2013(1):8–12.

[87] 毛健人，施东强，白金东．航天型号产品批生产外包质量管理方法研究 [J]. 质量与可靠性，2008(6):18–21.

[88] 美国航天基金会．航天报告 (2018)[R]. 中国航天系统科学与工程研究院，译．北京：2018.

[89] 孟晓雄，华宏勋，李保坤，等．美国航天质量管理模式综述 [J]. 中国航天，1995(8).

[90] 牛相林．零缺陷质量管理在航天科技工业中的应用 [J]. 航天工业管理，2006 (5):27–30.

[91] 潘坚．中国离航天强国到底有多远？——从一种定量分析的视角来预测 [J]. 中国航天，2013(10):30–33.

[92] 钱学森．创建系统学 [M]. 太原：山西科学技术出版社，2001.

[93] 全国人大常委会法制工作委员会经济法室．《中华人民共和国产品质

量法》实用问答 [M]. 北京：工商出版社，2000.
[94] 尚育如．航天工艺基础知识培训教材 [M]. 北京：中国宇航出版社，2005.
[95] 尚育如．以“三化”理念改进航天产品结构件设计的可生产性 [J]. 管理与实践，2005(7):21–25.
[96] 邵锦成．航天质量管理改革的回顾与展望 [J]. 中国质量，2000(8):39–41.
[97] 邵莉．浅谈质量风险的识别与防控 [J]. 中国新技术新产品，2017(3):125–126.
[98] 邵亚楠，冯小琼．航天器产品关键检验和强制检验的质量控制方法研究 [J]. 质量与可靠性，2016(6):28–31.
[99] 松鼠．俄罗斯质子火箭失败的教训 [J]. 太空探索，2012(10):48–51.
[100] 宋允辉，丁秋林．集成质量管理 [J]. 小型微型计算机系统，2004, 25(4):781–784.
[101] 孙静．基于产品数据包的成熟度评价研究 [D]. 天津：天津大学，2012.
[102] 谈凤奎．航天产品工艺可靠性 [M]. 北京：中国航天科工集团公司科技与质量部，2011.
[103] 唐晓芬，邓绩，金升龙．质量链理论与运行模式研究 [J]. 中国质量，2005(9):16–19.
[104] 唐晓青，段桂江．面向全球化制造的协同质量链管理 [J]. 中国质量，2002(9):25–27.
[105] 陶家渠．系统工程原理与实践 [M]. 北京：中国宇航出版社，2013.
[106] 田川．航天企业和航天型号项目全面质量管理建设探讨 [J]. 质量与可靠性，2011 (5): 17–20.
[107] 汪中求．细节决定成败 – 第 2 版 [M]. 北京：新华出版社，2004.
[108] 王海波．法国宇航的质量管理 [J]. 航天工业管理，2002(4):19–23.

[109] 王崑声，袁建华，陈红涛，等．国外基于模型的系统工程方法研究与实践[J]. 中国航天，2012(11):52–57.

[110] 王凭慧，侯建国．质量问题归零“七步法”[C]// 中国航天质量论坛．2013.

[111] 王润身．进入21世纪的中国质量管理[J]. 中国质量，2000(8):19–21.

[112] 王涛，余后满，杨孟飞．宇航企业的质量体系与保证体系建设[J]. 中国质量，2007(2):28–29.

[113] 王卫康，陈金存，张瑞，等．航天产品防差错技术研究与应用[J]. 航天制造技术，2014 (3): 69–71.

[114] 王栩，潘兴旺，杨钊．航天企业“以顾客满意为中心”的质量文化建设[J]. 中国质量，2007(5):88–90.

[115] 吴碧君．建设质量文化，企业长盛不衰[J]. 质量与可靠性，2003(1):38–40.

[116] 伍梅仙．利用质量链管理创新实现航天配套外协产品质量控制[J]. 质量与可靠性，2010(1):19–22.

[117] 武瑞文．信息化武器系统项目管理决策研究[M]. 北京：兵器工业出版社，2003.

[118] 夏建中．实现企业质量管理信息化战略的几点思考[J]. 中国质量，2005(12):42–44.

[119] 肖霞．航天外协外购产品质量控制的探索与实践[J]. 中国质量学术论坛，2008:35–37.

[120] 谢晖，李明．把握实质 准确归零——提高质量问题归零有效性研究[J]. 质量与可靠性，2010(4):28–32.

[121] 熊大顺．国外低级错误导致航天发射失败的案例[J]. 航天工业管理，2011(11):32–36.

[122] 熊伟．质量机能展开[M]. 北京：化学工业出版社，2005.

[123] 徐福祥．卫星工程 [M]. 北京：中国宇航出版社，2002.
[124] 徐鹏，宣颖，杨俊岭．近年来世界航天发射失败情况分析 [J]. 军事史林，2012(7):45-47.
[125] 徐嫣，孙鹏，陶晓强，等．航天产品成功数据包络分析研究与应用 [J]. 质量与可靠性，2013 (3): 21-24.
[126] 许达哲．树立航天可靠性工作理念推进零缺陷系统工程管理 [J]. 航天工业管理，2007 (2):7-9.
[127] 许达哲．中国航天质量管理的实践与创新 [J]. 质量与可靠性，2006(5): 25-28.
[128] 薛成位．弹道导弹工程 [M]. 北京：中国宇航出版社，2002.
[129] 杨钢．零缺陷大道 [M]. 北京：北京大学出版社，2006.
[130] 杨钢．质与量的战争——透视“中国品质”的真相与未来 [M]. 北京：东方出版社，2010.
[131] 杨辉．企业质量竞争力的形成机制与建设 [J]. 航天标准化，2008(1):32-37.
[132] 杨劲．质量管理与企业发展 [J]. 质量与可靠性，2002 (1):42-43.
[133] 杨开，才满瑞．“猎鹰”9 火箭发射失败及其影响分析 [J]. 中国航天，2015(8):23-27.
[134] 杨孟飞．航天企业质量管理成熟度模型 [M]. 北京：中国宇航出版社，2012.
[135] 杨为民．可靠性．维修性．保障性总论 [M]. 北京：国防工业出版社，1995.
[136] 殷桂江，唐晓青．复杂产品协同研制的质量信息管理 [J]. 中国质量，2010(10):16-19.
[137] 应磊，李毅军，孙涛．航天企业质量若干薄弱环节分析及改进策略 [J]. 质量与可靠性，2010(3):32-38.
[138] 游余荻．工艺质量在产品质量中的地位和作用 [J]. 电子质量，

2006(9):45-48.
[139] 于建成．质量管理与知识管理关系的理论与实证研究 [D]. 天津：天津大学，2005.
[140] 禹红霞，缪国毅．质量链管理——一种解决军工企业外购外协件质量问题的有效方法 [J]. 航空标准化与质量，2006(2):34-36.
[141] 袁家军．航天产品工程 [M]. 北京：中国宇航出版社，2011.
[142] 袁家军．航天产品质量与可靠性数据包及其应用 [J]. 中国质量，2009 (4): 8-10.
[143] 袁家军．航天工程精细化质量管理 [J]. 中国工程科学，2011, 13(8):36-42.
[144] 袁家军．神舟飞船系统工程管理 [M]. 北京：机械工业出版社，2006.
[145] 袁洁．强化航天型号可靠性工作，深入推进航天型号精细化质量管理 [J]. 质量与可靠性，2011 (1):1-4.
[146] 袁静．关于新形势下航天标准化工作转型发展的几点思考 [J]. 军民两用技术与产品，2017(14):256-256.
[147] 翟海泉．航天企业质量保证与质量监督 [J]. 中国质量，2007(2):18-21.
[148] 张公绪，孙静．质量工程师手册 [M]. 北京：企业管理出版社，2002.
[149] 张贵华．大力实施创新驱动发展战略 [J]. 中国质量，2013(12):42-44.
[150] 张健壮，承文，史克禄．武器装备研制项目风险管理 [M]. 北京：中国宇航出版社，2010.
[151] 张静，崔利娟．企业质量风险管理浅析 [J]. 标准科学，2013(9):73-76.
[152] 张孔峰．基于成本的质量管理 [J]. 中国质量，2008(8):41-44.
[153] 张连成，袁建中．构建质量管理矩阵 提升组织的质量能力 [J]. 质量与可靠性，2009(2):28-31.

[154] 赵安祥．国外企业质量管理新观点 [J]. 航天工业管理，1996 (9):45-46.
[155] 赵桂芬．航天型号产品保证体系与质量管理体系的关系 [J]. 航天工业管理，2011(5):7-9.
[156] 赵建军．应用防错法实现制造零缺陷 [J]. 中国质量，2007(9):86-88.
[157] 赵仲堂．对零缺点质量管理的实践与思考 [J]. 航天工业管理，2004(12):20-21.
[158] 郑永煌．曲折航天路：国外重大航天事故密码解读 [M]. 北京：国防工业出版社，2015.
[159] 质量发展纲要 (2011-2020 年)[M]. 北京：中国质检出版社，2012.
[160] 质宣．以协同理念探索航天外协外购产品协同质量管理 [N]. 中国航天报，2010-9-21.
[161] 中国航天科工集团．确保型号飞行试验“一次成功”技术保障分析要点 [J]. 质量与可靠性，2005 (2): 42-44.
[162] 中国航天科工集团公司．预防型质量文化的构建与实施 [J]. 中国质量，2007(6):21-23.
[163] 中国航天科工集团公司．质量文化手册 [M]. 内部出版，2009.
[164] 中国航天科工集团公司质量制胜战略报告 [J]. 航天工业管理，2010(4):3-9.
[165] 中国航天科技集团公司．中国航天科技集团公司质量文化建设纲要（2011-2015）[J]. 质量与可靠性，2011 (5):1-7.
[166] 中国企业联合会咨询服务中心．企业管理咨询理论与方法新论 [M]. 北京：企业管理出版社，1999.
[167] 中国质量协会．中国企业质量管理创新实践 [M]. 中国经济出版社，2012.
[168] 中国质量协会．CEO 的质量经营 [M]. 北京：中国科学技术出版社，

2008.
[169] 中国质量协会．全面质量管理（第三版）[M]. 北京：中国科学技术出版社，2010.
[170] 中国质量协会．卓越绩效评价准则实务 [M]. 北京：中国标准出版社，2007.
[171] 周晓燕，杨军，孙薇．成熟度评估在航天型号项目质量管理中的应用 [J]. 项目管理技术，2011(8):81-85.
[172] 朱毅麟．航天软实力、国际化与航天强国的概念 [J]. 航天器工程，2013, 22(2):7-10.
[173] 朱云骥，贾宏慧，康鹏．型号研制中的“一次成功”技术保障分析研究 [C]// 持续发展的源动力：中国质量学术与创新论坛，2010.